미주지역의 한인사회와 민족운동

한국민족운동사학회

국학자료원

목 차

특 집 : 미주지역의 한인사회와 민족운동

미주지역의 한인민족운동 ▮ 유영렬 ································· 5
하와이 지역 한인민족운동의 연구 동향과 과제 ▮ 김창수 ·········· 25
개화기(1883~1905) 미국 유학생과 민족운동 ▮ 허동현 ············· 39
하와이 한인사회의 항일민족운동(1903~1909. 1) ▮ 최창희 ········· 65
1940년대 재미한인 독립운동의 노선 ▮ 정병준 ······················ 111
미주지역에서의 安昌浩의 獨立運動 ▮ 유준기 ······················· 149
鄭在寬:미주의 공립협회 총회장에서 러시아의 혁명가로 ▮ 박환 · 171

일반논문

1930년대 평양교구의 신사참배 거부운동 ▮ 김수태 ················ 195
구한말 '기독교 민족주의' ▮ 박정신 ································· 227
조선의용대와 재중 일본인 반전운동집단의 연대 ▮ 한상도 ········ 249
현대 역사기록의 체계적 수집을 위한 연구 ▮ 이경용 ··············· 291

학술기행

항일력사문제 제3차 국제학술토론회 참가기 ▮ 박환 ················ 323

특집 : 미주지역의 한인사회와 민족운동

미주지역의 한인 민족 운동*

유 영 렬**

목 차

머리말
Ⅰ. 민족 운동 단체 조직 활동
Ⅱ. 독립 촉진 외교 선전 활동
Ⅲ. 항일 독립 전쟁 준비 활동
Ⅳ. 독립 운동 자금 지원 활동
Ⅴ. 근대 국민 국가 건설 활동
맺음말

머 리 말

한국인의 미주로의 이주는 1882년 한미 수호 조약이 체결된 이후, 정치적 망명자와 유학생의 도미에서 시작되었고, 본격적인 이주는 1903년 1월 한국인 노동 이민의·하와이 도착에서 시작되었다. 1903년 1월에서 1905년 7월까지 한국인 노동 이민의 수는 하와이에 7,266명, 멕시코에 1,033명

---
* 본 연구는 숭실대학교 교내연구비 지원으로 이루어졌음.
** 숭실대학교 사학과 교수

도합 8,299명에 달하였다. 이를 전후하여 망명 유학생 40여명이 도미하였다. 大韓人國民會의 통계에 의하면, 1910년 현재 하와이 재류 한인 수는 4,187명이었다. 그간 983명이 귀국하고, 2,011명이 미국 본토로 이주하였다. 미국 본토 이주자들은 캘리포니아의 샌프란시스코와 로스앤젤레스, 그리고 더 동쪽으로 나아가 콜로라도의 덴버, 네브래스카의 링컨과 헤스팅스 등지에 정착하였다.2) 요컨대, 합방 전후 미주 한인의 수는 하와이에 4,200여 명, 미국 본토에 2,000여 명, 멕시코에 1,000여 명, 도합 7,200여 명으로 추산된다.

1905년 이후 미주로의 공식적인 노동 이민은 중단되었으나, 유학생·상인·사진 결혼자들의 이민은 계속되었다. 그래서 1920년대 초기 미주 한인의 수는 8,500여 명에서 9,000여 명에 달하는 것으로 추산된다. 그리고 1945년 조국의 해방 당시 미주 한인의 수는 1만 명 내외로 추정된다.3)

우리는 한말에서 일제 식민 통치 시기까지 7천여 명에서 1만여 명의 규모를 가진 미주지역 한인의 민족 운동 단체 조직 활동, 독립 촉진 외교 선전 활동, 항일 독립 전쟁 준비 활동, 독립 운동 자금 지원 활동, 그리고 근대 국민 국가 건설 활동 등을 중심으로 그들의 민족 운동을 개관해 보고자 한다.

I. 민족 운동 단체 조직 활동

1903년 하와이 이민이 시작된 이후 미주지역 한인들은 대다수가 힘겨운

---

2) 尹炳奭,「1910년대 미주지역 한인사회의 동향과 조국독립운동」,『이병도 박사9순기념한국사학논총』, (간행위원회, 1987), 811쪽.
3) 尹炳奭, 앞의 논문, 812~813쪽 ; 고정휴,「미주·일본지역에서의 독립운동」,『한국독립운동사사전』 2 <총론편하권> 634쪽. 1940년 현재 미국정부의 통계에 의하면 미국거주 한인인구는 8,515명으로 집계된다.

농업 노동에 종사했으며, 본국 정부로부터 보호를 받을 수도 없었다. 그러므로 그들은 스스로를 보호하기 위하여 사탕수수 농장을 중심으로 洞會라는 일종의 자치 기구를 조직하여 한인 사회를 조직화해 갔다.

이러한 토대 위에서 1903년 8월 하와이 호놀룰루에서 洪承夏·尹炳求 등이 주도한 新民會가 조직되고, 동년 9월 샌프란시스코에서 安昌浩·朴善謙·李大爲 등이 주도한 桑港親睦會가 조직되면서 정치적 성격을 띤 많은 단체들이 나타났다. 1905년 4월 미국 본토에서 상항친목회가 발전하여 共立協會가 결성되고, 그해 5월 하와이에서는 에와친목회가 조직되었다. 공립협회는 미주지역 6개 처에 지방회를 설치하고, 遠東支會·海蔘威支會·만주지회도 설치하였다. 1903년에서 1907년까지 하와이와 미국 본토에는 30여 개의 한인 단체가 설립되어, 주로 항일 운동·日貨 排斥·동족 상애 등을 목표로 활동하였다.4)

을사조약이 체결된 뒤, 하와이와 미국 본토의 한인 사회는 항일 공동 전선을 구축하려는 분위기가 일어나, 1907년 9월 하와이에 있는 단체들이 통합하여 韓人合成協會를 결성하였다. 나아가 미국 본토의 공립협회와 하와이의 한인합성협회가 합동하여 1909년 2월 國民會가 조직되고, 1910년 5월에는 大同報國會가 참가하여 大韓人國民會를 형성하였다. 대한인국민회는 샌프란시스코에 본부를 둔 중앙총회 밑에 북미지방총회·하와이지방총회·만주지방총회·시베리아지방총회 등 4개의 지방 총회를 두고, 각 지방 총회 관할 하에는 116개소의 지방회를 두었다.5) 이처럼 대한인국민회는 미주지역·만주·시베리아를 연결하여 당시 해외 한민족 독

---

4) 吳世昌,「韓人의 美洲移民과 항일운동」,『民族文化論叢』6, (영남대학교, 1984) 134~135쪽 ; 金度勳,「1910년대 초반 미주한인의 임시정부 건설론」,『한국근현대사연구』10, (한국근현대사연구회, 1999), 248쪽. 미주 한인사회에 강력한 정치단체가 출현하게 된 원인의 하나는, 1904년 러일전쟁 직후 일제가 해외 한인들도 일본영사의 통제 하에 두려했기 때문이다.
5) 김원용,『在美韓人五十年史』, (리들리, 캘리포니아, 1959), 100~116쪽 ; 吳世昌, 앞의 논문, 135~136쪽.

립 운동 세력의 단일 조직체를 결성했으며, 그 주도 세력은 대한인국민회 중앙총회를 '無形의 韓族 政府'로까지 생각하였다.6)

제1차 세계 대전 이후 이승만의 한국에 대한 국제 연맹 위임 통치 청원과 鄭翰景의 자치론 등이 제기되어 독립 운동 노선이 분열되고, 이승만과 박용만의 대립이 격화되어 1920년 7월 대한인국민회도 내부 알력으로 중앙총회의 활동이 중단되었다. 1922년 1월 대한인국민회 북미지방총회는 미국 본토와 멕시코·쿠바의 지방회만으로 국민회를 재편성하여 北美大韓人國民會라고 칭하였다.7)

1937년 7월 중일전쟁과 1939년 9월 제2차 세계 대전이 일어나 국제 정세가 긴박해지자, 미주지역 한인 사회에 광복 통일 전선 결성 움직임이 일어났다. 그리하여 1940년 9월 북미 대한인국민회가 미국 본토에서 합동 운동을 일으키고, 하와이 대한인국민회가 同志會에 통합을 제의하였다. 결국 1941년 4월 하와이에서 '해외 한족 대회'가 열려, 미주지역의 9개 주요 한인 단체가 독립 운동의 연합 기구로서 在美韓族聯合委員會를 결성하였다. 한족연합위원회는 하와이에 이사부, 워싱턴에 외교부, 로스앤젤레스에 집행부를 두고 조국이 해방되기까지 미주지역의 항일 민족 운동을 주도하였다.8)

Ⅱ. 독립 촉진 외교 선전 활동

1905년 8월 러일전쟁 강화 회의가 미국 뉴햄프셔에서 개최되었을 때,

---

6) 尹炳奭, 『李相卨硏究』, (일조각, 1984), 112~114쪽.
7) 吳世昌, 앞의 논문, 137쪽.
8) 吳世昌, 앞의 논문, 137~138쪽 ; 洪善杓, 「하와이 海外韓族大會硏究」, 『한국독립운동사연』 13, (한국독립운동사연구소, 1999), 210쪽. 재미한족연합위원회의 재정은 하와이가 전체 예산의 3분의 2를, 로스앤젤레스가 3분의 1을 분담했다.

하와이의 에와친목회와 샌프란시스코의 共立協會는 윤병구와 이승만을 파견하여 한국 문제를 해결하기 위해 노력했으나, 미국측의 비협조로 무산되고 말았다.9) 1917년 10월 뉴욕에서 노르웨이·덴마크·스웨덴·아일랜드 등 24개국이 제1차 세계 대전 후의 약소국 문제를 토의했을 때, 박용만은 북미 대한인국민회의 위임장을 가지고 이 회의에 참석하여 활약하였다.10)

3·1운동 직후 미국 본토·하와이·멕시코의 한인 대표들은 미국 독립이 선언된 필라델피아市에 모여 '한인 자유 대회'를 열고, 조국의 독립 운동과 임시 정부 수립을 널리 선전하였다.11) 徐載弼은 미국 내의 친한적인 인사들로 韓國親友會를 조직하여, 한국 실정을 구미 각국에 알리고 한국 독립을 돕도록 외교 선전 활동을 폈다. 한국친우회는 미국 내 21개 지역과 영국의 런던, 프랑스의 파리 등에 지부를 조직했고, 회원 총수는 25,000여 명에 달하였다고 한다.12)

3·1운동 직후 한성정부가 선포되자, 이승만은 대통령 명의로 한국에서 공화 정부가 탄생했음을 알리는 서신을 각국에 발송하고, 미국의 언론과 일반 국민이 한국 독립 문제에 동정적인 여론을 갖도록 선전 활동을 폈다. 특히 그는 歐美委員部를 설치하여 미국 의회가 한국 문제 결의안을 채택하도록 노력하였다. 그리하여 1920년 3월 한국의 독립을 지지하는 안건이 미국 상원 본회의에 상정되기도 하였다. 또한 구미위원부는 '한국 대표단'을 구성하여 워싱턴 군축 회의(1921. 11~1922.2)에 한국 문제를 정식 의제로 상정하도록 미국 정부를 상대로 강력한 외교 활동을 폈다.13) 중일전

---

9) 손보기,「미주동포사회」,『한민족독립운동사』 2, (국사편찬위원회, 1987), 658쪽.
10) 吳世昌, 앞의 논문, 143쪽.
11) 盧在淵,『在美韓人略史』 上, (로스엔젤레스, 1951) 146쪽 ; 吳世昌, 앞의 논문, 144쪽.
12) 洪善杓,「서재필의 獨立運動(1919~1922) 硏究」,『한국독립운동사연구』 7, (한국독립운동사연구소, 1993), 33~46쪽. 조선총독부 경무국 문 건에는 '한국친우회' 회원 수를 약 3.000명으로 보았다.

쟁 후 1938년 12월 韓吉洙는 中韓民衆同盟團을 결성하고 재미 혁신 세력을 결집하여 이승만과 대립하며 반일 순회강연과 대미 외교 활동을 폈다.14)

제2차 세계 대전이 일어난 뒤 1941년 4월 미주지역 주요 한인 단체들은 하와이에서 '해외 한족 대회'를 열고, 미주지역의 독립 운동을 통일적으로 전개하기 위하여 재미한족연합위원회를 발족시키는 한편, 이승만을 위원장으로 하는 駐美外交委員部를 설립하여 미국 정부와의 교섭을 전담토록 하였다. 이와 별도로 이승만은 韓美協會와 기독교친한회를 조직하고, 다수 미국인들을 회원으로 확보하여 미국 정부와 의회에 적극적인 외교 활동을 전개하였다.15)

1941년 12월 일본의 하와이 침공으로 태평양전쟁이 발발하자, 이승만은 대한민국 임시정부의 신임장을 가지고 대미 교섭을 벌였다. 임시정부는 대일 선전을 포고하고 연합국의 일원으로 대일 전쟁에 참가할 뜻을 미국에 전달하였다. 1942년 3월 1일을 전후하여 재미한족연합위원회·주미외교위원부·한미협회는 공동주최로 '한인 자유 대회'를 열고, 미국이 한국의 임시정부를 승인하고 연합국의 일원으로 대우해 줄 것을 촉구하였다. 한편 이승만은 미국 육군전략정보처(OSS)에 접근하여 미주 한인과 광복군을 활용한 여러 가지 군사 계획을 제시하였다. 미국은 전쟁 막바지에 육군전략정보처 주도로 소수의 재미 한인과 광복군을 활용하는 한반도 진공 작전을 수립했지만, 태평양전쟁의 조기 종결로 소기의 성과를 거두지는 못하였다.16)

미국은 한국의 즉각 독립을 전제로 하는 임시정부 승인 요구와 광복군

---

13) 고정휴, 한국독립운동사연구소편, 『한국독립운동사사전』 원고, 「구미위원부」.
14) 金度勳, 한국독립운동사연구소편, 『한국독립운동사사전』 원고, 「中韓民衆同盟團」.
15) 洪善杓, 앞의 「하와이 海外韓族大會硏究」, 194~213쪽 ; 고정휴, 한국독립운동사연구소편, 『한국독립운동사사전』 원고, 「주미외교위원부」.
16) 고정휴, 앞의 「주미외교위원부」.

에 대한 지원 요구를 받아들이지 않았고, 전후에는 과도적 단계로 한국에 신탁통치를 구상하였다. 그러나 결국 전후 문제 처리 과정에서 열강이 한국의 독립을 용인한 것은 한민족의 치열한 독립 운동 특히 미주 한인의 조국 독립을 위한 외교 선전 활동의 결실이라 할 수 있다.[17]

Ⅲ. 항일 독립 전쟁 준비 활동

1907년 3월 하와이에서 조직된 國民同盟會를 비롯한 여러 단체들이 무예 장려를 설립 취지나 목적으로 삼고 있어, 재미 한인 사회가 형성 초기부터 일제의 국권 침탈에 대응하여 독립 전쟁 노선을 구상하고 있었음을 알려준다.[18]

미주지역에서의 본격적인 항일 군사력 양성은 네브래스카 韓人少年兵學校에서 비롯되었다. 네브래스카 한인소년병학교는 1909년 6월 박용만의 주도하에 설립되었으며, 1910년 6월부터는 헤스팅스 대학의 교실과 운동장을 사용하여 수년 동안 수십 명의 한인들에게 군사 훈련을 실시하였다. 당시 박용만·李相卨·鄭淳萬 간의 긴밀한 관계로 보아, 한인소년병학교는 국내·만주·연해주·미주를 연결하는 1910년대 독립 전쟁론의 구상 속에서 경영되었다고 하겠다.[19]

하와이에서는 1910년 7월에 조직된 大同共進會가 청년들의 병식 훈련을 장려하였다. 1910년 11월부터는 國民會 鍊武部가 다수의 동포가 거주하는 지역에서 병식 훈련을 실시했으며, 그 인원은 약 200명에 달하였다.[20] 1910년 11월 멕시코 메리다(Merida) 지방에서도 이근영·양귀선·

---

17) 앞과 같음.
18) 吳世昌, 앞의 논문, 138~139.
19) 朴永錫,「韓人少年兵學校」,『한국독립운동사연구』1, (한국독립운동사연구소, 1987) 7~12쪽 ; 尹炳奭, 앞의 논문, 818~820쪽.

조병하・이순근 등이 崇武學校를 세우고 118명의 학생에게 군사 훈련을 실시하였다.[21]

미주지역에서의 이와 같은 항일 군사력 양성 운동은 하와이와 미국 본토로의 이주자 중 500여 명과, 멕시코로의 이주자 중 200여 명이 대한제국 군인 출신이었기 때문에 큰 힘이 되었던 것이다.[22]

한편 하와이로 활동 지역을 옮긴 박용만은 1914년 6월 大朝鮮國民軍團을 조직했는데, 최초에 103명이었던 학생 수가 311명으로 늘었다고 한다. 박용만을 군단장으로 하는 국민군단은 사령부・총리부・병학교・훈련대・별동대 등으로 조직되었다.[23]

이후 1920년 2월 캘리포니아 윌로즈에서 盧伯麟의 주도하에 韓人飛行士養成所가 설립되었다. 한인비행사양성소는 3명의 교관을 초빙하고 연습기 5대를 확보하여, 1922년 6월에는 학생수가 41명에 달했으며, 1923년에는 11명의 졸업생을 배출하였다.[24]

1941년 12월 일제의 진주만 기습을 계기로 재미한족연합위원회는 미군에 자원하여 방위군으로 활동할 것을 결의하고, 미국 육군 사령부로부터 한인국방경위대 편성 계획을 허가 받아 109명으로 한인 부대 猛虎軍을 편성하였다. 金容成을 사령관으로 하는 맹호군은 주로 미군의 작전과 업무를 돕는 활동을 하였다.[25] 이러한 미주지역 한인들의 적극적이고 다양한 군사 활동은 제2차 세계 대전 막바지에 OSS와의 연합 활동으로 이어지게 되었다.

이상과 같은 미주지역의 항일 독립 전쟁 준비 활동은 1910년대 '독립

---

20) 김원용, 앞의 책, 345~350쪽.
21) 손보기, 앞의 「미주동포사회」, 676쪽.
22) 손보기, 앞의 논문, 675쪽 ; 윤병석, 앞의 논문, 823쪽.
23) 尹炳奭, 앞의 논문, 824~832쪽 ; 손보기, 앞의 논문, 676~677쪽.
24) 김용원, 앞의 책, 350쪽.
25) 김용원, 앞의 책, 417~418쪽 ; 吳世昌, 앞의 논문, 146쪽.

전쟁론'의 구현 과정이었고, 미주·만주·연해주 등 국외 독립 운동이 공동 보조를 취했음을 보여주며, 미주지역의 한인 민족 운동이 다양하게 전개되었음을 보여주고 있다.

Ⅳ. 독립 운동 자금 지원 활동

1910년대 중반 박용만이 편성한 하와이 大朝鮮國民軍團의 재정은 파인애플 농장 도급과 특별 의연금으로 수입된 78,642달러였는데, 2년간의 군단 경비로 58,442달러를 지출하고, 20,200달러는 남북 만주와 노령 연해주의 독립군 자금으로 적립하였다.26) 하와이 한인 2,907명이 1919년까지 모금한 독립 의연금 총액은 35,034달러에 달하였다.27)

1919년 韓國人國民會 中央總會의 자금은 85,000달러에 달하였는데, 그 중 반정도가 상해 임시정부와 관련하여 쓰여졌다고 한다. 그리고 북미 대한인국민회가 1941년에서 1945년까지 상해 임시정부와 광복군 등에 보낸 후원금은 약 40,000달러였다고 한다.28)

1919년 8월에 조직된 歐美委員部는 하와이와 미국 본토 교민들의 모금으로 유지되었는데, 1919년 9월부터 1922년 4월까지 구미위원부의 총수입은 약 150,000달러였다. 그 수입금은 워싱턴의 대통령 공관과 구미위원부 사무소, 필라델피아·파리·런던 등지에 있는 통신부의 유지비로 대부분 지출되었고, 전체 수입금의 15%정도는 상해 임시정부에 후원금으로 송금했다고 한다.29)

---

26) 盧在淵, 앞의 책, 68쪽 ; 尹炳奭, 앞의 논문, 834쪽.
27) 방선주,「美洲地域에서 韓國獨立運動의 성격」,『한국독립운동사연구』7, (한국독립운동사연구소, 1993), 497쪽.
28) 앞과 같음.
29) 고정휴, 앞의「구미위원부」.

1919년 4월에 결성된 하와이의 大韓婦人救濟會는 "국권 회복 운동과 독립 전쟁 후원금을 모집하는 것"을 최우선 과제로 삼았는데, 3·1 운동으로 살상 당한 애국지사의 가족들을 위해 1,500달러를 송금했고, 상해 임시정부와 외교 선전 사업을 위해 후원금을 모금하였다. 그리고 1920~30년대에는 만주 지역의 대한군정서와 대한독립군 총사령부, 그리고 상해 임시정부의 광복군 편성에 후원금을 보냈다. 대한부인구제회가 애국 사업을 위해 지원했던 후원금 총액은 200,000달러가 넘는 규모였다.[30]

1937년 7월 중일전쟁이 발발하자, 하와이 大韓人國民會는 중국에서의 군사 운동을 후원하기로 결정하고, 인구세와 혈성금을 거두어 상해 임시정부에 보냈다. 북미 대한인국민회도 임시정부 군사위원회를 후원하기 위하여 1천 달러를 긴급 지출하기로 하고, 미국 본토와 멕시코·쿠바에 거주하는 한인들로부터 국민 부담금을 거두어 계속 지원하기로 하였다. 미주지역의 이러한 후원은 중국 국민당의 지원금 이외에 별다른 재정적 수입원이 없었던 임시정부에 큰 도움을 주었다고 한다.[31]

在美韓族聯合委員會의 모금에 의한 1942년도 駐美外交委員部의 수입은 12,707달러였다.[32] 한족연합위원회는 연간 독립 운동 자금 예상 모금액 20,000달러 중 3분의 2는 임시정부로 보내고, 3분의 1은 미주에서의 외교와 국방 공작 후원 경비로 사용하는 원칙을 세웠다. 한족연합위원회가 발족된 지 5개월 만에 하와이에서는 1,040명으로부터 18,548달러의 독립 운동 자금 납부 예약을 받았고, 그 중 8,457달러가 입금되었다. 이에 고무된 한족연합위원회는 1942년도 독립 운동 자금 모금 목표를 6만 달러로 상향 조정하기도 하였다.[33]

---

30) 金度勳, 한국독립운동사연구소편, 『한국독립운동사사전』 원고, 「대한부인구제회」.
31) 고정휴, 앞의 「미주·일본지역에서의 독립운동」, 632쪽.
32) 고정휴, 앞의 「주미외교위원부」.
33) 고정휴, 앞의 「미주·일본지역에서의 독립운동」, 636쪽.

김원용의 『재미 한인 50년사』에 의하면, 미주지역 한인이 "배일 운동 시대부터 조국 해방 당시까지 조국 광복을 위하여 바친 재정이 300만 달러를 초과히였다"고 한다. 당시 미회 200달러는 적어도 임정 인사 15명 이상을 1개월 동안 부지할 수 있는 금액이었다34)고 하니, 미주지역 한인의 독립 의연금 모금의 열성을 짐작할 수 있다.

V. 근대 국민 국가 건설 활동

한국의 민족 운동은 대한제국 초기부터는 뚜렷이 자주 국권 수호 운동과 근대 국민 국가 건설 운동 곧 민주주의 운동의 형태로 전개되었다. 일찍이 1888년에 미국에 망명 유학했던 윤치호는 미국 사회에서 민주주의를 체득하고, "세계에는 여러 형태의 정치 체제가 있는데, 어느 누구도 미국의 민주주의가 그 결함에도 불구하고, 결국 가장 좋은 정부 형태임을 부인하지 않을 것이다"라고 하여, 미국식 민주주의 정치 체제 곧 민주 공화제가 최선의 정체라고 생각하였다.35) 1900년대에 노동 이민, 망명 또는 유학을 목적으로 하와이와 미국 본토에 이주한 한인들은 미국 사회의 자유와 평등의 민주주의적 분위기 속에서 자유 민주주의 의식을 가지게 되고, 그들이 조직한 여러 단체들도 민주적으로 운영하였다.

한국의 근대 국민 국가 건설운동 곧 민주주의 운동은 대한제국 초기에 전개된 독립협회의 자유 민권 운동에서 본격화되었다. 독립협회는 갑신정변의 망명자로서 도미하여 미국 시민이 된 서재필에 의하여 창립되었다. 서재필은 "자유주의와 민주주의의 개혁 사상"으로 민중을 계몽하여 민주 역량을 가진 "온 국민의 힘으로 완전한 자주 독립 국가"를 만들기 위하여

---

34) 방선주, 앞의 논문, 497쪽.
35) *Tchi-ho Yun's Diary*, September 24, 1893 원문. "Yet no one will deny that the democracy of America is after all the best form of government in spite of its defects."

독립협회를 창립하였다.36) 재미 한인 서재필을 고문으로 하고, 미국 유학 출신 윤치호를 회장으로 하는 독립협회는 입헌 정치를 목표로 우리나라 최초로 의회 설립 운동을 전개하였다. 그 결과 1898년 11월 관선의관 25명, 민선의관 25명으로 하는 의회식 중추원 관제를 법제화하는 데까지 진전시켰다. 이것은 국가 차원에서 인민의 참정권을 공인한 획기적인 사건이었다.37)

한말에 이르러 독립협회의 맥을 이은 大韓自强會 등 애국 계몽 단체들에 의하여 국민 국가 건설 운동 곧 민주주의 운동이 다시 전개되었다. 합법적 계몽단체들은 현실적으로 국왕을 부인할 수 없어 입헌 대의제를 정치적 목표로 삼았으나, 민주 공화제가 국민 국가에 가장 이상적인 정치 체제임을 신문과 잡지를 통하여 주장하였다. 특히 비밀 결사인 新民會는 공화제를 정치적 목표로 설정하기까지 하였다.38)

신민회는 과거 독립협회 회원이었던 안창호의 주도하에 창립되었다. 안창호는 1902년 10월 미국에 유학하여, 1905년 4월 근대 국민 국가를 추구하는 共立協會를 결성하고, 1907년 2월 조국의 독립을 위한 통일 연합 기관의 설치를 목적으로 공립협회의 전권 위원으로서 귀국하여 新民會의 창립을 주도하였다. 뒤이어 공립협회의 지도자 李剛·임치정 등이 귀국하여 신민회의 활동에 참여하였다.39) "유신한 국민이 통일 연합하여 유신한 자유 문명국을 성립케 함"이라 한 「신민회 통용 장정」은 안창호 등이 미국에서 마련한 초안 그대로였다. 신민회는 미국 샌프란시스코와

---

36) 유영렬,「獨立協會의 민권운동전개과정」,『大韓帝國期의 民族運動』, (일조각, 1977) 3~4쪽.
37) 유영렬,「獨立協會의 민족운동적 성격」, 앞의『大韓帝國期의 民族運動』, 88~89쪽.
38) 유영렬,「애국계몽사상」,『한국사』43, (국사편찬위원회, 1999) 276~277쪽.
39) 최기영,「안창호와 대한인국민회」,『식민지시기 민족지성과 문화운동』, 한울, 2003), 288쪽 ; 金度勳,「共立協會(1905-1909)의 민족운동 연구」,『한국민족운동사연구』4, (한국민족운동사연구회, 1989) 7~20쪽.

하와이 및 러시아 연해주의 블라디보스토크에 지회를 두고, 외곽 단체로서 미주에 國民會를 조직했다고 한다.40)

1910년 5월 공립협회・한인합성협회・대동보국회 등이 합동하여 결성된 大韓人國民會는 미국 본토와 하와이에 지방 총회를 조직하고, 이상설・정재관・이강 등을 파견하여 시베리아와 만주에도 지방 총회를 설치하여 합방 이후 해외 민족 단일 조직체를 이루었다.41) 대한인국민회 지도부는 일제에 병합된 대한제국을 대신하는 '假政府'・'국민 국가' 곧 '민주주의 국가'를 건설하려는 의도에서, 1912년 11월 해외 한인의 최고 기관이며 임시 정부의 성격을 띤 大韓人國民會 中央總會를 결성했던 것이다.42)

미주에 본부를 둔 대한인국민회와 국내에 본부를 둔 신민회는 이처럼 긴밀한 관계에 있었고, 이 두 단체는 민주주의와 공화제를 추구했으며, 지회 설치와 왕래를 통하여 국내와 미국본토・하와이・만주・연해주를 연결하고 있었다.43) 따라서 미주지역 한인의 민주주의 의식이 국내・만주・연해주의 민주주의 지향에 커다란 영향을 주었으며, 3・1운동 이후

---

40) 愼鏞廈,「新民會의 창건과 그 國權回復運動」,『한국민족독립운동사연구』, (을유문화사, 1985) 26쪽 ; 金度勳, 앞의「共立協會의 민족운동 연구」, 18~20쪽 ; 金度勳, 앞의「1910년대 초반 미주한인의 임시정부 건설론」, 248~249쪽. 신민회는 사실상 미주지역 공립협회 지도자들의 구상으로 조직되었으므로, 신민회의 공화정에 기초한 근대 국민국가 건설의 추구는 미주한인의 영향으로 볼 수 있다.
41) 尹炳奭, 앞의 논문, 815쪽 ; 박환,「鄭在寬: 미주의 공립협회 총회장에서 러시아의 혁명가로」,『미주지역의 한인사회와 한인민족운동』<하와이 한인이주 100주년 기념 학술회의> (하와이, 2003), 137쪽. 정재관・李 剛 등에 의하여 조직된 국민회 원동지부는 '신한국 건설'의 의지를 들러냈다.
42) 최기영, 앞의 논문, 291~292쪽 ; 윤병석, 앞의 논문, 815쪽 ; 金度勳,「1910년대 초반 미주한인의 임시정부 건설론」,『한국근현대사연구』10, (한국근현대사연구회, 1999) 253~267쪽.
43) 최기영, 앞의 논문, 290~293쪽 ; 尹炳奭, 앞의 논문, 819~829, 826쪽. 미국본토와 하와이에서 항일군사력 양성에 힘쓴 朴容萬은 國民會가 遠東지방에 독립군기지건설을 위해 파견한 李相卨과 밀접한 관계가 있고, 遠東의 중심지 블라디보스토크에서 독립운동기지건설에 매진하던 鄭淳萬과는 결의형제를 맺은 사이였다. 그런데 朴容萬은 민주주의를 성장시킨「政黨政治」로 B.A.학위를,「美國革命」으로 M.A.학위를 취득한 민주주의 신봉자였다. 따라서 그의 민주주의의식은 '遠東'지방의 독립운동가들에게 많은 영향을 끼쳤을 것이다.

국내외에 수립된 임시 정부의 민주 공화제 지향에도 상당한 영향을 끼쳤다고 생각된다.44)

맺 음 말

한말에서 일제를 거쳐 조국의 해방에 이르기까지 미주지역 한인의 민족 운동은 지속적으로 다양하게 전개되었다. 민족 운동 과정에서 박용만의 독립 전쟁론과 이승만의 외교 독립론의 대립, 대미 외교의 주도권을 둘러싼 이승만과 한길수의 대립, 국민회와 동지회의 대립, 임시 정부를 지지하는 大韓人國民會와 조선의용대를 지지하는 中韓民衆同盟團의 대립 등 민족 운동 방법론과 인물·사상·단체 사이에 심한 대립도 있었다. 그러나 미주 한인의 민족 운동은 국내·만주·연해주·일본에서의 민족 운동에도 많은 자극을 주었고, 미국 등 열강이 한국의 독립에 유의하게 하는데도 기여하였다.

첫째로 미주지역 한인은 조국의 독립을 위하여 공립협회·한인합성협회·대한인국민회·재미한족연합위원회 같은 많은 항일 민족 운동 단체를 조직하였다. 그들은 대부분 조국에서 소외당한 계층이었음에도 불구하고 뜨거운 애국심을 가지고 항일 민족 운동 단체를 조직했고, 대한제국이 멸망한 뒤에는 최초로 임시 정부 수립을 시도하며 조국의 독립 운동에 매진하였다. 특히 미주 한인은 민족 운동이 본국·중국·만주·연해주·미주가 연대하여 전개될 수 있게 하는데 크게 기여하였다.

둘째로 미주지역 한인은 조국의 독립을 위하여 韓國親友會·구미위원부·주미외교위원부·한미협회 등을 통하여 지속적으로 외교 선전 활동

---

44) 3·1운동 이후 국내외에서 출현한 8개의 임시정부 각료로 선임된 35명 중 김규식·노백린·박용만·민찬호·안창호·이승만·이희경·정인과·현 순 등은 재미한인이거나 미국유학출신이다.

을 벌였다. 그들은 열강 주로 미국의 정부·의회·국민·언론에 한국의 참상과 한국 독립의 당위성을 호소하여 많은 미국인이 한국의 입장을 이해하도록 했고, 미국 정부와 열강이 한국의 독립에 유의하게 하였다.

셋째로 미주지역 한인은 조국의 독립을 위하여 한인소년병학교·崇武學校·대조선독립군단·한인비행사양성소 등을 통하여 항일 독립군을 양성하였다. 조국과 멀리 떨어진 미주에서 항일 독립군을 양성하려는 노력은 미주 한인의 뜨거운 자주 독립의 열망을 나타낸 것으로 미국 사회에 큰 감동을 주었을 것이며, 만주와 연해주의 독립군에게도 강한 연대 의식을 주었을 것이다.

넷째로 미주지역 한인은 조국의 독립을 위하여 대한인국민회·대한부인구제회·재미한족연합위원회 등을 통하여 지속적으로 독립 운동 자금을 지원하였다. 일제의 긴 식민 통치 기간에 미주지역 한인은 정성스런 모금으로 미주지역의 민족 운동 단체, 상해 임시정부와 광복군, 만주와 연해주의 독립군 부대 등에 막대한 자금을 지원하여 독립 운동이 지속적으로 전개될 수 있게 하였다.

다섯째로 미주지역의 한인은 공립협회·신민회·대한인국민회 등을 통하여 근대 국민 국가 곧 민주주의 국가 건설 활동을 전개하였다. 대한제국 초기에 미주 한인과 미국 유학 출신이 주도한 獨立協會는 한국 최초로 민주주의 운동을 전개했고, 한말에 미주 한인 주도로 조직된 新民會는 한국 최초로 민주 공화제를 표방했으며, 한일 합방 후 미주의 大韓人國民會는 한국 최초로 민주주의적인 임시 정부 수립을 시도하였다. 이러한 미주지역 한인의 민주주의 성향은 3·1운동 뒤에 수립된 임시 정부의 민주 공화제 지향에도 영향을 주었다고 생각된다.

- 투고일 : 1월 10일, 심사완료일 : 2월 16일
- 주제어 : 민족 운동 단체, 외교 선전 활동, 독립 전쟁론, 독립 운동 자금, 국민 국가 건설

Korean National Movement in America

Yoo, Young Nyol

The Korean national movement continued to develop from the period of the Great Han Empire to the liberation from the Japanese rule. There were such serious confrontations or conflicts among activities, ideas and organizations in terms of ways of national movement; between independence war theory of Park Yongman and diplomatic independence method of Rhee Syngman throughout the movement, between Rhee Syngman and Hahn Kilsoo in order to take the leadership on diplomacy toward America, between Kukminhoe and Dongjihoe, between Daehanin Kukminhoe in support of the Korean Provisional Government and Junghanminjung Dongmaengdan in favor of Chosun Uiyongdae. Nevertheless, the Korean national movement in America partly caused the major powers to pay attention to the Korean independence from Japanese rule as well as to inspire the movement at home, in Manchuria, the Maritime Provinces of Siberia and Japan.

First, Koreans in America formed numerous anti-Japanese organizations as Kongliphyuphoe, Hanin Hapsunghyuphoe, Daehanin Kukminhoe and the United Korean Committee(在美韓族聯合委員會) in order to liberate their homeland. Most of them had been included in the class away from the core elite in Korea. Nevertheless, they organized anti-Japanese organizations with fervent patriotism. In doing so, Koreans in America dedicated themselves to the national independence in an attempt to establish the Provisional Government at the first after collapse of the Great Han Empire.

Second, Koreans in America appealed to foreign countries for the Korean independence through diplomatic channels. The activities were grounded on League of the Friends of Korea, Korean Commission to America and Europe, Korean commission in the United States, and the Korean-American Council. The organizations asserted to the US government, Congress and mass media in the United States that Korea should have been free from the Japanese control, explaining what was taking place in Korea after the annexation to Japan and why Korea should be independent from the Japanese control. Therefore, the American could be aware of the distress situation in Korea, and Washington and international powers could be interested in the independence of Korea.

Third, Koreans in America established the military unit or the institution for the purpose of militant resistance to Japan such as Haninsonyeonbyong Hakkyo, Soongmu Hakkyo, Daechosun Doklipgundan and Haninbiheangsa Yangsungso. These endeavors to foster fighters against Japanese control away from Korea presented the ardent aspiration of Koreans in America to the independence. The American society was affected by these activities, which planted the seed of solidarity in fighters' minds in Manchuria and Siberia.

Fourth, Koreans in America collected contributions, led by the organizations such as Daehanin Kukminhoe. Daehanbuin Goojehoe and the United Korean Committee. They supported the activities of the national movement organizations, the Korean Provisional Government and the Korean Independence Army in Manchuria and Russia with tremendous funds during the long Japanese colonial period. Thus, the national independence movement could hold until the end of the Japanese colonial period.

Fifth, Koreans in America made great efforts through Kongliphyuphoe, Sinminhoe, and Daehanin Kukminhoe to establish a modern nation-state, which was a nation based on democracy. At the very beginning of the Great Han Empire, Korean leaders from America played a significant pillar in Dokliphyuphoe, which led the first Korean democracy movement. Besides, Korean leaders from America organized Sinminhoe in the late of the Great Han Empire. Sinminhoe was the first Korean associate championing the democratic republican. After the annexation of Korea to Japan, Daehanin Kukminhoe in America tried to build up the first democratic Korean Provisional Government. This disposition to democracy of Koreans in America influenced on the route of the Korean Provisional Government founded after the March First Movement in 1919, aiming at the democratic republican.

Key Words : Korean national movement, anti-Japanese organizations, diplomatic independence movement, independence war theory, Korean democracy movement.

특집 : 미주지역의 한인사회와 민족운동

하와이 지역 한인 민족운동의 연구 동향과 과제

김 창 수*

―――――― 목 차 ――――――
머리말
Ⅰ. 하와이 지역 이민과 한인 사회의 동향
Ⅱ. 하와이 지역 한인 민족운동의 연구 동향
맺음말 : 연구과제와 관련하여

머 리 말

한국인 노동자 100여 명이 제물포항을 통해 하와이로 이주한 것은 지금으로부터 100년 전인 1902년 12월 22일의 일이었다. 이로부터 비롯된 본격적인 미주(美洲)로의 하와이 이민은 처음 하와이 사탕수수 농장의 노동력 부족을 충당하기 위한 미국측의 노동인구 요구와 구한말 당시 한국 사회의 정치적 위기와 혼란, 그리고 사회 경제적 피폐라는 시대 상황 속에서 이루어진 것이었다. 한국인의 이주 특히, 하와이 이민의 처음 시작은 사회 경제적 요구에서 이루어진 것이지만 이로부터 비롯된 미주에로의 본격적인 진출은 한인사회를 형성하기에 이르렀다. 특히, 하와이

―――――――――――
* 동국대학교 역사교육학과 명예교수

한인사회의 형성은 단순히 노동인구의 이주에 그치지 않고 국권상실의 위기와 일제 식민지 통치 하라는 시대 상황 속에서 중국 동북지방, 중국 본토, 러시아령 연해주 등과 함께 항일 민족운동의 근거지의 하나가 되었다는 점에서 중대한 의의가 있다고 하겠다.

물론, 1882년 5월 22일 체결된 한미조약 제6조에 보장된 상호주의 원칙에 따라 비교적 자유로운 활동의 신천지를 찾아 한국인의 이민이 시작되었고, 한 때 이민금지령이 내려진 적도 있지만 어려운 여건속에서 미주 사회에 뿌리를 내리고, 특히 독립운동의 근거지로 개척하였던 것이다.

아래에서 우리는 하와이 지역 한인 민족운동의 연구사를 살펴보고 앞으로의 연구 과제에 대하여 간단히 첨언해 두고자 한다.

Ⅰ. 하와이 지역 이민과 한인 사회의 동향

하와이 지역 한인 민족운동에 대한 지금까지의 연구는 비교적 많은 축적이 있었는데, 특히 다음 두가지 문제에서 주목되어 왔다. 그 하나는 하와이 한인 민족운동의 배경이 되는 한인 이민 사회문제를 다룬 연구와[46] 항일 민족운동에 대한 연구[47]라고 할 수 있다. 또한, 위의 한인의

---

46) 하와이 이민 문제만을 다룬 중요한 연구로는 다음과 같은 논문이 주목된다.
  崔永浩,「韓國人 初期 하와이 移民-시작과 종말의 동기-」,『전해종박사화갑기념 사학논총』, 일조각, 1979. 12. 15
  崔昌熙,「韓國人의 하와이 移民」,『국사관 논총』9, 국사편찬위원회, 1989
  李光圭,「在美 韓人의 移民史」,『변태섭박사화갑기념 사학논총』, 1989
  高承濟,「하와이 移民의 社會學的 分析」,『學術院論文集』11집, 1972
  高承濟,『韓國移民史硏究』, 章文閣, 1973
  尹汝雋,「美洲移民七十年」,『京鄕新聞』, 1973년 10월 6일~12월 26일, 1973
  玄圭煥,『韓國流移民史』下卷, 삼화인쇄, 1976
  신성려,『하와이 移民略史』, 고려대 민족문화연구소, 1988
  Wayne Patterson, The Korean Frontier in America-Immigration to Hawaii, 1986~1910, Univ. of Hawaii Press, 1988

하와이 이민과 한인 사회의 형성, 그리고 민족운동을 연결시켜 다룬 연구도 발표되어 있다.48)

그러나, 연구에 우선되는 것은 자료집이라 하겠는데 그 동안 미주 내지 하와이 지역 민족운동에 대한 자료가 일부나마 알려진 바 있는데49) 특히 최근에 와서 국가 보훈처에서 이 분야의 자료집이 간행되어 이에 대한 연구에 큰 도움을 주고 있다.50) 그럼에도 불구하고 이 분야에 대한 자료

---

47) 徐大肅, 「박용만과 그의 혁명과제」, 『한국민족학연구』4, 단국대학교 민족학 연구소, 1999
 안형주, 「박용만의 소년병 학교」, 위와 같음.
 김도훈, 「1910년대 박용만의 정치사상」, 위와 같음
 서양석, 「박용만의 사상과 민족운동」, 『협성논총』13, 협성대학교, 2001년 9월
 박영석, 「한인소년병학교 연구」, 『한국독립운동사연구』1집, 한국독립운동사연구소, 1987
 金度勳, 「公立協會의 민족운동 연구」, 『한국민족운동사연구』4집, 지식산업사, 1989
48) 이 분야의 연구는 가장 많이 발표되어 있는데 중요한 논문만 들어도 다음과 같다.
 吳世昌, 「韓人의 美洲 移民과 抗日運動」, 『민족문화논총』6,영남대학교 민족문화연구소, 1984
 김원모, 「하와이 한국이민과 민족운동」, 『미국사연구』8, 1988
 김도훈, 「한말 한인의 미주이민과 민족운동」, 『국사관논총』83, 1999
 尹炳奭, 「美洲地域 韓人社會의 動向과 祖國獨立運動」, 『斗溪李丙燾博士九旬紀念論叢』, 1987
 方善柱, 「在美韓人의 獨立運動」, 한림대학교 출판부, 1989
 崔起榮, 「舊韓末 美洲의 大同保國會에 관한 一考察」, 『박영석교수화갑기념논총』, 1992
 한규무, 「玄楯(1878~1968)의 인물과 활동」, 『국사관논총』40, 국사편찬위원회, 1992
 洪善杓, 「1910년대 후반 하와이 한인사회의 동향과 大韓人國民會의 활동」, 『한국독립운동사연구』8, 독립기념관 독립운동사 연구소, 1994
49) 『신한민보』, 『신한국보』, 『국민보』, 『국민보-태평양주보』
 김원용, 『재미한인오십년사』, 캘리포니아주 리들리, 1959
 전택부, 『한국기독교청년회운동사』, 정음사, 1978
 노재연, 『재미한인사략』, 나성, 1963년 5월
 Duk Hee Lee · Murabayashi, Korean Passengers Arriving at Honolulu, 1903-1905, The Center for Korean Studies, University of Hawaii, 2002
 Duk Hee Lee · Murabayashi, Early Membership of Korean Methodist Churches in Hawaii, The Center for Korean Studies, University of Hawaii, 2002
50) 국가보훈처, 『독립운동사자료집』8권, 1974
 국가보훈처, 『이주한인민족운동자료』미주편 4, 1998
 국가보훈처, 『The Korean Students' Alliance of Hawaii, The Korean Students' Annual, Volume I ~ Volume X, 1932~1941, Hawaii, 『하와이 한인학생 연회보』미주편 7, 2003
 Kim, Bernice B.H., The Koreans in Hawaii, Master's thesis(Sociology), University of Hawaii, 1937

집의 발굴과 간행이 기대되고 있다.

그 동안 하와이 지역에서 전개된 한인 민족운동에 대한 연구는 비교적 많이 이루어진 바 있는데 여기서는 특히 최근의 연구동향을 중심으로 살펴 보기로 한다.

먼저 하와이 지역 민족운동의 배경이 되는 한인의 하와이 이민과 이로부터 비롯된 한인 사회의 형성문제를 다룬 연구를 연구사적 시각에서 소개하기로 한다. 한인의 하와이 이민문제를 전론(專論)한 연구는 대표적으로 하와이 대학의 최영호 교수와 한림대학교의 최창희 교수의 논문을 들 수 있다.51) 최영호 교수의 논문은 이 분야에 있어서의 본격적인 연구의 개척적 업적이라고 할 수 있다. 최교수는 한국인 초기의 하와이 이민문제를 그 시작과 종말에 걸쳐 자세히 다루고 있다. 물론, 한인의 하와이 이민과 민족운동을 연관선상에서 다룬 논문도 많지만 해외 독립운동의 일익을 담당한 하와이 지역의 독립운동의 배경이 되는 이민문제의 연구는 우선되어야 할 과제임에 틀림없다.

먼저, 최교수의 연구는 한인의 서구세계에의 진출이 1902년 하와이 이민에서 비롯되었음을 전제하고 특히 이민 시작의 동기와 이민금지의 중요원인을 자세히 밝히고 있다.52) 따라서, 하와이 이민은 우리나라 역사상 최초로 공인된 해외진출이며, 일제 강점하 독립운동의 온상지가 되었다는 것을 지적하였다. 그러므로 하와이로의 한국이민은 단순한 노동인구의 송출이 아니라 독립운동의 근거지가 되었다는 점에서 하와이 지역 한인 독립운동을 다루는데 있어서 그 배경이 되는 중요한 의의를 지니는 것이다. 따라서, 최영호 교수의 논문은 이 분야의 연구에 대한 새로운 방향을

Kingsley K. Lyn, *Korean Nationalist Activities in Hawaii & America 1901~1945*, Graduate Division, University of Hawaii, 1950
51) 최영호, 최창희의 앞의 논문
52) 최영호, 앞의 논문, 699, 701, 707, 708, 711쪽

제시해준 업적이라고 할 수 있다.

다음으로 최창희 교수의 한국인의 하와이 이민에 대한 연구는 이 때까지의 이 분야의 연구사를 검토한 바탕위에서 방대한 논문으로 구성되어 있다.53) 즉, 최교수의 논문은 하나의 저서라고 할 만한 분량일 뿐아니라 이 분야의 여러문제를 거의 망라한 노작이라 하여도 좋을 것이다. 하와이 이민의 배경에서 시작하여 하와이에 대한 인식과 진출, 공식적 이민의 추진, 이민과정, 이민의 동기 및 특성에 이르기까지 하와이 이민문제를 자세히 다루고 있다. 특히, 한국인의 하와이 이민은 대부분 하층민이었으나 그들은 온갖 역경을 무릅쓰고 생활터전을 마련하고, 조국이 처한 위기를 극복하려고 민족운동을 전개하여 국내외에서 전개된 다양한 형태의 독립운동에서 선구적 역할을 담당하였다는 것이다.54)

한편, 한인의 하와이 이민에 따른 한인사회의 형성과 동향에 대하여도 그 동안 많은 연구가 이루어진 바 있다. 특히, 하와이 지역 한인 사회의 동향은 앞서 본 국가보훈처 발행의 『독립운동사자료집』에 주목되는 자료가 많이 포함되어 있다.

그리고, 하와이 한인사회의 동향을 다룬 연구로는 다음과 같은 논문이 주목된다. 한인의 하와이 정착과정에서 종교, 특히 기독교의 역할을 다룬 논문에서 유동식 교수는 하와이 한인사회에서의 기독교 및 한인교회가 신앙 공동체인 동시에 민족공동체로서 중요한 역할을 하였음을 주장하고 있다.55) 이러한 주장은 하와이 지역 한인교회 문제를 다룬 다른 글들의 공통된 견해이기도 하다. 다음으로 이만열 교수의 논문인 「하와이 이민과 한국교회」에서는 하와이 한인 이민들에 의하여 세워진 한인교회는 한국

---

53) 최창희, 앞의 논문, 148~238쪽.
54) 최창희, 위의 논문, 238쪽
55) 柳東植,「在美韓人의 定着過程에서의 종교의 역할-하와이 한인사회와 기독교를 중심으로」,
    『延世論叢』24, 1988

의 남·북감리교회가 그 모체가 되었음을 지적하고, 나아가 뒷날 한국의 민족운동과 본국의 교회와 교회학교를 돕는 일에도 적극적으로 나서게 되었다는 것이다.56) 따라서, 한인은 하와이 이민 초기부터 교회와 밀접한 관계 아래서 한인사회를 형성하고 이를 바탕으로 조국 발전에의 기여와 민족운동에 큰 역할을 담당하였던 것이다.

한편, 홍선표 교수는 그의 논문에서 1910년대 하와이 한인사회의 동향을 자세히 다루고 있는데57) 주로 한인사회의 분쟁과 이에 따른 대한인국민회의 대응 활동을 중심으로 다루고 있다. 이에 따르면 박용만과 이승만의 분쟁은 한인사회의 결속을 해치고 분열을 초래하자 이에 대응하여 대한인국민회가 중심이 되어 외교활동을 전개하게 되는 경위를 자세히 밝히고 있다.58) 그리고, 김도형 연구원은 그의 논문에서 3·1독립운동 봉기 당시의 하와이 한인 사회의 동향을 이에 대한 지원활동, 하와이 지역 언론의 반응을 중심으로 다루고 있다. 이에 따르면 3·1독립운동이 일어나자 일시적이나마 한인 사회의 분쟁과 갈등으로 말미암은 독립운동 세력의 분열이 통일된 모습을 보여 주었다는 것이다. 또한 그는 이어서 1930년대 한인사회의 동향도 다루고 있는데59) 주로 한인사회의 갈등과 분쟁 문제를 밝히는데 주안점을 두고 있다. 이에 따르면 특히 하와이 '교민총단관 점령사건'은 표면적으로는 하와이 한인사회 내부의 교민단 계열과 동지회 계열이 주도권을 둘러싸고 첨예하게 대립한 것이었지만, 그 속에는 구세력과 신세력, 지역간의 갈등, 세대간의 갈등 등 이민사회의 전반적인 문제점이 속속들이 들어 있었다고 한다.

이와 같이 하와이 한인사회의 동향은 이 지역을 중심으로 전개되는 민

---

56) 이만열, 「하와이 이민과 한인교회」, 『한국근현대사연구』9, 46쪽
57) 홍선표, 앞의 논문.
58) 김도형, 앞의 논문
59) 김도형, 「1930년대 초반 하와이 한인사회의 동향-소위 '교민총단관점령사건'을 통하여-」, 『한국근현대사연구』9, 1998, 235쪽

족운동에도 영향을 끼치고 있음이 주목되는 것이다.

Ⅱ. 하와이 지역 한인 민족운동의 연구 동향

미주지역의 한인사회의 동향과 민족운동은 많은 연구가 이루어진 바 있는데,60) 하와이 지역이라는 일정한 지역적 특수성 아래서 전개된 민족운동에 대한 연구도 많이 축적되어 있다. 여기서는 하와이 지역에서 전개된 민족운동의 연구 동향을 중심으로 살펴보기로 한다.

하와이 지역 한인 민족운동의 연구동향은 대체로 이민문제와의 연결선상에서 다룬 연구 내지 민족운동선상의 인물을 중심으로 한 연구가 대부분이라고 할 수 있다.

먼저 김원모 교수의 하와이 지역 민족운동 연구는61) 한인의 하와이 이민을 민족운동의 배경으로 그 전개과정을 다루고 있다. 이에 따르면 그는 우선 하와이 이민 출신으로 민족운동에 헌신한 인물로 현순과 장인환을 들고 그들 생애의 궤적을 추적하고 있다. 그리고, 하와이 민족운동 단체로서 대한인국민회가 민족운동의 총본산이 되는 과정을 추적하고 다시 미주와 하와이에서 독립운동을 이끌어온 민족지도자로서 안창호, 박용만, 이승만의 활동을 다루고, 하와이 동포에게서 독립운동자금을 의연금으로 납부케하였다는 것이다. 그리하여 하와이 지역은 한인 독립운동의 중요한 근거지가 되었다고 한다.

다음으로 홍선표 연구원의 1930년대 후반에 전개된 한인사회의 통일운동은62) 한인단체의 통합과정에 그치는 것이 아니라 민족운동의 일환으로

---

60) 尹炳奭,「美洲韓人社會의 성립과 民族運動」,『國外韓人社會와 民族運動』, 一潮閣, 1990
方善柱,『在美韓人의 獨立運動』, 한림대학교 아시아문화연구소, 1989
方善柱,「3·1운동과 재미한인」,『한민족독립운동사』3, 국사편찬위원회, 1988
61) 김원모, 앞의 논문

이해한 연구이다. 이에 따르면 하와이 한인사회의 통일운동은 국민회(國民會)와 동지회(同志會)의 두 독립운동단체 중심의 합동운동으로 전개되었으며 성과를 거두지 못했지만 민주적이고 합리적인 방식으로 진행되었다는 것이다. 그리고, 이승만은 이 통일운동에 관여하지 않았다는 점이 주목되며 이 통일운동을 특히 임시정부에 대한 지원활동 등 독립운동에 대한 분명한 목표 속에 전개되었다고 기술한다. 이러한 점으로 보아 이 논문에서는 통일 운동이 단순히 국민회와 동지회의 통합운동이 아니라 독립운동의 차원에서 이해하여야 한다는 논자의 주장은 타당성을 지니고 있다고 할 수 있다. 같은 논자의 하와이 한인 사회의 통일운동 중 이승만의 통일운동[63] 동지회 부흥운동과 합동운동, 그리고 동지미포대표회(同志美布代表會)의 개최 등으로 전개되었지만 이 또한 성과를 거두지 못하고 분쟁만 남기고 실패하고 말았다고 한다. 따라서, 통일운동이 실패한 원인으로서 논자는 다음과 같은 점을 지적하고 있다. 곧 목적의 순수성이 불명하고, 통일운동에 대한 구체안이 없는 것, 여론 지지를 얻기 위한 노력이 부족한 것, 임시 정부와의 관계 정립없이 이승만 개인 중심으로 통일운동이 전개된 점, 이승만의 포용력 부족 등 주로 부정적인 측면을 지적하고 있다. 한편, 이승만에 비하여 박용만의 경우는 민족운동사에서의 그의 위상을 높이 평가하는 연구가 많이 발표되어 있다.

먼저 서대숙 교수의 연구는 박용만을 혁명가로 이해하고 그의 혁명활동을 다루고 있다.[64] 이에 따르면 그는 하와이에 무관학교를 세우고 독립운동의 기틀을 마련하는 등 하와이 한인사회에서 뛰어난 지도자로 국민회의 부회장으로 활동하였다. 그는 하와이에 오기 전 1909년 네브라스카주

---

[62] 홍선표, 「1930년대 후반 하와이 한인의 통일운동」, 『한국독립운동사연구』12, 1998
　　홍선표, 「이승만의 통일운동-1930년대 하와이 동지미포대표회를 전후로-」, 『한국독립운동사연구』11, 1997
[63] 홍선표, 앞의 논문
[64] 서대숙, 앞의 논문

키니(Kearney)에 한인 소년병학교를 세웠고 1927년에는 중국에 건너가 일 제에 직접적인 투쟁을 모색하기 위해서 노력했는데 1928년 공산주의자가 보낸 자객에 의해 암살되었다고 하였다.65) 서대숙 교수의 박용만의 개척 적인 연구 외에도 2, 3편의 논문이 발표되어 있다.

먼저 김도훈 교수는 박용만의 정치사상으로 무형국가론, 국민개병설, 국호론을 주장하였다고 지적하고 있다. 특히, 그는 국민개병을 통해 일제 와의 독립전쟁으로 광복을 쟁취하고자 하였고, 광복 후에는 국민주권론에 입각한 임시정부 수립과 입법, 사법, 행정 등 3권 분립에 따른 신국가 건설론을 구상하였다고 한다.66)

또한, 안형주 연구원의 박용만이 세운 소년병학교에 대한 연구는67) 장기적인 독립운동 방향설정과 재미동포들의 응집력을 높였다는 점과 이 학교 출신이 연해주에서 무장독립운동을 전개한 점 등을 지적하고 있다. 그리고, 소년병학교의 개교는 한인들에게 조국을 위해 투쟁해야한다는 투쟁의식을 심어준 개척자적 역할과 함께 그들이 직접 독립운동 단체에 가담하여 활동하는 계기를 마련해 주었다는 것이다. 따라서, 소년병학교 는 항일 무장투쟁의 준비기관의 역할과 함께 항일독립운동사에서 박용만 의 위상을 높여주기에 넉넉하였다고 할 수 있다.

또한, 박용만의 민족운동에 대한 위에서 본 연구 외에도 서영석 교수의 연구가 있는데68) 그의 중국에서의 민족운동 외에는 대체로 동일 내용을 다루고 있다. 이밖에도 오세창, 김도훈 교수의 연구는69) 일부 하와이 지역의 한인 민족운동을 다루고는 있으나 미주 전체의 시각에서 일부분만 간단히 포함시키고 있다.

---

65) 서대숙, 위의 논문, 27~28쪽.
66) 김도훈, 「박용만의 정치사상」, 『한국민족학연구』4, 단국대학교 한국민족학연구소, 1999
67) 안형주, 「박용만의 소년병학교」, 위와 같음
68) 서영석, 앞의 논문
69) 오세창, 김도훈, 앞의 각 논문

한편 한규무 교수의 독립운동가 현순(玄楯)에 대한 연구는 이를 전론한 논문이 많지 않은 현실에서 이 분야의 연구에 큰 보탬이 된다고 하겠다.70) 현순은 1903년 하와이로 건너가 초기 이민에 있어서 한국인의 하와이 현지 정착에 노력을 기울였을 뿐만 아니라 민족운동에도 공헌한 바 컸다고 한다. 현순은 1934년 이후 임시정부를 위한 모금운동의 하와이 책임을 맡고 나아가 이 지역 독립운동의 중심적 역할을 하였음을 밝히고 있다. 독립운동가로서의 현순에 대한 연구는 자료를 보태어 보다 심층적인 연구가 기대된다. 그리고, 하와이 지역 한인의 독립운동을 기독교가 그 구심점의 역할을 하였음을 밝힌 오인철 교수의 연구는71) 새로운 시각에서의 연구로 이 분야의 연구에 또 하나의 보탬이 될 것으로 평가된다. 특히, 이 논문에서의 초기 하와이 이민자 명단은 여러 면에서 참고가 될 것으로 여겨진다. 그리고, 하와이 지역 독립운동의 중요한 위상을 차지하고 있는 국민회의 성립과 활약상에 대하여 초창기 하와이 국민회의 간부였던 쟌현의 회고록적 기록은72) 자료로서의 가치가 높다고 하겠다. 여기에는 나라의 독립을 위해 온갖 희생과 헌신을 아끼지 않았던 하와이 한인 사회의 활약상, 국민회의 박용만과 동지회의 이승만 간의 반목 등에 대해서도 비교적 객관적으로 서술하고 있어서 초기 하와이 한인사회의 실상과 민족운동을 연구하는데 중요한 자료를 제공해 주고 있다.

맺음말 - 연구과제와 관련하여

위에서 우리는 하와이 지역 민족운동의 연구동향에 대하여 이때까지

---

70) 한규무, 앞의 논문
71) 오인철, 「하와이 한인이민과 독립운동 연구-한인교회와 사진신부와 관련하여-」,『비평문학』 12, 1998
72) 쟌 K. 현, 「하와이의 국민회약사」,『광장』151, 1986

발표된 논문을 중심으로 살펴보았다.

1902년부터 하와이 지역으로의 이민이 시작되어 1903년부터 정착하기 시작하고 1945년 광복 때까지의 하와이 지역의 이민사회는 고난의 역사이기도 하였다. 처음 하와이 이민자는 대부분 문맹자인 노동자였는데 이들은 사탕수수밭의 힘든 노동을 견뎌가면서 한인교회를 중심으로 이민사회를 형성하고 조국애와 애국심을 키워나가 하와이 지역이 또 하나의 민족운동의 근거지가 되었던 것이다.

그 동안 하와이 지역 한인의 민족운동에 대하여는 앞에서 본 바와 같이 이민과 한인 사회의 형성, 그리고 민족운동에 걸쳐 많은 논문이 발표되어 많은 연구가 축적되어 있는 것도 사실이다. 그럼에도 불구하고 아직도 연구과제가 어느정도 남겨져 있는 것같다.

먼저 주목되는 것은 자료의 발굴과 정리이다. 그 동안 국가보훈처에서는 해외 독립운동자료의 발굴에 힘써 하와이 지역 독립운동자료집을 2, 3권 간행한 바 있지만 앞으로도 이에 대한 발굴과 정리가 활발히 이루어져야 할 것이다. 자료(사료)는 연구를 위한 기초작업이며 출발점이라는 것은 더 말할 필요가 없다. 이 때까지 이 분야의 연구에 있어서 미진한 점은 이민 경위와 이민사회의 형성에 대하여는 자세히 다루면서도 상대적으로 민족운동에 구체적이고 심층적인 연구가 부족했음을 들 수 있다. 이를테면 국민회와 동지회에 대한 보다 정치(精緻)하고 자세한 연구가 바람직하다. 그리고, 독립운동가의 인물 연구에 있어서는 박용만의 경우는 많은 연구가 이루어져 그의 독립 운동상의 위상이 높이 평가되어 있다. 그러나, 이승만의 경우는 거의 학문적 연구가 안됐거나, 또는 되었다 하더라도 부정적인 측면만을 강조하는 연구만이 이루어지고 있는 것은 재고의 여지가 있다. 하와이 지역 민족운동의 양대산맥을 이루고 있는 이승만과 박용만에 대한 위상에 대하여는 앞으로 보다 객관적이고 정밀한 연구가 기대된다. 또한, 하와이 지역 독립운동가에 대한 연구는 위의 두 인물에 국한시키지 말고 그밖에 중요한 역할을 한 다른 인물에 대한 연구도 이루어졌으면 하는 바람이다.

- 투고일 : 1월 13일, 심사완료일 2월 23일
- 주제어 : 하와이 지역 이민사회, 하와이 지역 한인 민족운동, 안창호, 박용만, 현순, 한인소년병학교

Research Trends Problems of Korean National Movement in Hawaii

Kim, Chang Soo

The history of the immigrants to Hawaii can be described as a hardship history, especially from the immigration to the US in 1902, through the adaptation to the American society, to the liberation from Japanese grip on Korea in 1945. In the beginning of the immigration history, most immigrants to Hawaii accounted for illiterates. These immigrants formed their own community centered on Korean churches while they were suffering from hard works in the sugar plantations. Hawaii became one of basements for the national movement as immigrants exalted their patriotism and nationalism.

A great deal of articles concerning the Korean national movement in Hawaii were published, the subjects of which were the immigration of Korean to America, the formation process of the Korean community in Hawaii, and the national movement there. Nevertheless, there seems to be more research to be done to a certain extent.

What should be concerned is the discovery of materials and its arrangement. The Ministry of Patriots and Veterans Affairs of Korea has striven to excavate the raw materials and the document related to the national movement implemented outside the country, and as a result has published articles or books relevant to the independence movement in Hawaii. The further discovery and arrangement of materials and document should be vigorously carried out because these processes are the starting point of the historical research.

The specific and in depth research on the national movement of Korean in the US has not been conducted on balance. For instance, the further research on Kukminhoe or Dongjihoe is inevitable. In the case of the research evaluating personal dedication to the independence, Park Yongman has been dealt with several times and his achievements to the independence movement have been acknowledged properly. However, the academic research focusing on Rhee Syngman and his exertion has not been carried out fully. Even if there are researches, most of the researches have the negative perspective on Rhee's achievement. Thus, it is expected that more detailed and objective research on the historical status of Rhee and Park, considered as significant persons in the independence movement in Hawaii, will be performed. Furthermore, other persons who played pivotal roles in terms of the national movement in Hawaii should be uncovered.

Key Words : Hyun Soon, Korean national movement in Hawaii, Korean community in Hawaii, Kukminhoe, Dongjihoe, Park Yongman, Rhee Syngman

특집 : 미주지역의 한인사회와 민족운동

개화기(1883~1905) 미국 유학생과 민족운동

허 동 현*

―――――― 목 차 ――――――
머리말
Ⅰ. 제1기(1883~1894) 유학생과 민족운동
Ⅱ. 제2기(1895~1905) 유학생과 민족운동
맺음말

머 리 말

1880년 10월 제2차 수신사 김홍집(金弘集 : 1842~1896)이 가져온 황준헌(黃遵憲 : 1848~1905)의 『조선책략』에서 제기된 연미론(聯美論)과 1879년 이래 중국의 최고 실력자 이홍장(李鴻章 : 1823~1901)의 미국과의 수교 권고가 주효해 1882년 5월 은둔국 조선은 미국과 수교하기에 이르렀다. 조미조약은 불평등조약임에 틀림없지만, 다른 나라의 부당한 간섭에 대한 거중조정(居中調停, good offices)의 의무, 장차 조선의 사법제도가 미국과 같아질 경우 치외법권 철회, 10~30%에 이르는 "고율"—5%에 불과한 중미관세협정에 비해—관세 보장 등이 들어 있는 "형식상 호혜

―――
* 경희대학교 외국어대학 교양과 교수

원칙과 조선의 주권을 존중한 '관용적' 내용의 조약"이었다.1) 또한『한성순보』나『독립신문』과 같은 매체나 보빙사(민영익·홍영식)나 주미공사(박정양) 등이 남긴 기록에 보이는 미국 인식도 매우 호의적이었다. 1882년부터 1894년까지는 중국의 압제에, 이어 1895년부터 1905년까지는 일본과 러시아 두 나라의 패권 다툼에 시달린 조선 왕조의 위정자들은 미국을 우리의 독립을 지켜줄 우방으로 생각하는 경향이 강했다. 이처럼 개화기에 대다수 한국의 위정자와 지식인들은 호의적인 미국관을 갖고 있었고 미국으로부터 개화·자강·독립에 필요한 외교적 지원과 인적·물적 원조를 기대하였기에 활발한 유학생 파견이 예견되었었다.2)

그러나 조미조약 제11조—"양국의 유학생이 상대방 국가에서 언어·문예·법률 및 기술을 학습하는 것을 피차 고루 양조(勸助)한다"—에 의해 열린 조선과 미국 두 나라 사이의 지식과 사람이 오가던 교통로는 1905년 미국이 조미조약을 일방적으로 파기함으로써 끊어지고 말았다.3) 한미관

---

1) 권석봉,「『조선책략』과 청측 의도」,『전해종박사 회갑기념사학논총』(일조각, 1979), 422~432쪽; 박일근,『미국의 개국정책과 한미외교관계』(일조각, 1981), 233~234쪽; 유영익,「한미조약의 성립과 초기 한미관계의 전개」,『한국근현대사론』(일조각, 1992), 2~4쪽.
2) 유영익,「개화기의 대미인식」,『한국인의 대미인식』(민음사, 1994), 126~128쪽. 이 글에 따르면 개화기에 형성된 호의적 대미인식은 다음 요소로 구성된다고 한다.
— 미국은 그 국토가 광활함으로 남의 나라에 대해 領土慾이 없다.
— 미국은 세계 굴지의 富國으로서 전쟁 대신에 무역과 상업발달에 치중한다.
— 미국은 萬民平等主義와 自由·人權 등 인류보편의 이상을 실현한 民主共和國이자 極樂世界이다.
— 미국은 잠재적인 軍事强國이다.
— 미국은 抗英 독립운동을 통해 독립을 쟁취한 나라로서 국제사회에 公義(禮義)와 信義를 중시하고 抑强·扶弱한다.
— 미국은 法治國으로서 외국과 체결한 조약의 의무를 엄수한다.
— 미국은 교육·산업기술·교통통신 시설 등이 고루 발달된 모범적인 文明開化國이다.
— 미국은 平等主義 국가로서 각종 사회복지시설이 발달된 나라이다.
— 미국 국민은 대체로 근면·검소·친절하다.
— 미국은 耶蘇敎(기독교) 국가로서, 政敎分離의 원칙이 확립되었고 그 나라 선교사는 남의 나라 내정에 간여하지 않는다.
3) 이보형,「구미제국에 대한 통상조약의 체결」,『한국사』16(국사편찬위원회, 1981), 226쪽;

계가 비교적 소원했던 1882년에서 1905년간 미국 유학생은 통틀어 64명에 지나지 않았다.4) 이처럼 개화기의 미국유학생은 일본유학생—국비유학생만 1881~1883년간 100여 명, 1895~1896년간에 160여 명이 파견되었고 1905년 현재 체류중인 국비와 사비 유학생이 총 449명을 헤아린—에 비해 수적으로는 매우 미미한 수준이었다.5) 그러나 개화기 미국 유학생은 개화기에서 일제하를 거쳐 해방 이후에 이르는 한국 근·현대사의 전개에 큰 영향을 끼친 인물들이었다는 점에서, 그리고 이들은 한미관계가 가속적으로 긴밀해진 해방 이후 나타난 미국유학 붐의 연원을 이룬다는 점에서도 간과할 수 없는 존재들이다.6) 그럼에도 불구하고 개화기의 미국유학생들의 집단적 배경이나 이들이 전개한 민족운동에 관한 본격적 연구는 아직 찾아 볼 수 없다.7)

유영익, 앞의 「한미조약의 성립과 초기 한미관계의 전개」, 10쪽.
4) Warren Y. Kim, *Koreans in America*, Seoul: Po Chin Chai Printing Co., 1971, p. 23; 최봉윤, 『미국 속의 한국인』(종로서적, 1983), 78쪽. 1940년까지 미국유학생 891명 중 1910년 이전 유학생은 64명으로 추산되며, 이들 중 45명이 대학을 마치거나 수학했다고 한다.
　　1940년까지 미국유학생 약 900명 가운데 64명은 1910년 이전에, 약 500명 가량은 1910~1924년 사이에, 약 300명은 1924년 이후에 정치적 망명과 수학 목적으로 도미했다는 기록도 있다. 뉴욕한인회, 『미국 속의 한인사회』(뉴욕한인회, 1986), 13쪽; 이만열, 「미주 한인교회와 독립운동」, 연세대학교 국학연구원 편, 『미주 한인의 민족운동』(혜안, 2003), 65~66쪽에서 재인용.
5) 독립운동사편찬위원회 편, 『독립운동사』 9(독립운동사편찬위원회, 1977), 89쪽; 송병기, 「개화기 일본유학생 파견과 실태(1881~1903)」, 『동양학』 18(1988), 255~256쪽; 박찬승, 「1890년대 후반 도일 유학생의 현실인식」, 『역사와 현실』 31(1999), 119쪽; ──, 「1890년대 후반 관비유학생의 도일유학」, 『근대교류사와 상호인식』 1(고려대 아시아문화연구소, 2001), 91, 101~102, 107~108 쪽; ──, 「식민지시기 도일유학과 유학생의 민족운동」, 『아시아의 근대화와 대학의 역할』(한림대 아시아문화연구소, 2000), 박찬승의 한국근현대사 연구실(http://hanbat.chungnam.ac.kr/~phistory/)에 수록된 hwp 파일본, 3쪽.
6) 미국 유학 붐이 한창이던 1953~1978년간 문교부의 해외유학인정자 현황을 보면 세계 50여 개국에 총 14,503명이 유학하였는데, 그 중 12,418명이 미국에, 그리고 185명이 일본에 유학했다 한다. 유영익, 「1950년대를 보는 하나의 시각」, 『한국근현대사론』, 250쪽.
7) 일제하 미국 유학생에 대해서는 다음을 참조. 홍선표, 「일제하 미국유학연구」, 『국사관논총』 96(2001); 방기중, 「일제하 미국 유학 지식인의 경제인식」, 연세대학교 국학연구원 편, 『미주 한인의 민족운동』, 227~244쪽.

대체로 개화기 미국유학생들은 정치·사회적 지위와 종교, 유학 동기와 수학 기간, 그리고 유학 시기와 수학 정도에 따라 미국에 대한 인식의 심도와 수준이 차이가 났으며, 미국을 보는 눈의 긍부(肯否)에 따라 민족운동에 대한 향배(向背)가 달라지기도 하였다.[8] 따라서 이 논문에서는 먼저 개화기 미국유학생들의 유학경위, 그들의 사회·정치적 배경, 유학 후 주요 경력 등을 살펴 본 뒤, 미국 유학이 이들의 민족운동에 미친 영향을 고찰하되,[9] 편의상 이를 제1기(1883~1894)와 제2기(1895~1905)로 나누어 살펴보려 한다.

I. 제1기(1883~1894) 유학생과 민족운동

제1기는 미국에 처음으로 유학생이 간 1883년부터 청일전쟁과 갑오경장의 결과 중국과 민씨척족정권이 물러나기 전인 1894년까지로 한다.

---

[8] 사실 미국 유학생 대다수는 "지미파"로서 미국에 대해 호의적 인식을 갖고 있었지만, 인종차별을 당한 개인적 경험이나 거중조정 의무를 저버린 미국의 친일정책과 같은 국가적 차원의 이유 때문에 원래 가졌던 호의적 대미고정관념을 수정하는 경향이 나타났다고 한다. 유영익, 「개화기의 대미인식」, 『한국인의 대미인식』(민음사, 1994), 129쪽 참조.
[9] "민족운동"의 사전적 의미는 "민족의 통일이나 독립을 이룩하여, 민족이 마땅히 누려야 할 권리를 되찾기 위하여 펴는 활동"이다. 베네딕트 앤더슨은 『상상의 공동체: 민족주의의 기원과 유행』에서 "민족(nation)은 이미지로서 마음속에서 묘사되는 상상의 정치공동체(an imagined political community)이다"라고 정의했다. 앤더슨의 개념을 빌릴 경우 민족운동의 외연은 확대되어진다. "민족(nation)"은 국민으로도 번역되므로, 민족운동은 "상상의 공동체"로서 근대적 국민국가의 수립을 도모하는 모든 활동을 의미한다. 즉, 민족 즉 국민을 통합하는 전제로서 경제통합(교통망, 토지제도, 화폐와 도량형의 통일), 국가통합(헌법, 의회, 징병에 의한 국민군), 국민통합(호적, 박물관, 정당, 학교, 신문), 문화통합(국기, 국가, 서약, 문학, 역사서술)등에 기여하는 모든 활동은 민족운동으로 볼 수 있다.
　Benedict Anderson, 1983, Imagined Communities: Reflections on the Origin and spread of Nationalism, London·New York: Verso; 1991, Revised Edition. 한국에서는 다음 서명으로 번역 출판되었다. (초판) 앤더슨 저, 윤형숙 역, 『민족주의의 기원과 전파』(나남, 1991); B. Anderson 저, 崔錫榮 역, 『민족의식의 역사인류학』(서경문화사, 1995). (수정판) 베네딕트 앤더슨 저, 윤형숙 역, 『상상의 공동체 - 민족주의의 기원과 전파에 대한 성찰』(나남, 2002).

1884년 갑신정변의 실패 이후 원세개(袁世凱 : 1859~1916)가 조선의 내외정치를 좌우하던 "태평십년(1885~1894)" 동안 우민화와 개화파 탄압만 있었을 뿐 근대화 정책은 추진될 수 없었기에 국가자원의 미국유학생 파견은 기대할 수 없었다.10) 따라서 이 시기의 유학생은 1883년 보빙사(報聘使)행 편에 유학한 최초의 국비유학생 유길준(兪吉濬 : 1856~1914)을 제외하면, 갑신정변에 직·간접으로 연루되어 미국으로 망명·유학한 이계필(李啓弼, 생몰년 미상),11) 서재필(徐載弼, 영문명: Philip Jaisohn, 1864~1951), 변수(邊燧, 1861~1891), 그리고 윤치호(尹致昊, 1865~1945) 등 극소수의 인사들이 있을 뿐이다. 여기서는 <표 1>에 보이는 유학생들의 사회·정치적 배경, 유학경위, 수학정도를 살펴 본 뒤 미국 유학이 추후 이들이 전개한 민족운동에 어떠한 영향을 끼쳤는지를 분석해 보겠다.

첫째, 이들은 모두 왕실의 종친이나 세도정권의 핵심 가문과는 거리가 먼—권력의 핵심에서 벗어난—약세의 양반가문 출신(유길준·서재필)이거나 중인(변수)과 서손(庶孫, 윤치호)으로 조선왕조 지배층 내의 주변인(marginal intelligentsia)들이었다. 노론 명문가였던 유길준의 집안은 세도정권기 이래 중추세력의 지위를 잃었고, 서재필의 선대도 위로 3대가 관직에

---

10) 1885년 11월 주차조선총리교섭통상사의(駐箚朝鮮總理交涉通商事宜)로 부임한 원세개는 1894년 청일전쟁 때까지 10여년 동안 조선 국왕에 버금가는 지위를 누리면서 조선의 내·외정치를 통제해 실질적으로 중국의 보호국으로 만들어 나갔다. Young Ick Lew, "Yüan Shih-k'ai's Residency and the Korean Enlightenment Movement (1885~1894)," *The Journal of Korean Studies*, v (1984), pp. 65~86; 이양자, 『조선에서의 袁世凱』(신지서원, 2003), 53~202쪽.
11) 개화기 사료에 나타나는 李啓弼은 모두 두 명으로 1887년 과거에 급제한 이계필(1860~)은 당시 미국에 유학 중이던 인물과 동명이인으로 보인다. 미국 유학생 이계필은 일본에서 영어를 배운 점으로 보아 그는 중인 집안 출신이나, 몰락한 양반가의 후손이 아니었을까한다. 왜냐하면 1880년대 초반 일본 유학생 중 기술이나 어학 계통의 유학생은 대부분 신분적으로 처지는 인물들이었던 것으로 보이기 때문이다. 한철호,「'최초의 미국대학 졸업생' 李啓弼의 일본·미국 유학과 활동」,『동국사학』 37(2002), 361~362쪽;「이광린」,「개화초기 한국인의 일본유학」,『한국 개화사의 제문제』, 56, 60~61, 63쪽.

오르지 못했으며, 윤치호의 부친 윤웅렬(尹雄烈)은 서자였다.12) 따라서 이들은 전통적 학문체계, 즉 성리학의 틀에서 벗어나 근대 학문이나 서구 종교를 쉽게 받아들일 소지가 충분히 있는 인물들이었다.13) 이들은 모두 미국유학 전인 1880년대 초에 일본에 유학한 진취적 인물들이었다. 유길준과 윤치호는 조사시찰단(朝士視察團)편에 일본으로 건너가 1881년 6월 게이오 기주쿠(慶應義塾)와 도진샤(同人社)에 최초의 외국인 유학생으로 입학해서 우선 일본어를 배운 후 영어를 비롯해 국제법·정치학 같은 서양의 근대학문을 본격적으로 연마하였다.14) 그리고 1882년 문과에 급제해 교서관(校書館)의 부정자(副正字)로 벼슬길에 오른 서재필도 일본으로 건너가 무예를 배우라는 김옥균의 권고를 받아들여 문관으로의 환로를 포기하고 1883년 5월에서 1884년 7월까지 하사관 양성소인 도야마(戸山) 육군학교에서 일본어와 근대 군사학을 익힌 바 있었다.15) 1882년 김옥균을 따라 일본에 간 변수는 교토(京都) 소재 학교(미상)에서 양잠학·화학을 4개월 수학하였으며, 이계필도 1883년부터 도쿄(東京) 간다(神田)의 영화예비학교(英和豫備學敎)에서 영어를 배운 바 있었다.16)

---

12) 유영익, 「갑오경장 이전의 유길준」, 90~91쪽; 이광린, 「서재필의 개화사상」, 『동방학지』 18(1978), 4~7쪽; 유영렬, 『개화기의 윤치호연구』, 18~19쪽; 이광린, 「한국최초의 미국대학졸업생 변수」, 『한국개화사의 제문제』(일조각, 1986), 67쪽.
13) 유길준은 개화사상가 박규수 문하에서 공부하면서 時務學에 눈떠 1877년에 이미 과거제도의 해악을 비판하는 "科文弊論"을 지은 바 있었다. 유길준, 「과문폐론」, 『유길준전서』 5, 239~241쪽; 졸역, 『兪吉濬論疏選』(일조각, 1987), 3~4쪽.
14) 당시 이들은 후쿠자와 유키치가 저술한 『서양사정』·『학문의 권장』·『문명론의 개략』을 비롯하여, 당시 일본에서 널리 읽혔던 가토 히로유키(加藤弘之: 1836~1916)의 『立憲政體略』과 『國體新論』 및 나카에 쥬민(中江兆民: 1847~1925)의 『民約譯解』 같은 서양 정치사상 소개서도 폭넓게 접했던 것으로 보인다. 유영익, 「갑오경장 이전의 유길준」, 94쪽 ; 유영렬, 『開化期의 尹致昊 硏究』(한길사, 1985), 22~25쪽.
15) 이광린, 「서재필의 개화사상」, 5~7쪽.
16) 이계필의 정확한 일본 유학 시기는 분명하지 않다. 이광린, 「한국 최초의 미국대학 졸업생 변수」, 68쪽;「개화초기 한국인의 일본유학」, 56쪽; 한철호,「'최초의 미국대학 졸업생' 李啓弼의 일본·미국 유학과 활동」, 364쪽.

개화기(1883~1905) 미국 유학생과 민족운동 45

〈표 1〉 제 1기 유학생의 배경

성명 생몰년	종교 신분	수학·외유 경력	도미년 (당시 나이)	유학 후 주요경력
유길준 (1856~1914)	유교 양반	게이오 기주쿠 1년반 수학, Governor Dummer Academy 1년반 수학, 조사시찰단 (1881), 보빙사(1883)	1883(27)	연금(1885~1892), 『西遊見聞』탈고(1888), 內部大臣(1895), 일본망명(1896~1907), 男僞 사퇴(1910)
이계필 (생몰년 미상)	유교 미상	영화예비학교(英和豫備學校) 2년여 수학, 컬럼비아 대학 졸업 추정	1885(미상)	內務府 부주사(1891), 외아문 주사(1893), 운산군수(1894), 독립협회 간사원(1896), 한성부 소윤(1896)
서재필 (1864~1951)	기독교 양반	과거 급제(18세), 도야마 육군학교 1년 수학, Harry Hilman Academy 졸업, 콜럼비안 의과대학(조지 워싱턴 의대) 의학사(M. D)	1885(21)	중추원고문·독립협회창립 (1896), Philip Jaison & Co. 설립(1914), 필라델피아 대한인 총대표회의 (1919) 개최 주도, 구미위원부 임시위원장(1921), 미군정최고고문(1947), 과도정부 특별의정관(1947)
변수 (1861~1891)	유교 중인	교토 소재 학교(미상)에서 양잠학·화학을 4개월 수학, Berlitz School of Language에서 어학 수학, 메릴랜드 농과대학 이학사 (Bachelor of Science), 보빙사 (1883)	1886(25)	미국 농무성 촉탁(1890~1891)
윤치호 (1865~1945)	기독교 서손	도진샤(同人社) 2년 수학, The Angro-Chinese College, 3년반 수학, Venderbilt 대학 및 Emory대학 5년 수학, 조사시찰단(1881)	1888(23)	학부협판(1895), 독립협회 회장(1898), 덕원감리(1899), 대한자강회 회장(1906), 105인 사건 (1912), 국민정신총동원 조선연맹 상무이사(1937), 조선임전보국단 고문(1941), 귀족원 의원(1945)

<참고자료> 유영익,「갑오경장 이전의 유길준」,『갑오경장연구』(일조각, 1990); 서재필 기념회 편,「서재필 연보」,『(서재필에 관한 글모음) 개화 독립 민주』(서재필기념회, 2001); 유영렬,『개화기의 윤치호 연구』(한길사, 1985);『한민족문화대백과사전』; 이광린,「개화초기 한국인의 일본유학」,『한국 개화사의 제문제』(일조각, 1986); ──, 이광린,「한국최초의 미국대학졸업생 변수」, 같은책; ──,「서재필의 개화사상」,『동방학지』18(1978), 4~7쪽; 유영렬,『개화기의 윤치호연구』, 18~19쪽; 한철호,『친미개화파연구』(국학자료원, 1998); ──,「'최초의 미국대학 졸업생' 李啓弼의 일본·미국 유학과 활동」,『동국사학』37(2002).

둘째, 이들은 기독교 수용을 둘러싸고 서로 대조되는 태도를 보였으며, 이러한 입장의 차이는 개혁방법론의 차이로 이어졌다. 유길준은 미국유학 동안 기독교가 구미사회의 발전에 도움이 된 종교라고 판단해 그 수용을 고려했으나, 기독교 윤리의 중심을 이루는 이타적(利他的) 사랑이 약소국인 한국의 국익에 배치된다는 판단을 내려 기독교로의 개종을 거부하였다. 그는 도덕으로서 유교의 가치를 평생 포기하지 않았기에 '동도서기론'에 바탕을 둔 실용주의적 개혁노선을 취했다. 그러나 미국에 입국한 1885년에 장로교로 개종한 서재필과 상해 중서학원 시절인 1887년에 세례를 받은 감리교 신자 윤치호는 유교에 대해 매우 비판적인 입장을 보인 반면 기독교를 개인으로서의 자신과 국가를 구원해 줄 희망으로 받아들였다. 예컨대 윤치호는 기독교를 자신의 '영혼의 욕구'를 충족시켜 줄 종교이자 '조선의 유일한 희망이자 구원'이라는 생각을 갖고 있었다. 기독교로 개종한 서재필과 윤치호는 유교의 신념과 가치체계를 완전히 부정하고 '근대적' 가치체계를 전폭적으로 수용할 것을 도모하는 혁명적 개혁노선을 취하게 되었다.17) 여하튼 이들은 미국유학을 통해 서구 학문과 기독교로 대변되는 비정통·이단사상을 수용해 조선왕조의 지배체제에 사상적으로 도전한 개혁 내지 혁신세력으로 성장하였다.18)

셋째, 이들은 갑신정변 이전 서로 뜻을 같이하는 동지 사이였지만, 갑신정변 이후 정치적 입장이 확연히 달라져 서로 경원 내지 기피하는 사이가 되었다. 유길준은 김옥균 등 갑신정변 주도세력이 자신의 후원자인 민영

---

17) 유영익,「개화파 인사들의 개신교 수용 양태」,『한국근현대사론』, 83~86, 100~112쪽; 유영렬,『개화기의 윤치호 연구』, 57~75쪽 ; Kenneth M. Wells, "Yun Ch`i-ho and the Quest for National Integrity: The Formation of a Christian Approach to Korean Nationalism at the End of the Chosŏn Dynasty," *Korea Journal*, 22: 1(January 1982), pp. 45~46쪽.
18) 변수는 가톨릭 집안인 엠멘(Daniel Ammen)가문과 친교를 맺고 지냈고 가톨릭 묘지에 안장되었지만, 가톨릭 신자가 되지는 않았다고 하며, 이계필의 경우 개종 여부를 알 수 없다. 이광린,「한국 최초의 미국 대학 졸업생 변수」, 85~86쪽.

익과 정치적으로 갈라서자 정치적 망명자로 미국에 남아 유학하는 것을 포기하고 귀국함으로써 '급진개화파' 인사들과 정치적 노선을 달리하는 보수서 선신개혁론의 입상에 서기 시작하였나.19) 반민 갑신정변의 유혈·무력적 방법에 반대해 참여하지 않았지만 동류로 몰려 망명길에 오른 윤치호는 결국 갑신정변 주도세력들과 같은 배를 타게 되었으며, 서재필과는 기독교 신앙과 미국 유학이란 공통의 경험에서 오는 유사성으로 인해 갑오경장과 독립협회 운동 시기에 친미주의 관료 지식인이라는 비슷한 정치적 지향을 보였다.20)

넷째, 제1기 전기간 동안 원세개의 우민화정책과 민씨척족정권의 반개화정책으로 인해 유학생의 파견이 거의 없었고 기왕에 파견된 일본 유학생들도 소환·처형했기 때문에 고급 영어 구사능력과 신지식을 갖춘 인재의 조달이 어려웠다.21) 따라서 조선정부는 갑신정변에 직접 가담하지 않았던 유길준과 이계필, 그리고 변수와 같이 유학했던 민주호(閔周鎬) 같은 인재를 회유·귀국시켜 외교문서 작성이나 각종 이권이 걸린 서양제국과의 교섭과 계약 시에 활용하였다. 유길준은 국왕으로부터 귀국을 종용하는 친서와 밀린 유학비조로 $10,000을 얻어 쓰라는 지시를 받고 돌아왔으

---

19) 유영익, 「갑오경장 이전의 유길준」, 『갑오경장연구』(일조각, 1990). 95~100쪽. 유길준은 갑신정변을 주동한 박영효 등이 미국으로 망명해 그들 중 서광범과 서재필이 자신이 유학하던 동부지역으로 온다는 소식을 듣고도 이들과의 접촉을 회피하였다. 또한 귀국길에 동경에서 김옥균을 만났지만 그의 만류를 뿌리치고 귀국을 택할 정도로 갑신정변 주동자들과 정치적 견해를 달리하였다.
20) 유영익에 의하면, 갑오경장 시에 유길준은 갑신정변에 가담하지 않고 국내에서 은인자중하던 "온건개화파"계열의 인사들로 구성된 국내세력 갑오파의 일원이었으며, 서재필과 윤치호는 박정양파(정동파)로 분류되는 친미주의 개혁세력이었다. 이계필도 서재필과 윤치호가 주도한 독립협회에 간사원으로 참여한 정동파의 일원이었다. 유영익, 『갑오경장연구』, 184~189쪽; ──, 「통시기적으로 본 대미인식」,『한국인의 대미인식』, 306~307 쪽; 한철호,『친미개화파연구』, 45, 85쪽.
21) 원세개의 개화 억제 정책으로 인해 이수정과 유형준을 비롯한 많은 유학생들이 귀국 즉시 처형되었다. 이광린, 「이수정의 인물과 그 활동」,『한국개화사연구』(일조각, 1969), 214쪽; ──, 「개화초기 한국인의일본유학」, 61~62쪽.

며,22) 이계필과 민주호는 영어 구사력을 높이 산 주미공사 박정양의 회유의 결과 귀국을 단행한 것이었다.23) 유길준은 귀국 후 원세개의 박해를 피하기 위해 당시 실력자인 포도대장 한규설의 집에 연금된 상태에서 미국으로부터 기계와 인력 및 차관 등을 들여오는 일을 처리하거나 외교문서를 작성하는 일 등에 동원되었다.24)

다섯째, 이들은 수학기간의 장단과 수학정도 및 미국에서의 경험에 따라 미국을 보는 눈에 편차가 있었으며, 이는 이후 이들의 민족운동에 큰 영향을 미쳤다. 미국에서 2년반 동안 머무른 유길준의 수학기간은 대학진학 예비학교(Governor Dummer Academy)에서 공부한 1년반의 시간뿐이었다. 윤치호나 서재필에 비해 단기간 동안 미국에 머물렀고 정규 대학 과정도 밟지 않았으며, 미국 문화의 중핵을 이루는 기독교에 대해서도 부정적 입장을 취했던 그는 전통적 가치관을 폐기하지 않았다. 따라서 그는 미국의 문물제도를 무조건적으로 호평하지 않고 주체적 입장에서 선별적 내지 비판적으로 평가·섭취하려는 입장을 취하였다. 그는 갑오경장 시기에 서양인과 친미파인 정동파를 경원하였으며, 친일적 성향을 강하게 내보였다.25) 경장 실패 이후 그가 택한 망명지가 일본이었음은 그의 친일성향을 방증하는 것이라 할 수 있다.26)

---

22) 유영익, 「갑오경장 이전의 유길준」, 99쪽.
23) 박정양은 이계필이 "영어에 매우 능통"함을 알고 워싱턴 소재 대학교로 전학시켜 주미공사관 직원으로 채용하였다. 한철호, 『친미개화파 연구』, 45, 187쪽; ──, 「'최초의 미국대학 졸업생' 李啓弼의 일본·미국 유학과 활동」, 372~375쪽. 민주호에 대한 박정양의 회유에 대해서는, 이광린, 「한국 최초의 미국대학 졸업생 변수」, 83쪽.
24) 유영익, 「갑오경장 이전의 유길준」, 103~106쪽.
25) 유영익, 「개화기의 대미인식」, 93~98쪽; ──, 『갑오경장 연구』, 185쪽.
26) 유길준이 망명지 일본에서 돌아 온 1907년부터 사망하는 1914년까지 일본 제국주의 침략에 대해 저항의식의 결여된 활동을 전개한 것을 놓고 현재 학계의 평가는 肯否가 교차하고 있다. 일례로 윤병희는 당시 그의 활동을 "근본적으로 친일인사로서 강한 친일적 성향이 작용한 결과로 보기보다는 당시 일본의 보호국으로서 일본의 간섭이 극심한 시대적인 상황을 고려해 실현 가능한 이론을 제시하고 실천하고자 하였던 데서 빚어진 결과" 보는 편이 합리적인 해석이라는 견해를 보이고 있다. 윤병희, 『유길준연구』(국학자료원, 1998) 227~

반면 미국 유학전 3년 이상 미국 선교사들이 세운 미션스쿨(The Angro-Chinese College, 中西學院)을 다녔고, 1888년부터 1893년까지 5년간 미국의 대학(Venderbilt 대학 및 Emory대학)에서 수학한 윤치호의 경우 미국에서 목격한 인종차별 같은 부정적 현상에 실망하면서도 미국문화를 긍정적인 눈으로 보려 애썼다. 그러나 그의 긍정적 대미관은 귀국 후 변질되기 시작하였다. 1905년 미국 대통령 루즈벨트의 일본 침략 옹호에 격분한 그는 반미의 입장을 취하기 시작하며, 1932년 일제의 만주침략을 계기로 황인종주의 내지 아시아 연대주의라는 인종주의 의식을 바탕으로 노골적인 반미 감정을 용출함으로써 일제통치에 순종하고 협력하는 친일논리의 자기합리화를 꾀한 바 있다.27) 갑신정변의 주동세력이었던 서재필은 민씨 척족정권과 중국 세력이 존재하는 한 귀국할 수 없었기에 미국사회에 동화되는 쪽을 택했으며, 기독교로의 개종(1885)·고등학교 졸업(1889)·시민권 취득(1890)·의학사 학위 취득(1892)·미국여인과의 결혼(1894) 등을 통해 미국 동부 백인사회의 '당당한' 일원으로 처세할 수 있었다. 그러나 그는 모국에 대한 연민의 정을 끊지 못했다. 그는 1895년말에 귀국하여 1898년 중반까지 중추원고문과 독립협회 고문 등을 역임하고 『독립신문』을 창간하는 등 한국민들에게 독립정신과 민주주의 사상을 부식시키는 데 공헌하였으며, 일제시대에도 한국인들의 독립운동을 도왔다. 그러나 그는 개화기에는 '외신(外臣)'을, 일제하와 해방기에는 '미국시민' 임을 자처하며 한국민에 대해 '한국계 미국인'의 입장에서 '선민주의적 우민관'을 보였으며, 철두철미 친미적인 입장을 견지한 바 있었다.28)

230쪽.
27) 유영렬, 『개화기의 윤치호 연구』, 265~267쪽; 유영렬, 「개화기의 대미인식」, 98~105쪽;
————, 「통시기적으로 본 대미인식」, 305~312쪽.
28) 유영렬, 「3·1운동후 서재필의 신대한(新大韓) 건국구상」, 서재필 기념회 편, 『서재필과 그 시대』(서재필 기념회, 2003), 328~329, 352, 400쪽.

Ⅱ. 제2기(1895~1905) 유학생과 민족운동

제2기는 청일전쟁과 갑오경장의 결과 중국과 민씨척족정권이 물러나고 다시 들어선 개화파 정권에 의해 해외유학생의 파견이 본격적으로 추진되던 1895년부터 미국이 조미조약을 일방적으로 파기하는 1905년까지로 한다. 이 시기 재정 부족에 시달린 조선정부는 비용이 많이 드는 미국보다 일본에 유학생을 보냈으며 미국에 공식적인 관비 유학생을 보내지 않았다. 그러나 갑오경장이 실패로 돌아가고 1896년 아관파천으로 인해 "역적의 손에 의해 파견된 유학생"이란 낙인이 찍히고 학비 송금이 중단되자,[29] 게이오 기주쿠에서 수학 중이던 유학생들 중 미래를 우려한 김헌식(金憲植, 1869~?)·이범수(李範壽, 1872~?)·임병구(林炳龜, 1877~?)·여병현(呂炳鉉, 1870~?)·이하영(李廈榮, 1867~?)·안정식(安禎植, 1869~?)·박희병(朴羲秉, 1871~?)·이희철(李喜轍, 1870~?) 등이 미국으로 도주·유학하였다.[30] 아관파천 이후에도 조선정부의 위정자들은 유학생들이 망명 개화파 정객들과 연결될 것을 우려해 유학생들의 파견과 학비 송금에 소극적 자세를 취했다. 따라서 전반적으로 이 시기 미국유학은 기독교 선교사의 지원과 알선을 통하지 않는 한 매우 어려웠을 것으로 보인다. 이처럼 기독교계와의 연계를 갖는 미국 유학은 국망에 즈음한 1903~1905년간에 활발해진다. 대표적 인물로는 윤병구(尹炳球, 1879~1949)·신흥우(申興雨, 1883~1959)·이승만(李承晩, 1875~1965)·박용만(朴容

---

29) 魚潭,『魚潭小將回顧錄』,『日本外交史料』10, 7쪽.
30) 김헌식 등 6명은 1896년2월 28일에, 박희병과 이희철은 한달 뒤인 3월 30일에 미국행 배에 올랐다.『친목회회보』제2호, 266, 270쪽; 박찬승,「1890년대 관비 유학생의 도일 유학」, 103쪽. 이들이 1894~1896년간 게이오 기주쿠에 파견된 유학생들중 몇몇이었음은 "慶應義塾入社帳"에 의해 확인된다. 김상기,「慶應義塾入社帳(한국유학생 편) 해제」,『근현대사강좌』4(1994) 224~248쪽.

萬, 1881~1928) · 민찬호(閔贊鎬, 1879~1954)[31] · 정한경(鄭翰景, 1890~1985) · 유일한(柳一韓, 1895~1971) 같은 인물을 꼽을 수 있다.

여기서는 <표 2>에 보이는 유학생들의 사회 · 정치적 배경, 유학경위, 수학정도를 살펴본 뒤 미국 유학이 추후 이들이 전개한 민족운동에 어떠한 영향을 끼쳤는지를 살펴보겠다.

첫째, 이 시기 유학생들도 제1기 유학생들과 마찬가지로 권력 핵심 가문 출신이 아니라 주변인의 성격이 강한 인물들이었다. 기생 출신 김난사와 상인 집안의 유일한은 말할 나위도 없고,[32] 중인 출신 김규식과 몰락한 양반가문 출신인 신흥우,[33] 왕족이라 해도 서계의 후예였던 이승만도 주변인의 범주에 드는 인물이었다.[34] 어떤 계층 출신인지 정확히 알 수 없는 임병구 · 이희철 · 안정식 · 김헌식 · 박희병 등도 대체로 몰락한 양반의 후예나 실세 관료의 서자거나 중인과 상인의 자제일 가능성이 높은 것으로 보인다.[35] 이들은 이러한 신분적 주변성에다가 목사(윤병구 · 민찬호)

---

31) 종래 민찬호는 1877년생으로 알려져 왔으나 하와이에 있는 그의 묘지명에 의하면 1879년생이 확실하다. 묘지명 사진은 "http://unsuk.kyunghee.ac.kr/bbs/view.html?id=40&code=photo5& start=0"에서 확인할 수 있다.
32) 김난사는 기부(妓夫)인 하상기(河相驥)를 따라 1895년 게이오 기주쿠에 유학생으로 들어갔으며, 망명정객을 감시 · 유인하는 일을 맡았다 한다. 이기동,『비극의 군인들』(일조각, 1982), 71쪽. 미국 유학 후 남편의 성을 따서 하난사라 했으며, 미국 유학년도는 1896년이다. 이화칠십년사 편찬위원회,『이화칠십년사』(이화칠십년사 편찬위원회, 1955).
  유일한에 대해서는, 유일한 전기 편집위원회,『나라사랑의 참기업인 유일한』(유한양행, 1995), 25쪽.
33) 김규식의 부친은 동래부 소속 역관이었다. 김규식을 양반가의 소생으로 본 류근일의 견해는 잘못된 것이다. 이정식,『김규식의 생애』(신구문화사, 1974), 12~13쪽; 류근일,『이성의 한국인 김규식』(동서문화사, 1981), 15~16쪽. 신흥우는 1504년의 갑자사화 때 청주 인근으로 낙향한 남인 계통의 학자 집안 출신이다. 전택부,『인간 신흥우』(기독교서회, 1971), 16~18쪽.
34) 이승만은 한파(寒派)로 알려진 양년대군파에 속한 데다 그 파내에서도 격이 낮은 서계의 후손이었다. 유영익,『이승만의 삶과 꿈』(중앙일보사, 1996), 14 쪽.
35) 박찬승,「1890년대 후반 관비유학생의 도일유학」, 108~109쪽. 박찬승은 1895년 관비유학생은 그 다수가 관료층의 자제였지만, 그 관료 가운데 상당수는 양반의 서자였을 가능성이 높다고 본다. "게이오 기주쿠 입사장"에 외아문 주사로 관직을 기재한 박희병과 사족(士族)

〈표 2〉 제2기 유학생의 배경

성명(생몰년)	종교 신분	수학 경력	도미년	유학 후 주요경력
박희병(1871~?)	기독교 미상	관립영어학교, 게이오 기주쿠(1895), Roanoke Collage 2년 수학(1896~1897),	1차: 1896 2차: 1905	운산금광 영어통역(1899), 한성판윤(1907)
임병구(1877~?)	미상	게이오 기주쿠(1895)	1896	
이희철(1870~?)	미상	게이오 기주쿠(1895)	1896	
안정식(1869~?)	미상	게이오 기주쿠(1895)	1896	
김헌식(1869~?)	미상	게이오 기주쿠(1895)	1896	
이범수(1872~?)	기독교 미상	게이오 기주쿠(1895), Howard 대학에서 수학	1896	
여병현(1870~)	기독교 미상	게이오 기주쿠(1895), 하버드 대학 5개월 수학(1896), 영국 할레이대학 3년 수학	1896	배재학당 교사·영국영사관의 통역관(1899), 한성기독청년회 창설(1900), 공사관 3등 참서관(1905)
이하영(1867~)	미상 양반	게이오 기주쿠	1896	
김(하)난사(1868~1919)	기독교 기생	이화학당, 게이오 기주쿠(1895), Ohio Wesleyan대학 문학사 (1900)	1896	이화학당 교사(1906) 중국망명(1919)
김규식(1881~1950)	기독교 중인	Roanoke University 문학사 (1897~1903). Princeton Academy 석사학위 취득(1904)	1897	언더우드 목사 비서(1904~1913), 중국 망명(1913), 모스크바 약소민족대회(1918), 파리강화회의(1919)한국대표, 민족혁명당 주석(1935), 대한민국임시정부 부주석(1944), 남북협상(1948)
윤병구(1879~1949)	기독교 목사	배재학당 졸업 덴버대 중퇴	1903	포츠머스강화회의(1905)·필라델피아 한인자유대회(1919) 대표, 미국체류
신흥우(1883~1959)	기독교 양반	배재학당(1894), 한성외국어학교(1901), University of Sourthern California 학사(1903~1911)·석사(1911)	1903	황성기독교 청년회 이사·배재학당 교장(1912), 신간회의 기독교계 대표 발기인(1927), 적극신앙단 조직(1932)

으로 신분을 밝힌 이하영을 제외한 인물들이 속한 계층은 정확히 알 수 없다. 김상기, 「"慶應義塾入社帳" 해제」, 224, 242쪽.

이승만(1875~1965)	기독교 종친	배재학당(1894), 하바드대 석사, 프린스턴대 박사(1910, 역사·국제정치학)	1904	황성기독교청년회 학감(1910), 필라델피아 대한인총대표회의(1919), 임시정부 국무총리(1919), 국회의장·초대 대통령(1948)
박용만(1881~1928)	기독교 미상	게이오 기주쿠에서 수학, 링컨고등학교 1년수학, 네브라스카 주립대학(1908~1912) 학사(정치학)	1905	대조선국민군단(1914) 조직, 뉴욕 약소국동맹회의(1917), 임시정부 외무총장(1919)
민찬호(1879~1954)	기독교 목사	배재학당 졸업, 남가주대학(USC) 학사·석사(신학)	1905	하와이 한인상조회(1905), 파리 강화회의 한국대표(1918), 필라델피아 대한인총대표회의(1919), 미국체류
정한경(1890~1985)	기독교 미상	네브라스카대학 석사(정치학)	1905	대한인국민회(1909), 파리 강화회의 한국대표(1918), 임시정부 외무위원 겸 비서주임(1944), 주일대표부 초대 수석
유일한(1895~1971)	기독교 상인	초등학교(1905~1911), Hastings고등학교(1911~1915), 미시간 주립대학 상과(1916~1919) 문학사,	1905	필라델피아 한인자유대회(1919) 결의문 기초, 유한양행 설립(1926), 대한상공회의소 초대 회두(1947)

<참고자료> 김원용, 『재미한인 50년사』(출판사 미상, 1959); 전택부, 『인간 신흥우』(기독교서회, 1971); ———, 『한국 기독교청년회 운동사』(범우사, 1994); 유일한 전기 편집위원회, 『나라사랑의 참기업인 유일한』(유한양행, 1995); 국가보훈처, 『독립유공자공훈록』5(국가보훈처, 1988); 국가보훈처, 『대한민국독립유공인물록』(국가보훈처, 1997); 독립운동사편찬위원회, 『독립운동사자료집』9(독립운동사편찬위원회, 1975); 유영익, 『이승만의 삶과 꿈』(중앙일보사, 1996)———, 「3·1운동후 서재필의 신대한 건국구상 」, 『서재필과 그 시대』(서재필 기념회, 2003); 한표욱, 『이승만과 한미외교』(중앙일보사, 1996); 방선주, 『박용만 평전』, 『재미한인의 독립운동』(한림대학교 출판부, 1989); 이정식, 『김규식의 생애』(신구문화사, 1974); 노경채, 「김규식론」, 『근현대사강좌』4(1994); 박찬승, 「1890년대 후반 관비유학생의 도일유학」, 『근대교류사와 상호인식』1(고려대 아시아문화연구소, 2001).

2명을 포함해서 대다수가 기독교로 개종한 인물들로서 사상적 이단성까지 보이고 있었다. 1896년에 미국에 입국한 박희병·이범수·여병현·김난사 등은 유학시절 기독교 신앙을 갖게 된 것 같고,36) 김규식(1887)·신

홍우(1898)[37]·이승만(1899) 등은 미국에 유학하기 전에 기독교로 개종했다.[38] 박용만은 그를 양육한 숙부 박희병의,[39] 유일한은 숭실대학 설립자인 사무엘 마펫(S. A. Maffett)에게 세례를 받은 부친의, 그리고 박희병이 평안도 선천에서 운영한 학교를 유일한과 함께 다녔던 정한경도 박희병의 영향으로 미국 유학전 기독교 신앙에 접했을 것으로 보인다.[40] 이들은 본격적으로 근대적 개혁이 펼쳐진 갑오경장 이후 등장한 새로운 유형의 지식인들로 신분적 주변성과 사상적 이단성으로 인해 유교전통을 비롯한 전제군주제와 양반 지배체제에 대해 매우 비판적인 즉 전통의 질곡에 항거해 근대적 가치체계를 적극적으로 수용한 혁명적 지식인이었다. 이 때까지 국내에서 기독교 신자가 된 사람들은 모두가 상인 또는 서민들이던 상황에 비추어,[41] 이들 신유형의 지식인들은 새로운 시대를 연 '창조적 소수자(creative minority)' 역할을 수행한 인물들이었다고 할 수 있다.

둘째, 이들은 갑오경장 이후 관료로의 출세길이 성리학적 소양에서 외

---

36) 여병현은 영국 체류 중이던 1896~1898년 사이에 신자가 되었으며, 박희병과 이범수도 상동청년회와 깊은 관계를 갖고 있었던 것으로 보아 미국 유학 기간중에 기독교 신앙을 갖게 된 것으로 보인다. 전택부, 『한국 기독교 청년회 운동사』, 31쪽; 방선주, 「박용만 평전」, 12~15쪽.
37) 『한민족문화대백과사전』; 전택부, 『인간 신홍우』, 47쪽. 김규식은 6세나던 해 언더우드 목사집에 들어가던 6세 때 세례를 받았다.
38) 이승만이 신앙을 갖게 된 시기는 탈옥에 실패해 죽음의 문턱에 서있던 1899년 7월 이후 어느 날이고 세례는 미국으로 건너간 뒤인 1905년에 받았다. 유영익, 『이승만의 삶과 꿈』, 32쪽. 이광린은 이승만의 세례시기를 1902년으로 보고 있다. 이광린, 「구한말 옥중에서의 기독교 신앙」, 『동방학지』 46·47·48합집(1985), 496쪽.
39) 박용만은 1904년 보안회에 입회해 일제의 황무지 개척권 요구에 항거하는 운동을 전개하다 투옥되었으며, 옥중에서 이승만과 결의형제를 맺은 바 있다. 이 때 기독교에 심취해 있던 이승만의 영향으로 기독교에 귀의하였을 가능성도 있다.
40) 유일한 전기 편집 위원회, 『나라사랑의 참 기업인 유일한』, 66쪽; 방선주, 「박용만 평전」, 12~15쪽. 배재학당 출신으로 목사가 된 윤병구와 민찬호도 미국 유학전 신앙을 갖게 된 것으로 보인다.
41) 이능화, 『朝鮮基督敎及外交史: 下』(彰文社, 1928), 203~204쪽. 이광린, 「개화파의 개신교관」, 『한국개화사상연구』(일조각, 1979), 221~223쪽.

국어 구사와 국제법 같은 실용적 지식능력으로 바뀌자, 이를 얻기 위해 미국유학을 결행한 성취동기가 매우 큰 업적지향형의 진취적 인물들이었다. 이들은 청소년기에 미국으로 건너가 인문과학 내지 사회과학 분야에서 정규 대학교육을 받은 당시 최고 수준의 근대교육을 받은 인물들이자, 기독교를 매개로 미국의 문화에 적응했던 미국식 사고와 가치에 익숙한 사람들이었다. 따라서 이들은 기독교와 민주주의라는 미국적 가치를 전파하는 전도사 역할을 수행하기도 하였다. 일례로 이승만이 미국유학을 통해 얻은 꿈은 '한국적 기독교 국가의 건설'과 '민주공화제 정부 수립'으로 요약될 수 있으며, 그는 이를 대한민국 초대 대통령 시절 실천하려 하였다.[42] 물론 김규식과 같이 미국을 '흡혈귀 국가(bloodsucker nation)'로 보아 미국이 표방하는 '이타주의'와 '민주주의'의 사이비성과 침략성을 비판적으로 인식해 미국을 약소국을 억압·착취하는 제국주의 국가로 본 '민족해방운동가' 내지 '기독교 공산주의자'도 있었다.[43] 그러나 기독교와 민주

---

[42] 이승만은 1945년 11월 28일에 김구선생과 함께 정동예배당에서 행한 강연에서 "지금 우리 나라를 새로이 건설하는 데 있어서 아가 金九주석의 말씀대로 튼튼한 반석 위에다 세우려는 것입니다. 오늘 여러분이 예물로 주신 이 성경말씀을 토대로 해서 세우려는 것입니다. 부디 여러분께서도 하느님의 말씀으로 반석을 삼아 의로운 나라를 세우기 위해 매진합시다"라고 해 "한국적 기독교 국가의 건설"을 도모하였으며, 1919년 4월 15일에 필라델피아에서 열린 "한국인 총대표회의"에서 채택된 「宗旨(Cardinal Principles)」에서 "우리는 할 수 있는 데까지 미국의 정체를 모방한 민주공화정부를 세우기로 제의함… 앞으로 오는 10년동안에는 필요한 경우를 따라서 권세를 정부로 더욱 집중하며 또 국민인 자 교육이 발전되고 자치상의 경험이 증가할진대 그에게 대하여 관리상 책임의 공권을 더욱 허락할 일"라 하여 "민주공화제 정부 수립"을 모색한 바 있다. 우남실록편찬회, 『우남실록: 1945~1948』(얼화당, 1976), 343쪽; 김영우 편, 『대한독립혈전긔』(호놀룰루: 한인긔독학원, 1919), 130쪽; 유영익, 『이승만의 삶과 꿈』, 218~221쪽.
[43] 그는 1922년 1월에 모스크바에서 열린 제1차 극동 노력자회의에 참가한 후 집필한 글에서 "자국의 '이타주의(利他主義)' 지향성과 '민주주의' 원칙의 범세계적 적용을 그토록 떠들어 온 위대한 미 공화국조차 워싱턴 회의에서 영국·프랑스·일본 등 악명 높은 3대 흡혈귀 국가와 가증할 4강 협정을 체결함으로써 자신의 가면을 벗어 던졌습니다"라고 부정적 미국관을 피력한 바 있다. "The Asiatic Revolutionary Movement and Imperialism", Communist Review, 1922 ; 유영익, 「통시기적으로 본 대미인식」, 300쪽에서 재인용.

주의를 자신들의 조국에 뿌리내리려 한 소망은 당시 미국에 유학한 대다수 유학생들에게서 공통적으로 찾을 수 있다. 특히 이승만·신홍우·윤병구·민찬호와 같은 배재학당 출신 유학생들이 기독교로의 개종이나 민주주의 가치에 대한 신념들을 갖게되는 과정에서 서재필이 미친 영향은 매우 컸다. 이 점은 3·1운동 직후인 1919년 4월 14~16일간 필라델피아에서 개최된─親서재필·이승만계 인사들의 단합대회적 성격이 짙은─ '한인자유대회(The Fiest Korean Congress)'에서 나온 결의문에 나타난 건국 구상─미국식 민주주의의 보급과 기독교화─에 잘 나타난다.44)

셋째, 이승만과 박용만은 한국의 독립을 얻는 방법을 놓고 외교독립과 무장독립으로 노선을 달리하였다. 미국 유학 전 옥중에서 결의형제를 맺은 두 사람은 미국 유학 후 독립노선을 둘러싸고 등을 돌리고 말았다. 외교독립노선을 고집했던 이승만에게 박용만의 무장항쟁 노선은 '비현실적'인 것으로 비추었고, 네브라스카 주립대학에서 부전공으로 군사학을 이수하고 일종의 ROTC 과정도 이수했던 박용만에게 아무도 귀 기우려주는 사람 없는 국제 외교활동을 중시하는 이승만의 외교노선은 시간낭비에 지나지 않아 보였을 것이다. 여하튼 이 두 지도자의 대립은 당시 우리 독립운동 진영 전체 분열상의 축소판이었다 할 것이다. 무엇보다도 이 두 개의 독립노선은 하와이에 뿌리내린 동포사회의 희생적 지원을 바탕으로 실천된 것이었다는 점이 지적되어야 할 것이다.45)

이 밖에 김규식의 부정적 미국인식에 관해서는, 유영익, 같은 글, 300~301쪽; 노경채, 「김규식론」165~167쪽 참조.
44) 유영익, 「개화파인사들의 개신교 수용 양태」, 109~110쪽; ───, 「3·1운동 후 서재필의 신대한 건국 구상」, 347, 398~400쪽.
45) 하와이 이민사에 대해서는 다음을 참조. 신성려, 『하와이 이민약사』(고려대학교 출판부, 1988); 웨인 패터슨 저, 정대화 역, 『아메리카로 가는 길: 한인 하와이 이민사, 1896~1910』(들녘, 2002); ───, 정대화 역, 『하와이 한인 이민 1세-그들 삶의 애환과 승리(1903~1973)』(들녘, 2003); 이덕희, 『하와이 이민 100년: 그들은 어떻게 살았나』(중앙M&B, 2003).

맺 음 말

이 글에서는 개화기(1883~1905) 미국 유학생의 집단적 특성과 미국 인식 그리고 이들이 전개한 민족운동의 특징 등을 살펴봄으로써 초기의 한미관계에서 어떠한 지적·인적 교류가 있었고 이러한 교통의 결과가 이후 한국역사의 흐름에 어떠한 영향을 미쳤는지를 개략적으로 조감하려 하였다. 이러한 작업을 통해 필자는 다음과 같은 점을 새롭게 밝힐 수 있었다.

첫째, 개화기의 미국 유학생은 동시기의 일본 유학생과 비교해 볼 때 양적인 면에서는 비교가 안될 만큼 소수에 불과하다. 그러나 그들이 부식시킨 미국적 가치와 문화―기독교와 민주주의로 대표되는―가 한국사회에 끼친 영향을 고려해 볼 때, 그들은 새 시대를 이끌어 낸 새로운 유형의 혁신적 지식인들이었다. 즉 이들은 당시 한국사회의 핵심 지배계층 출신이 아닌 주변인들이었지만, 자신들의 신분적 주변성에 굴하지 않고 시대의 도전에 맞서 응전함으로써 한국사회의 발전을 이끌어 낸 '창조적 소수자'로 평가할 수 있다.

둘째, 미국 유학생 중 유길준 같은 극소수의 사람을 제외하고 거의 모두가 기독교의 수용을 개인과 민족을 구제하는 지름길로 인식했으며, 기독교에 대한인식의 차이가 개혁 방법론 내지 독립 방법론의 차이로 나타났다. 기독교의 이타적 사랑이 한국의 국익과 배치된다는 판단을 내린 유길준과 '이타주의'의 사이비성과 그 이면에 숨은 침략성을 주목한 김규식은 비판적·부정적으로 미국을 바라본 반면 기독교를 개인과 민족을 구원할 '양약(良藥)'으로 본 서재필과 이승만 등은 호의적 미국관을 견지하였다. 따라서 이승만과 서재필은 미국식 민주주의와 기독교화를 그들의 개혁

내지 국가 구상으로 펼친 반면, 유길준은 동도서기론에 기반을 둔 점진적 실용주의 개혁노선을, 그리고 김규식은 좌우합작을 통한 독립운동과 건국 방법을 펼친 것으로 보인다.

셋째, 미국유학생들은 귀국과 미국 체류에 따라 일제하에 취했던 정치적 지향에 차이가 난다. 유학 후 귀국해서 활동한 유길준과 윤치호에게서는 친일성향이, 그리고 미국에 머물면서 독립운동에 주력했던 이승만과 서재필 같은 인사들에게서는 친미성향이 강하게 드러난다. 미국 유학 후에도 친일성향을 갖게 된 이들의 내면에는 미국에서의 인종차별 경험(윤치호)이나 기독교로의 개종 유보(유길준)와 같은 개인적 경험과 가치도 작용했겠지만, 보다 근본적으로는 현실적으로 살고 있는 식민지 내에서의 계급적 이해가 반영된 것으로 보인다.

넷째, 개화기의 미국유학생들의 신분 스펙트럼은 시간이 흐를수록 그 폭이 커진다. 1880년대에 유학생들은 핵심 권력집단과 밀접한 관련을 갖고 있던 주변인물들이었지만, 1896년 이후에는 유학생들의 신분이 기생과 상인의 자제로까지 확대되는 추세를 살필 수 있다. 한미관계가 다시 수립된 해방 이후 주변인들이 미국 유학을 통해 계층과 사회적 지위 상승을 꿈꾸는 유학 붐은 이미 개화기에 시동된 연원이 긴 사회현상이었다.

- 투고일 : 1월 25일, 심사완료일 2월 9일
- 주제어: 개화기, 미국유학, 미국유학생, 유길준, 윤치호,
  　　　　이승만, 서재필

Students in the United States and National Movement at the Very Beginning of the Opening(1883~1905)

Huh, Dong Hyun

The Chŏson dynasty suffered from the power competition among three world powers such as China, Japan and Russia during the onset of the opining. The ruling class as well as intellectuals tended to view the United States as a favorable country to protect Korea. Most of them have the friendly viewpoint toward the United States, and it was expected that students would go to the United States in order to secure human resources, material assistant and diplomatic support necessary for modernization, self—strengthening and independence. However, the exchange of the knowledge and human resources under the 'Shufeldt Treaty' was ruptured since the United States unilaterally broke the Treaty. The number of Korean students in the United States reached only 70 during the opening when the relations between Korea and the United States were not concretely built. A small number of the Korean students stayed in the Untied States compared to the number of Japanese students in America. Nonetheless, the students in the United States have largely influenced on the development of modern and contemporary Korean history. The learners were considerable persons in a sense that they were the origin of sharply increasing students in America immediately after the end of Japanese colonial period when the relations between the United States and Korea started to be more tightened. However, it is hardly difficult to find out any main research concerning collective backgrounds of the students in the United States and the nationalist movement by the students.

Each Korean student in the United States during the opening acknowledged the American society in a basis of his or her own perspective, which reflected his or her political and social strata, religions, motivation of overseas studies and spans of the studies. Furthermore, whether the students had positive or negative viewpoints on the American society determined the direction toward the nationalist movement. Therefore, this paper will deal with collective features of the Korean students in the United States reason for study abroad, political and social background, major career after studies , perception on the United States, and characteristics developed by the students. It focuses on both the first period (1883~1894) and the second period (1895~1905). In examining both periods, it will be revealed how the United States and Korea exchanged knowledge and human resources at the very beginning of the relations between two countries. Also, how the result from the exchange had impact on the Korea history will be coped with. The accomplishment of the research is as follows.

First, the students in the United States were very small in number compared to the Japanese students. However, the students in America disseminated the value of the United States Christianity and democracy , and these cultural elements affected the Korean society after they returned to homeland. If their influence on the Korean society is considered, the students can be said to be a new type of innovative intellectuals leading a new era. As a matter of fact, the Korean students in the United States originally came from the lower class in the Korean society, not from the core ruling groups. However, they did not surrender under their origins. Rather, the students became the "creative minority", properly responding to challenges in a new era and leading the development of the Korean society.

Second, the students in the United States were a type of achievement oriented persons. They were actively receptive of the practical knowledge like foreign languages and international laws after Kabo Reform movement in 1894. The students characterized the best elites who were well educated in the department of Humanitarian or Social Science in the United States university when they went to the United States in their adolescence. Since the students adapted themselves to the value and way of thinking of the United States at that time with the intermediary of Christianity, they were absorbed into the American culture and value. Therefore, the students played the disseminators for Christianity and democracy after coming back to Korea. For example, Syngman Rhee shortly dreamed of the Korean style Christianity nation and the establishment of the democratic republican government when studying in the United States. Rhee strove to realize his hope in his presidential tenure. Similarly, majority of students in the United States had in common; such desires and belief to apply Christianity and democracy to its own country can be found among them.

Third, almost all students in the United States except small percent of students like Yu Kiljun in the United States viewed Christianity as a shortcut to liberalize individuals and the nation. They were diversified in a variety of way of reforms or the independence. Yu Kiljun thought that altruistic love in Christianity was incompatible element with the Korean interests. Kim Kyusik criticized the pretended 'altruism', pointing out the other side of it, the aspect of invasion to other country. Contrary to Yu Kiljun and Kim Kyusik negative viewpoint on the United States, people including Philip Jaisohn and Syngman Rhee kept their favorable perspectives on the United States, recognizing Christianity as the 'good therapy' to rescue individuals and the nation. Accordingly, Syngman Rhee and Philip Jaisohn conceived of the reform or the ideal nation applying the democracy of the United States and Christian nation. In contrary, Yu Kiljun advocated gradually practical reforms based on Dongdosokiron, and Kim Kyusik unfolded the independence movement and the state building movement through coalition between the leftists and the rightists.

Fourth, the students in the United States have various political spectrums depending on when they returned to Korea and how long they stayed in the United States. Yu Kiljun and Yun Ch`i-ho, returning to Korea after study in America, were inclined to pro Japanese. In other sides, Syngman Rhee and Philip Jaisohn who stayed after study and dedicated themselves to the independence movement strongly took pro American positions. Among people keeping pro Japanese tendency, their inwards were influenced by individual experiences and values; Yun Ch`i-ho by racial discrimination and Yu Kiljun by deferred conversion into Christian. More fundamentally, however, these inclinations reflected the class or actual interest under the Japanese rule.

Fifth, the native class strata of the Korean students in the United States during the opening became diverse as the time went by. The students were persons tightly connected with the core authorities groups. However, origins of students were extended to the lowest class such as kisaeng and merchant after 1896. Thus, it was turned back to the opening after the independence from Japan and reestablishment of the relations between Korea and the United States that was the America studying in the United States in order to raise the social ladder and to move their social position upward.

Key Words : Korean students in the United States · Yun Ch'i-ho · Yu Kiljun · Syngman Rhee · Philip Jaisohn

특집 : 미주지역의 한인사회와 민족운동

하와이 한인사회의 항일민족운동(1903~1909. 1)

최 창 희[*]

───── 목 차 ─────
머리말
I. 하와이 한인단체의 조직
  1. 친목·자치적 단체의 조직
  2. 정치적 단체의 조직
  3. 항일민족운동 단체의 조직
II. 하와이 한인 민족운동단체의 통합
  1. 민족운동단체의 통합론 대두
  2. 한인합성협회 결성
III. 하와이 한인사회의 항일민족운동
  1. 한국영사관 설치 운동
  2. 러·일강화회의에 한인대표 파견
맺음말

머 리 말

일제 침략이 본격화하던 20세기 초에 미주에서 형성된 한인사회는 그들의 자치와 근대적인 역량을 향상시켜 가면서 조국의 독립을 목표로 다양

───────
[*] 한림대학교 사학과 교수

한 민족운동을 전개하였다.[1]

미주 한인사회는 1903~1905년 사이에 하와이 사탕수수 농장에 이주한 7,200여 명의 노동이민에 의해 시작되었다. 이들은 일찍부터 한인단체를 조직, 자치와 권익신장에 노력하는 한편, 일본의 국권침탈에 대항 다양한 민족운동을 전개하였다.

하와이 한인단체는 1903년부터 1909년초까지 세 단계를 거치면서 발전해 갔다. 첫 단계는 1903년부터 1905년까지의 시기로서, 1903년 1월 하와이에 첫 발을 디딘 한인들은 각 지방 농장별로 10명 이상의 동포가 거주하는 곳이면 洞會나 自治會 등을 조직하여 동포들의 상호부조·권익신장·공공질서 유지 등을 위하여 노력하고, 학교를 설립하여 교육을 장려하였으며, 정치적 활동을 전개하고자 新民會를 조직하였다.[2]

두 번째 단계는 1905년 1월부터 1907년 8월말까지로, 일제의 한국 식민지화가 본격화되자, 하와이 한인사회는 각종 항일민족운동 단체들을 조직하여, 日貨排斥·排日運動·武藝獎勵·國權回復 등을 표방하며 국권수호운동을 활발하게 전개하였다.

세 번째 단계는 1907년 9월 3일부터 1909년 1월까지의 시기로서, 사실상 한국이 일제 식민지로 전락하자, 하와이 한인사회가 단결하여 각종 민족운동단체들을 통합, 韓人合成協會를 결성하여 조국독립운동의 체제를 구축하였다.[3]

하와이 한인사회가 전개한 항일민족운동에 대해서는 그 동안 많은 연구

---

1) 崔昌熙,「韓國人의 하와이 移民」,『國史館論叢』第9輯, 국사편찬위원회, 1989, 147~238쪽.
2) 김원용,『在美韓人五十年史』, 리들리, 1959. 658쪽 (독립운동사편찬위원회,『獨立運動史資料集』第8輯(1984)에 수록된 쪽수임, 이하 같음).
鄭斗玉,「在美韓族獨立運動實記」(筆寫本, 하와이대학교 한국학센터 소장), 27~34쪽.
尹炳奭,『國外韓人社會와 民族運動』, 潮閣, 1990, 261쪽.
김도훈,「해외민족운동- 미주」,『한국사』47, 국사편찬위원회, 2001, 240쪽.
3) 尹炳奭,「在美韓人獨立運動實記 解題」,『한국학연구』3 별집, 인하대학교 한국학연구소, 1991, 31~32쪽.

가 진행되어 그 실상이 어느 정도 구명되었다. 그러나 자료의 한계로 초창기 민족운동에 대해서는 아직 밝혀지지 않았거나, 잘못 알려진 부분이 적지 않다.

그러므로 1903년부터 1909년 1월까지 하와이 한인들이 전개한 민족운동 가운데, 단체의 조직과 통합을 재검토하고, 한인사회가 자신들의 이익 보호와 조국의 외교권 수호를 위해 전개한 영사관 설치 운동, 그리고 조국의 식민지화를 막아보려고 러·일강화회의에 참석하려 한 외교활동 등을 구체적으로 고찰해 보려고 한다. 아울러 그 동안 알려지지 않았거나 잘못 알려진 사실들을 들추어내고 바로잡아 보려고 한다.

이러한 작업은 하와이와 미주 한인사회의 초기 항일민족운동의 성격을 구명함은 물론, 국내외 민족운동의 전개에서 하와이 한인 민족운동의 위상을 이해하는데 도움이 될 것이다. 연구의 대상 시기를 1909년 1월까지로 한정한 것은, 이후 하와이 한인사회의 독립운동은 미주 본토의 공립협회와 합동으로 결성한 국민회에 의하여 주도되기 때문에, 미주 전체를 아울러 고찰하는 것이 바람직할 것으로 생각된다.

I. 하와이 한인단체의 조직

1. 친목·자치적 단체의 조직

1903년 이민 초기부터 하와이에서는 대개 농장단위의 지방에서 10여명 이상의 한인이 모여 사는 곳이면 어느 곳이나 洞會를 조직하여 洞中 질서의 친목, 그리고 상호부조·권익신장을 도모하였다.[4] 동회의 일반적 조직은 주민회의에서 투표로 선임하는 洞長과, 동장을 보좌하는 總務·書記,

---

4) 김원용, 앞의 책, 658쪽.

그리고 위법자를 조사하고 한국인 회합의 질서유지를 관장하는 査察로 구성되었다. 동장은 대외적으로 한인사회(동중)의 대변자였으며, 한인들 간의 분쟁이나 마찰을 조정하고 각종 규율을 어기는 사람을 처벌하는 하급 재판관의 역할까지 담당하였다. 동장은 會中에서 연장자이면서도 과단성과 정직성, 성실성이 있고 교육수준이 높은 자가 선임될 수 있었다. 이와 같은 조건을 갖추기가 어려울 때는 연장자 조건은 무시되기도 하였다.

이와 같은 조건으로 선출된 동장은 이주민들 중 기독교 신자들이 다수를 점하고 있었기 때문에 교회 목사와 같은 교직자들이 겸임하는 경우도 많았다고 한다.

동회의 自治 細目에는 친목 강화, 부녀자들을 존중하고 보호할 것, 도박·음주의 금지와 캠프에서 부도덕한 여자를 허용하지 말 것 등이 중요한 항목으로 포함되어 있었다. 이밖에도 규율을 세분화하여 법을 위반한 자에게는 벌금 1~2달러를 부과하는 등의 시행세칙이 있었다고 한다.[5]

각 농장에는 한인 自治會도 조직되었다. 현순은 1903년 봄 동료 한국인들을 위해 自助會를 조직했다. 그 규칙은 ① 상호 친교를 강화하고, ② 부녀자들을 존중 보호하고, ③ 도박·음주를 금하고, ④ 수상쩍은 여자들의 막사 출입을 금하는 것 등이었다. 김흥금이 회장으로 선출되었다. 카후쿠(Kahuku) 한인막사의 자조회 소식이 하와이 사회에 알려지자, 많은 기혼 한인들이 카후쿠 막사로 모여들었다. 대부분 평양출신의 기독교 가족들이었다. 그 중에는 林定洙 부부, 洪治範 부부와 그 부모, 누나, 여동생 등도 있었다.[6]

---

5) 尹炳奭, 『國外韓人社會와 民族運動』, 일조각, 1990, 261~262쪽.
  Soon Hyun, My Autobiography, 64p.
6) Soon Hyun, MY AUTOBIOGRAPHY, Yonsei University Press, 2003, pp.275~276.
  현순은 1903년 2월에 Kahuku농장에 도착한 지 5개월 후, 지배인의 지시로 막사에 남아 결근자를 검색하고 병자들을 醫療所에 데리고 가는 일을 담당하였다. 그리고 야간에는 英語學級

이들 동회는 1907년 고종이 강제 퇴위되고 군대가 해산되는 등 조국이 급박한 상황에 처하자, 자치적인 조직과 활동에서 벗어나 민족운동단체로 변화를 꾀하였다. 그러나 동회라는 이름을 그대로 유지하면서 독립운동에 참여한 동회도 적지 않았다.

2. 정치적 단체의 조직

이민 초기부터 이주민들 상호간의 친목 도모와 정치적 활동을 목적으로 하는 민족운동 단체들이 조직되었다.

1903년 11월에는 하와이 여러 섬의 우수한 청년들이 호놀룰루에 집합하였다. 安定洙가 도라金(뒤에 文女史가 됨)이라는 여자 기독교 지도자를 데려 왔다.7) 그 외에 林蚩正·李교담·林炯柱·尹炳球, 그리고 朴允燮과 그의 부인(뒤에 통역을 일함) 등이 호놀룰루에 모여들었다. 리버렌드 퍼어슨 목사의 지도 아래 한인감리교회가 호놀룰루에 설립되었다.

1903년말에 윤병구·文鴻錫·박윤섭·임치정·임형주·김정국·안정수·송헌주 등 주로 감리교 계통의 인사와 유학생들이 한국의 위험한 정세를 토론하고 新民會(New People's Society)를 조직하였다. 신민회는 하와이 한인사회에서는 최초의 정치적 단체이었다.8) 구국정신을 고취하여 일제의 침략행위를 제어함을 목적으로 설립된 신민회는 강령으로 同族團結·民智啓發·國政刷新 등을 내세웠다.9)

을 시작했다. 또 기독교회를 조직하고, 매주일에 약 50명이 尹致봉의 인도로 예배하고, 현순은 단순히 助手 역할을 하였다.
7) 홍승하는 1904년 2월에 하와이에 도착하였으므로, 종래에 홍승하의 지도로 신민회가 조직되었다는 것은 맞지 않다.
8) Soon Hyun, MY AUTOBIOGRAPHY, Yonsei University Press, 2003, 276p.
鄭斗玉, 앞의 책, 27~28쪽. 신민회가 1903년 8월 7일에 조직되었다는 기록도 있다.(앞의 책, 658쪽).
9) 玄圭煥, 『韓國流移民史』 下, 三和印刷, 1976, 843쪽.

그리고 12월 2일에 윤병구 등이 카우아이 섬 가파아 지방에 신민회 지회를 설립하고, 회장에 韓柱東, 부회장에 張永煥, 서기에 鄭鎭相 등을 선출하는 등 본격적인 활동을 전개하였다. 회원으로는 梁天泰·高錫柱·趙炳玉 등이 있었다.[10]

신민회가 정치적 활동을 목적으로 조직되었으나, 아직 동포들의 정치적 의식이 민주적 정치사상에 익숙하지 못했기 때문에 현실적으로 그 목적과 강령 하에 회원을 모집하기가 어려웠다. 게다가 전통적 군주제의 관념에 머물던 인사들은 그 명칭이 '新民會'이고, 그 강령에 '國政刷新'이니 하여, 정부를 전복하려는 반역집단이라고 비난까지 하였다.[11]

그런데 1904년 2월에 한인에게 부당하게 移民船費를 징수하려던 A. W. Taylor(전 雲山金鑛의 사무원)에게 항변하던 오아후 섬 에와 농장의 한인 8명이 오히려 징역 3개월의 옥고를 치르는 사건이 발생하였다. 이 사건은 한인들이 국내에서 하와이 이민에 응모할 때, 이주경비로 100달러씩을 받은 것으로부터 일어났다. 한인들은 하와이에 가서 생활이 안정되면 이 100달러를 갚겠다고 약속하였다. 그러나 하와이 사탕수수농주동맹회에서 한인들의 생활이 곤궁한 것을 고려하여 탕감하였다. 그런데 이민 당시 사무원이었던 테일러가 그 이민경비를 징수하려고 나섰다.

테일러는 1904년 2월에 수종자와 한인 통변을 데리고 각 농장을 찾아다니며 이민경비를 징수하려 하였다. 테일러의 말과 행동이 매우 난폭하자, 신민회는 곧 모임을 갖고 테일러를 규탄함과 동시에 각 지방 동포들에게 그의 협잡행동을 거절하도록 통고했다. 그러나 신민회 회원 가운데 이교담·임형주·문경호 등이 테일러의 행동에 협조하려는 태도를 보였다. 2월 17일 마침내 테일러가 호놀룰루 근처의 에와 농장을 찾아와 한인들

---

10) 盧載淵, 『在美韓人史略』 上卷, 로스앤젤리스, 1963, 460쪽(독립운동사편찬위원회, 『獨立運動史資料集』 第8輯(1984)에 수록된 쪽수임. 이하 같음).
11) 尹炳奭, 앞의 책, 262~263쪽.

을 협박했다. 이에 한인 청년들이 대들어 테일러 일행에게 폭행을 가했다. 테일러는 곧 호놀룰루 법정에 誣訴하였다. 그는 자기는 은행사무원인데 물품대금을 받으러 갔다가 봉변을 당했다고 둘러댔다.

이 사건을 담당한 린시 판사는 영문을 잘 몰랐다. 테일러와 다툰 주동자 8명이 재판을 받게 되었다. 테일러는 재판이 시작되자, 자기의 협잡행위가 드러날까 두려워서 종적을 감춰버렸다. 사건의 전말이 밝혀져 한인 8명이 풀려남으로써 사건은 끝났다.[12] 그러나 그 후유증으로 신민회 회원들 사이에 시비가 계속되어 신민회가 내적으로 분열되기 시작하였다.

또한 聖公會와 佛敎 교인들이 감리교인들이 중심이 되어 조직한 신민회에 반기를 들었다. 특히 성공회 계열의 金翊成과 최윤백은 그들이 발행한 속쇄판 『新朝新聞』에, "신민회는 그 이름이 '新民'이고, '國政刷新'을 강령으로 내세우고 있으니, 이것은 대한제국 정부를 전복하려는 역적행위"라는 비난 기사를 게재하였다. 그뿐만 아니라 김익성·최윤백 등은 신민회를 본국 정부에 보고하였다. 성공회와 불교 측의 언론을 동원한 신민회에 대한 비판은 신민회 활동을 약화시키었다. 결국 신민회는 내부 분열과 외적 비난으로 1904년 4월 20일에 해체되고 말았다.[13]

한인 노동자들이 친목단체인 동회나 정치적 단체인 신민회 등을 통하여 한인의 이권을 보장받는 것은 크게 미흡하였다. 그것은 한국정부가 한인을 외교적으로 보호할 한국영사를 파견하지 않았기 때문이다.

3. 항일민족운동 단체의 조직

하와이 한인사회에서 신민회가 해산된 뒤, 군주제를 부정 또는 제약하는 입헌적 단체나 민주적 정치단체의 결성은 쉽지 않았던 것 같다. 그러나

---

12) 徐光云, 『美洲韓人70年史』(僑胞政策資料 第15輯), 海外僑胞問題硏究所, 1973, 32쪽.
13) 김원용, 앞의 책, 658~659쪽. 鄭斗玉, 앞의 책, 28쪽.

일제의 한국 식민지화가 본격화되고, 국외 한인들에 대한 일본의 지배 의도가 노골화되자, 하와이 한인사회는 각종 항일민족운동 단체를 결성하기 시작하였다.

1905년 11월 17일에 乙巳五條約이 勒結되어 한국은 일제에게 외교권을 빼앗겨 사실상 국권을 잃게 되었다. 미주 한인사회에는 국권회복을 위한 정치사상이 팽배해졌다. 특히 하와이 한인들은 을사5조약의 늑결에 대하여 격분하였다. 그들은 동포를 도와주고 일제의 침략에 대항하여 국권을 회복할 목적으로 단체를 조직하기 시작하였다. 1906년에 血誠團 · 自强會 · 共進會 등이 조직되었다. 『大韓每日申報』는 멀리 떨어져 千辛萬苦를 하는 동포들이 고국을 잊지 않고 忠義를 격발하는 것이 가상하며 본국 인민 보다 10배는 초과할 것이라고 칭송하였다.14)

1907년에는 헤이그평화회의 특사 파견, 高宗의 강제퇴위, 丁未七條約 체결, 신문지법 · 보안법 시행, 그리고 군대해산령이 연이어 시행되어, 일제의 한국 식민지화가 본격화되었다. 이에 맞서 국내에서는 치열한 의병전쟁을 전개되었다. 이러한 소식은 다시금 하와이 한인사회를 격동시켰다. 하와이 한인들은 義成會 · 大韓國民同盟會 · 國民團合會 · 新幹會 · 復興會 · 電興協會 등의 항일단체를 결성하였다. 특히 신간회 조직을 시작으로 국권회복을 표방하는 단체가 속출하였다.

그리고 하와이섬의 코나 · 하갈라우 · 호노카 · 파야 · 가파아 · 나와이 · 와일루아 등 7개 지방의 동회에서도 연달아 항일운동과 일화배척을 결의하는 등 국권회복을 표방하였다.15)

그리하여 1907년 9월까지 하와이 각 지방에는 항일운동과 동족상애 등을 목적으로 14개의 독립운동단체와 12개의 동회가 조직되어 한인 민족운동의 토대를 형성하였다.

---

14) 『大韓每日申報』, 1905년 12월 13일, 雜報, 「遠民共憤」.
15) 김도훈, 「해외민족운동 - 미주」, 『한국사』 47, 국사편찬위원회, 2001, 240쪽.

(1) 에와 친목회

일본의 압박으로 한국정부가 하와이 주재일본영사를 하와이 한국명예영사로 임명할 것이 예상되자, 하와이 한인들은 이의 대응책을 본격적으로 강구하였다. 1905년 1월에 문경호 등 하와이 한인들은 한국정부에게 領事파견을 간절히 청원하였다. 그러나 한국정부는 소극적인 態度를 보였다. 반면에 일제는 하와이 한인들을 그들의 통제 하에 두려고 주한일본 임시대리공사를 통하여 4월 21일에 한국 외부에 하와이 일본영사를 한국명예영사로 임용하라고 촉구하였다.

이에 대응하여 1905년 5월 3일 오아후 에와 농장에서 尹炳球·鄭元明·金聲權·姜永韶·金圭燮·李萬春 등이 발기하여, 항일운동·日貨排斥·동족상애를 목적으로 에와 親睦會를 조직하고, 정원명을 회장으로 선임하였다.

그러나 한국정부는 1905년 5월 5일에 하와이일본총영사 사이토(齋藤 幹)를 한국명예총영사로 정하고 일본정부와 미국정부에 이를 통보하였다. 하와이 한인들은 이에 경악하고, 李東鎬를 總代로 뽑아 7월말 경 한국에 보내 한국영사 파견을 직접 요청하였던 것이다. 그러나 이는 좌절되었다.

에와 친목회를 비롯한 하와이 한인들은 미국 샌프란시스코의 共立協會와 더불어 在美韓人共同大會를 개최하고 일본을 배격할 것을 결의하였다. 에와 친목회는 공립협회와 연서로 「排日決議文」을 작성, 한국정부에 발송하는 등 항일운동을 본격화하였다. 이때부터 하와이와 미주의 한인사회는 國權恢復運動을 전개하기 위한 민족운동 단체의 설립을 본격적으로 서둘렀다.

에와 친목회는 김성권과 김규섭 등을 주필로 내세워 1906년 5월 8일부터 1년 동안 속쇄판으로 월간『親睦會報』를 발행하여 각처에 발송했다.

『친목회보』는 한인들의 지식을 발달시키고 친목과 결속을 다지며 애국정신 고취에 힘을 기울였다.16)

에와 친목회는 1906년 4월 18일 샌프란시스코 대지진이 일어났을 때, 환난을 만난 동포를 구휼하기 위해 금화 27元과 위문하는 장서를 친목회장 정원명과 서기 白允祚 명의로 샌프란시스코 공립신문사에 보냈다. 에와 친목회는 공립협회가 천신만고로 정성과 혈성을 다하여 상항에 共立館을 설립하여 동포들을 편리하게 인도하며 학업과 노동을 주선한다는 말을 듣고, 우리나라의 독립을 회복할 기초가 확실히 샌프란시스코 공립협회에 있다고 믿었는데, 불행히 하루아침에 남은 것이 없이 다 불탔다 하니 탄식하지 않을 수 없다고 하였다. 그러나 공립협회가 더욱 열심히 분발하여 捐助를 모집하여 위급한 자를 구제하며 신문을 계속 출간하는 것을 보건대, 공립관은 머지않아 다시 설립될 것이며 나라를 회복할 열성이 배나 더 생길 것이라고 위로하였다. 그리고 에와 친목회의 김봉의·김홍립이 각각 1원씩 출연하여 공립신보사에 보냈다.17)

1907년 봄에는 친목회 회원 정원명·李星七·이만춘 등이 국내에서 國債報償運動이 전개됨을 듣고 특별회의를 개최하고 57명이 義金으로 미화 56.25달러를 모집하여 황성신문사에 寄送하였다.18)

당시 오아후 섬 에와 농장의 한인들은 구국정신과 국권회복 의지가 충만했다. 농장에 있는 강경손(11세)과 강자근(8세) 학생은 찬미하고 기도할 때마다, "어서어서 공부하여 가지고 대한 나가서 일본의 수모를 받지 않게 하여 주옵소서"라고 기원하였다 한다.19)

에와 친목회는 후일 하와이 각 단체의 통합에 주도적인 역할을 하였다.

---

16) 김원용, 앞의 책, 661~662쪽.『皇城新聞』, 1907년 5월 27일, 雜報,「布哇志士 親睦報」.『太極學報』第11號, 1907년 6월 24일,「親睦會報」.
17)『共立新報』, 1906년 6월 18일,「親睦會義捐」·「하와이에와親睦會 公函」.
18)『皇城新聞』, 1907년 5월 16일, 雜報,「駐外同胞의 義擧」. 5월 17일, 廣告.
19)『共立新報』, 1907년 6월 28,「량동이국」.

(2) 와이파후 공동회

1906년 3월 10일에 하와이 오아후 섬 와이파후(Waipahu) 농장에서 安元奎·전도원·정상교 들이 共同會를 조직하였다. 그 목적은 患難相救와 일화배척이고, 회장은 안원규가 맡았다.

(3) 혈성단

1906년 5월 10일에 하와이 섬 올라(Olaa) 3마일 농장에서 申判錫·공덕화 등의 발기로 血誠團을 조직하였다. 그 설립 목적은 배일운동과 同族相愛이고, 회장은 공덕화이었다.[20]

(4) 자강회

카우아이 섬 마가울어 농장의 한인들은 1906년에 샌프란시스코의 지진 피해를 듣고 열성을 다하여 모은 금화 12元 25錢과 함께 위문편지를 공립신보에 보냈다.[21] 그리고 1906년 6월 4일에 농장에서 송 건·洪宗杓·高錫柱·이형기·李觀默 등이 발기하여 자강회를 조직하였다. 실력양성과 교육장려를 목적으로 내세운 자강회는 에리에리·하나버비·카파야 3개 지방에도 지회를 설립하였으며, 총회장은 송건이 맡았다.

카우아이섬 에리에리 등지에 거주하는 한인들은 애국 혈성으로 대한자강회 지회를 설립하고, 1907년 9월부터 홍종표(뒤에 洪焉으로 개명)를 주필로 선임하고, 1908년 1월까지 5개월간 월간 국문 잡지『自新報』를 발행하여 국내와 국외 동포들에게 발송, 신선한 문명을 전파하였다.[22]

---

20) 김원용, 앞의 책, 662쪽.
21) 『共立新報』, 1906년 5월(6월?) ○일, 「布哇同胞 義捐」.
22) 『大同公報』, 1907년 10월 11일, 雜報, 「布哇新振」; 『共立新報』, 1908년 2월 5일, 「자신잡지」. 자강회 지회는 원고를 국내에 보내『자신보』를 인쇄하였다. 그리고『자신보』의 미국 본토 판매처를 大同公報社으로 정했다. 구독료는 1개월에 미화 10¢, 6개월에 55¢, 일년에 1.50달

자강회는 1907년 9월 3일에 하와이의 각 단체들이 합동하여 한인합성협회를 조직하였을 때, 이에 가담하지 않고, 몇 달 동안 합성협회와 竝立하였다. 그러다가 1908년 봄에 시세의 절박함을 느끼고 여러 지사들이 협의하여 한인합성협회에 통합되었다.23)

(5) 공진회

1906년 12월 2일 하와이 호놀룰루에서 閔燦鎬·李來洙·林正洙·任準鎬 등이 共進會를 조직하였다. 공진회는 한인들이 합력일심하여 患難을 서로 구제하며 교육을 면려하여 인재를 양성함을 그 목적으로 하였다. 회장은 민찬호이었다.

하와이의 각 여관 주인들도 합심하여 공진회에 참여하였다. 당시 하와이 한인사회의 중심은 각 여관과 교회이었다. 공진회는 1907년 7월에 회보 제1호를 발간하였다.24)

(6) 노소동맹회

항일민족운동 단체는 1907년에 접어들어서도 계속 조직되었다. 1907년 2월 3일 하와이 섬 하비 농장에서 정병섭·편성원 등이 발기하여, 동족상애와 일화배척을 목적하고 老少同盟會를 조직하였다. 회장은 편성원이었다.

(7) 의성회

1907년 2월 5일에는 마우이 섬 카일루아(Kailua) 농장에서 마우이 섬에

라 이었다.(『大同公報』, 1907년 10월 17일, 특별광고).
23) 『共立新報』, 1908년 4월 1일, 「량회합동」.
24) 『共立新報』, 1906년 12월 (?)일, 「布哇共進會」; 1907년 7월 12일, 雜報, 「共進會報新刊」. 『大韓每日申報』, 1906년 11월 23일, 雜報, 「海外共進」.

거주하는 한인들의 공동 결의로 義成會를 결성하였다. 항일운동과 일화배척을 목적으로 결성된 의성회의 회장으로 김재규가 선임되었다.25)

(8) 국민단합회

1907년 7월 17일 마우이 섬 가히기아 농장에서 김건호 등이 대동단결과 일화배척을 목적으로 國民團合會를 결성하였다. 김건호가 회장을 맡았다.

(9) 신간회

1907년 7월 18일에 하와이 섬 파하월로 농장에서 동회를 변경하여 新幹會를 조직하였다. 신간회의 설립목적은 무예장려와 항일운동이고, 회장은 김성옥이었다.

(10) 실지회

1907년 7월 20일에 하와이 섬 힐로(Hilo) 지방에서 거류 동포들이 공동대회를 개최하고 實地會를 조직하였다. 그 목적은 무예장려, 실업장려, 일화배척이고, 회장은 박승렬이었다.26)

(11) 대한국민동맹회

1907년 7월 22일에 하와이 섬 올라 9마일 농장에서 일제의 강요로 정미7조약이 체결된 소식을 듣고 국권 회복할 방책을 강구하였다. 그리고 채극여·김봉기 등의 발기로 大韓國民同盟會를 조직하였다. 그 목적은 무예장려와 일화배척이고, 채극여가 회장에 선정되었다. 대한국민동맹회는 미주 공립협회에 공함을 보내, 공립협회와 연맥 상통하여 국권을 회복할

---

25) 김원용, 앞의 책, 662~663쪽.
26) 김원용, 앞의 책, 663쪽.

방책을 강구하며 모든 일을 협의하여 독립을 만회하려고 아래와 같이 제의하였다.27)

> 지금 본국 정변을 들으니, 5백년 종사의 위태함이 호흡 간에 달렸고, 2천만 생령 장차 어육이 되리니, 생각이 이에 미침에 오장이 터지는 듯하여 말할 수 없는지라. 금일 형세로 어찌 앉아서 죽기를 기다릴 것이오. 우리 국민된 자는 내외를 물론하고 충분 혈전하여 목숨을 버릴지라. 당당한 의로 죽어 독립제단의 충혼이 될지언정 구구히 명을 아껴 왜놈의 노예는 되지 아니하리라.
> 하물며 우리 외양에 있는 동포 자유공기를 먼저 마셨으니, 이 위급한 때를 당하여 누가 강개한 마음으로 의로운 일에 대하여 일심하지 아니하리오. 우리들도 대한 국민의 분자라. 이같이 비참한 정변을 듣고 일시에 모인 자 백여 인이 하늘을 가르쳐 맹서하고 한 지방회를 창립한 후 목적 3조와 선정한 임원을 기록하여 보내오니, 연맹 상통하고 동성 상응하여 국권 회복할 방책을 강구하며, 범사를 협의하여 우리 독립을 만회하기를 천만위요라.(*현대말로 정리함, 필자).
>
> 광무 11년 7월 22일
> 올라 9마일 반 대한국민동맹회장 채극여 등

(12) 부흥회

일제의 강압으로 조국의 식민지화가 본격화되자, 1907년 8월 5일 마우이 섬 하마구아복구 농장에서 전백선·서성년 등이 발기하여 인재양성과 일화배척을 목적으로 復興會를 조직하였다.

(13) 전흥협회

1907년 9월 3일에 오아후 섬 호놀룰루에서 金翊成·朴相夏·趙炳堯·최병현 등 聖公會 교인들이 중심이 되어 수십 인이 격렬한 용맹으로 電興

---

27) 『共立新報』, 1907년 8월 9일, 雜報, 「국민동맹회」. 김원용은 앞의 책(663쪽)에서 국민동맹회를 국민공동회로, 그리고 그 창립 연월일을 1907년 3월 22일로 잘못 기록하고 있다.

協會를 조직하였다. 전흥협회는 동심합력하여 환난을 相救하며 교육을
발달케 하고 충성을 다하여 국권을 회복할 것을 설립 목적으로 하였다.
처음 회장은 김익성이 맡았다. 하와이 한인단체 중 가장 마지막으로 결성
된 전흥협회는 그 취지를 다음과 같이 밝혔다.28)

전흥협회 취지서

.... 슬프다. 우리 대한은 아세아 동편에 있어, 단군으로부터 지금 사천여
년에 예악문물은 천고만국의 으뜸이로되, 근래에 나라가 위태하고 백성이
곤란하여, 능히 독립할 기초를 세우지 못함은 무슨 연고요? 이는 나라가
자주하지 못하고 백성이 단합하지 못하여 능히 공제할 방책을 도모치 못함
이니, 어찌 한심치 아니하리요.
　지금 태서 열국이 서로 전진하기를 다투는 시대에 구습을 버리고 신학문
을 준○○는 것이 오직 급히 힘쓸 바이니, 이는 진실로 유지한 인사의 분격
쟁전할 때라. 그런고로 본 지방에 있는 우리 동포 수십여 인이 격렬한 용맹
으로 한 회를 조직하였으니, 이름은 전흥협회요, 목적은 동심합력하야 환
란을 서로 구원하며, 교육을 발달케 하야 ○○의 진취하며, 충성을 다하여
국권을 회복함으로 정함이니, ○○유지하신 동포는 저의 조그만 열성을
사랑하사, 서로 단체 되어 속히 문명에 진취하기를 천만번 바라노라. (*
현대말로 정리함, 필자).

　성공회 교인들의 조직인 전흥협회는 1908년 5월 23일부터 10개월간
매달 속쇄판으로 『電興協會報』를 발행하여 문맹퇴치운동에 공헌하였으
며, 주필은 朴逸三이었다. 김익성·박상하·조병요 등은 모두 전도사로
교역하였다. 하와이 한인단체 합동운동에 응하지 않고 고립되어 있었지
만, 용감력과 과단성으로 국민단체를 같이 하기 위하여 1909년 1월 25일
에 합성협회와 합동하였다.29)

---

28) 김원용, 앞의 책, 663~664쪽. 『공립신보』, 1907년 9월 20일, 잡보, 「전흥협회 취지서」.
29) 『新韓民報』, 1909년 2월 10일, 「동긔상합」. 전흥협회가 1910년 4월에 대한인국민회에 병합
　　되었다는 기술(김원용, 앞의 책, 664쪽)은 잘못이다.

Ⅱ. 하와이 한인 민족운동단체의 통합

1. 민족운동단체의 통합론 대두

1905년 을사5조약의 늑결을 전후하여 하와이 한인사회에는 각종 단체가 결성되었다. 그것은 조국의 비운을 통분하며, 국권을 회복하려는 애국 열정의 표출이었다. 그러나 이처럼 많은 단체가 속출한 것은 하와이 군도가 8개의 섬으로 구성되는 있는 여건상 불가피한 면도 있었다. 따라서 하와이 한인단체의 조직은 각 지방별, 농장별로 구성될 수밖에 없었다. 이들 조직은 시기와 단체에 따라 성격상 차이가 나기도 하지만, 대개 抗日運動과 同族相愛를 목적으로 조직되었으며, 동포들의 상호 보호를 목적으로 한 自治會 성격을 띠고 있었다.

그러나 당시 하와이의 한인 인구 4천여 명 중 모든 단체의 활동회원이 약 800여 명인데 비해 15~20개 이상의 단체가 난립되어 있는 것은30), 한인사회에 분열 상태를 이루게 되고, 인적 경제적인 면에서 국권회복운동을 수행하는데 많은 문제점을 가지게 되었다. 이러한 현상에 대해 비판이 높았으며, 점차 여러 단체를 통합하자는 여론이 일어나기 시작하였다.

미주 한인 민족운동단체의 통합론은 미국 본토에 있는 공립협회에서도 제기되었다. 1907년 2월 16일·18일에 미국 상원과 하원에서 하와이 등지로부터 미 본토로 입국하는 동양인의 移民禁止法案이 통과되고, 3월 18일부터 이 법이 시행되면서, 하와이 한인들의 미주 본토 진출은 사실상 불가능하게 되었다.31) 이민금지법의 시행은 미국 본토 한인사회에 큰 영향을

---

30) 『共立新報』, 1908년 2월 12일, 잡보, 「하와이발달」.
31) 盧載淵, 앞의 책, 482쪽.

주었다. 하와이 한인들이 미 본토로 계속 진출하면서 미 본토 한인사회가 활기를 띠었는데, 이제 인적인 증가가 어렵게 되었던 것이다.

『공립신보』는 「단합은 원근이 업슴」이란 글을 게재하여, 미국 본토와 하와이의 한인사회의 단합을 강조하였다.32) 이후 미 본토와 하와이 한인사회를 어떤 형태로든지 연결 또는 단합하여야 할 필요성이 강력히 대두되었다.

2. 한인합성협회 결성

여러 독립운동단체들이 난립하여 한인사회의 분열과 대립을 이루고 인적 경제적인 면에서 조국의 독립운동을 수행하는데 문제점이 제기되자, 共進會와 에와 親睦會를 중심으로 한 하와이 한인단체들과 지도층 인사들이 1907년 봄부터 합동운동을 시작하였다. 이들은 국권상실의 절박한 형세를 당하여, "조국의 국권회복운동을 후원하고 하와이 거주 동포의 안녕을 보장하며 교육사업을 증진하기 위해" 하와이 각 지방에 분립된 단체를 통합하여 독립운동기관을 설립하고자 하였다.

합동운동이 시작된 지 반년이 되는 1907년 8월말에 하와이 각 지방에 분립되었던 24개 단체의 대표자 30명이 호놀룰루에 모여, 合同發起大會를 개최하고 5일 동안 회의한 결과, 1907년 9월 2일 상오 9시에 4개조의 개조합동결의안을 통과시켰다.33)

합동 발기대회 결의안

(1) 조국의 국권광복운동을 후원하며, 재류 동포의 안정을 보장하며, 교육사업을 증진하기 위하여 우리들의 힘을 모아서 단결함.

(2) 하와이 각 지방에 분립된 단체들을 결합하여 통일기관을 설립하고,

---

32) 『共立新報』, 1907년 3월 19일, 「단합은 원근이 업슴」.
33) 『共立新報』, 1908년 2월 12일, 잡보, 「하와이발달」. 김원용, 앞의 책, 664~666쪽.

그 명칭을 한인합성협회라 하며, 호놀룰루에 총회를 설립하고, 각 지방에 있던 단체들을 일체 폐지한 후에 한인합성협회를 설립함.
(3) 한인 합성협회 총회는 시찰원을 각 지방에 파송하여, 이직까지 합동에 참가하지 않은 단체나 개인들에게 합동의 의사를 설명하게 함.
(4) 한인 합성협회 총회는 기관 신문을 발행하되, 그 명칭을 『한인 합성신보』라 하며, 기왕에 각 단체가 발행하던 회보들을 『합성신보』에 부합하여, 실력을 집중하고 언론일치를 도모하게 함.

합동 발기대회 참가 단체 대표 성명.

단 체 명	대 표 명
호놀룰루 공진회	임정수 민찬호 이내수
에와 친목회	정원명 김성권 김규섭
와이파후 공동회	전도원 안원규
카우아이 자강회	고석주 손창희
와이나이 동회	박기장
나와이 동회	승용환
와일루아 동회	이종열
올라·9마일 국민공동회	채극여
올라·3마일 혈성단	공덕화
힐로 실지회	박승렬
하비 노소동맹회	정병섭
코나 남부 동회	강승진
코나 북부 동회	최성원
코나 본동 동회	이대진
파하월로 신간회	김성옥
하갈라우 동회	최성찬
호노가 동회	강순종
가파호 동회	김경순
가이기아 국민단합회	김이원
하마구아 부흥회	전백현
카일루아 의성회	임재규
하나 동회	박용택
파야 동회	장영환
하나마누 동회	이원식

위의 단체들이 모두 처음부터 합동발기회에 참여하여 합성협회를 조직하였는지는 의문이다. 「합성협회 창립설」을 보면, 올나 국민동맹회·호놀룰루 공진회·에와 친목회·와이나이 친목지회·와이바후 공동회·하마구와복구 부흥회·가일루아 의성회·라와이 공진지회·스피골 공진지회

등이 완전한 단체를 성립하여 국권을 만회할 주의로 합하여 합성협회(合成協會)를 조직하였던 것이다.34) 이 9개 단체 이외의 단체는 1907년 9월 2일의 합동발기대회에는 참여하지 않고 3일의 창립일이나 또는 그 후에 합동하였을 것이다. 또한 전혀 합동에 참여하지 않고, 상당기간 합성협회와 대립 또는 개별적으로 민족운동을 전개한 단체도 있었다.

각 농장에서 한인들이 노는 날인 1907년 9월 3일에 각처의 동포들이 호놀룰루 항구로 모여 의논하고 각 회를 합동하여 합성협회를 조직하고 규칙을 제정하였다.35) 그리하여 하와이 한인단체를 거의 망라한 통일단체로 한인합성협회가 창립되었다. 한인합성협회는 회원이 800여 명에 이르렀고, 단체합동에 공헌이 많고 명망이 높던 林正洙를 회장에, 安元奎를 부회장에 임명하고, 호놀룰루 리리하街에 중앙회관을 설치하였다.

하와이 한인단체가 한인합성협회로 통합되면서, 그 동안 각 단체에서 발행하던 기관지도 통합되었다. 『共進會報』와 『親睦會報』를 합하여 한인합성협회의 기관지로 『韓人合成新報』를 발행하기로 하고, 그 규모를 일층 더 확장하기 위해 鑄字를 구입하였다.36)

한인합성협회는 1907년 10월 22일부터 『合成新報』를 발행했다. 『합성신보』는 '협회창립취지서'를 게재하여, 하와이 한인단체가 통합하여 한인합성협회가 창립된 것을 국내외에 선포하였다.37)

합성협회 창립취지서
슬프다. 오늘날 우리 나라의 참혹한 형상은 일반 동포된 자는 다 00히 아시는 바요. 분탄함을 마지 못하는 일이기로 장황설화로 설명할 바는 별

---

34) 『海朝新聞』, 1908년 3월 19일, 論說.
35) 『共立新報』, 1907년 9월 20일, 잡보, 「깃븐소식」. 한인합성협회의 창립일은 1907년 9월 3일이다.
36) 『大同公報』, 1907년 10월 17일, 雜報, 「布哇喜聞」.
37) 『海朝新聞』, 1908년 3월 19·20일, 論說.

로 업거니와, 잠깐 전감(前鑑)되는 일로 말하나니, 상고(上古) 제왕(帝王)의 번복 득실은 고사치지하고 중고(中古)로부터 지금까지 모든 나라의 흥망성쇠는 미루어 생각하여 볼지어다.

화란·월남 등 나라의 멸망은 자해한 것과 태서 열방의 독립을 스스로 도모한 것은 전혀 다 우리의 전감이 되는도다. 그 근원을 궁구하건대, 세미한 사건과 호대한 이치를 해석하기 어렵다 할 수 있으나, 우리는 다만 두 조각 말로 변명하여, 하고 아니하는데 있다 하나니, 흥하는 자는 함을 인함이니, 한다 함은 비록 약할지라도 자강자유하여 우열을 불계하고 하면 된다는 맹열심(猛烈心)으로 약한 지위를 변하여 강한 지위를 이루었으니, 강한 자의 결과는 흥하고 얻을 것이오. 망한 자는 아니함을 인함이니, 아니한다 함은 비록 강할지라도 자포자기하여 약한 처지를 이루었으니, 약한 자의 결과는 망하고 잃어버리는도다.

황천은 지공무사하여 어느 나라와 어느 사람을 물론하고 자유 천성을 품부하였으되, 나태(懶惰)한 악습으로 나라를 망하게 하는 인종도 있으며, 맹렬한 정신으로 나라를 흥케 하는 인종도 있으니, 그런고로 흥망득실이 하고 아니하는데 있다 하노라.

그런즉 흥한 나라는 다시 의논할 것 업고, 망한 나라란 문제에 대하여 혹 완악한 자의 용혹무괴(用或無怪)하다는 의심이 있을 듯 하도다. 그 의심은 무엇이냐 하면, 시대가 고금이 있는 고로 이왕 망한 나라들은 혹 상고 혹 중고 혹 어제 시대에 처하여 선생이 없고 전감이 적다 할 수 있으나, 우리는 오늘밤이 어제 낮보다 더 밝은 二十세기 시대에 처하여 흥망성쇠의 전감이 자재한 즉, 생존경쟁의 정신을 가다듬어 주야를 불계하며 너와 나를 물론하고 전진할 방책을 연구할 것이오. 다만 눈감고 손 지르고 앉아 죽기만 기다릴 시대가 아닐뿐더러, 또한 저 간특한 일본의 소위를 볼지어다.

대한의 독립과 동양의 평화를 위하여 갑오 갑진년 간에 청·아 양국으로 더불어 개전함을 천하에 공포함에 듣고 보는 자 마다 일본의 대의를 칭찬하였고, 한국 민심으로도 좋아하지 아니한 바 없었더니, 급기 전쟁을 승첩한 후로 교만한 야심(野心)이 점점 자라나서 광무 구년분에 소위 보호라 가장하고 五조약을 늑결하여 내외 전권을 강탈하고, 오히려 부족하여 七조약을 첩결하여 二千만 인구의 주인 있는 강토를 무렴지욕으로 빼앗으니, 이 때를 당하여 한국 신민된 자 남녀노소를 불계하고, 뉘 아니 분격하며 뉘 아니 원통하리요.
 충분소격에 망지소조로대 수원수구할 수 없고, 다만 만회(挽回)할 방책을 시작하지 아니하면, 통곡하여도 할 수 없고 한탄하여도 할 수 없도다. 그러나 천도는 사비(慈悲)하여 눈이 다한 춘산에 동풍이 서로 불고, 인심은 감동하여 애국단심에 충분히 병발하니, 차소위 당한 즉 어렵지 않다 할 수 있고 시운도 없지 않도다.
 하와이 군도에 나그네 된 동포들이 이왕부터 곳곳마다 회를 조직하고 국권을 회복할 방침을 연구한지 오래 되었으나, 완전한 단체를 이루지 못하였더니, 오늘날 급엄한 형세를 당하여, 울나 국민동맹회와 호놀룰루 공진회와 에와친목회와 와이나이 친목지회와 와이바후 공동회와 하마구와 복구 부흥회와 가일아 의성회와 라와이 공진지회와 스피골 공진지회 등 각 회가 완전한 단체를 성립하여 국권을 만회할 주의로 합하여 일회를 창기한 자는 문제가 여출일구함에 일회를 조직하니, 그 이름은 합성협회(合成協會)라.
 크다 합성이여, 장하다 합성이여. 멀리 행하는 자는 가까운데서 시작하고 높이 오르는 자는 낮은데서 시작함은 만고에 불역한 정수라. 그런고로 급선무는 동포를 환란에서 구원하며 교육에 발달케 하여 우리 三千리의 독립과 二千만의 생활에 무거운 짐을 우리 어깨에 독담할지라도 능히 사양치 아니하노라. (*현대말로 정리함, 필자).

 한인합성협회의 목적은 조국의 국권 광복과 동포의 안녕 보장, 교육장려이며, 주의는 民族主義였다. 한인합성협회는 회비를 例納金이라고 하고 1년에 2.25달러를 납부하게 하였다. 한인합성협회는 회세를 점차 확대하여 하와이의 여러 섬에 47개 지회를 설립하는 한편, 1,051명의 회원을 확보하였다.38)
 『합성신보』는 1907년 10월 22일에 제1호를 발간하였다. 활자로 출간하여 그 규모가 주밀해지고, 논조도 강개하여 '文明의 先導'가 될 것으로 기대되었다. 『합성신보』는 제1권 11호까지 발간하고, 한인교회와 합동으

---

38) 『共立新報』, 1907년 9월 6일, 잡보, 「하와이소문」.

로 신문을 확장하기 위하여 기계를 구입하였다.39) 그리고 사무가 호번함으로 3주일을 정간하였다가 1908년 2월 12일에 제 12호를 속간하였다. 지면이 넓어지고 체재가 정밀하며 언론이 강개하여 일층 진보되었다는 평을 받았다. 하와이 거류 동포들의 열성에 힘입어『합성신보』는 일층 확장하여, 제2권 16호를 홍지에 출간하였다. 언사가 격절하고 면목이 더 선명해졌다.40)

『합성신보』는 호놀룰루 교보사에서 인쇄하였는데, 활자가 서로 맞지 않아 잠시 정지하고 등사판으로 계속 발행하였다, 1908년 8월경부터 합성협회 회원들은 자본을 모아 활자를 구입하고 일층 확장할 계획을 추진하였다. 이후『합성신보』는 몇 달 동안 정간되었다. 1908년 12월에 다시 지면을 신선하게 바꾸고, 전보다 더 강경한 필법, 찬란한 논사로『합성신보』를 발간하였다. 그리고 1908년 12월 26일 총회에서 발행 겸 편집에 최정익, 총무원에 허승원, 인쇄원에 전성덕 · 김종림 등을 선출하여, 신문사 임원을 새로 조직하였다.41)

전흥협회와 자강회를 제외한 거의 모든 단체를 망라한 한인합성협회는 1909년 2월 國民會로 통합될 때까지 하와이 한인들의 구심체 역할을 하며 구국운동을 전개해 나갔다.42) 자강회는 몇 달 동안 합성협회와 竝立하였지만 1908년 봄에 시세의 절박함을 느끼고 여러 지사들이 협의하여 합동하였다. 전흥협회도 1909년 1월 25일에 합성협회와 합동하였다. 회원도 1,000여 명으로 늘어나 한인합성협회가 명실상부하게 하와이 한인사회

---

39)『海朝新聞』, 1908년 3월 20일, 론셜,「미국 하와이 흡성협회 창립설에 디흐야 동정을 표흠」.
『共立新報』, 1907년 11월 15일,「합성신보」. 1908년 1월 22일,「합성신보 확당설」.
40)『共立新報』, 1908년 4월 1일,「신보확당」.『大同公報』, 1908년 4월 2일, 雜報,「合成新報擴張」.
41)『共立新報』, 1908년 9월 2일,「하와이소식」. 12월 30일,「합성보의 신면목」.
42) 徐光云, 앞의 책, 68쪽. 유동식,『하와이의 한인과 교회』, 그리스도연합감리교회, 1988, 62쪽.

전체를 대표하는 큰 단체로 성립되었던 것이다.43)

1909년 2월 1일에 하와이 합성협회는 미국 본토의 공립협회와 통합하여 국민회를 결성하였다. 이후 하와이 한인들은 모든 역량을 집중하여 조국 독립운동에 합심 정진하였다.44)

하와이에서 모든 한인 민족운동단체가 합동하여 한인합성협회를 결성한 것은 국내외에도 알려져서 항일민족운동을 고무시켰다. 국내에서는 일제의 신문탄압이 강화되던 시기였으므로, 공진회와 친목회가 합하여 합성협회가 조직된 것으로 짤막하게 보도하였다.45)

그러나 미주 본토의 『공립신보』는 1907년 9월 20일에 하와이 한인단체들의 합동을 「깃분 소식」으로 아래와 같이 치하하였다.

> 하와이통신을 거한즉, 이 달 초3일은 각 농장에서 노는 날인 고로, 각처에 있던 동포가 호놀루루항구로 모여 의논하고, 각 회를 합동하여 합성협회를 조직하고 규칙을 제정하였으며, 이왕 발간하던 공진회보와 친목회보를 합하여 다시 합성회보로 발행할 터인데, 규모를 일층 더 확장한다니, 해외에 있는 동포의 발달이 이같이 진보하는 것은 진실로 치하할 일이오. 금일 국내 형편이 저같이 참혹하고 신문조례로 언론을 속박하는 이 때를 당하여, 우리 해외에 있는 동포가 더욱 단체를 굳게 하여 출판 사업을 일층 더 확장하는 것이, 우리의 당연한 의무라 하나니, 내외 첨동포는 진력 찬성하기를 바라노라. (* 현대말로 정리함, 필자).

『공립신보』는 한국 내에서 일제가 신문조례를 발포하여 언론을 속박하는 때에, 국외에 있는 동포들이 단체를 더욱 굳건히 하고 출판사업을 일층 확장하는 것이 당연한 의무라고 찬성하였다. 또한 『공립신보』는 「재미동

---

43) 『共立新報』, 1908년 3월 11일, 「포아근신」, 4월 1일, 「량회합동」.
    『海朝新聞』, 1908년 4월 21일, 외보, 「合成會 進步」.
44) 『新韓民報』, 1909년 2월 10일, 「동긔상합」. 鄭斗玉, 앞의 책, 28~32쪽.
45) 『皇城新聞』, 1907년 9월 26일, 雜報, 「兩會合成」.

포의 주의할 바」란 논설에서, 몇 년이 걸리더라도 다수의 단체를 합력하고 교육을 권장하여 지식과 능력을 함양하고, 더 노동하여 재정을 만들어 전쟁을 준비하자고 역설하였다.46) 1908년 3월 18일에는 「希望布哇在留同胞」라는 글을 게재하여, 국권 회복할 열성과 민족 보존할 혈심으로 조직된 하와이의 합성협회와 미주 본토의 공립협회가 이해를 서로 비교하며 장단을 서로 헤아려 동기상응하며 동경상하여 합심진력하고, 나아가 하와이 한인사회와 미주 한인사회를 합일하여 완전무결한 단체를 이루어, 국권회복과 민족보전하기를 기약하자고 제안하였다.47)

러시아 연해주의 한인들도 하와이 한인합성협회의 결성을 축하하였다. 블라디보스토크에서 발간되는 『海朝新聞』은 1908년 3월 19일에 「合成協會 創立說」을, 다음날 20일에는 「미국 하와이 흡셩협회 창립셜에 디호야 동정을 표흠」이란 논설을 게재, 하와이에 거류하는 대한 동포들이 국권의 타락함을 통분하여 만회할 계책으로 합성협회를 조직하여 큰 단체를 만들고, 그 기관지로 『합성신보』를 발행한 것을 축하하였다. 그리고 수만리 바다를 건너 풍상을 겪으며 타국 영토에 의지하여, 낮이면 노동하여 품팔고 밤이면 학교 세워 공부하는 하와이 동포들이 자신들의 몸과 마음의 쾌락을 생각하지 않고 애국열심으로 조국을 수호할 정신으로 모든 단체를 합하여 세력의 기초를 삼았으니, 조국과 인접하여 관계가 더욱 중요한 러시아령 연해주에 있는 동포들은 마땅히 하와이 동포들보다 한 걸음 더 나아가서 대한독립의 기틀을 세우고 곤경에 처한 조국 동포를 구제할 생각을 하자며, 연해주 한인사회의 분발을 촉구하였다.48)

---

46) 『共立新報』, 1907년 9월20일, 잡보, 「깃븐소식」. 論說, 「지미동포의 쥬의할 바」.
47) 『共立新報』, 1908년 3월 18일, 「希望布哇在留同胞」.
48) 『海朝新聞』. 1908년 3월 20일, 론셜, 「미국 하와이 흡셩협회 창립셜에 디호야 동정을 표흠」.

Ⅲ. 하와이 한인사회의 민족운동

1. 한국영사관 설치 운동

한국인의 하와이 이민은 순조롭게 진행되지는 않았다. 하와이 노동이민에 대한 반대와 비판이 처음부터 국내외에서 대두되었다. 이민 반대론이 정부의 고위층에까지 파급되자, 주한미국공사 알렌(Horace N. Allen)이 적극적으로 나서서 한국정부를 설득하는 과정에서 호놀룰루에 한국영사관을 설치하라는 안을 제시하였다.

한국 내에서의 이민반대는 이민과 관계없는 엉뚱한 사건에서부터 발생하였다. 高宗이 인천에 있는 데쉴러(David W. Deshler) 저택을 구입하려고 하였다. 하와이 한인 이주 사업을 추진한 데쉴러는 집을 팔기로 하고 그 일을 알렌과 閔泳煥에게 위임하고, 1902년 12월 22일 첫 번째 이민 집단과 함께 일본으로 건너갔다. 그러나 협상의 실패로 저택 매매가 성립되지 않았다. 이를 계기로 仁川監理 河相驥는 데쉴러가 맡고 있는 이민사업에 반대를 표명하였다. 이후 한국 내에서 이민반대론이 거세게 일어났다.

한국정부는 이민을 노예무역으로 간주하고, 고종은 勅使들을 알렌에게 보내 이민 중지를 요구하였다. 알렌은 일본신문이 한국인의 하와이 이민에 대해 오해와 허위 기사를 게재하고, 이것을 인천주재 일본영사 가토(加藤本四郞)·주한일본공사 하야시(林權助) 등 몇몇 일본 외교관들이 한국에 유포시켜 한국 정부 내에 이민반대론이 일어났다고 생각하였다. 한국정부내의 이민반대 진원은 고종에게 노예무역 소문을 보고한 外部協辦 朴鏞和였다.

한편 하와이에서도 한국인의 도입과 일본 이민의 관계를 둘러싸고 문제가 대두되었다. 첫 한국인 이민 집단이 호놀룰루에 도착하기 한 달 전에 하와이사탕수수농장주협회는 일본인 이민 관계자들에게 일본인 이민을 그 3분의 1은 부인이 되게 하고 한 달에 1,500명에서 1,000명까지 감축하기로 요구했다.

하와이사탕수수농장주협회는 호놀룰루의 일본영사관에게 한국인 도입의 필요성을 알리고, 알렌은 한국에서 일본 외교관들과 타협하는데 주력하였다. 농장주들은 호놀룰루의 일본영사관과 이민회사들이 일본정부에게 한국인 이민이 일본인 이민의 이익을 저해하지 않을 것임을 설명해 주길 기대했다. 또한 알렌은 1903년 1월 16일에 駐韓日本代理公使 하기와라(萩原守一)를 방문, 한국인 이민이 '실험적'임을 내세우며, 한국인들은 고향을 사랑하므로 하와이에 영주하지 않을 것이라고 설명했다. 하기와라는 일본인 이민들의 권리가 침해받지 않는 한 간섭하지 않을 것이라고 약속했다.

알렌은 하기와라가 한국인의 이민에 반대하지 않는다는 것을 확인하고, 그로 하여금 박용화에게 한국인은 이주자로서의 권리가 주어지며, 선상 또는 목적지에서 노예로써 취급되지 아니한다는 것을 전달케 했다. 알렌의 노력으로 한국정부 내의 이민 반대론도 점차 잠잠해졌다.

그런데 인천주재 일본영사 가토(加藤本四郎)가 데쉴러를 만나 한국인의 하와이 이민에 대한 설명을 듣고, 1903년 2월 초순 경 일본 외무대신 고무라(小村壽太郎)에게 보낸 전문에서, 한국인 이민에 대해 강한 의문을 표명하였다. 그는 "한국이민의 경쟁은 일본이민의 지위에 불리한 영향을 줄 것"이라고 전제하고, ① 많은 한국인이 가족을 데리고 이주하므로 영주할 것이며, ② 한국인은 정치적·사회적 압제에 익숙하므로 일본인 노동자 보다 더 순종할 것이며, ③ 한국인의 생활수준이 낮으므로 농장주들은 임금을 감소시킬 것이라고 강조하였다. 그러나 가토는 한국인 노동자는 일본인보다 능력이 없으므로 기술적 지식이 필요한 일에는 고용될 수 없을 것이라고 단언하고, 한국인 이민에 대해서 일본정부는 걱정하지 않아도 된다고 보고하였다. 가토의 보고를 받은 고무라는 어떠한 반응도 보이지 않았다.[49]

그러나 2월 중순 서울로 돌아온 주한일본공사 하야시는 고종을 알현하고, 한국인의 하와이 이민은 일본인 이민에 방해되는 비우호적인 처사라고 항의하였다.[50] 하야시는 한국인 이민이 일본인의 이주 기회를 제한하고, 일본 이민회사의 이익을 감소시키며, 하와이에 있는 일본인의 생활수준을 낮추는 결과를 초래할 것이라고 예상했다. 하야시가 한국인 이민을 반대한 또 다른 이유는, 그것이 한국에서 미국 이권의 증대를 가져올 것이라고 우려한 것이었다. 알렌이 한국에서 미국인을 위해 이권을 확보하려고 노력하는데 예민했던 그는 이를 저지하려고 하였던 것이다.

일본정부가 한국정부에 미치는 영향을 의식하고 있던 하와이 농장주들은 알렌을 통하여 한국이민을 반대하는 하야시에게 경제력을 사용하여 설득하였다. 당시 하야시의 반대는 일본정부의 정책이 아니고 그 자신의 주관적 행동이었다. 따라서 알렌의 노력으로 한국인의 하와이 이민은 계속되었다.[51]

그러나 몇 달 뒤에 親露派 李容翊이 하와이 이민이 노예무역이라고 주장하여 논쟁이 되 살아났다. 고종의 총애를 받고 있던 이용익은 이민이 미국인의 한국 내 이권 획득을 조성한다며 이를 반대하였다. 이민에 대한 비난 여론이 고위층에게까지 파급됨과 동시에 재정의 궁핍으로 綏民院에는 아무런 예산도 배정되지 않았다. 그리고 1903년 5월 12일에 『제국신문』

---

49) Wayne Patterson, The Korean Frontier in America- Immigration to Hawaii(1886~1910) pp. 67~69. 70~71.
50) 『皇城新聞』 1903년 2월 9일.
51) Wayne Patterson, 앞의 책, 70~71쪽.

이 사설에서 하와이 이민은 노예이민이라며 그 중지를 주장하였다.52)

알렌은 1903년 여름에 외부대신 李址鎔과 회담하고, 하와이 이민은 미국이민법에 저촉되지 않으며, 노예에 포함된 자는 하나도 없다고 해명하였다. 그리고 알렌은 한국인 이민들을 위해 호놀룰루에 한국영사관을 설치할 것을 제안하였다. 그러나 한국정부는 이 제안을 긍정적으로 받아들이지 않았다. 알렌은 헐버트(Homer Hulbert)로 하여금 '하와이 이민에 한국인의 관심이 계속되다'라는 기사를 『Korea Review』에 게재케 하였다. 헐버트는 미국에서는 노예나 강제된 계약은 허용되지 않는다는 것을 강조하였다. 알렌의 외교적인 활약과 언론을 통한 설득으로 고종은 이민을 정지시키지 않았으며, 신문도 더 이상 반론을 제기하지 않았다.53)

일제는 1904년 2월 러일전쟁을 일으킨 직후인 2월 23일에 대한제국 정부를 압박, 「韓日議定書」를 체결케 하여 한국을 실질적으로 식민지화하였다. 그리고 4월 8일에는 閣議에서 「韓國保護權 確立의 件」을 결정하였다. 그 내용은 한국의 대외관계는 오로지 일본이 담당하고 재외한국인은 일본의 보호·감독 하에 두며, 한국은 외국과 직접 조약을 체결하지 못한다는 것 등이었다. 이는 일제가 러일전쟁의 勝機를 이용하여 한국정부와 '보호조약'을 체결함으로써 한국정부에 대한 열강의 승인을 받고자 함과 동시에 이후 전세가 불리하게 작용하더라도 한국에 대한 독점 지배권을 러시아로부터 보장받으려는 정책 결정이었다. 또한 이 결정은 해외한인들도 일제의 臣民으로 편입시키려는 의도와 함께 해외 한인들의 항일운동을 사전에 봉쇄하기 위한 조치였던 것이다.54)

알렌이 한국이민을 위해 호놀룰루에 한국영사관을 설치할 것을 제안하

---

52) 『제국신문』 1903년 5월 12일.
53) *Korea Review*, Vol.3 No.5(1903년 5월). Wayne Patterson, 앞의 책, 80~81쪽.
54) 김도훈, 「韓末 韓人의 美洲移民과 民族運動」, 『國史館論叢』 제83집, 국사편찬위원회, 1999, 92쪽.

였으나, 한국정부는 이를 바로 받아들이지 않고 있었다. 그러다가 1년이 지난 1904년 6월에 外部大臣 李夏榮이 미국 하와이에 이주한 사람들이 많으므로, 이들의 생명과 재산을 보호하기 위하여 영사를 파견할 것을 주장하는 請議書를 정부에 제출하였다.55)

외부대신이 호놀룰루에 한국영사관 설치를 주장하였다는 소식이 알려지자, 일본정부는 하와이에 간 한국 노동자가 2,000명을 넘는데, 아직 그들의 이익을 보호하고 감독할 영사관이 파견되지 못하여, 각 농장에 산재한 한국인들이 자신들의 편리를 위하여 일본인들에게 의뢰하는 자가 많다고 하며, 하와이에 주재하는 일본정부 이민감독관을 하와이 주재 한국명예영사로 채용하면 극히 편리할 것이라고 추천하며, 그의 이력서를 첨부하여 1904년 6월 25일 한국 외부대신에게 공문을 보내왔다.56) 일본정부는 한국정부가 하와이 한인사회 보호를 위해 영사를 파견하는 것을 외교적으로 견제하고, 하와이 한인들도 일본 정부의 감독 하에 두기 위해 일본 영사의 보호를 받으라고 계속 한국정부에 압력을 가하였다.57)

『황성신문』은 주한 일본공사가 한국정부에게 하와이주재 일본영사로 한국인을 보호하게 하라고 요청했다고 보도하였다. 그리고 한국정부가 외부협판 尹致昊를 하와이영사로 임명하였다는 설도 7월 2일에 보도되었다.58) 이에 주한일본공사 하야시는 9월 2일에 하와이 한국명예영사는 하와이 일본영사로 差定하기로 고종황제가 이미 윤허하였다는데, 무슨 이유로 아직 일본정부에 회답이 없는지, 한국정부는 속히 회답하여 달라고 강력히 촉구하였다.59)

---

55) 『皇城新聞』, 1904년 6월 12일, 7월 11일, 「領事新設請議」.
56) 고려대학교 아세아문제연구소, 『舊韓國外交文書』 第7卷 日案7, 1904년 6월 25일, 「布哇在留韓民保護의 緊要와 名譽領事 毛利推薦의 件」.
57) 尹汝雋, 「領事 파견요청 허사로」, 『京鄕新聞』, 1973년 11월 20일.
58) 『皇城新聞』, 1904년 7월 2일, 「日保韓民」. 7월 12일, 「領事派遣說」.
59) 『舊韓國外交文書』, 第7卷 日案7, 광무 8년 9월 2일, 「하와이韓民保護 名譽領事 設置件의

하와이 한인들의 보호를 위한 영사 파견 문제가 한·일간에 외교적 현안문제가 되었다. 그러나 한국정부는 재정의 부족으로 하와이에 영사를 파견할 형편이 되지 못하였다. 1905년 1월에 문경호 등 하와이 한인들은 한국정부에게 영사를 보내줄 것을 간절히 요구하는 청원서를 발송하였다. 그들은 일·청 양국은 영사를 派送하여 자국 인민을 보호하는데, 유독 한국은 영사를 파송하지 않아 한인들이 의지하고 믿을 곳이 없으니, 이주민의 정상을 고종 황제에게 아뢰어 時務에 숙련된 관원을 영사로 파송하여 한국이민들의 이익을 돌보게 하면, 한국 이주민 6,000여 명이 각각 義金을 모아 영사관 운영 자금을 준비할 것이니, 영사를 파송할 것을 바란다고 청원하였다.60)

하와이 한인들의 영사파견 요구를 계기로, 일제는 국외 한인을 그들의 통제하에 두어 지배하려는 의도를 노골화하였다. 일본정부는 하와이일본 총영사 사이토(齋藤幹)를 하와이한국명예총영사로 임명하여 한인의 이익 보호를 위탁하는 것이 적합하니 조처하라는 훈령을 주한일본공사관에 하달하였다. 주한일본임시대리공사 하기와라(萩原守一)는 1905년 4월 21일 한국 외부대신에게, 한국이 종래 미·청 등의 나라에서 외국인을 명예영사로 임용한 사례를 비교하여 속히 처리할 것을 요구하였다.61)

한국정부는 일본의 집요한 요구를 받아들일 수밖에 없었다. 한국정부는 1905년 5월 5일에 하와이일본총영사 사이토를 한국명예총영사로 임명하여 한국이민들을 보호하는 사무를 담당케 하기로 결정하고, 하기와라에게 일본정부에 이를 보고하라고 통고하였다. 하기와라는 즉일로 본국정부에 상세히 보고하고, 위임장을 장차 하와이일본총영사 사이토에게 보내 임명

回答促求」,『皇城新聞』, 1904년 9월 6일, 雜報,「照問速決」.
60)『皇城新聞』, 1905년 1월 25일, 雜報,「請派領事」. 『大韓每日申報』, 1905년 1월 26일, 잡보, 「포와쥬민청원」. Korea Review Vol. 5 No. 1 JAN(1905년 1월), 35쪽.
61)『舊韓國外交文書』第7卷 日案7, 1905년 4월 21일,「布哇韓國名譽領事의 日領事齋藤任用推薦」.

할 것이며, 한국정부는 주미한국공사가 미국정부에 이를 성명하도록 하는 것이 필요하니, 즉시 훈령하라고 요청하였다.62)

대한제국 정부는 1905년 5월 5일에 하와이일본총영사 사이토를 한국명예총영사로 정하고 그 영사위임장을 주한일본공사관에 보냈다. 그리고 일본정부의 요구대로 사이토를 하와이한국명예총영사로 임명하였음을 주미공사를 통해 미국정부에 알렸다.63)

그러나 한국정부에 영사 파견을 청원하고 몇 달을 기다리던 하와이 한인들은 『제국신문』과 하와이의 각 신문에서 하와이일본총영사를 한국명예총영사로 임명한다는 소식을 듣고, 한국정부의 처사에 경악하였다. 그렇지만 아직 공적인 조처가 없어 소문을 믿지 못하면서도 정신이 어지럽고 가슴이 답답하여, 오히려 지난날에 직접 청원하지 못한 것을 후회하였다.64)

하와이 한인들은 워싱턴의 주미한국공사가 하와이일본총영사를 한국총영사로 임명하는 훈령을 내리자, 이에 불복하고 일본인 영사 대신에 한국인 영사를 직접 파견하라고 주미공사에게 요청하였다. 그리고 한국영사를 파견하여 한인을 보호하라고 수차 電請하였으나 한국정부가 어떠한 회답도 하지 않고, 일본총영사를 하와이한국명예총영사로 임명하자, 하와이 한인들은 總代로 李東鎬를 선출, 귀국시켜 6월 3일에 외부에 직접 청원하였다.65)

하와이 한인들은 자신들은 비록 이주하였으나 한인임에는 변함이 없으

---

62) 『舊韓國外交文書』第7卷 日案7, ss1905년 5월 5일, 「日總領事齋藤의 布哇名譽總領事 任命通報」, 「布哇名譽總領事任命件의 美政府通告節次要請」.
63) 『皇城新聞』, 1905년 5월 6일, 雜報, 「布哇名譽領事」. 『舊韓國外交文書』第7卷 日案7, 1905년 5월 9일, 「布哇名譽總領事任命件對美通告照覆」.
64) 『皇城新聞』, 1905년 8월 10일, 雜報, 「請派領事」.
65) 『皇城新聞』, 1905년 5월 17일, 雜報, 「拒絶領事」. 8월 10일, 雜報, 「請派領事」. Korea Review Vol. 5 No. 5(1905년 5월).

니, 한국정부의 보호를 받는 것이 마땅하고, 일본영사는 전혀 상관할 필요가 없음을 분명히 밝혔다.66) 그리고 만약 어떤 나라가 고종황제의 권위를 추호라도 손상케 하면, 차라리 바다에 빠져 죽을지언정 맹세컨대 함께 살 수 없을 것이며, 혹 외국인으로 영사를 파견하면 명령을 위반하는 죄책을 달게 받을지언정 결코 한인의 영사로 받아들일 수 없다고 역설하였다. 하와이 한인들은 당당한 우리 독립 제국이 체모를 돌아보지 않고 외국인을 派送하려고 하는데, 재정상 문제라면 하와이 한인들이 영사관 운영경비와 영사 月俸을 기꺼이 부담하겠다며 한국영사의 파견을 간절히 요청하였다.

한국인영사 파견을 열망하는 하와이 한인들은 한국영사관 건물을 건립할 목적으로 약 8,000달러를 모았다고 전해진다. 그러나 1905년 7월에 미국정부는 하와이 주재 일본영사 사이토를 하와이 한국명예영사로 인준하고 말았다.67)

1905년 11월 17일 일제의 강요로 을사5조약이 늑결됨에 따라, 국외의 한인들은 각국에 주재한 일본공사와 영사가 대신 '보호'하게 되었다. 이로써 대한제국은 외교권을 일본에게 빼앗기고 각국에 주재하는 외교기관을 철폐하게 되었다. 11월 27일 미국 국무장관은 한국의 외교 일체를 일본정부와 교섭할 것이며 주미 한국공사관과 주한미국공사관을 철폐한다는 것을 일본정부에 공식 통보하였다.

共立協會는 미국이 한미조약에 의거하여 居中調整을 해 줄 것이라고 기대했으나, 기대감이 무너지자 미국에 대해 강한 불신감을 표명하였다.68)

1906년 1월 샌프란시스코주재 일본영사가 샌프란시스코 한인명예영사

---

76) 尹炳奭, 앞의 책, 263~265쪽.
67) *Korea Review* Vol. 5 No. 8(1905년 8월), 318쪽.『皇城新聞』, 1905년 7월 24일, 雜報,「日領代理」.
68)『共立新報』, 1905년 12월 6일, 雜報,「美認日攬韓權」· 電報抄쯏,「韓人失望」.

의 인장과 文簿를 받고 재미한인의 사무 총괄을 선언하자, 주미한국공사 서리 김윤정도 주미한국공사관과 문부를 일본공사에게 이양하고 공립협회를 심방한 후 1906년 2월 6일 샌프란시스코를 출발, 귀국하였다. 국외 한인은 이제 외교권을 상실한 망국민으로 전락하고 말았다. 대한제국은 1906년 2월 15일 "해외 한인은 어느 곳에 있던지 일본 영사의 보호를 받아라"고 훈령하기에 이르렀다.69)

하와이와 미국 본토의 한인사회는 在美韓人共同大會를 개최하고 일본을 배척할 것을 결의하였다. 또한 하와이 에와 친목회는 미주 공립협회와 연서로 排日決意文을 한국정부에 발송하여 일본정부의 간섭행위를 배척하며 항일운동의 기치를 본격화하였다. 그리고 하와이 한인들은 그들의 자치문제와 국권회복 운동 방략을 모색하기 시작하였다.

일제 통감부는 1906년에 주미일본영사관에 훈령하여 미국 각처에 거류하는 한인을 조사하라고 지시하였다. 그러나 하와이 한인들은 일본영사가 실시한 인구조사에 반대 불응하여, 결국 하와이 한인을 조사하지 못하게 하였다. 샌프란시스코 거주 한인들도 일본영사의 한인 인구조사에 반대 불응하였다.70)

2. 러·일강화회의에 한인대표 파견

1904년 2월 8일 밤에 러·일전쟁을 일으킨 일본은 1905년 1월 1일 러시아의 요새 旅順港을 함락시키고, 5월 27일과 28일에 對馬島 근해에서 러시아 발틱함대를 전멸시켰다. 일본의 승리가 분명해지자, 친일적인 미

---

69) 『共立新報』, 1906년 1월 8일, 雜報, 「日領事兼보韓事」. 盧載淵, 앞의 책, 476쪽.
70) 『大韓每日申報』, 1906년 6월 16일, 「韓民獨立」·「駐美韓人調査」.
당시 주미일본공사가 조사한 미국 거주 한인은, 한인들이 많이 거주하는 하와이와 샌프란시스코를 제외하고, 人口가 150名에, 婦人이 6명, 小兒가 1명, 鐵道工部가 85명, 人蔘販賣人이 5명, 그 나머지는 모두 鑛軍이라 하였다.

국대통령 루스벨트(Theodore Roosevelt)는 러·일강화회의를 미국 뉴햄프서州 포오츠머드(Portsmouth)에서 열도록 주선하였다. 그는 사전에 육군장관 태프트(William Howard Taft)를 일본 東京에 보내서 일본의 강화조건을 타진케 했다.

태프트는 1905년 7월 일본에 가는 길에 호놀룰루에 들렀다. 이 기회를 포착한 하와이 한인들은 7월 7일경 호놀룰루 감리교회 목사 워드맨(J. W. Wadman)과 의논하고, 7월 12일 호놀룰루 시내에서 특별회의를 개최하고, 7천명의 한인대표를 강화회의에 파견하여 대한독립청원서를 제출하기로 결의하였다. 워드멘은 하와이 총독대리 애트킨슨과 의논하고 한인대표 尹炳球 목사를 태프트에게 인사시키는 동시에,[71] 루즈벨트 대통령에게 보내는 소개장을 받아 주었다.[72]

윤병구는 하와이 한인들이 모아준 500달러를 여비로 하와이주재 일본영사가 駐美日本公使에게 보내는 소개장과 태프트가 루즈벨트 대통령에게 보내는 書狀을 휴대하고, 7월 19일 아라메다 선편으로 워싱턴으로 향했다. 당시 러·일강화회의 일본 측 전권위원 고무라(小村壽太郎) 일행 중 사이토(佐藤愛麿)는 하와이 한인대표가 뉴욕으로 떠났다는 소식을 듣고, 강화는 일·러 양국만 간여할 바이며, 아직 여하히 결정될지 모르는 일인데, 하와이 한인대표들이 청원한다는 것이 아주 흥미 있는 일이라며 비웃었다고 한다.[73]

윤병구는 조지·워싱턴대학에서 공부하고 있던 李承晩을 통역으로 동행, 8월초에 뉴욕 오이스터灣(Oyster Bay) 별장에서 휴양중인 루즈벨트

---

71) 당시 윤병구는 와드맨의 통역자로 호놀룰루에서 기독교 전도사업에 전념하고 있었다.(Soon Hyun, My Autobiography, Chapter XIII p. 65).
72) 당시 미국대통령 루스벨트는 육군장관 태프트를 日本에 보내, 1905년 7월 29일 미국이 필리핀을 확보하는 대가로 한국을 일본에 일임한 소위 「태프트·가쓰라」비밀협정각서를 맺게 하였다.
73) 『皇城新聞』, 1905년 8월 31일, 雜報, 「傍聽派遣」.

대통령을 찾아갔다. 이들은 大韓獨立請願書를 루즈벨트 대통령에게 제출하고, 러·일강화회의에 참석할 수 있는 권리를 요구하였다.

그러나 루즈벨트는 '사건이 아주 중대하니 귀국 공사대리 金潤晶을 경유하여 제출하시오'라 하며, 주미 한국공사를 통하여 참석권을 정식으로 제출하라고 완곡히 거절하였다.

두 사람은 8월 15일 워싱턴 D.C 13街와 아이오워 서클 서북에 있는 주미한국공사관으로 찾아가서 공문 상으로 협조해 줄 것을 요청했다. 그러나 공사대리 김윤정은 "본국 정부의 훈령 없이는 무슨 소개나 협조가 불가능하다"는 이유로 이들의 협조 요청을 거절하였다. 두 대표는 방법을 찾아보려고 노력하였으나, 결국 실패하고 정식교섭을 못하였다.

윤병구와 이승만이 루즈벨트 대통령을 면담한 전말에 대해서는, 미국 커니에 있던 朴長玹이 1906년 2월에 황성신문사장에게 보낸 글이 당시의 상황을 시사하는 바가 크다.74) 박장현이 황성신문사장에게 보낸 서신은, 1905년 일본과 러시아가 강화담판을 할 때, 미국에 거류하는 동포 7천여 명이 尹炳球·李承晩을 대표로 뽑아 미국 대통령을 방문하고, 미국이 우리 한국이 일본의 굴레에서 벗어나서 세계의 평등한 나라가 되게 도와줄 것을 청했는데, 미국 대통령은 흔연히 허락하여 말하기를, '내가 마땅히 힘을 다하겠다. 그러나 國際公法이 있으니, 반드시 한국공사의 교섭을 기다려서 응하겠다.'고 하였다. 윤병구 등은 속히 주미한국대리공사 김윤정에게 알렸으나, 김윤정은 服을 입어 나갈 수 없다고 하고 본국의 명령도 없다고 하면서, 고집을 부리고 듣지 않아서 드디어 이 기회를 잃었다고 하는 내용이었다.75)

하와이 한인들이 대표로 윤병구를 뽑아 러·일강화회의에 참석시킨다는 소식은, 러·일전쟁에 승리한 일본이 우리나라의 국권을 곧 유린할

---
74) 『皇城新聞』, 1906년 4월 17일, 寄書,「私嫌으로 國權을 失훈 事」.
75) 『梅泉野錄』, 丙午 光武10年(1906) 3월.

것이라고 우려하고 있던 한국 내의 국민들에게는 희소식이었다.

　1905년 9월 2일에 『大韓每日申報』는 그것의 효과 여부는 알 수 없으나, 설령 성공하지 못한다 하더라도, 한국인에게 희망을 주는 '한국의 光輝'라고 찬탄하였다. 이것은 하와이 한인들이 구미제국의 思潮에 영향을 받아 자유의 권리를 만회하고 하나의 단체를 합성하여 추진한 것이라고 칭찬하였다. 그리고 이로부터 장래 한국의 복리가 旺興하고 문명의 행운이 크게 발전할 것이라고 전망하였다.[76]

　『皇城新聞』도 1905년 9월 5일 「合手拜賀于住在布哇之同胞」란 논설을 통해, 하와이 한인들이 '조국의 독립권이 다른 나라 보호 아래 기울어 떨어짐을 듣고 忠憤이 激發하며 熱血이 沸騰하여 총대 2인을 推選하고 자금 1,000元을 모아 워싱턴에 건너가 미국 대통령에게 懇乞'하였으니, 그 효과는 아직 확실히 알 수 없으나, 하와이 동포들의 忠憤義擧에 대하여 合手拜賀하고 감격하여 눈물을 흘리며 옷깃을 여미게 한다고 하였다. 그리고 러·일 개전 이래 한국의 위기가 날로 다가오는데, 대대로 國恩을 입은 신하들과 명문가·사림들은 모두 軟骨無慮며 空談無實일 뿐이요, '삼천리 城砦와 삼천만 人衆에 능히 국가를 위하여 分毫氣力을 내고자 하는 자가 없더니,' 수만리 해외에서 노동하는 인민이 강화회의에 조국의 주권을 유지하고자, 날마다 품팔이 한 소득을 모아 여비를 준비하고 대표자를 보내 회의장에 참석하려고 주선하는 일은 千古異事며 世界奇聞이라고 칭송하였다.

　더욱이 하와이 한인은 관리의 탐학으로 가산을 보전하지 못하고 살 길이 없어 만부득이 친척과 조상의 분묘를 버리고 수만리 타국 땅에서 떠돌며 살아가는데, 그 愛國熱心은 국내의 士民보다 특출하다고 평가하고, 그것은 개명한 나라에서 자유주의와 獨立風氣가 자연히 腦髓에 스며들

---

76) 『大韓每日申報』, 1905년 9월 2일, 「秋風一鴈來」.

어, 전일 압제정치 하에서 엎드려 침묵하던 상태를 일변하여 自由自强의 성질을 갖게 된 것이라 평하였다. 그리고 조국이 불행하게 독립권을 유지하지 못할 경우를 당하여, 하와이 한인들이 비분강개하고 痛恨激烈하여 담판의 시기에 독립을 扶植하기로 힘을 다해 주선하는 것이라고 역설했다. 그러므로 국내의 모든 국민이 하와이 동포의 충의를 본받아 자유주의와 독립기개의 성질을 양성하여, 애국 열심이 一體團結하고 만번 꺾여도 不變하면, 국권을 유지할 수 있고 동포를 온전히 생활하게 할 수 있을 것이니, 모든 국민은 노력하자고 주장하였다.[77]

9월 2일에 서울의 尙洞靑年會는 윤병구가 러·일강화회의에 참석하는데 필요한 여비 보조를 위해 모금에 나섰다.[78] 상동청년회 서기 鄭淳萬은 『대한매일신보』와 『황성신문』에 「媾和를 傍聽ᄒ고 獨立을 鞏固케 홈」이란 글을 기고하여, 일본이 러·일 개전에 내세운 '東洋平和論'의 허구를 지적하였다. 즉 일본이 한편으로는 청일전쟁 후에 맺은 下關條約과 日英同盟의 취지를 배반하고, 다른 한편으로는 러일전쟁의 宣傳勅書의 大旨와 일본 외부대신이 러·일 교섭때 한국의 독립을 유지한다는 말을 발표한 것을 배신하고, 지금 한국을 일본의 보호 하에 두려고 한다는 말이 전문과 신문지상에 낭자한데, 이것은 일본이 세계에 앞으로는 평화를 부르짖고 뒤로는 의리를 멸시하는 것이라고 역설하였다.

그리고 정순만은 이러한 때 하와이 한인들이 돈을 모으고 윤병구를 총대로 선정하여 러·일강화회의에 파견하여 회의를 방청하고, 우리 한국의 독립을 공고히 하고자 하는 것이며, 일찍이 상동청년회장 이었던 윤병구는 나이는 30 미만이고 키는 5척쯤 되지만 등에 3천리 강토를 짊어지고 혀는 2천만인의 입을 대신하여 해륙 만리를 건너 미국 대통령에게 懇乞하려는 것이니, 이 거사는 실로 우리나라 사천 년에 처음 있는 거사이며

---

77) 『皇城新聞』, 1905년 9월 5일, 論說, 「合手拜賀于住在布哇之同胞」.
78) 『皇城新聞』, 1905년 9월 4일, 雜報, 「旅費聚會」.

전국을 유지하는 큰 關鍵이라고 강조하였다.

또한 상동청년회에서 보조금 359元을 모금하여 윤병구가 미국 강화회의에 방청하는데 보태어 일반 국민의 寸誠을 표하고자 하니, 우리 동포들은 시기가 늦었다고 말하지 말고 더욱 奮然 전진하여 합력할 것이며, 지금 혹 합심하지 못하면 어느 날에 다시 담판의 일이 있겠느냐고 역설하였다.[79]

윤병구는 10월 17일 샌프란시스코에 도착하였다. 샌프란시스코 동포들은 윤병구가 수고하였음을 위문하고 환영하였다. 『共立新報』는 미주 한인들이 애국하는 마음으로 나라의 독립을 붙들고자 윤병구와 이승만을 총대로 선정하여 미국 대통령에게 보낼 때, 주미공사 김윤정에게 두 총대를 방조하여 주기를 청구하였는데, 주미공사가 보호증서도 발급하여 주지 않고 총대의 협조 요청도 거절하여, 이 위급한 시기에 미국정부와 교섭 한마디 아니하였다니, 공사는 나라를 사랑하지 않느냐고 공박하였다.[80]

윤병구는 12월 16일 만추리아 선편으로 호놀룰루에 뒤돌아왔다. 하와이 한인들이 윤병구를 대표로 선정, 러·일강화회의에 참석시켜 한인의 입장을 밝히려던 시도는 결국 실패하고 말았다. 그러나 한인들은 이에 굴하지 않고 일제의 침략상을 국제사회에 고발하는 활동을 계속 전개하였다.[81]

맺음말

하와이 한인사회는 1903년부터 각 지역 농장마다 洞會 등을 조직하여 동포들의 상호부조와 권익신장을 위하여 노력하였다. 玄楯은 自助會를

---

79) 『皇城新聞』, 1905년 9월 5일·『大韓每日申報』, 1905년 9월 7일, 寄書, 「媾和를 傍聽ㅎ고 獨立을 鞏固케 홈」.
80) 『共立新報』, 1905년 11월 22일, 「總代到此」·「公使不愛」.
81) 徐光云, 앞의 책, 46~47쪽. 盧載淵, 앞의 책, 468쪽. 尹炳奭, 앞의 책, 317~319쪽.

조직하여 자치적인 활동을 하기도 하였다.

1903년 말에는 감리교 계통 인사와 유학생들이 한국의 위기에 대처하여, 救國精神을 고취하여 일세의 침탁행위를 세어할 목직으로 新民會(New People's Society)를 조직하였다. 하와이 한인사회에서 최초의 정치적 단체로 조직된 신민회는 강령으로 同族團結・民智啓發・國政刷新을 내세우고, 카우아이 가파아 등 3곳에 에 신민회 지회를 설립하는 등 본격적인 활동을 전개하였다. 그러나 한인 동포들의 근대적인 정치의식의 박약, 聖公會와 佛敎 측의 언론을 동원한 비판, 그리고 하와이 이민경비 징수를 둘러싼 자체 내의 분열 등으로 1904년 4월 20일 해체되고 말았다.

1905년 1월부터 하와이 한인사회는 일제의 한국 식민지화 획책을 저지하려고 민족운동을 전개하였다. 그 결과 많은 민족운동 단체가 속출하였다. 이들은 종래와 같이 同族相愛를 도모하면서도, 점차 日貨排斥・排日運動・武藝奬勵・國權回復 등을 표방하며, 조국이 당면한 급박한 상황을 타개해보려고 다양한 방법을 모색하였다.

1907년 헤이그만국평화회의 특사파견을 구실로 일제가 高宗을 퇴위시키고 군대해산을 강행하여, 사실상 한국은 일제의 식민지로 전락하였다. 하와이 한인들은 이에 대응하여 하와이 한인단체의 합동을 적극 추진하였다. 하와이의 24개 단체의 대표자 30명이 호놀룰루에 모여 협의한 결과, 1907년 9월 3일에 韓人合成協會를 결성하였다. 自强會와 電興協會는 합동에 참여하지 않고 독자적 또는 별개의 운동을 전개했다. 그러나 1908년 봄에 자강회가 합성협회에 합류하고, 1909년 1월 25일에 전흥협회가 합성협회에 통합되었다. 그리하여 한인합성협회가 명실상부하게 모든 하와이 한인들을 대표하는 민족운동 구심체가 되었다

한인합성협회는 『合成新報』의 발간을 통하여 민족의식을 고취하고 국권회복의 方略을 정비하며 獨立戰爭論을 모색한 것으로 생각된다. 그러

나 자료의 한계로 『합성신보』 발간의 편린들만을 살피는데 그쳤다.

하와이 한인합성협회의 결성은 미주 본토의 민족운동을 고무하였을 뿐만 아니라, 러시아령 연해주 한인사회에 신선한 충격과 경고를 주고, 그들의 분발을 촉구하는 계기가 되었다.

하와이 한인사회는 초기부터 본격적으로 항일민족운동을 전개하였다. 하와이 한인사회가 초기에 전개한 대표적인 항일민족운동은, 하와이에 한국영사관을 설치하여 하와이 한인에 대한 일본의 지배 획책을 배척하려 한 것과 미국 포오츠머드에서 열리는 러·일강화회의에 하와이 한인대표를 파견하여 大韓獨立請願書를 제출하고 국권을 수호하려 한 것이었다.

하와이에 한국영사관을 설치하자는 주장은 1903년 봄에 주한미국공사 알렌이 제기하였다. 그리고 1년이 지난 1904년 6월에 외부대신 李夏榮이 하와이 領事派遣 請議書를 정부에 제출하였다. 그러나 일본정부가 이를 구실로 1904년 6월 25일에 하와이 주재 일본정부 이민감독관을 하와이 한국명예영사로 채용하라고 한국정부에 공식 요구하였다.

한국정부가 재정의 부족으로 영사를 파견하지 못하자, 1905년 1월에 하와이 한인들은 한국정부에게 영사 파견을 간절히 요청하고, 한인 6,000여 명이 각각 義金을 모아 영사관 운영 자금을 준비하겠다고 제시하였다.

그러나 국외 한인을 그들의 통제 하에 두어 지배하려고 획책하는 일본은 주한일본공사관을 통하여 일본영사를 하와이 한국명예영사로 속히 임용하라고 재촉하였다. 한국정부는 결국 일본의 집요한 강요를 받아들여, 1905년 5월 5일에 하와이일본총영사 사이토 미키(齋藤幹)를 하와이주재 한국명예총영사로 임명하고, 일본의 요구대로 주미한국공사를 통해 이를 미국정부에 알렸다.

주미한국공사가 하와이일본총영사를 하와이한국총영사로 임명하는 훈령을 내리자, 하와이 한인들은 總代를 선출, 6월 3일에 한국 외부에 영사

파견을 직접 청원하였다. 그들은 영사관 운영 경비와 영사 월급을 기꺼이 부담하겠다며 간청하였다. 하와이 한인들은 한국영사관 건립 목적으로 약 8,000달러를 모았다.

그러나 1905년 7월에 미국정부가 일본영사 사이토를 하와이주재 한국 명예영사로 인준하고 말았다. 대한제국은 1906년 2월 15일 해외 한인은 누구나 일본영사의 보호를 받으라고 선언하기에 이르렀다. 하와이와 미주의 한인사회는 일본 배척을 결정하고 항일운동의 기치를 본격화하였다.

하와이 한인들은 외교적 활동을 통하여 조국의 국권을 수호하려고 노력하였다. 러·일전쟁에서 일본의 승리가 분명해지자, 미국대통령 루즈벨트가 러·일강화회의를 뉴햄프셔州 포오츠머드에서 열도록 주선하였다. 하와이 한인들은 1905년 7월 12일 호놀룰루에서 특별회의를 개최하고, 한인 대표를 강화회의에 파견하여 大韓獨立請願書를 제출하기로 결의하였다.

하와이 한인대표 尹炳球 목사는 미국 육군장관 태프트에게서 루즈벨트 대통령에게 보내는 소개장을 받아 가지고, 하와이 한인들이 모아준 500달러를 여비로 삼아 7월 19일 워싱턴으로 향했다. 그는 조지·워싱턴대학생 李承晩을 통역으로 동행, 8월초에 뉴욕 오이스터灣(Oyster Bay) 루즈벨트 별장으로 찾아가 대한독립청원서를 제출하고, 러·일강화회의에 참석할 수 있는 권리를 요구하였다.

그러나 루즈벨트는 주미 한국공사를 통하여 참석권을 정식으로 제출하라며 거절하였다. 두 사람은 8월 15일 워싱턴의 한국공사관으로 찾아가 대리공사 金潤晶에게 공문 상으로 협조해 줄 것을 요청했다. 그러나 김윤정이 본국정부의 훈령이 없다며 협조를 거절하여, 결국 정식교섭을 못하고 실패했다..

강화회의 참석 노력은 좌절되었으나, 국내의 언론들은 그것이 한국인에게 희망을 주는 '韓國의 光輝'라고 평가하고, 하와이 동포들의 忠憤義擧

를 국내의 모든 국민이 본받아 자유주의와 독립 氣槪의 성질을 양성하여, 애국 열심이 一體團結하고 만번 꺾이어도 不變하면, 국권을 유지할 수 있을 것이라고 역설하였다. 서울 尙洞靑年會에서는 鄭淳萬이 앞장서서 윤병구의 러·일강화회의 참석에 필요한 여비를 모금하였다.

윤병구는 10월 17일 샌프란시스코에 도착하여 동포들의 위로와 환영을 받았다.『共立新報』는 주미한국공사 김윤정이 위급한 시기에 미국정부와 교섭 한마디 아니하였다며 공박하였다. 한인들은 일제의 침략상을 국제사회에 고발하고 규탄하는 활동을 계속 전개하였다.

하와이 한인사회는 1909년 2월 1일부터 미주 본토의 공립협회와 통합하여 國民會를 결성하고, 본격적으로 조국독립운동을 전개하였다.

- 투고일 : 1월 15일, 심사완료일 2월 20일
- 주제어: 하와이한인 민족운동, 한인합성협회, 하와이영사관 설치운동, 오츠머드강화회의

The Anti-Japanese National Movement of the Korean Community in Hawaii(1903~1909. 1)

Choi, Chang Hee

The Hawaiian Korean had been committed to the self-help among Korean people and the extension of their rights and interests, organizing Donghoe(洞會) at the regional farms from 1903. Soon Hyun(玄楯) formed a Jajohoe(自助會) on to lead self-governmental activities.

In 1903, students and Methodists in Hawaii set up New People's Society(新民會) in order to stop the Japanese aggression in the nick of the national crisis. Taking as its mottoes brethren unity, intellectual enlightenment, political renovation, the Society founded a branch in Kapaa, Kauai, the first political body of the Hawaiian Korean community, but it was later disbanded on April 20th, 1904, due to the lack of modernized political consciousness, conflicts between the Protestants and Buddhists, and opinion splits over the fund-raising.

From 1905 on when Japan shifted into the high gear toward the colonialization of Korea, the Hawaiian Korean community began to resist it actively. As a result, several national movement bodies were formed, which endeavored to promote fraternity among Korean residents and launched some campaigns like the refusal of Japanese currencies, promotion of martial arts, or national rights retrieval movement.

Korea was virtually reduced to the Japanese colony in 1907 when Japan dethroned Kojong(高宗) and, capitalizing on the dispatch of the special envoy to the Hague Peace Conference, disbanded the Korean army. Korean people in Hawaii felt to bring together their powers, and the result was that the thirty representatives from twenty-four Korean organizations in Honolulu, united to form Haninhapseonghyuphoe(韓人合成協會) on September 3, 1907. Jaganghoe(自强會), Jeonheunghyuphoe(電興協會) launched separate activities but joined it later respectively in the 1908 spring and on January 25, 1909. The newly born organization came to play a pivotal role for the Hawaii area Korean national movements.

Haninhapseonghyuphoe inspired the national consciousness through the publication of Habseongsinbo(合成新報) and voiced the strategy of the military actions for independence. In the present paper, due to the severe limitation of data, I delved the detailed recovery of the Hawaii area independent movement, depending mostly on the materials from Habseongsinbo.

Haninhapseonghyuphoe not only promoted the national movements in the USA but also influenced the Korean communities along the north-east Pacific coast area in Russia. From the beginning, the Hawaiian Korean community launched the anti-Japanese movement actively.

In the spring of 1903, Horace N. Allen, the American diplomatic minister to Korea, made a proposal to establish the Korean consulate in Hawaii and Minister of External Affairs Lee Ha-yeong(李夏榮) made the first step to establish the Hawaii consulship in June 1904. But Japan pressed the Korean government to appoint the Japanese emigration superintendent Honorary Korean Consul to Hawaii. As the Korean government was disabled to delegate a consul due to financial shortage. Koreans in Hawaii campaigned to collect the fund for the operation of the consulate from six thousand Koreans in the area. The Korean government, however, was forced in the end to yield to the Japanese pressure May in 1905 and reported the decision to the American government. Then, Koreans in Hawaii submitted a direct petition through their representative. and collected about eight thousand dollars as the fund. Nevertheless, when the American government ratified the Japanese consul as the honorary consul in July 1905, the Korean government was forced to decree on February 16, 1906 that Koreans residents in foreign countries should accept the protection by the Japanese consulship. Against the decision, the Hawaiian Korean community declared their refusal of the decree and accelerated its anti-Japanese movement.

Korean residents in Hawaii held a meeting in Honolulu on July 12, 1905 and made a decision to dispatch their representatives to the Portsmouth Peace Conference and submit a petition for independency

Carrying the letter of introduction to American President written by the US Army Minister William Howard Taft, Representative Yun Pyong-gu(尹炳球) headed for Washington with the traveling expenses collected among Koreans in Hawaii. He went to Roosevelt's country house in Oyster Bay, New York, accompanied by Rhee Syngman(李承晩) as the translator, a then George Washington Univ. student. He presented the petition and claimed the right to attend the peace conference.

President Roosevelt refused its acceptance, demanding that the Korean consulate to America himself be entitled to submit the right for attendance. Yun and Rhee visited the Korean consulate in Washington and asked the deputy consul Kim Yun-jeong(金潤晶) to back up their petition, which he refused on the excuse of no message from the home government. Though Their aim failed, newspapers issued in Korea highly appraised their activities, and Sandong Youth Association(尙洞靑年會) with the lead of Chong

Sun-man(鄭淳萬) collected the travel expenses for Yun's participation in Russia-Japanese Peace Conference.

Yun Pyong-gu arrived at San Francisco on Oct 17, and was enthusiastically welcomed by San Francisco Korean residents. The United Korean (KONGLIPSINBO, 共立新報) accused Kim Yun-jeong of neglecting negotiations with the USA government at the critical moment, and Korean communities continued to accuse the Japanese invasion to Korean.

Haninhapseonghyuphoe was combined with Kongliphyuphoe(共立協會) in the mainland in 1909 to form Korean National Association (Kungminhoe, 國民會), which launched the fully-fledged national independent movements.

Key Words : National Movement of Koreans in Hawaii. New People's Society, Haninhapseonghyuphoe, Porrtsmouth Peace Conference

특집 : 미주지역의 한인사회와 민족운동

1940년대 재미한인 독립운동의 노선과 성격

정 병 준*

―――――― 목 차 ――――――
- I. 1930년대 말~40년대 초 재미한인사회의 상황
- II. 재미한인사회의 통일과 재미한족연합위원회의 항일투쟁
- III. 이승만의 대미외교와 한인게릴라 창설 제안
- IV. 한길수의 선전활동
- V. 재미한인사회의 노선 갈등과 분열
- VI. OSS의 한반도침투작전과 재미한인의 종군

I. 1930년대 말~40년대 초 재미한인사회의 상황

1920년대말까지 재미한인사회의 유력한 3대 지도자는 又醒 朴容萬, 鳥山 安昌浩, 雩南 李承晩이었다. 이들은 각각 무력투쟁노선(박용만), 실력양성노선(안창호), 외교노선(이승만) 등 한국 민족주의운동의 가장 중심적인 조류를 대표했다. 또한 이들은 각각의 카리스마를 갖고 추종세력을 형성했는데, 이승만은 동지회, 안창호는 흥사단, 박용만은 국민군단으로 대표되는 자신의 독자적 지지기반을 갖고 있었다. 이들 세 사람은 3·1운

---
* 목포대학교 역사문화학부 교수

동 이후 수립된 각지의 임시정부에서 중요한 지위에 추천될 정도로 명망성을 가진 인물들이었다. 일제의 자료는 박용만을 하와이 '武斷派'의 수령으로 지칭한 반면 이승만을 '文治派'의 수령으로 불렀다.[1] 세 사람 모두 독립운동방략과 활동에 있어서 일정하게 미국의 영향을 받았고, 미주 한인들을 지지기반으로 삼았다는 공통점을 지녔다.

그런데 1932년을 기점으로 이들은 여러 가지 이유로 재미한인사회에서 사라지거나 영향력이 감소되었다. 먼저 박용만은 북경군사통일촉진회를 중심으로 무력투쟁노선을 견지하다 1928년 암살되었다. 안창호는 상해에서 국민대표회의를 비롯해 유일당운동과 이상촌운동을 추진하다 1932년 일제에 체포되었고, 2차례의 감옥생활을 거쳐 1938년 병사했다. 이승만은 하와이에서 동지식산회사를 조직하고 하와이한인학생모국방문단을 국내에 보내는 한편 국내 자치론자들과 접촉하기도 했다. 이후 동지식산회사가 파산하고 하와이 한인사회 내부의 법정공방이 있은 후 1932년 하와이를 떠나야만 했다.[2] 그는 표면적으로 국제연맹 외교를 내세워 유럽으로 향했다.

1932년을 기점으로 안창호가 일제에 체포되었고, 이승만이 하와이를 떠남으로써 재미한인 사회의 가장 유력했던 3명의 지도자는 모두 사라진 셈이다. 또한 한인사회는 세계대공황의 여파로 심각한 경제적 어려움에 봉착했다. 지도부의 퇴장, 세계경제공황, 독립열의 냉각 등 복합적 요인이 작용하면서 재미한인사회의 가장 유력한 단체였던 국민회와 동지회는 모두 심각한 침체상태에 빠졌다.

---

1) 「米國およびハワイにおける抗日獨立運動者狀況報告の件」(大正10년 3월 25일) 金正明編, 1967 『朝鮮獨立運動』 제1권 分冊 原書房 pp.735~755.
2) 金度亨, 1998 「1930년대 초반 하와이 한인사회의 동향」, 『한국근현대사연구』 9집; Roberta W. S. Chang, "The Korean National Association Kuk Min Hur and Rhee Syngman in the Courts of the Territory of Hawaii 1915 to 1936" 1999 『大韓人國民會와 李承晩(1915~36년간 하와이 법정자료)』(韓國現代史資料集成 45) 國史編纂委員會.

1930년대 중반 이후 재미한인사회의 또하나의 문제는 세대간 단절이었다. 이민 1세와 2세의 단절이라는 한인사회의 구조상 문제점은 인구센서스에 잘 나타나있다. 1943년 미군 정보당국은 재미한인의 전쟁동원 가능성을 검토하는 과정에서 한인 인구구성을 분석한 바 있다.3)

〈표1〉 1940년 미국·하와이 내 한인들의 인구 구성

	남 성	여 성	합 계
미국 내 한국인	1,053	658	1,711
미국출생(시민)	501	461	962
외국출생(외국인)	552	197	749
하와이 내 한국인	3,965	2,886	6,851
미국출생(시민)	2,267	2,194	4,461
외국출생(외국인)	1,698	692	2,390

여기서 드러나듯이 1940년 현재 미국정부에 파악된 한인의 총수는 8562명이며, 분포지역은 하와이 6851명, 미본토 1711명으로 하와이에 80%, 미본토에 20%가 거주하고 있었다. 국적별로는 한국적 3139명(하와이 2390명, 미본토 749명), 미국적 5423명(하와이 4461명, 미본토 962명)으로 한국적이 37%, 미국적이 63%를 차지했다. 즉 한인사회 내부에 이민2세인 미국시민들이 다수를 차지하게 되었으며, 이민1세들이 소수화되었음을 알 수 있다. 특히 하와이에서는 이민2세들의 비율이 이민1세보다 2배 정도로 성장했음을 알 수 있다. 이는 단순한 숫자의 문제가 아니었다. 심각한 것은 이민 1·2세간 연령별 격차였다. 1940년 하와이 한인의 연령별 인구통계에는 이러한 상황이 잘 드러나있다.

---

3) 「MIS의 비망록 : 미국과 하와이 내 한인」(1943. 3. 19); 「MIS의 보고서 : 미국과 하와이 내 한인에 관한 추가자료」(1943. 3. 20); 「MIS/Washington의 보고서 : 한국군부대」(1943. 3. 22) 國史編纂委員會, 1994 『한국독립운동사자료집』 24집 279~282쪽.

〈표 2〉 1940년 하와이 한인의 연령별 인구

	18세 이하	18-20세	21-44세	45세이상
미국출생 한국인	2,653	595	1,200	13
남성	1,329	292	636	10
여성	1,324	303	564	3
외국출생 한국인	4	7	450	1,929
남성	5	3	96	1,596
여성	1	4	354	333

이민1세들의 절대다수는 45세 이상(1929명)이었던 반면 이민2세의 다수는 20세 미만(3248명)이었다. 이러한 양극적 구성은 여러 가지 문제를 야기시켰다.

1930년대말~40년대 초 재미한인사회의 가장 큰 특징은 이민1세와 2세 간의 분리·단절이었다. 먼저 1세들은 전반적으로 노령화되었고, 한인사회 내부에서 소수화되었다. 나아가 하와이 한인 6천명 중 초창기의 사회단체나 독립운동에 관심있는 1세들은 1천명 미만에 불과했다. 이들은 평균 연령이 50대 후반 이상이었다. 게다가 이들 1천명이 이승만계열의 동지회, 반대파인 국민회, 중한민중동맹단, 독립단 등으로 갈라졌다. 이들의 노령화는 자연적으로 경제적 능력 문제도 발생시켰다. 이처럼 이민1세들이 노령화·소수화·무관심화되자 한인단체들의 활동은 자연 쇠퇴하게 되었다. 이 결과 1930년대 후반 국민회·동지회는 단체 내에 護喪部를 만들어야 했다.[4] 이는 회원들의 노령화에 대처하는 자연적인 결과였지만, 다른 한편으로는 회원 대상자인 노령인구를 끌어들이는 유인책이기도 했다.[5]

---

4) 『태평양주보』 No.358(1939. 11. 18); No.379(1940. 4. 6).
5) 동지회의 경우 회비를 내는 회원이 불과 80여명에 불과했지만 호상부를 만든 이후 불과 1년 만에 4백여명의 호상부원을 모을 수 있었다. 동지회 호상부원이 되려면 동지회 회원으로서의 의무금과 잡지구독료 기타 등등의 비용을 내야만 했다.

반면 이민2세들은 미국에서 출생한 미국시민으로 부모들과 다른 신분적 배경을 지녔고, 미국화되었다. 따라서 부모들이 관심을 가졌던 한인단체나 독립운동에 무관심했다.

이러한 배경 속에서 1930년대 중반 하와이와 미본토에서 새로운 지도자들이 등장하게 되었다. 하와이에서는 李元淳·金元容·金鉉九 등이, 미본토에서는 리들리그룹으로 불리는 金乎·金衡珣·金龍中 등이 여기에 해당했다. 이들은 이전 3대 지도자의 공백을 메웠을 뿐만 아니라 이전과는 다른 몇 가지 특징을 갖고 있었다.6)

첫째, 이전의 3대 지도자들이 전업·직업형 독립운동가였던 반면 이들은 독자적 경제기반을 갖는 부업형 독립운동가였다고 할 수 있다. 재미한인사회의 3대 지도자들은 국내외적으로 쟁쟁한 명성과 명망성을 지녔고, 독보적인 카리스마를 지녔다. 이들은 각각 열성 추종자와 조직을 갖고 있었고, 독립운동이 이들의 직업이었다. 반면 새로운 지도자들은 자립형 혹은 부업형 독립운동가였다. 이들은 한국독립을 희망했으나, 미주라는 지역적 한계로 인하여 직접적 독립운동을 자임한 것이 아니라 독립운동, 특히 임시정부 활동을 원조할 것을 주요 목표로 삼고있었다.

둘째, 이들의 주요특징은 경제적 성공과 기반이었다. 1910년대 중반과 1930년 초반 하와이에서 일어난 이승만 대 박용만 혹은 反이승만파간 대립의 가장 주된 원인 중 하나는 조직의 주도권 장악 및 재정권 장악과 관련되어 있었다. 또한 재미한인 사회 3대 지도자들은 여러 장점에도 불구하고 재미한인사회의 경제적 도움에 의지해야만 했다. 1930년대 중반 재미한인 2대 단체인 국민회와 동지회가 모두 경제적 이유 등으로 사실상 활동중단 상태에 놓여져 있을 때 등장한 이들은 재미한인 가운데 최초의 백만장자로 불릴 수 있을 정도로 사업상 성공을 거둔 인물이었다.7) 이들

---

6) 정병준 2003「金乎와 리들리그룹」한사김호(金乎)선생공훈선양학술강연회 사단법인 대한민국순국선열유족회 (2003. 1. 10)

의 등장 이후 더 이상 재미한인단체를 통한 재정권 장악 등의 문제는 발생하지 않았다.

셋째, 3대 지도자들은 재미한인단체 출범기부터 명망성·카리스마에 의존했던 반면, 이들은 조직의 틀과 단체통일을 중시하는 합리성에 의존해 있었다. 즉 이들은 사업체를 운영한 수완의 연장선상에서 재미한인단체 역시 합리주의에 입각해 운영하고자 한 총무형 지도자였다. 이것은 이들의 강점이자 약점이기도 했다. 지도력과 카리스마의 부족은 이전 3대 지도자들처럼 이들이 재미한인사회를 철저히 장악할 수 없게 만들었으며, 논쟁적 사안이 제기되었을 때 재미한인사회의 여론·세력분열을 차단할 수 없게 만들었다.

넷째, 3대 지도자들은 미주·하와이 뿐만 아니라 중국 북경·상해 등을 오가면서 독립운동을 벌였으나, 새로운 지도자들의 활동은 미주에 국한되어 있었다. 즉 3대 지도자들은 미주의 지도자일 뿐만 아니라 해내외 한국독립운동 지도자였던 반면, 이들은 미주의 지도자였다. 때문에 해방후 이들은 국내에서 명망성이나 영향력이 크지 못했다.

다섯째, 이들은 독립운동방략과 노선에서는 전통적인 국민회·동지회의 노선을 그대로 유지하는 중도우파에 속했다. 이들은 1930년대 중반에 등장한 새로운 지도력이었음에도 불구하고 보수적인 성향이 짙었다. 이들은 파벌주의를 배격했으나 수십 년간 지속된 국민회·동지회간의 대립을 극복할 수 없었으며, 다른 한편 1940년대 이래 강력하게 제기된 재미한인사회 내부의 진보적 흐름과도 대립하게 되었다.

---

7) 이원순은 하와이에서 부동산업으로 부를 축적했으며, '김형제상회'로 유명한 김호·김형순·김용중은 농업·상업으로 부를 축적했다.

Ⅱ. 재미한인사회의 통일과 재미한족연합위원회의 항일투쟁

1930년대 중반 미국 본토와 하와이 한인사회에 오랜 분열과 파쟁을 딛고 통일운동이 전개되기 시작했다. 하와이·미주 한인사회에서 통일운동과 독립열이 고조된 가장 큰 이유는 임시정부 활동의 활성화때문이었다. 3·1운동, 윤봉길·이봉창의거, 군사위원회 결성, 광복군 결성 등 임시정부의 활동은 재미 한인사회를 고무했고, 그에 대한 원조를 가능케 했다. 둘째, 원인은 세계정세와 미국경제의 흐름때문이었다. 3·1운동 당시 재미 한인의 독립운동 원조가 가능했던 것도 제1차 세계대전의 특수가 있었기 때문이었고, 1930년 미국 경제공황의 여파는 1930년대 재미한인운동의 침체를 가져왔다. 이제 2차 대전으로 향하는 길목에서 미국경제는 호황국면으로 접어들고 있었다. 즉 재미한인운동은 1차 세계대전과 2차 세계대전이라는 양차대전을 기점으로 쌍곡선을 그리며 독립운동을 고조시켜갔다. 셋째는 새로운 지도자들의 등장과 역할 때문이었다. 1937년 중일전쟁을 계기로 중국과 미주에 있는 여러 단체들의 통일전선 및 연대 활동이 본격화되었다.

먼저 1930년대 중반 하와이에서는 여러 차례 한인단체들 간 통일노력이 있었으나 본격적인 성공에 이르지 못했다.[8] 그러나 통일에 대한 열망과 노력만은 지속되었다. 1938년 11월 이후 4개월 동안 31차에 걸쳐 하와이 한인단체의 두 기둥인 하와이국민회와 동지회의 합동문제가 논의될 정도

---

8) 1937년 9~10월 통합교섭이 있었으나 실패했고(『국민보』 1937. 10. 6, 10. 13), 1938년 9월 20일에는 합동선언서가 발표되었으나 다시 실패로 귀결되었다(『국민보』 1938. 9. 17, 10. 5, 10. 12). 가장 큰 원인은 양단체 회원수의(회비납부자 기준) 차이 때문이었다. 국민회원은 463인인데 반해 동지회원은 80인이었고, 회원 아닌 기타 한인에게 투표권을 줄 것인가의 여부를 둘러싸고 합동교섭이 결렬되었다(『태평양주보』 No.326(1938. 12. 17)].

로 통일에 대한 염원이 뜨거웠다. 하와이 한인단체의 통일은 이승만이 1939년 구미위원부 복설차 하와이를 떠나 워싱턴에 간 이후에야 가능했다. 국민회와 동지회는 1940년 10월 연합한인위원회를 선정했고, 미국 국방을 후원하기 위한 국방후원회를 조직(1940. 10. 13)했다. 또한 중경에서 광복군 성립 소식이 전해지자 1941년 3월에는 국민회·동지회 합작으로 광복군후원금관리위원을 설치했다.9)

한편 본토에서도 침체되었던 국민회 활동이 부흥되었다. 국민회는 그 출발과 활동의 고저가 모두 한국 독립운동과 직결되어 있었다. 국민회의 창립(1909)은 1908년 張仁煥·田明雲의거 이후 이들을 변호하기 위해 미주 여러 단체가 합동함으로 비롯되었고, 1919년의 3·1운동은 국민회 회원들의 열성적인 독립운동 후원 및 지지를 이끌어냈다. 그러나 1922년 워싱턴군축회의 실패와 이승만과의 대립 등으로 1920년대 중반 이후 국민회는 쇠락의 길을 걸었다. 성과를 못거둔 외교운동과 재정소모, 지도자들의 갈등과 한인사회 분열로 재미한인들의 독립열은 식어갔다. 세계경제공황이 도래하면서 국민회는 명맥을 유지하기도 힘들었다. 이런 상황속에서 1926년부터 1935년까지 10여 년간 북미대한인국민회가 간판이나마 유지할 수 있었던 것은 총회장 白一圭의 공로였다. 그러나 1935년 백일규는 더 이상 지탱할 여력이 없어 사면했다. 이어 최진하가 국민회 총회장이 되었으나 상황은 개선되지 않았다. 그러던 1936년 5월부터 재미한인사회는 다시 한번 단체부흥운동에 착수했다. 이때는 尹奉吉·李奉昌의거(1932) 이후 배일 독립열이 높아가는 한편, 중일전쟁(1937)을 목전에 앞둔 긴박한 시기였다.

북미대한인국민회 총회장 최진하의 요청에 따라 국민회 중흥에 뜻을 둔 사람들의 유지간담회(1936. 5. 17)가 개최되었고, 이후 특별대의원회

---

9) 『태평양주보』 No.409(1940. 10. 29), No.470(1941. 3. 22), No.471(1941. 3. 29).

(1936. 7. 4)가 개최되었다.10) 이 대의원회는 이전의 회장·부회장제 대신 위원제를 채택하여 회장대신 중앙집행위원장을 두고 위원합의제를 채택하였다.11) 이러한 위원제의 등장은 재미한인사회에서 이전의 박용만·안창호와 같은 강력한 지도자가 사라졌음을 반증하는 동시에 새로운 지도력의 상대적 약화를 표시하는 것이었다. 김호는 이와 같은 국민회의 부흥과정에서 중추적 역할을 담당했고, 그 결과 1937년 1월 국민회 제1차 전체대표대회를 통해 중앙집행위원장에 선출되었다.12)

단체 부흥을 이룬 미주 국민회는 1940년 9월 애국부인회와 공동명의로 하와이 국민회와 동지회에 대해 단체합동과 단일당 조직을 제안했다. 이 제안 이후 하와이에서는 국민회와 동지회가 합동회의(1940. 11. 5)를 개최하고 해외한족대회 소집을 결정했다.13) 하와이와 본토에서 각각 단체 부흥·통일을 이룬 재미한인사회는 이제 하와이와 본토간의 통일을 모색하게 되었다. 1941년초 미주국민회 대표가 하와이로 건너갔고, 하와이·미주 8개 단체가 참가한 해외한족대회(1941. 4. 20)가 개최되었다. 이 회의의 결과 재미한족연합위원회가 결성되었다.

한인 7천여 명이 거주한 하와이에 의사부를, 3천여명이 거주한 본토에 집행부를 둔 이 위원회는 단순한 교민단체가 아니었다. 재미한족연합위원회는 항일전선 통일, 임시정부 봉대, 군사운동, 대미 외교기관 설치, 독립금 모금 등을 자신의 임무로 내세운 독립운동기관이었다. 제2차 세계

---

10) 『新韓民報』 1936. 5. 14, 5. 21, 5. 28, 7. 9, 7. 16, 7. 30; 김원용, 1959 『재미한인50년사』 California Reedley 12쪽.
11) 「논설 : 위원제의 의미」『新韓民報』 1936. 7. 30
12) 『新韓民報』 1936. 6. 4. 6. 11, 10. 15. 10. 29.
13) 미주국민총회는 「미주·하와이 각 단체 해체 후 단일당 조직, 하와이 미주 합석회의」방안을 제안한 반면 하와이동지회는 「각 단체 존속, 정치적 연합기관 조직」방안을 하와이국민총회는 <중령·미령 포함 해외한족대회 개최>방안을 내놓았다. 해외한족대회는 이러한 세 기관의 방안을 절충한 결과로 개최되었다(미주라성과 하와이 지미한족련합위원회, 1948 『해방조선』 150~151쪽).

대전의 향배에 따라 조국 독립이 가능하다고 판단한 이들은 외교와 군사라는 두 가지 방향으로 독립운동을 전개하기 시작했다. 이들은 이승만을 대미외교위원으로, 韓吉洙를 국방봉사원으로 선정해 대미 외교와 군사를 맡겼다.14)

미주한인이 대립과 파벌을 극복하고 통일을 이룬 것은 3·1운동 이후 20년만의 일이었다. 이때는 바로 태평양전쟁의 발발(1941. 12) 직전이었다. 이 전쟁은 재미 한인들에게 행운이자 기회였다. 국치 이전부터 조국 독립을 위해 싸워왔던 재미한인들에게 일제 패전과 해방은 목전에 다가와 있었다. 진주만사건 여파로 전시상태에 돌입한 하와이 의사부에서는 정치·선전활동이 거의 불가능했으므로 로스앤젤스를 중심으로 한 미국본토에서 활동이 보다 중요했다.

재미한족연합회 주된 활동은 크게 세 가지였다. 첫째 임시정부 후원활동, 둘째 한국독립운동을 확대하기 위한 외교·선전활동, 셋째 미국 국방업무 후원활동이었다.

먼저, 가장 중요한 임시정부 후원활동은 재정적인 측면에서 이뤄졌다. 재미한족연합회는 미주와 하와이를 통해 독립금을 수합해 임정에 송금했다. 1942년도의 경우 재미한족연합회 예산안에 의하면 임정에 3만불, 이승만의 외교위원부에 1만 5천불을 지출하도록 되어있었다.15) 둘째, 임정 승인외교 및 무기대여를 위한 활동은 이승만을 위원장으로 하는 주미외교위원부에 일임되었다. 그러나 이승만과의 갈등이 빚어지면서 이는 재미한족연합회 분열의 원인이 되었다.

재미한족연합회 집행부는 국방과를 조직하고 여러 측면에서 미국의 국방사업을 지원했다. (1) 한인부대(맹호군) 조직, (2) 종군(통역·번역·특수

---
14) 고정휴,「제2차 세계대전기 재미한인사회의 동향과 주미외교위원부의 활동」,『국사관논총』 49집 229~235쪽.
15)「재미한족연합회 제1차 전체위원회 결의안」,『新韓民報』1942. 5. 14.

부대), (3) 전시공채 구매, (4) OSS 참여 및 협조 등이 이에 해당한다. 대부분 미국시민권이 없던 한인들은 미국 법률이 허용하는 범위 내에서 활동해야 했으며, 적국 일본의 식민지 상태에 놓여진 한인들의 자유회복을 염원했다.

먼저 1941년 12월 22일에 재미한족연합회 집행부는 한인국방군 편성 계획을 육군 사령부에 제출하여 허가를 얻었다. 이에 따라 한인국방경위대가 로스엔젤레스에 조직되었는데, 이는 대일승전을 위해 미군과 함께 싸우는 한편 한국독립을 위해 연합국의 동정을 얻기 위한 것이었다. 한인국방 경위대 편성에 응모한 사람은 30세로부터 65세까지 1백 9명이었고, 노인들 중에는 구한국 시대의 광무 군인까지 끼어있었다. 캘리포니아 민병대에 속한 한인경위대는 명칭을 맹호군으로 하고, 1942년 2월 30일에 임시정부 군사위원회 인준을 받았다. 캘리포니아 정부의 승인을 받은 맹호군은 1943년 1월 샌프란시스코에 맹호군 지대를 편성하기도 했다.

또한 재미한족연합회의 노력으로 42년 8월 29일에는 로스앤젤스 시청에서 맹호군의 참석하에 한국 국기를 게양하는 현기식이 거행되었다.16) 일제 강점 이후 한국 국기가 32년만에 다시 외국 관청에 게양됐던 것이다. 이후 재미한족연합회는 미국 각주 및 도시에 공문을 보내 한국국기 게양을 청원했으며, 50여 개의 주·시 등이 이에 동의하기도 했다. 또한 재미한족연합회의 노력으로 1944년 11월에는 미국 체신부에서 태극기 기념우표를 발행하기도 했다.

한편 한인부대의 창설이 불가능한 상황에서 한인 청년들이 전쟁에 참가하는 방법은 미군에 들어가는 방법뿐이었다. 태평양전쟁 이후 하와이에서 6백명, 본토에서 2백명 등 800여 명의 한인2세들이 미군으로 전쟁에 참여했고, 이 중 장교가 200여 명이었다.17) 여기에는 남자뿐만 아니라 안창호

---

16) 김원용, 앞의 책 417~426쪽.
17) 鄭斗玉, 1969 『在美韓族獨立運動實記』(筆寫本) 하와이대학 한국연구소 소장 「二十二. 중

의 딸인 안수산 등 여자들도 포함되어 있었다. 또한 시민권이 없던 한인들 상당수가 자원입대해 전선으로 나아갔고, 전쟁에서 희생되었다.

재미한인들은 개별적인 입대뿐만 아니라, 미국의 전시 국방공채 모금에도 적극 동참했다. 1943년 1월 현재 미주 한인들의 공채 구매액은 23만 9천 1백 30달러에 달했다. 또한 하와이 한인들은 1943년 8월 한미 승전후원금을 모금해 루즈벨트 대통령에게 2만 6천 2백 65달러, 적십자사에 4백 29달러를 보내기도 했다. 이는 재미한인 스스로 이름 붙인 것처럼 대일전 승리를 위한 재미한인들의 물질적 의무이행이었다.[18]

Ⅲ. 이승만의 대미외교와 한인게릴라 창설요구

1925년 임시정부로부터 면직된 이승만은 1928년 구미위원부를 해체한 이후 하와이에 머물렀다. 1933년 제네바회담에 참석한 것을 제외하곤 별다른 활동을 벌이지 않던 이승만은 1939년 워싱턴으로 건너왔다. 동지회는 한성정부법통론에 따라 폐지된 구미위원부의 復設을 주장했고, 이승만은 체코의 국민외교부를 본 따서 대한국민위원부로 만들 생각을 갖고 있었다.[19] 이승만은 임시정부에 구미위원부 복설을 요청했지만, 거부당했다.[20] 이승만은 자금 부족과 정통성의 부재 때문에 별다른 활동을 벌일 수 없었다.

1941년 4월 재미한족연합회가 이승만을 고문자격으로 대미외교위원에 임명하자 이승만은 구미위원부를 계승한 한국위원부(Korean Commission)

일전쟁과 재미한족련합회위원회의 승계적 발족」
18) 김원용, 앞의 책, 433쪽; 盧載淵, 1963 『在美韓人史略』 羅城 (독립운동사편찬위원회, 『독립운동사자료집』 8 수록) 567~568쪽.
19) 『태평양주보』 1939. 6. 3
20) 「대한민국임시의정원 제31회(1939년 10월 4일~12월 5일) 의회기사록」 중 車利錫의 政務報告(국사편찬위원회, 1970 『韓國獨立運動史 資料1 臨政篇1』 93쪽).

를 조직했다. 임시정부는 주미외교위원부란 명칭으로 이를 승인했다.

이승만은 두 가지 방면에서 미국정부에 호소했다. 첫 번째는 외교적인 호소였고, 두 번째는 미 군부에 대한 접근이었다. 이승만의 대미외교는 임시정부를 승인하고 무기대여법에 따라 임정을 군사적으로 지원하거나 재미한인을 동원한 한인 게릴라 부대를 창설하라는 요청이었다.[21]

1940년대 이승만 외교의 가장 큰 특징은 1919년 방식의 외교노선을 반복했다는 점이었다. 미국정부만을 향한 청원, 자금·주도권을 둘러싼 미주한인단체와의 갈등, 자유한인대회(1942) 등을 통한 개인의 위상 제고 등은 1919년의 복사판이었다.

두 번째 특징은 임정 승인 청원외교였다. 1943년에 이르러 미국정부는 군사점령-군정실시-다자간 신탁통치 실시라는 3단계 對韓정책의 기본틀을 정했으며, 각국의 수많은 자칭 '망명정부'의 대표성을 인정하지 않는다는 일반적 방침을 표방했다. 특히 한국임시정부의 파벌대립과 대표성 부재에 심각한 회의를 가지고 있었다. 때문에 임정승인 외교보다는 군사운동에 주력해야한다는 견해가 있었으나 이승만은 관심을 보이지 않았다. 또한 이승만은 워싱턴에 주재한 각 약소국 '망명정부'와의 연대나 미국을 제외한 연합국과의 연대 등에는 관심을 기울이지 않았다. 다른 한편 이승만은 내심으로 한성정부 법통론을 계속 유지했는데, 1945년 샌프란시스코회담에 제출한 비망록에 한성정부를 의미하는 '대한민주국'의 인장을 찍기도 했다. 중경 임정은 이승만이 1940년대 재미한인사회에서 '외교'에 나설 수 있는 권한과 정통성을 부여해주었으나, 이승만의 중심은 여전히 한성정부 법통론이었다. 이러한 내부적 견해차이는 해방후 임정과 이승만 간 갈등의 배경이 되었다.

세 번째 특징은 반소·반공외교였다. 이승만은 1943년부터 전후 소련이

---

21) 정병준, 2000 「이승만의 독립운동론」, 『논쟁으로 본 한국사회100년』 역사비평사 70~75쪽.

만주·한국에 소비에트 공화독립국을 세우려고 한다고 주장했다.22) 임정 승인을 목적으로 참석한 샌프란시스코회담에서 이승만은 미국이 얄타회담(1945. 2)에서 소련에게 한반도의 이권을 양도했다는 소위 '얄타밀약설'을 제기하며 강력한 반소·반공운동을 펼침으로써 물의를 일으켰다. 미국 무부는 경악했고, 그의 반소·반공캠페인 이후 소련은 이승만과 임정에 대한 반대를 대외적으로 노골화했다. 얄타밀약설은 진위 여부와 관계없이 임정을 뒤흔들기에 충분한 것이었다.23) 이승만의 호전적인 반소·반공 선전으로 임정은 연합국의 일원인 소련의 지원을 받을 기회를 사전봉쇄 당했고, 미국무부 역시 이승만을 대표로 선출한 임정에 대해 등을 돌렸다. 반면 이를 통해 이승만은 자신의 사설 로비스트를 구축하고 아시아 반소·반공의 지도자로 명망성을 획득할 수 있었다.

마지막으로 이승만의 외교문제를 둘러싸고 재미한인 사회에서 분쟁이 발생했다는 점이다. 한길수와의 불화, 재미한족연합회의 중경특파원 방해 의혹, 1943년 전경무·김호와의 분쟁, 독립금 관할 시도, 외교위원부 지방지부 설치 시도 등을 통해 재미한인 사회는 또다시 분열양상을 보이게 되었다.

이승만의 외교가 성공적이지 못했던 반면 군부에 대한 접근과 한인게릴라부대 창설제안은 일정한 성공을 거두었다. 특히 정보기관들은 일본침투 게릴라부대 창설이라는 이승만의 제안에 귀를 기울였다. 그 가운데에서도 진주만 습격 직전 조직(1941. 7)된 정보조정국(COI)이 가장 적극적이었다. 이 조직은 스파이황제로 유명해진 윌리암 도노반(William B. Donovan)이 책임자를 맡았고, 1942년 전략정보국(OSS)을 거쳐 종전후 중앙정보국

---

22) 「주미외교위원부통신」, 『태평양주보』 1943. 4. 21. 기사의 출처는 스탈린의 신망을 받는 '어떤 미국 신문기자'로 되어 있었다.
23) 정병준, 1999 「해방직전 임시정부의 민족통일전선운동」, 한국근현대사학회편, 1999 『대한민국임시정부수립80주년기념논문집(하)』 국가보훈처; 정병준, 2001 『이승만의 독립노선과 정부수립운동』, 서울대 박사학위논문 2장 3절

(CIA)의 모체가 되었다.

이승만은 1942~43년간 정보조정국 및 그 후신인 전략정보국(OSS)과 긴밀한 관계를 유지했다. 도노반은 수한선교사 출신이던 게일(Esson Gale)이 추천한 이승만에 대한 호감을 곧 철회했지만, 2인자였던 굿펠로우(Preston M. Goodfellow)는 여전히 이승만의 계획에 매료되었다. 중국을 통한 일본침투라는 특수 첩보작전계획이 수립되었고, 1942년 3월 정보조정국 제1기생이 모집되었다. 이승만은 몬타나주에 거주하던 36세의 張錫潤을 추천했다. 중국을 통한 일본침투라는 계획은 蔣介石·스틸웰(Joseph Stilwell)의 반대로 무산되었지만, 이들은 OSS 최초 첩보·공작부대인 101부대를 창설해 1942~43년 버마와 중경을 오가며 무선기지 설치, 현지 게릴라 양성, 반일선전 등 특수공작활동을 벌였다. 장석윤은 미 14공군의 鄭雲樹와 함께 이승만과 중경임시정부를 연결해주는 역할을 담당했다. 첩보공작의 달인 아이플러(Carl Eifler)가 이 부대를 지휘했고, 아이플러와 장석윤은 1944~45년에는 OSS의 한국침투작전인 냅코프로젝트(NAPKO project)에 가담하게 된다.

장석윤이 OSS 101부대의 일원으로 인도 캘커타에 가있던 1942년 10월 이승만은 2만 5천명의 한인 게릴라부대를 창설할 수 있으며, 미국이 무기대여법(lend-lease)에 따라 이 계획을 승인한다면 캘커타로 건너가 김구·이청천 등과 함께 활동하겠다고 OSS에 알렸다.[24] 그러나 OSS가 필요한 것은 대규모 부대가 아니라 소수 정예의 첩보공작원이었다. 이들은 이미 이승만의 추천에 따라 10여명 안팎의 한인 요원을 확보한 상태였다. 이 중에는 이승만 정권 하에서 중요한 역할을 담당한 張基永(체신장관), 李淳鎔(내무장관), 장석윤(내무장관), 金吉俊(미군정 고문), 이문상, 한승엽, 황득일 등이 포함되어 있었다. 모두 30대 중반이었던 이들은 징집 대상도

---

24) "Syngman Rhee to Goodfellow" (1942. 10. 10) Subject : Offer of Korean Military Resources to U. S. Military Authorities.

아니었고, 연령도 많았지만 한국독립을 위한 방편으로 OSS를 선택했다.

이승만의 한인부대 창설 제안에 대해 미군부는 다각도로 검토작업을 벌였다. 이승만의 제안은 중국 내의 한인들과 미주 한인들을 동원해 2만 5천명 이상의 병력을 운용하자는 것이었지만, 미군의 규정상 이는 불가능했다. 실현 가능한 방법은 미군 소속의 외국인부대(foreign troop units)로 한인부대를 창설하는 방안이었다. 실제로 2차대전 중 미군은 노르웨이인, 그리스인, 오스트리아인으로 각각 외국인부대를 편성해 유럽전구에서 부대를 운용한 바 있었다. 또한 일본인 2세로 구성된 소위 니세이부대인 100대대를 운용해 큰 전과를 거두고 있었다.[25] 이런 외국군부대에 편성될 수 있는 자격은 미국에 거주하는 우방국 외국인과 그 지역출신 미국시민뿐이었다. 그러나 하와이와 미본토에 거주하는 한인 중 징집가능 대상자는 불과 6백명에 불과했고, 소모병력 보충을 예상할 때 이승만이 주장한 자유한인대대의 창설은 물리적으로 불가능한 상태였다. 미군은 부대원의 유지·모병·훈련에 있어서 전문화, 전개대상 지역의 제한 같은 불이익 때문에 일반전투에 이런 부대의 활용이 제한적이라는 판단했고, 한인 부대창설에 반대했다.[26]

결국 한인 게릴라부대 양성이라는 이승만의 호소는 큰 성과를 보지 못했지만, 이승만은 군부와의 연계를 맺을 수 있게 되었다. 1942년 6월부터 7월 사이 이승만은 정보조정국의 요청으로 미국의 소리(VOA) 방송을 통해 한국인들에게 무장봉기를 호소하는 유명한 연설을 했다.[27] 이 단파방

---

25) 미군은 2차대전시 니세이부대로 불린 일본인 2세로 구성된 제100보병부대를 비롯해 노르웨이·그리스·오스트리아인부대 등 인종별 단일부대제도를 운영했다(閔丙用, 1987 「2차대전의 英雄 한인2세 김영옥대령」 『美洲移民100年』 한국일보사 출판국 102~1쪽09).
26) 「정보참모부장이 맥클로이 전쟁부차관에게 보낸 비망록 : 한국군부대」(1943. 3. 22) 國史編纂委員會, 1994 『한국독립운동사자료집』 24집 283쪽.
27) 이승만은 1941. 12. 25, 1942. 6. 13, 7. 6, 7. 11~12 등 총6차례에 걸쳐 한국어방송을 했다(『新韓民報』 1941. 12. 25; 1942. 8. 6; 『태평양주보』 1942. 8. 5).

송을 통해 이승만은 국내의 좌우파 지도자들에게 실제 이상의 선전효과를 거둘 수 있었다. 해방 후 이승만의 명성이 '전국적' 차원에서 조성될 수 있었던 배경의 하나가 이 단파방송에서 비롯되었다.28)

또한 이승만은 전쟁부 정보참모부에 근무하다 OSS로 자리를 옮긴 굿펠로우소령을 통해 정보기관과 유대를 맺게되었다. 굿펠로우는 이승만의 대표적인 사설로비스트가 되었고 이러한 인연은 해방 후 조기귀국 실현 및 맥아더·하지 등 군부의 절대적 지지를 얻는데 큰 도움이 되었다.29) 한편 이승만은 미군 정보부대에 핵심측근들을 배치함으로써 전시에는 전쟁상황·중경임정 등에 대한 고급정보를 얻을 수 있었고, 해방 후에는 군정요원 겸 사설고문단으로 활용할 수 있는 인적 자원을 얻었다. 마지막으로 이승만은 정보기관을 통해 중경임정과 연락망을 구축하고 연대할 수 있었다. 이는 해방 전 임정의 이승만 절대지지 및 해방 후 관계설정의 시금석이 되었다.

Ⅳ. 한길수의 선전활동

재미한족연합회의 국방봉사원으로 선정된 한길수는 이 시기 미주 한인사회에서 이승만의 가장 큰 정적이자 대립적 위치를 점한 인물이었다. 일본의 진주만폭격을 예언함으로써 일약 매스컴의 총아가 된 한길수는

---

28) 정병준, 2001 『이승만의 독립노선과 정부수립운동』, 서울대 박사학위논문 제3장 3절 참조
29) 굿펠로우는 1941년 여름 G-2에서 이승만을 처음 만났으며, 이승만의 가장 중요한 정보원이자 정치고문으로 활동했다. 1945년 12월 OSS부책임자를 끝으로 대령으로 전역한 굿펠로우는 이승만의 추천으로 1946년초 하지의 정치고문으로 남한에 부임했고, 이승만을 위해 민주의원 공작을 담당했다. 동년 5월 광산스캔들로 미국에 송환되었지만, 한국전쟁에 이르기까지 이승만의 중요한 로비스트로 활약했다("Goodfellow to Syngman Rhee" (1958. 9. 4.) Oliver Papers; Bruce Cumings The Origins of the Korean War, vol.II, Princeton University Press, 1990, chapter 12.; 정병준, 1992 「해방정국의 미국 공작원들」, 『말』 10월호; 정병준, 1995 『몽양여운형평전』, 한울 제5장; 정병준, 1998 「이승만의 정치고문들」, 『역사비평』 여름호)

수수께끼에 가려진 인물이다.30) 지금까지 한길수의 출생·사망 등에 대해서 정확히 알려진 바가 없다. 최근 발견한 몇 가지 자료를 통해 재구성한 한길수의 약력은 다음과 같다.31)

- 1900년 5월 31일 한국 경기도 장단 출생. 부친 한영식(상업)과 모친 김경희의 장자로 출생.
- 1905년 5세, 부모 이민시 S.S. China호를 타고 하와이 호놀룰루에 도착, 1905~38년 11월까지 하와이에 거주.
- 1910년경(10세)부터 15세까지 오아후 섬 와이자후(Waijahu)의 오하우설탕회사(Oahu Sugar Co.)에서 사탕수수노동자로 일함.
- 1914~16년 3년간 호놀룰루의 감리교 기숙학원인 한인기숙학교(the Korean Compound)에서 수학. 당시 기숙학교의 교장인 이승만에게 배움.
- 1918년 오아후섬 호놀룰루의 칼리히와에나 학교(Kalihiwaena School)의 초등학교 8학년을 졸업.
- 1918년(18세) 오아후 섬 와이자후의 오아후설탕회사와 296에이커의 설탕수수 경작계약을 맺고 경영함.
- 1919년(19세) 호놀룰루의 하와이주 방위군(Hawaiian National Guard)에 입대하여 2년간 복무함. 1920년 명예제대함.
- 1920년? 구세군에 들어가 오이후섬 호놀룰루에서 한국구세군(Korean

---

30) 한길수에 대해서는 김원용, 앞의 책; 郭林大, 1973『못잊어 華麗江山 : 在美獨立鬪爭半世紀秘史』, 대성문화사; 稻葉强, 1991「太平洋戰中の在米朝鮮人運動-特に韓吉洙の活動を中心に」『朝鮮民族運動史硏究』, no.7; Linda J. Min, "Kilsoo K. Haan versus Syngman Rhee : a competition for leadership in the Korean independence movement in the United States,1938-1945," Seoul, Graduate School of International Studies, Yonsei University, 1997; 방선주, 2000「한길수와 이승만」,『이승만연구』연세대학교 출판부;「최초공개! 한길수 X-파일(KBS 수요기획)」1·2부, 2002년 3월 13, 20일 방영; 정병준, 2002「해방전후 美洲 韓人 독립운동 관련자료」한국정신문화연구원편『해방전후사 사료연구Ⅰ』선인 등을 참조

31)「후스후 : 韓길수씨(一)」,『新韓民報』1968. 11. 29;「후스후 : 韓길수씨(二)」,『新韓民報』1968. 12. 13;「후스후 : 韓길수씨(三)」,『新韓民報』1968. 12. 27;「한길수이력서」, Haan, Kilsoo「1933-78 진주만자료(Pearl Harbor Materials, 1933-1978), Fred Cannings Collection, Archives of Contemporary History, University of Wyoming;「한길수의 아들(Stan Haan) 인터뷰」(2001년 채널세븐)

- Corp)을 조력함.
- 1921~22년 10개월 동안 캘리포니아주 샌프란시스코의 구세군훈련대학(the Salvation Army Training College) 수학.
- 1922~26년간 구세군의 장교(대위)로서 복무함. 오아후, 카우아이, 마우이, 하와이에서 근무함.
- 1926년 호놀룰루에서 스텔라 윤(Stella Yoon)과 결혼함, 부인의 본명은 윤점순으로 라하이나 관립학교, 카메하메하3세소학교 등에서 교사로 활동함.32) 딸(Dorothy Haan : 버클리에서 신문학 전공), 아들(Stan Haan : 산호세 거주), 손주 5명이 있음.
- 1927~32년간 여러 일을 함. 보험외판, 부동산 등등.
- 1932년 중한민중동맹단(the Sino-Korean People's League)에 가입했고, 하와이 및 미국 대표가 됨. 한길수의 주장을 그대로 전재한 1968년『신한민보』에 따르면 "1921년경 김규식이 워싱턴에서 구미위원부장으로 시무하다가 상해로 향하는 길에 하와이에 들러서 중한동맹단을 조직하였는데 이 단체는 순전히 한국독립을 위하여 지하운동을 목적하고 한국독립당(비밀단체)과 연락하여 일본과 기타 동양 사정을 정탐하는 기관"이었으며, 1932년에 한국독립당이 미주의 책임적 대표인물을 구할 때 한길수의 부친과 고세창 2인이 한길수를 김규식에게 소개시켜 한길수가 중한동맹단 미주대표가 되었다고 함.
- 1932년 하와이 주재 미 해군정보국(ONI)과 접촉하여 정보원으로 일하기 시작함.
- 1933년 미 육군 정보참모부(G-2)와 중한민중동맹단 단장인 김규식박사 간의 회담을 주선함. 회담은 1933년 7월 호놀룰루 포트 새프터(Fort Shafter)에서 개최되었음.
- 1933~37년간, 미 육군 정보참모부(G-2), 해군정보국(ONI), 미해군의 윌리스 브래들리(Willis W. Bradley)대위와 협력함.
- 1935~37년간 호놀루루 일본총영사관에서 '逆첩자(counterspy)'로 활동함. 미군측에 대해서는 한국독립을 위해 일하는 것을 내세워 확실한 신임을 얻었으나 일본측에 대해서는 확실한 구실이 없어 '동양은 동양인의 동양'이라는 주장을 가지고 교섭했음. 일본 영사는 십분 신뢰하지

---

32)『국민보』1937. 3. 31, 6. 30;『신한민보』1939. 7. 6.

못할지라도 '잃을 것이 없다' 하고 한길수를 받아들임. 한인사회에서 일본의 정탐으로 '오해'받았고, 일본영사관에서는 의심을 사 선상에서 살해될 위기에 처하기도 했음.
· 1937년 상하양원합동조사위원회(the Join House and Senate Investigating Committee)에 출석해 하와이에서 일본영사관의 음모를 폭로하는 증언을 행함. 이후 질레트(Guy Gillette) 상원의원의 후원을 받게됨.
· 1938년 질레트상원의원의 후원으로 미 본토 캘리포니아주 샌프란시스코로 건너옴.
· 1938~47년 초까지 워싱턴디씨에서 중한민중동맹단의 대표로 거주함. 이 기간동안 1939년, 1941년, 1943년 다양한 미의회 청문회에 출석함.
· 1939년 미국무부의 요청으로 중한민중동맹단의 워싱턴대표로 등록했음.
· 1940년 松尾樹明이 쓴『3국동맹과 일미전쟁』을 탈취해 국무부·백악관에 전달하고 번역·출판을 계획함.
· 1940년 8월 외국인등록시 한인을 일본인이 아닌 한인으로 등록하는게 기여함.
· 1941년 12월 7일 일본의 진주만 공격을 여러차례에 걸쳐 경고함.
· 1942년 전략정보국(OSS)의 요청으로 태평양연안 군사지역의 일본인상황에 관한 조사를 행함.
· 1945년『독립(Korean Independence)』신문을 대표해 캘리포니아주 샌프란시스코에서 개최된 제1회 유엔회담에 출석함.
· 1946년과 1947년 잠시, 유엔의 "대변인연구회(Speakers Research Committee)"의 부의장으로 일함(이는 William Jennings Bryan의 딸인 Mrs. R. Bryan Rohe 산하의 비공식 위원회였음).
· 1947~48년간 캘리포니아주 리들리의 김형제상회(Kim Brothers)에서 파트타임으로 일함.
· 1949년 이후 反美공작 탐사 및 정보활동, 1949년 한국전쟁 예견.
· 1950~56년간 캘리포니아주 로스앤젤스의 동양식품회사(the Oriental Foods, Inc.)에서 일함. 북가좌주의 판매원.
· 1950~65년간, Chun King Corporation의 판매부장으로 일함.
· (관심사항 주) : 1932년 2월부터 지금까지, 미국내 한국지하활동의 대표로 일해왔음. 존 버치 협회(John Birch Society)의 Mr. Robert Welch와

이승만대통령의 전 고문 Robert T. Oliver박사는 "한길수는 시베리아에서 출생했다" "한은 그 생애의 대부분을 중국과 일본에서 보냈다"고 했으나 이는 거짓말임.
· 1956년 4월 10일 미국시민으로 귀화함.
· 1965년 6월 1일 은퇴하여 한인 지하공작운동에 전념하여 순행연설.
· 1976년 7월 25일 76세로 사망, 캘리포니아주 산호세에 묻힘.

여기서는 한길수의 활동에 대해 전면적으로 다루지 않기 때문에 1940년대의 활동에 대해서만 간략히 개관하고, 자세한 내막은 후일을 기약하겠다.[33]

경기도 장단출신으로 어린 시절 부모를 따라 하와이로 이민 온 한길수는 이승만이 세운 한인중앙학원·미국초등학교에서 배웠고, 후에 구세군대학에서 10개월간 수학했다. 하와이 방위군에서 복무한 이후 구세군에서 활동한 한길수의 행적은 묘연했다. 스스로의 주장에 따르면 吉田 혹은 케네스(Kenneth)란 이름으로 1935~37년간 호놀룰루 주재 일본영사관에서 일했고, 이때 일본의 미국침략 계획에 관한 고급정보들을 염탐했다. 그가 일본의 제5열이라는 풍문도 이 때문에 나돌았다.[34] 한길수가 한인사회에서 명성을 얻게 된 것은 1937년 10월 호놀룰루에서 개최된 하와이準

---

33) 현재까지 알려진 한길수 문서들은 4가지이다. (1) 「(한길수문서)1937-1963년 하와이·미국 서부지역의 일본인 활동」(Letters and clippings relating to Japanese activities in Hawaii and the Western U.S., 1937-1963), the Manuscript Division of Bancroft Library, University of California at Berkeley) (2) 「한국지하통신(Korean underground report)」(등사판 뉴스레터), Hoover Institute on War, Revolution and Peace, Stanford University (3) Haan, Kilsoo 「1933-78 진주만자료(Pearl Harbor Materials, 1933-1978), Fred Cannings Collection, Archives of Contemporary History, University of Wyoming (4) IRR Case Files, Impersonal Files, Case ZA000565, Sino-Korean Peoples League, Box. 35, RG 319, National Archives.

34) 방선주에 따르면 한길수는 1936년 3차례에 걸쳐 일본영사관에서 110달러를 받았으나, 이미 일본영사관 잠입에 대해 미국무장관 힐에게 보고편지(1936. 5. 22)를 쓸 정도로 공개적인 첩보활동을 자임했다. 그런 의미에서 한길수는 이중첩자가 아니라 자원공작원이었다(방선주, 2000 「한길수와 이승만」『이승만연구』 연세대학교 출판부 334, 341, 356쪽).

州의 정식 주로의 승격문제에 대한 연방의회 상하양원 합동위원회 공청회 석상에서였다. 한길수는 이 공청회에 등장해 호놀룰루 일본영사관이 일본인을 비롯한 동양인을 결집해 백인에 대항하려 한다며 반일 목소리를 드높였다.35) 이 직후인 1938년말 한길수는 중한민중동맹단 워싱턴 대표로 본토에 건너갔고, 정력적인 강연여행을 다녔다. 한길수 자신의 주장에 따르면 1941년 4월까지 2년간 32,000마일, 35주 90도시 순회, 169회의 강연과 7회의 라디오 출연을 했다. 한길수는 이솝우화에 등장하는 늑대소년처럼 일본의 미국침략을 계속 주장했다. 우연의 일치인지 몰라도 일본의 진주만 습격이 있었고, 한길수가 진주만습격을 정확히 예언한 것으로 밝혀지자 그의 주가는 급상승했다. 1942년 중경의 金元鳳은 한길수를 조선민족전선연맹 미국전권대표로 임명했고, 1943년에는 조선민족혁명당 미주지부 워싱턴대표로 임명했다. 그는 워싱턴을 중심으로 반일선전과 중국 내 한인운동세력, 특히 조선민족혁명당을 비롯한 좌파세력에 대한 지지를 호소했다. 여론을 중시한 미국무부와 군 정보당국은 대중매체의 큰 인기를 끌고 있던 한길수에게 관심을 표명했고, 한국과 만주, 심지어는 브라질에까지 정보원을 두고있다던 한길수의 선전에 귀를 기울였다.

한길수는 한인유학생들의 신분유지와 한인이 適性국민이 아닌 準우호국민으로 대우받게 하는데 일조했다. 그러나 중경 내 좌파세력의 연계해 반일활동을 벌이며 선의의 과대선전을 계속한 결과 임정과 한독당을 지지하는 미주 한인단체들의 반감을 사게 되었다. 한길수는 이승만과 사사건건 충돌한 결과 1942년 2월 재미한족연합회로부터 면직되었다. 이후 중한민중동맹단은 재미한족연합회에서 탈퇴했다. 또한 태평양전쟁 발발 후 일본계 미국인 강제수용 계획의 선두에 섬으로써 많은 일본인들의 증오의 표적이 되었다.

---
35) 稻葉强, 1991 「太平洋戰爭中の在米朝鮮人運動 -特に韓吉洙の活動を中心に」『朝鮮民族運動史硏究』 No.7

이승만은 한길수를 공산주의자·이중첩자라며 매도했고, 한길수는 이승만이 노욕에 가득찬 보수정객이며 김구의 임시정부는 실력이 부족하다고 선전했다. 워싱턴 징가에서 벌어진 양자의 대립은 가뜩이나 중경 임정 승인 혹은 지지에 인색하던 미국의 태도에 부정적 영향을 끼쳤음이 당연했다. 이승만과 한길수의 최종 대결은 1945년 4월 유엔창설을 위한 샌프란시스코 회담에서였다. 한길수와 이승만의 대결은 한국독립운동을 위해 불행한 일이었다. 양자가 협력해서 일을 진행했거나, 이승만이 한길수를 적절히 통제할 수 있었더라면 상황은 크게 달라졌을 가능성이 있었기 때문이다.

V. 재미한인사회의 노선 갈등과 분열

태평양전쟁을 통일된 조직으로 맞이했던 재미한인들은 전쟁이 종국으로 치닫는 와중에서 분열되었다. 이러한 갈등과 분열은 한인 독립운동과 임시정부에 대한 미국의 적극적 지원을 받는 데 장애요인으로 작용했다. 분열의 첫 번째 이유는 이승만과 국민회간의 갈등에서 시작되었고, 이후 임정의 일방적 이승만 지지로 인해 재미한인 사회는 사분오열되었다. 그 출발점은 재미한족연합회의 구조적 결함때문이었다. 재미한족연합회는 출범 당시부터 문제의 소지를 안고 있었는데 그것은 다름아닌 주미외교위원부와 임정의 관계때문이었다. 김구는 해외한족대회에 '訓辭'를 보내 개인의견을 전제로 외교기관의 명칭을 '임정주미외교위원회'로 하며 책임자 5인을 선정하라고 했다.[36] 재미한족연합회에서 이승만을 위원장으로 하는 주미외교위원부를 조직하자 임정은 1941년 6월 3일 이를 승인하고 미국대통령에게 보낼 공함을 준비했다.[37] 이는 결국 미주 교민단체의

---
36) 『태평양주보』 No.480(1941. 5. 31)

추천에 의해 임시'정부'가 외교기관을 승인하는 방식이었다. 즉 '정부'가 외교대표를 임명하고 파견한 것이 아니라, 미주 교민단체가 인물 선정·경비 부담·조직 유지 등의 모든 활동을 담당했고, 정부는 다만 이를 '법적'으로 승인한 것이었다. 임시정부와 미주 교민단체의 이러한 관계는 이후 미주 한인사회의 분열을 가져오는 중요한 요인이 되었다.

1942년 말 워싱턴을 방문해 외교위원부의 실상을 알게된 재미한족연합회 집행부의 김호는 외교위원부의 문호를 확대해 위원을 확충하자고 주장했으나 이승만은 이를 거부했다.[38] 1943년 초부터 국민회·재미한족연합회는 이승만의 면직을 임시정부에 청원했고, 이승만 대신 李範奭을 추천했다. 이들은 이승만의 외교가 실패했다며 (1) 1941년 위원회의 중경특파 방해, (2) 외교위원부 확대에 대한 전경무·김호의 제의안 거부, (3) 독립금을 직접 관할하려 정부를 강박하다가 실패, (4) 외교위원부 각 지방지부 설치를 선언했으나 실패했다는 점 등을 사례로 지목했다.[39] 그러나 김구는 이승만을 고문으로 물러나게 한 후 외교위원부를 재조직하자는 이들의 요구를 거부했다.[40] 재미한족연합회가 이승만에 대한 재정지원을 중단하고 독자적인 워싱턴사무소 설립을 주장하자, 이승만의 동지회는 1943년 12월 23일 재미한족연합회를 탈퇴했다.[41] 이에 맞서 재미한족연

---

37) 『태평양주보』 No.483(1941. 6. 21); 『新韓民報』 1941. 6. 26, 8. 21.
38) 사건의 발단은 1942년 12월 김호·전경무의 워싱턴방문에서 비롯되었다. 쟁점은 한미협회와 주미외교위원부의 관계 단절, 외교위원부의 확대 등이었다. 양측간의 논쟁은 1943년 초반 재미한족연합회를 실질적으로 분열시켰다. 이에 대해서는 OSS 캘리포니아사무소가 작성한 보고서 "A Report on the progress of the Free Korean Movement,"(1943. 3. 24) RG 226, box 72, folder 571; 「이승만이 김호에게 보낸 편지」(1942. 12. 7, 12. 8, 12. 25) 독립기념관 소장 대한인국민회자료; 김광식, 1994 「자료소개 : 이승만서신」, 『월간독립기념관』 2월호; 「김호가 이승만에게 보낸 편지」(1942. 12. 16) 국사편찬위원회, 1993 『한국독립운동사』 자료23 임정편Ⅷ 453~459쪽을 참조.
39) 「리박사와 그 외교실책(안원규)」, 『국민보』 1943. 10. 13.
40) 『국민보』 1943. 10. 13.
41) 『新韓民報』 1944. 1. 6; 『국민보』 1943. 12. 29.

합회는 1944년 6월 5일 워싱턴사무소를 설립하고 김원용·전경무를 상주시켰다.

재미한족연합회의 분열로 재정곤란을 당한 임시정부는 1944년 8월 외교위원부 개조방침을 천명했다. 임시정부는 재미한인단체 7/10 이상이 참석해, 참석자 3/4의 결정으로 조직되는 외교위원부를 인정하겠다고 선언했다. 이에 따라 하와이와 본토 각지에 산재하던 재미한인 17개 단체 중 13개 단체가 이 방침에 호응해 재미한인각단체대표회를 개최(1944. 10. 28~11. 5)하고 외교위원부를 개조했다.[42] 그러나 김구는 동지회가 불참했다는 이유로 개조결과를 인정하지 않고 이승만을 위원장으로 한 독자적인 주미외교위원회 인선과 내용을 공표했다.[43] 임정의 태도번복으로 미주 한인사회가 분열되었으나 김구는 이승만이 미주에서 가장 유력한 인물임을 인정했다. 이승만을 제외한 재미한인 사회 전체의 의견일지라도 이승만을 제외한 조직을 인정할 수 없다는 김구의 태도는 이승만에 대한 전폭적인 신뢰와 후원에서 비롯된 것이었다. 이는 해방 후 이승만-김구의 관계를 보여주는 시금석이기도 했다.[44]

30여 년 이상 임정을 지지해온 재미한인들의 대다수 결정을 무시하고 이승만을 외교위원부 위원장으로 임명한 처사는 임정에 대한 재미한인들의 분노를 자아내게 만들었다. 종전으로 가던 마지막 국면에서 재미한족연합회는 이승만과의 갈등 끝에 임시정부와 돌이킬 수 없는 파국을 맞게

---

42) 선출된 임원진은 다음과 같다. 위원장 김원용, 부위원장 한시대, 총서기 전경무, 서기 한길수·배의환(『新韓民報』 1944. 11. 9).
43) 임정이 제시한 임원진은 다음과 같다. 외교위원장 이승만, 부위원장 김원용, 총서기 정한경, 위원 한시대·김호·이살음·변준호·안원규·송헌주(「임시정부의 최후 지령」『新韓民報』 1944. 11. 23;『독립』 1944. 11. 29).
44) 손세일은 이승만·김구가 신분적 배경, 교육·학문적 배경, 종교적 배경, 옥중생활의 영향, 가족환경 등에서 현격한 격차를 가졌으며, 특히 김구는 상해 임정 초기의 대통령과 '경무국장'의 수직적 관계를 해방후까지 극복할 수 없었다고 주장했다(손세일, 1970 『이승만과 김구』 일조각 3~61).쪽

되었다.

갈등의 두 번째 요인은 이념적인 대립이었다. 임시정부에 대한 지지와 반대진영이 갈라졌고, 임정의 보수적 노선에 반발하는 세력이 미주에서도 생겨났다. 이승만과의 갈등 끝에 재미한족연합회에서 면직된 한길수를 추종하던 중한민중동맹단 외에도 미주 본토와 하와이에서 金剛·卞埈鎬·李慶善·현앨리스·이득환·장세운·김혜란·장기형 등이 민족혁명당 미주지부를 중심으로 세력을 형성했고, 『독립』이란 신문 발행을 통해 자신의 노선을 주장했다.[45] 반면 흥사단을 비롯해 오랫동안 임정을 지지해온 국민회와 재미한족연합회의 주류세력들은 이들이 임정의 권위에 도전하며 한인독립운동진영을 분열시킨다고 격분했다. 양자의 갈등은 불과 1만여 명에 불과한 미주 한인사회에 좌우파의 대립이 개시되었음을 알리는 신호탄이었다. 진보적 색채를 띤 민족혁명당 미주지부 관련자들은 재미한족연합회에서 탈퇴한 후 개별적인 방법으로 2차대전에 참전했다. 鮮于學源과 몇몇 사람들은 FBI와 OWI에서 통역관 혹은 일일포로 심문관으로 일했으며,[46] 김강·변준호 등은 OSS에 가담했다. 전쟁이 끝난 후 민족혁명당 사람들 중 일부는 미국공산당에 가담했고, 이경선·현앨리스·전경준·이철·이득환·John Chung 등 일부 인사들은 자발적으로 자신들이 그리던 북한땅에 찾아갔다. 이와 관련해서 주목할 사람은 李慶善(李思民) 목사다. 평남 대동군 출신으로 감리교 목사였던 이경선은 1938년 시찰

---

45) Eun Sik Yang, "Korean Revolutionary Nationalist Movement in America, 1937~1955, Case of Kim Kang" Edited by Eui-Young You, P. Kandal Cal. State LA, 1992; Eun Sik Yang, "Korean Revolutionary Nationalism in America: Kim Kang and the Student Circle, 1938-1956," Asian American Studies Center, University of California, Los Angeles; 강만길, 1991 『조선민족혁명당과 통일전선』, 화평사; 金福壽, 1995 「광복전후기 미국에서 발행된 '독립'지의 성격과 보도경향」, 『정신문화연구』 통권58호

46) 일어통역관으로 일한 김재훈·황성수·배의환·김태묵·박상엽·이창희·김진엽 등에 대해서는 Hyung-ju Ahn, *Between Two Adversaries : Korean Interpreters at Japanese Alien Enemy Detention Centers during World War II,* California State University, Fullerton, 2002를 참조

차 미국에 도착했고, 미국내 진보세력의 지도자로 활동했다. 이경선은 김강·변준호 등 조선민족혁명당 미주지부 당원 10명과 함께 1945년초 한인 모병임무를 담당하고 있던 咸龍俊의 제안에 따라 OSS에 입대했다. 이경선은 산타카탈리나에서 OSS훈련을 받은 후 유일하게 중국 중경으로 파견된 경력을 지녔다. 이경선은 중경에서 김원봉과 김규식을 만나기까지 했다. 해방 후 이경선은 중국에서 한반도로의 귀국을 희망했지만, 미본토로 소환되었고, 미국공산당에 가담했다.47) 그는 1948년 11월 15일자로 鮮于學源과 함께 '美國 沙港在留黨 同志代表'자격으로 金日成·朴憲永에게 편지를 썼다.48) 이에 따르면 미국공산당에 가입한 한국인은 LA 13명, 샌프란시스코 1명, 새크라멘토 5명, 시카고 1명, 뉴욕 4명, 워싱턴 2명 등 총 26명이며, 卞峻鎬·金剛·玄앨리스·鮮于學源·李思民·申斗湜·郭止淳 등이 당 대표로 거명되었다. 이경선은 1949년경 현순의 딸인 현앨리스와 함께 체코 프라하를 거쳐 평양으로 들어갔다. 사회주의 조국에 대한 이경선의 기대와는 달리 그는 현앨리스와 함께 미제의 간첩으로 몰려 투옥되었고, 이후 생사는 불명이다. 박헌영의 옛 애인으로 알려진 현앨스가 관련된 이 '간첩사건'은 박헌영의 실각과 사형에도 적지않은 영향을 끼쳤다.49)

세번째 요인은 국민회를 중심으로 새로 등장한 지도자들의 지도력 부족

---

47) 장기형의 인터뷰(1986. 5. 1. 대담자 : 양은식)에 따르면 강영승의 아들이 미국공산당 내 간부직을 갖고 있었기 때문에 재미한인 중 좌파들의 미국공산당 입당이 가능했다(Eun Sik Yang, "Korean Revolutionary Nationalism in America: Kim Kang and the Student Circle, 1938-1956," Asian American Studies Center, University of California, Los Angeles. p.31 footnote 35). 이경선의 OSS참전과 중경행을 담은 『종군기』(1946, 샌프란시스코)와 논설집인 『새조선』(1945, 로스앤젤리스)은 李元淳문고인 고려대 해사문고에 들어있다(고려대학교 중앙도서관, 1974 『海史文庫目錄』)
48) 鮮于學源, 1994 『아리랑 그 슬픈 가락이여』 大興企劃
49) 정병준, 2002 「해방전후 美洲 韓人 독립운동 관련자료」, 한국정신문화연구원편 『해방전후사 사료연구I』, 선인 169~170쪽.

이었다. 박용만의 암살(1928)과 안창호의 체포(1932), 이승만의 하와이재판 패배(1930) 등 재미한인사회의 주요 3대 지도자의 몰락은 모두 1930년 대공황을 전후해 벌어졌다. 국민회·동지회·흥사단·국민군단 등 재미한인사회의 모든 단체가 침체국면을 맞았고, 1930년대 중반 이후 새롭게 등장한 한인사회의 지도자들은 직업적 독립운동가·사상가가 아닌 부유한 실업가들이었다. 1910년대 이래의 지도자들이 사라지거나 위축된 상태에서 이들은 자금을 통해 재미한인단체를 후원해 활동을 재개시켰고 나아가 단체의 지도자로 부상했다. 문제는 이들이 재미한인단체의 재정과 조직을 장악했지만, 재미한인 일반의 대중적 지지를 끌어내기에는 지도자로서의 카리스마가 부족했다는 점이었다.50)

마지막 요인은 이승만의 독선적인 태도와 자금·조직을 장악하려는 시도에 기인한 것이었다. 1940년대 초반 재미한인사회는 이러한 복잡한 요인들이 얽히면서 통일과 분열, 연대와 대립을 오고갔다.

Ⅵ. OSS의 한반도침투작전과 재미한인의 종군

유럽에서의 전쟁이 실질적으로 종결된 1944년 중반 OSS는 심각한 위기에 봉착해 있었다. 유럽전구에서 전쟁 승리에 기여하지 못했던 OSS는 마지막 남은 적국인 일본 패망에 조직의 운명을 걸었다. OSS는 대일전에서 확실한 전과를 세우기 위해 중국전구 OSS활동을 강화시켰고, 특히 한국인들을 이용한 한국·만주·일본본토 침투계획을 강력히 추진했다.51) 이

---

50) 정병준 2003「숲平와 리들리그룹」한사김호(金乎)선생공훈선양학술강연회 사단법인 대한민국순국선열유족회 (2003. 1. 10)
51) Bradley F. Smith, *The Shadow Warriors: O.S.S. and the Origins of the C.I.A.*, Basic Books, Inc., Publishers, N.Y. 1983, pp.263~329; Maochun Yu, *OSS in China: Prelude to Cold War*, Yale University Press, New Heaven and London, 1996

과정에서 중국전구 OSS는 독수리작전(Eagle Project), 화북작전(North China Project), YENZIG4작전, 불사조작전(Phoenix Project), 칠리미션(Chilli mission) 등을 추진했고,52) 워싱턴본부는 냅코작전(Napko project)을 추진했다. 독수리작전의 일차 목표는 첩보수집과 통신망 구축이었다. 광복군 2지대 등과 연대해 시도된 이 작전에 참가한 한인들은 張俊河, 金俊燁을 비롯해 최소 35명 이상이었고, 이들은 무전훈련과 유격훈련, 폭파훈련 등을 받은 후 낙하산으로 한반도 북부의 산악지대에 투하되어 적절한 지점에서 통신망을 구축하는 임무를 부여받았다. 물론 이 작전에서도 종국적인 목표는 일본본토로의 진입이었다. 독수리작전의 훈련 및 침투준비가 완료되자 OSS의 책임자 도노반은 중국 西安으로 날아가 1945년 8월 7일 김구·이청천 등과 면담할 정도로 이 작전에 OSS의 운명을 걸고 있었다. 김구는 도노반과의 회담으로, 미국과 임정의 항일비밀공작이 시작되었다고 쓸 정도로 고무되었다.53)

한편 미국 본토에서 시도된 냅코작전의 입안자는 버마에서 101지대를 이끌었던 아이플러 대령이었다. 1944년부터 구상된 냅코작전은 1945년초부터 본격화되었다. 이미 냅코작전의 초기 구상은 OSS가 버마에 101지대를 만들 때부터 가동되었다고 볼 수 있었다. OSS는 1942년부터 재미한인이 줄기차게 요구한 한인게릴라부대 창설요구에 주목하고 있었고, 1942~44년간 버마에 파견되어 일본침투작전을 시도했던 101지대의 실전운용경험과 핵심 요원(아이플러, 장석윤)을 확보하고 있었다. 그리고 가장 중요한 것은 언제라도 한국독립을 위해 목숨을 내버릴 수 있는 각오로 가득찬 재미한인 등이 존재했다. 이러한 여러 가지 요인이 결합되면서

---

52) 마오춘 유, 앞의 책, 209~230쪽; 독수리작전에 대해서는 韓詩俊, 1993『韓國光復軍硏究』一潮閣; 金光載, 1999『韓國光復軍의 活動硏究 : 美戰略諜報局(OSS)과의 合作訓練을 중심으로』동국대 사학과 박사학위논문을 참조
53) 김구 지음·도진순 주해, 1997『백범일지』, 돌베개 396쪽.

냅코작전의 출범이 가능할 수 있었다.

현재 냅코작전의 전모는 정확히 드러나 있지 않다. 냅코작전은 잠수정이나 낙하산을 통해 한반도에 침투해 첩보수집, 무선망 설치, 파괴공작을 벌이는 것을 임무로 삼았다. 제일 중요한 것은 거점의 확보였다. 아이플러의 회고에 따르면 10개의 팀이 한국에 침투되며, 그중 7개 팀이 성공하고 3개 팀은 체포될 것으로 예상했다고 한다. 성공한 7개 팀 중 가장 성공적인 1개 팀에 이후 OSS가 전력을 기울인다는 계획이 수립되었다. 현재까지 밝혀진 냅코작전의 팀의 이름은 아이넥(Einec), 무로(Mooro), 차로(Charo), 차모(Chamo) 등이다.54)

재미 한인들 중 최소 19명 이상이 냅코작전에 참가했다. 미군이 주도한 이 군사첩보작전 참가가 독립운동의 일환이었느냐는 반문은 어리석은 것이다. 물론 이 작전은 OSS가 일본패전에 기여하기 위해 고안한 것이었지만, 한인들의 애국심이 없이는 실행이 불가능한 작전이었다. 여기에 참가한 한인들은 대부분 30대 중반, 나아가 40~50대의 사람들도 적지 않았다. 또한 상당수는 기혼자들이었고, 안정된 가정과 직업을 가진 사람들이었다. 심지어 변일서는 군입대를 위해 합의 위장이혼을 했고, 이근성은 침투작전을 위해 성형수술을 받기까지 했다. 미국이라는 안전한 후방에서 전시특수에 따른 경기호황으로 평온한 일상을 누릴 수 있는 사람들이었지만, 이들은 일본패망에 기여하고 조국독립에 이바지하겠다는 애국적 열의로 이 비밀작전을 선택했다. 이 작전에 참가한 朴基冔은 1945년 한동안 미국 전역을 순회하며 젊은 한인들에게 작전참가를 권유했으나 대부분은 죽음을 감수해야 하는 이 위험한 임무에 반대하며 냉소적인 태도를 취했

---

54) 이하의 서술은 다음을 참고한 것이다. 방선주, 1993, 「미주지역에서 한국독립운동의 특성(OSS NAPKO)」 『한국독립운동사연구』 제7집; 방선주, 1995 「아이프러기관과 재미한인의 복국운동」 인하대학교 한국학연구소 『제2회 한국학국제학술회의론문집』; 정병준, 2001 「해제 : 태평양전쟁기 재미한인의 독립운동과 美전략첩보국의 냅코계획」 『NAPKO Project of OSS : 재미한인들의 조국 정진 계획』(해외의 한국독립운동사료 24, 미주편 6) 국가보훈처

다고 증언했다.55)

냅코작전에 참가했던 한인들은 크게 세 부류였다.56) 첫째는 태평양전쟁 이후 미군에 입내했거나 냅코작전을 위해 미군에 입대한 한인들이었다. 柳一韓, 李泰模, 李超, 박기벽, 邊日曙, 車眞宙 등이 이에 해당한다. 이들은 모두 자원에 따라 냅코작전에 가담하기 위해 1945년초에 입대했다. 당시 50세였던 유일한은 박용만이 세운 네브라스카 헤이스팅스의 소년병학교 출신이었다. 유일한은 국내에 유한양행이라는 커다란 제약회사를 갖고있는 사업가였고, 안정적 신분과 재산을 갖고 있었지만 애국심으로 이 일에 동참했다. 이태모는 스티븐슨을 저격한 전명운의사의 사위였고, 49세였던 이초는 평양출신으로 남경군관학교와 노백린의 윌로우스 비행학교를 나온 애국자였다. 30세의 박기벽은 만주에서 선생을 하던 인텔리였고, 44세의 변일서는 게이오대학·남경대학·노스웨스턴대학에서 공부한 사업가였다. 39세의 차진주는 雲南講武堂·휴론대학·미네소타주립대학을 나온 인텔리였다.

둘째는 미국에 거주하던 한인 민간인들이었다. 전주 이씨가문이었던 李根成은 35세였고 와세다대학·조지피바디대학·밴더빌트대학·보스톤대학·하바드대학을 졸업한 지식인이었다. 43세이던 金剛은 남가주대학·콜로라도 광물학교 등에서 석사를 받은 금속화학기술로 민족혁명당 미주지부에 관계한 자타가 공인하는 마르크스주의자였다. 43세였던 변준호 역시 사회주의적 경향이 강한 김강의 동지였다. 이외에도 국민회 회장

---

55) 박기벽은 자신이 1938~39년간 도미한 한인 리스트를 가지고 1945년초 배민수·하문덕·이창희·선우학원·최병헌 등에게 접근해 OSS 모병활동을 벌였으나 별다른 결과를 얻지 못했다고 증언했다. 그후 1주일 동안 위스콘신주 맥코이포로수용소에 들어가 Peter Hyun을 통역으로 포로와 접촉했으며, 한인포로 2명을 시카고 Stevenson Hotel로 데려왔다고 증언했다「박기벽인터뷰」(1998. 8. 17, 서울)].
56) 정병준, 2001「해제 : 태평양전쟁기 재미한인의 독립운동과 美전략첩보국의 냅코계획」『NAPKO Project of OSS : 재미한인들의 조국 정진 계획』(해외의 한국독립운동사료 24, 미주편 6) 국가보훈처

을 역임한 최진하, 金聖德 목사, 정계원 박사, 강웅조, 하문덕 등이 대원 혹은 교관으로 냅코작전에 참가했다.

셋째 부류는 한인 포로들이었다. 한인포로들의 경우에는 두 가지 경우가 있었다. 첫째는 미국내 포로수용소에서 선발된 인원이었다. 냅코계획이 입안되자 마자 아이플러는 버마에 있던 장석윤을 소환했다. 포로로 변장한 장석윤은 위스콘신주 맥코이포로수용소에 수감되어 있던 한인포로들에게 접근했다. 장석윤은 주로 사이판전투에서 붙잡힌 포로들 중 애국심 강한 사람을 선발했고, 아이플러는 이들을 빼돌렸다. 최소한 3명 이상의 한인 포로들이 이 위험한 임무에 동참했다. 황해도 출신의 이종홍(40세), 김필영(30세), 김영춘(25세)이 냅코작전에 동참했고, 양순길·홍원표·김공선 3명이 예비후보로 추천되었다. 모두 많이 배우지 못한 노무자 출신이었지만, 생사의 격전장에서 간신히 살아남아 포로가 된 이들은 또다시 일제에 대항하는 특수전 참전을 자원했던 것이다. 포로의 두 번째 경우는 버마전선에서 탈출해 인도의 영국군수용소에 있던 한인병사 3명 이었다. 朴順東, 朴亨武, 李鍾實이 바로 이들이다.[57] 이들은 모두 1944년 1월 학도지원병으로 버마전선에 끌려나갔다가 일본군에서 탈출해 1945년 3월 영국군에게 투항했다. 탈출과정에서 일본군을 살상한 이들은 인도에서 OSS의 접촉을 받고 기꺼이 다시금 목숨을 내건 항일전 참가를 위해 냅코작전에 참가했다. 25세이던 박순동은 전남 순천생으로 일본 駒澤大學출신이었고, 박형무는 23세로 關西대학 출신이었다. 가장 나이가 많았던 이종실은 30세로 日本大學을 나왔다. 지금은 그 누구도 이들을 기억하지 못하지만, 이들의 애국심은 그 누구에도 뒤지지 않는 것이었다. 용기와 목숨을 내건 이들의 조국애는 일제 학병으로 중국전선에 나갔다 광복군으로 탈출한 장준하·김준엽 등 애국지사에 비해 뒤질 것이 하나도 없었다.

---

[57] 정병준, 2003「朴順東의 항일투쟁과 美 전략첩보국(OSS)의 한반도침투작전」, 역사문화학회『지방사와지방문화』제6권 2호

이렇게 자원해서 모인 한인들은 강도높은 훈련을 받았다. 훈련장은 로스앤젤레스 연안에 위치한 산타 카탈리나섬이었다. 이들은 외부와 격리된 채 고된 유격훈련, 무선훈련, 폭파훈련 등을 3~4개월 동안 받았다. OSS는 이들을 LA와 샌프란시스코 등지에 실지로 가상 침투시키기도 했으며, 2만 달라를 들여 침투용 잠수정을 제작해 훈련을 실시하기도 했다. 목포·구월산 등을 침투대상 지역으로 선정한 미 해군은 한국 삼천포 인근에서 조업중이던 한인어부 3명을 납치해 지형·정세 정보를 파악하기까지 했다.58) 이들은 모든 훈련을 종료한 후 출발신호를 기다리고 있었다. 니미츠 제독이 지휘하는 태평양함대가 이들을 한국 연안까지 잠수함으로 이동시켜 주면, 이들은 잠수정을 타고 한국으로 침투할 예정이었다. 그러나 일본은 패망했고, 이들의 임무도 종결되었다. 미군에 입대했던 재미한인들의 경우엔 제대하면 그만이었지만, 포로출신으로 훈련에 참가했던 한인 포로 6명은 아무런 보상이나 대가를 받지 못한 채 하와이 포로수용소에 포로로 이송되었다. 조국독립을 위해 목숨을 걸었던 이들에게 돌아온 것은 전쟁 포로라는 모멸 뿐이었다. 귀국한 이들은 결코 자신들의 무용담과 애국심을 드러내지 않았고, 냅코작전을 실행했던 미국이나 독립을 찾은 한국인 그 누구도 이들을 기억하지 못했다.59) 최근 국가보훈처가 냅코작전에 참가했던 박기벽·박순동·이종실에 대해 독립유공자로 포상함으로써 이들의 애국활동이 조금이나마 빛을 보게되었다.

　해방과 함께 결국 재미한인들은 국치 이전부터 계속되어온 자신들의 항일독립운동에 종지부를 찍었다. 재미한인 각단체들은 매년 아픔으로

---

58) 4명의 선원 중 포로가 된 3명의 선원은 채금덕(42세), 금덕연(43세), 김기창(44세)이었다. CINCPAC-CINCPOA Bulletin, no.151-45 (June 21, 1945) Translations/Interrogations, No.33, pp.107-108, Preliminary POW Interrogation Report No.145(방선주, 1995 앞의 논문 172쪽에서 재인용).
59) 이런 연유로 박순동은 자신의 체험에 '侮蔑의 時代'라는 제목을 붙였다(朴順東, 1965 「侮蔑의 時代」『新東亞』 9월호).

기억하던 국치기념식을 폐지했다. 태평양전쟁 이래 재미한인들은 항일독립운동에 재정적, 물질적 도움을 제공했고, 실제로 미군과 연대하에 항일전에 참가하기도 했다. 비록 이들이 실제 전쟁 승리에 미친 영향력은 미미했고, 한국독립운동사는 이들의 활동을 소소하게 평가하지만 이들은 40여 년 이상 지속된 한국민으로서의 도리를 그 누구보다도 충실하게 다했다.

- 투고일 : 1월 13일, 심사완료일 2월 15일
- 주제어: 재미한족연합위원회, 이승만, 한길수, 미전략정보국, 냅코작전, 김호, 대한민국임시정부, 국민회, 한국위원부

The Lines and Character of Independence Movement by the Koreans in America during the Pacific War

Jung, Byung Joon

The three prominent leaders in the Korean society in America were Yongman Park, Changho Ahn, Syngman Rhee. As of 1932 with the turning point, they disappeared ore were less influential on the Koreans in America. New types of leaders emerged in Hawaii and the mainland in the mid 1930s. They were different from the three leaders. They earned their living, carrying out the independence movement at the same time.

Just before the outbreak of Pacific War, Koreans in Hawaii and mainland succeeded in forming United Korean Committee(UKC). They started independence movement against Japanese Imperialist. The main activities of UKC were divided into three parts : support the Korean Provisional Government(KOPOGO); diplomatic and propaganda activities for the cause of Korean independence; and aid the national defense activities of United States.

Syngman Rhee took part of the diplomatic mission of UKC, so he formed the Korean Commission. Rhee demanded US recognition of the KOPOGO and military aid to the Korean independence movement. Although the diplomatic approach was not successful, the approach to the military authority and the proposal for the establishment of the Korean guerrilla unit was accepted by the United States to a certain extent. Rhee came into close relations with officials in military intelligence agency and made them his private lobbyist.

Kilsoo Haan was the political rival of Rhee during the Pacific War. He was spotlight by the mass media after the Pear Harbor, because he predicted the Japanese attack. He was a white lier for the cause of Korean independence but his conflict with Syngman Rhee and KOPOGO endangered the unity of UKC.

UKC was spilt into two parts after the clash between Syngman Rhee and Kukminhur. KOPOGO strongly supported the Syngman Rhee side. Also there was the ideological contradiction between political activists for the independence movement. The revolutionary group were formed and the argument between the conservative group and revolutionary one started.

In 1945, the Office of Strategic Service(OSS) prepared special project on the penetration into Japanese territory, named Napko project. It was planned by the special agents who has experienced the detachment 101 in Burma. If it were not for the volunteer Korean agents, Napko project could not be started. At least 19 Koreans in the United States took part in Napko project. Three categories of Koreans joined OSS : thoese who served in US Army or OSS; those who were civilian residents in US; those who were the prisoner of war. They were all volunteers who staked their lives on the battle against Japan. The trained in Santa Catalina island for several months. However, Japan was defeated before they deployed into target point.

During the Pacific War, the Koreans in America provided financial and material assistance for anti-Japanese movement. They did their best for the liberation of their mother's land. They sincerely performed as Korean in terms of morale.

Key Words : United Korean Committee : UKC, Syngman Rhee, Kilsoo K. Haan, Office of Strategic Service : OSS, Napko project, Charles H. Kim, Korean Provisional Government : KOPOGO, Kukminhur, Korean Commission

특집 : 미주지역의 한인사회와 민족운동

미주지역에서의 安昌浩의 獨立運動
-1910년대를 전후한 시기를 중심으로-

유 준 기*

목 차

머리말
Ⅰ. 安昌浩의 渡美와 國際關係의 認識
Ⅱ. 美洲地域에서의 獨立運動
　1. 大韓人國民會에서의 活動
　2. 興士團의 結成과 活動
맺음말

머 리 말

島山 安昌浩(1879-1938)의 미국에서의 활동을 크게 3시기로 구분할 수 있다. 첫 번째는 1902년 2월부터 1907년 2월까지 부인 이혜련과 함께 유학을 목적으로 도미하였다가 초기한인사회를 지도했던 시기였다. 이 시기의 안창호는 샌프란시스코에서 1903년 9월 23일 상항친목회를 조직하였는데 이 단체는 미주한인사회 최초의 결사로 이 지역 민족운동의 출발점이 되었다. 안창호를 회장으로 하고, 朴善謙, 李大爲, 金成武 등이

---
* 총신대학교 역사교육과 교수

발기인이었던 이 상항친목회는 그 뒤 1904년 4월에 이르러 명실상부한 한인민족운동단체인 공립협회로 발전하였다.1)

두 번째는 1911년 9월부터 1919년 4월까지의 시기로 이때 안창호는 흥사단과 북미실업주식회사를 설립하고 활동하였으며, 대한인국민회 중앙총회장의 자격으로 멕시코와 하와이를 방문하는 등 한인사회의 지도자로서의 의무를 충실히 수행하기 위해 전력을 다하였다. 세 번째는 1924년 12월부터 1926년 3월까지의 시기로 이때의 안창호는 주로 독립운동진영의 통일을 위한 대독립당운동과 만주지역을 중심으로 한 이상촌운동을 전개하면서 그에 필요한 자금모집을 위한 활동을 전개했던 것으로 보인다.2) 따라서 안창호가 미주에서 머무른 기간은 약 13년간이며 두 번째 在美 기간이라고 할 수 있는 1911년 9월부터 1919년 4월까지의 시기가 가장 길고 활발한 활동을 전개하였던 시기로 보인다.

따라서 본 고에서는 이 기간동안 안창호가 미국에서 전개했던 독립운동의 내용을 정리해 봄으로서 식민시대 전 기간을 통해 가장 대표적인 민족지도자의 한 사람이었던 안창호와 미주지역 한인사회의 상호관계 및 안창호가 미주지역에서 전개했던 민족운동의 역사적 성격에 대해 살펴보고자 한다.

이를 위해서 본고에서는 우선 안창호가 재미활동을 통해 형성해 갔던

---

1) 김원용,『재미오십년사』, 캘리포니아, 1995, 87면.
2) 미주지역에서의 안창호의 활동과 관련해서는 다음과 같은 연구가 있다.
尹炳奭,「島山安昌浩의 애국계몽운동과 독립운동」,『도산사상연구』7, 2001.
李萬烈,「島山 安昌浩의 '統一'運動과 韓國民族統一」,『도산사상연구』7, 2001.
최기영,「대한인국민회와 안창호」,『식민지시기 민족지성과 문화운동』, 한울, 2003.
최기영,「島山 安昌浩와 기독교 신앙」,『도산사상연구』5, 1998.
李明花,「島山安昌浩의 獨立運動과 統一路線」, 경인문화사, 2002.
高珽烋,「미주지역 독립운동에 관한 연구의 회고와 전망」, 국사편찬위원회,『韓國史論』26, 1996.
盧載淵,『在美韓人略史』, 로스엔젤레스, 1963. 김원용,『在美韓人五十年史』, 캘리포니아 1959.
吳世昌,「韓人의 美洲移民과 항일운동」,『民族文化論叢』第6輯, 1984, 영남대.
金度勳,「韓末韓人의 美洲移民과 民族運動」,『國史館論叢』83, 1999.

국제관계에 대한 인식에 대해 살펴보고자 하며, 이를 통해서 안창호의 국제관계에 관한 인식이 그의 독립운동 과정에 끼쳤던 영향력에 대해 살펴보고자 한다

다음으로 안창호가 미주에 가장 오래 머무르고 있었던 1910년대를 중심으로 그가 대한인국민회와 흥사단에서 전개했던 독립운동의 내용에 대해 정리 해봄으로써 궁극적으로는 1910년대를 전후해서 안창호가 미국에서 독립운동의 성격과 특징에 대해 확인해 보고자 한다. 따라서 이러한 검토는 궁극적으로 안창호가 미주를 포함한 보다 폭넓은 지역에서 적극적인 독립운동을 줄기차게 전개할 수 있었던 배경을 이해하는데 기여할 수 있을 것으로 생각된다.

Ⅰ. 安昌浩의 渡美와 國際關係의 認識

1878년 11월 19일 平南 江西郡 草里面 7리 봉우도에서 태어난 안창호는 청일전쟁이 발발하던 1894년 상경하여 정동 새문안교회 안에 있는 救世學堂 보통부에 입학, 2년간 수학하였으며, 졸업 후에는 조교가 되었다. 이때 안창호는 예수교 장로회에 입교하였는데 기독교로의 입교와 서울유학은 그가 새로운 세계관을 형성하게 하는 중요한 계기가 되었던 것으로 보인다.3) 이후 독립협회의 활동에 가담했던 안창호는 1902년 교육학을 공부하고 국내에 돌아와 교육사업에 종사하려는 생각과 기독교에 대한 보다 깊이 있는 연구를 목적으로 미국유학을 선택하였으며, 그의 미국 유학에는 구세학당에서 알게 된 선교사의 도움이 컸다고 한다.4)

1902년 10월 14일 미국에 도착한 안창호는 이후 1906년까지 학업에

---
3) 윤선자, 「안창호의 국제인식」, 『도산사상연구』7, 2001. 이 논문에서는 안창호의 미국중심의 세계관에 대해서 구체적으로 분석하고 있다
4) 윤병석·윤경로, 『안창호일대기』, 역민사, 1995, 232-233쪽.

정진하면서 미주한인사회를 규합하기 위한 활동을 전개하였다. 이 시기에 안창호는 샌프란시스코에서는 5-6명의 인삼장사들과 함께 중국인 교회의 일부를 빌려 한인교회를 설립하고 이 교회에서 진행된 예배의 설교를 도맡아 하는 등 독실한 기독교인으로서의 면모를 보여주고 있었다.5)

이밖에 이 시기의 안창호는 샌프란시스코에서 한인친목회를 조직·지도하기도 하였으며, 1905년에는 共立協會를 조직하고 회장으로 활동하는 등 미주지역 한인사회에서 지도자로서의 위치를 굳혀가고 있었던 것으로 보인다.6)

안창호가 미국에서 유학하던 첫 번째 시기에 대한제국은 일본과 을사조약을 체결해야 했으며, 이는 러·일전쟁을 승리로 이끈 일본이 조선에 대한 지배력을 강화하는 계기였다. 러일전쟁이 끝나고 미주 동포들은 안창호에게 포츠머드 강화회의 참석할 것을 권유하였으나 안창호는 가봐야 참석할 권리도 없는 상황에서 동포들이 땀을 판돈을 쓸 수 없다고 하였다.7) 이 시기에 안창호는 국제정치의 냉혹한 흐름을 정확하게 파악하고 있었으며, 이러한 상황에서 그는 장래에 민족을 구해내서 "반도강산을 다시 빛나게 할 사람은 청년"뿐이라고 생각하고 있었다.8)

또한 안창호는 외세의 침략에 직면해 있는 대한제국을 구해 내기 위해 스스로를 지킬 수 있는 軍備强化를 적극적으로 주장하기도 하였다. 1907년 2월 미국유학을 마치고 돌아온 안창호는 5월 12일 西北學生親睦會에서 행한 연설에서 '금일 당장부터 開戰事를 준비할 것을 역설'하였다. 그는 명치유신이후 개혁을 통해 러일전쟁에서 승리한 일본을 예로 들면서 외국의 원조나 도움을 기대해서는 안 되며, 이는 오히려 그들의 폭력을

---

5) 최기영, 앞의 논문, 226쪽.
6) 이명화, 앞의 책, 474, 윤선자, 앞의 논문, 112쪽.
7) 윤병석·윤경로, 앞의 책, 183쪽.
8) 윤선자, 앞의 논문, 113쪽.

불러올 것이라고 보면서 오직 힘을 길러야 한다고 강조하고 있었던 것이다.9)

안창호가 미국유학을 단행했던 1902년은 미국이 문호개방 정책을 추진하여 중국과 필리핀 등 아시아지역을 대상으로 한 제국주의 정책을 적극적으로 추진하고 있었던 시기라고 할 수 있었다. 이러한 상황에서 안창호는 러시아는 러일전쟁에서 패하기는 하였지만, 여전히 일본이 무시해도 될 만큼 나약하지는 않으며, 미국의 아시아 진출에 있어서 미·일관계가 언제나 우호적일 수많은 없을 것이라는 사실을 인식하고 있었던 것으로 보인다.10) 그리고 열강들의 이해관계라는 것이 자국의 이익과 목적을 위해 언제든지 변할 수 있다는 것이라고 인식하고 있었던 것으로 생각된다.

그리고 이러한 상황에서 안창호는 한국의 독립운동에 있어서 우선적으로 가장 중요한 것은 한국인 스스로 실력을 양성하여 스스로를 지킬 수 있도록 되는 것이 시급한 과제였다고 보았던 것으로 파악되며, 이러한 경향은 그의 다음과 같은 생각에서도 나타나고 있다고 하겠다.

> "나는 한국민족의 생존 번영을 위하여 근본적으로 결핍된 교육장려와 실업발전이 무엇보다도 급선무라고 생각하며, 한국인의 한사람으로 민간에 있어서 위에서 말한 두 가지 사업에 종사하는 것을 평생의 사업으로 생각하고 있다"11)

위의 내용을 통해서 보면 안창호의 경우 한일합방 이전에는 '한국민족의 생존번영을 위해 교육의 장려와 실업의 발전을 가장 중요한 급선무라고 생각하고 있었음을 확인할 수 있으며, 이러한 안창호의 인식은 그가

---

9) 윤경로, 「도산연구의 새 지평을 위한 사례연구 :도산 행적 추적을 중심으로」, 『도산사상연구』 4, 1997. 239쪽.
10) 윤선자, 앞의 논문, 116쪽.
11) 윤병석·윤경로, 앞의 책, 66쪽.

독립운동의 전략추진에 있어서 '實力養成論'의 경향을 보이는 배경이 되었을 것으로 생각된다. 실제로 안창호는 미국을 중심으로 한 국제관계의 현상 속에서 아무런 이해관계 없이 미국이 한국의 독립문제에 관심을 기울일 열강은 없으며, 이러한 상황에서 교육과 실업을 장려를 통해 민족의 실력을 기르는 것이 현재 우리민족이 할 수 있는 가장 적절한 독립운동 노선이었다고 보고 있었던 것으로 생각된다.

한편, 1910년대에 들어서도 안창호의 국제관계에 대한 인식은 이전시기와 유사한 형태를 나타내고 있었던 것으로 보인다. 1910년에 들어서 대한제국의 멸망과 함께 망명의 길을 선택한 안창호는 언더우드 목사와 조경선 목사의 도움으로 국내를 탈출하는데 성공한 안창호는 이후 노령 치타, 뻬체르브르그, 베르린을 경유하여 1911년 미국에 도착하였다. 이후 미국에 도착한 그는 샌프란시스코에서 대한인국민회의 결성에 참여하여 회장으로 활동하였으며, 1913년에는 흥사단을 조직하였고, 1914년에는 L.A로 옮겨 독립운동을 위한 육영사업을 전개하였다.

이러한 가운데 1918년 1월 8일 윌슨대통령은 '민족자결주의 원칙'을 천명한 '14개조 선언'을 발표하였으며, 그 해 11월에 제1차 세계대전이 종결되었다. 그리고 이러한 상황에서 안창호는 한국인 윌슨대통령에게 독립승인요구서를 제출하는 것은 독립운동에 별다른 효과가 없을 것이라고 비판하고 있었다. 그는 '자기의 일을 자기가 스스로 아니하고 가만히 앉았다가 말 몇 마디나 글 몇 줄로서 독립을 찾겠다는 것이 어느 이치에 허락하리오' 라고 함으로서 국제질서의 냉혹함을 다시 한번 명확하게 인식하는 동시에, 독립의 쟁취가 우리 자신의 노력에 의해서만이 가능하다는 사실을 강조하고 있었던 것으로 보인다.[12]

안창호는 일본이 다른 나라의 권고에 의해 한국을 내놓지 않을 것이며,

---

12) 도산기념사업회 편, 『安島山全書』 中, 言論資料篇, 汎洋社出版部 1990, 84쪽.

미국이 아무런 이유 없이 '美日戰爭'을 일으킨다는 것은 불가능하다는 현실적인 판단을 하고 있었다.. 실제로 그는 "우리가 윌슨대통령에 교섭함으로 미국의 박애의 덕으로 미국이 아무런 다른 이유 없이 오식 내한의 독립을 위하여 미일전쟁을 일으키겠는가" 라고 하고 있었던 것으로 보인다.13)

이렇게 볼 때 안창호는 현실적이고 이성적인 관점에서 미국의 국제외교 노선이 추구하고자하는 방향성을 인식하고 있었으며, 이러한 상황에서 한국인이 할 수 있는 최선의 독립운동 전략을 찾고자 했던 것으로 보인다.

한편 안창호는 한국의 독립을 위해 새롭게 부상하고 있는 강대국 미국에게 기대를 걸기보다는 파리에서 개최되었던 제1차대전 평화회의에 기대를 걸었던 것으로 보인다. 안창호는 미국정부가 여행권 발급을 거부하여 성사되지는 못하였지만, 이승만과 정한경을 한국대표로 정하고 이들을 파리에 파견하는 계획을 추진하였다. 또한 김규식이 上海로부터 파리에 도착하여 대한인국민회에서 파송한 대표원의 임명장을 요청하자 김규식에게 임명장을 발급하기도 하였다.14)

따라서 이상의 내용을 종합해 보면 안창호는 미국유학 등의 '在美期間'을 통하여 한국의 독립 문제는 국제관계의 폭넓은 전개과정 속에서 이해할 필요가 있으며, 미국에 대한 관심이 줄어든 것은 아니지만, 미국에 의존적 경향을 보이는 국제관계에 대한 인식이나 독립운동의 전개가 무익할 수도 있는 판단을 하고 있었던 것으로 보인다.

이러한 상황에서 안창호는 우리민족이 스스로를 지킬 수 있거나 자력으로 독립할 수 있는 실력을 키우기 위한 노력이 필요하다고 생각하고 있었던 것으로 보인다. 그리고 안창호의 이러한 인식은 그가 미주에서는 물론, 국내와 상해·만주 등 폭넓은 지역에서 적극적인 독립운동을 전개할 수

---

13) 도산기념사업회 편, 앞의 책, 84쪽.
14) 윤선자, 앞의 논문, 120쪽 참조.

있는 인식의 배경이 되었던 것으로 생각된다.

Ⅱ. 美洲地域에서의 獨立運動

1. 大韓人國民會에서의 活動

1910년을 전후하여 일제의 국권침략이 본격화되자 한인사회는 1910년 5월 미주지역 한인독립운동단체들을 통합하여 大韓人國民會를 조직하였으며, 그 목적이 敎育과 實業의 振發 및 자유와 평등을 제창하여 동포의 영예를 증진케 하며, 조국의 독립을 광복케 하는데 있다고 천명하였다.15) 또한 1912년 11월 12일 선포된 전문 76조의「중앙총회 결성 선포문」에서는 '대한인국민회 중앙총회를 한인의 최고기관으로 인정하고 자치제도를 실시할 것'을 주장하고 있었다.16) 재미한인들은 대한인국민회를 국권이 상실된 이후 '大韓人의 自治機關' 또는 '假政府' 등으로 인식하고 있었던 것으로 보인다.17)

실제로 대한인국민회는 미국뿐만 아니라 해외에서 활동하고 있던 李相卨·李剛 등과 연결하여 시베리아 지방총회와 만주지방 총회를 조직하여 해외 한인독립운동세력의 단일체제를 형성하고자 하였다.18) 그리고 이러한 상황에서 대한인국민회는 샌프란시스코에 본부를 둔 중앙총회 산하에 北美·하와이·만주·시베리아 등 4개의 지방총회가 있었고 한 때 각 지방에 116개소의 지방회가 설치되는 방대한 조직의 형태로 운영되기도 하였다.19) 또한 조직의 운영은 입법과 행정 기능이 분리된 상당히 민주적

---

15) 곽림대,「안도산」,『한국학연구』4 별집, 인하대학교 한국학연구소, 1992. 215-216쪽.
16) 김원용, 앞의 책, 108-109쪽.
17) 金道勳,「1910년대 초반 미주한인의 임시정부 건설론」, 247-255쪽 참조.
18) 尹炳奭,『李相卨硏究』, 一潮閣, 1984.

인 운영체계를 갖고 있었던 것으로 보이며, 대한인국민회는 이러한 조직적 역량을 바탕으로 1910년대 미주지역 독립운동을 주도하는 대표기관이 되었던 것으로 보인다.

한편, 제1차 '在美'기간을 통해 한인사회의 지도자로 부상하였던 안창호는 1911년 9월 두 번째로 미국에 도착한 이후 대한인국민회의 결성과정에 적극적으로 참여하는 한편, 회장직을 역임하는 등의 활동을 통해 미주지역 독립운동을 위해 투신했던 것으로 보인다.

우선 1911년 9월에 미국에 도착한 안창호는 이미 대한인국민회 샌프란시스코지방 대표의 자격으로 11월 23일부터 12월 4일까지 개최된 대한인국민회 북미 지방총회 대의회에 참석하였으며,[20] 1912년 1월 북미지방 총회의 순행원으로 각지에 특파되기도 하였다.[21] 이후 안창호는 만주지방 총회의 대의원으로 선임되었으며, 1912년 11월 8일부터 29일까지 샌프란시스코에서 개최된 대한인국민회 중앙총회 대표원 의회에 만주지방 총회 대표로 참석하였다.[22]

그런데 대한인국민회 설립 과정에 안창호가 적극적으로 참여할 수 있었던 것은 그가 이미 共立協會의 회장을 역임하는 등 미주지역 한인사회 내에서 민족지도자로서의 위상을 굳히고 있었던 상황의 반영이었던 동시에 그가 1910년 4월 망명을 선택한 이후 만주와 노령지방을 거쳐 오면서 전개해왔던 독립운동 단체의 통합을 위해 노력했던 노력들과도 무관하지 않았던 것으로 생각으로 생각된다.

---

19) 김원용, 앞의 책, 100-116쪽 참조.
20) 『新韓民報』1911년 11월 20일자 잡보「총회장 급행」, 대한인국민회와 흥사단에서의 안창호의 활동에 대해서는 여러 논문에 간략하게 언급된 형태로 그 유곽이 나타나고 있는데 이글에서 그러한 내용들을 정리하였다.
21) 『新韓民報』1912년 6월 24일자 잡보「안리 양씨의 순행위문」
22) 『新韓民報』1912년 7월 1일자「中央總會報抄錄」, 『新韓民報』1914년 2월 5일자. 『新韓民報』1914년 2월 5일자. 북미지방총회에서 李大爲・박용만・김홍균, 하와이 지방총회에서 윤병구・朴相夏・鄭元明 등이, 시베리아 지방총회에서는 김병종이 참석하였다고 한다.

안창호는 1911년 11월에 개최된 회의에서 총회 세칙 기초위원으로 선정되었으며,[23] 1912년의 중앙총회에서는 박용만과 함께 「국민회장정」 수정위원으로 활동하였고,[24] 대한인국민회 중앙총회가 성립되자 안창호는 다음과 같이 이 기관이 해외한인의 최고기관임을 천명하였다.

> "대한인국민회가 중앙총회를 세우고 해외 한인을 대표하여 일할 계제에 임하였으니 형질상 대한제국은 이미 망하였으나 정신상 민주주의국가는 바야흐로 발흥되며 그 희망이 가장 깊은 이때 일반동포는 중앙총회에 대하여 일심후원이 있기를 믿는 바이다.[25]

그런데 위의 내용을 통해서 보면 안창호는 우선 대한인국민회 중앙총회가 장래에 '해외 한인을 대표'하는 독립운동의 중추기관이 될 것임으로 '일반 동포들의 적극적인 후원이 있기를 바란다' 라고 함으로서 대한인국민회가 앞으로 해외지역 한인독립운동을 이끌어갈 대표기관이 될 것을 강력히 희망하고 있었던 것으로 보인다.

뿐만 아니라 안창호가 "형질상 대한제국은 이미 멸망하였으나 정신상 민주주의국가는 바야흐로 발흥"하는 것이라고 한 것은 대한인국민회가 1905년 이후 新民會 계열이 주도해왔던 민주공화제적 정치이념을 계승하는 것임을 분명히 하는 것인 동시에, 미국유학 등을 통해 안창호의 민주주의적 세계관에 크게 영향을 받고 있었음을 보여주고 있었다고 하겠다.

한편, 대한인국민회 중앙총회장을 역임했던 안창호는 한인사회의 안정을 위해 노력했던 것으로 보인다. 안창호는 1915년 8월 하와이에서 이승만과 박용만의 지지세력 사이에 야기되었던 분쟁을 해결하기 위해 노력하였다. 그는 이승만과 박용만의 분쟁이 기본적으로 독립운동 방략의 차이

---

23) 『新韓民報』1911년 12월 11일자「금번 대의회 결의안」
24) 『新韓民報』1912년 12월 9일자「대표회 의사초록」
25) 김원용, 앞의 책, 106-109쪽, 앞의,「島山安昌浩의 애국계몽운동과 독립운동」, 104-105 참조.

에서부터 자금의 운용에 이르기까지 복잡한 문제가 얽히면서 발생한 일이기 때문에 우선 중앙총회장으로서 이 문제를 해결함으로써 조직을 안정시키고자 적극적으로 노력하였다.26) 그러나 하와이에 도착한 안창호는 중앙총부회장이었던 박용만과의 면담에는 성공하였으나 이승만이 안창호와의 면담을 끝까지 거부하고 타지로 이동함으로써 3개월간의 중재노력은 실패하였다.

이에 안창호는 9월 18일 하와이지방연합회에서 행한 「심리를 개량하라」라는 연설에서 '다른 사람의 애국사업을 무조건 저해하며, 서로 질시하고 各立하는 것은 공익발전에 큰 저해가 되는 것이니 애국자의 불애국 행동이 현시 우리사회의 고질이 됨이라'고 함으로써 한인사회 내의 지도자들의 분열을 직접적으로 질책하기도 하였다.27)

뿐만 아니라 그는 한인사회 자체에 대해서도 '불건전한 공동주의'가 '불건전한 개인주의'를 가져옴으로써 빚어진 결과라고 인식하였으며, 이러한 상황에서 재미한인들에게 '건전한 공동주의에 의한 '건전한 개인주의를 잡으라고' 역설하기도 하였다.28) 또한 1917년 6월 L.A지방회가 개최한 졸업생 축하회에서는 "중앙총회장의 직무를 맡아 오늘가지 뛰고 있는 것은 허명이나마 없어질까 두려워함이니 우리의 힘을 발육하려거든 중앙총회를 오랫동안 허위에 두지 말고 실제에 두시오라고 함으로써 조직을 이끌어가면서 자신이 겪어야 했던 어려움을 직접적으로 표현하기도 하였

---

26) 이승만과 박용만의 분쟁은 기본적으로 국민회의 재정범용과 이승만의 재정권 시비를 계기로 발행하였으며, 이후 양자의 개인적인 충돌로 문제가 비화되어 갔다. 홍선표, 「1910년 이후 하와이 한인 사회의 동향과 대한인국민회의 활동」, 『한국독립운동사연구』8, 1994, 참조.
27) 『新韓民報』 1915년 10월 28일 「심리를 개량하라」.
28) 안창호는 하와지역 한인들의 분규에 대해 "현금 재외 한인의 심리를 돌아보건대 개인주의로 흐르는 경향이 많으니 이는 건전한 공동주의에서 물러나온 결과다 이러한 개인주의는 우리의 의복이 아니니 맹렬히 깨닭아 건전한 개인주의를 잡아라"라고 역설하였다. 『新韓民報』 1916년 6월 22일 「해외한인의 주의」.

다.29)

그런데 안창호의 이러한 주장들은 하와이지역 한인들의 분쟁이나 중앙총회의 실질적인 권위 약화 등은 그의 입장에서 볼 때 어떻게든 해결해야 할 당면한 현실적 문제였으며, 안창호는 이 문제의 해결을 위해 적극적으로 노력하였음을 보여주는 것이라고 할 수 있을 것으로 생각된다.

이후 대한인국민회의 세력이 약화되는 가운데 안창호는 중앙총회장의 자격으로 멕시코지역에 설립된 지방회를 순방하였는데 1917년 10월부터 약 10개월간 계속된 순방에서 그는 교민들에게 애국정신과 민족정신을 고양하는 연설을 행하였으며,30) 동포들의 열악한 생활환경을 목격하고 교민사회의 교육과 실업의 발전을 위해 교민계몽과 '北美實業株式會社'와의 연결을 추진하기도 하였다.31)

한편 안창호 1919년 3·1운동이 발발했다는 소식을 접한 이후에는 3·1운동을 중심으로 한 적극적인 독립운동의 전개에 박차를 가하기 시작하다. 1919년 3월 9일 원동통신원 玄楯이 보내온 전보를 통해32) 국내에서 거족적인 3·1운동이 일어났다는 사실을 알게 된 안창호는 우선, 3·1운동이야말로 우리민족이 독립국인 될 수 있는 자격이 있음을 만천하에 공포한 '大事'라고 평가하고 대한국민회 중앙총회를 통해 3·1운동에 대한 적극적인 지지와 민족대표 33인의 대표성을 인정하는 입장을 공식적으로 천명하였다.

그리고 3월 13일 대한인국민회 중앙총회 위원회에서 행한 연설에서는 민족자결주의 공포나 파리강화회의 개최보다도 우리민족의 역량을 보여준 3·1운동이 훨씬 중대한 가치가 있다고 보았고, 우리민족이 독립할

---

29) 『新韓民報』 1917년 7월 12, 「안창호씨의 연설」
30) 이자경, 『한국인 멕시코이민사』, 지식산업사, 1998, 359-364쪽. 안창호는 주로 메리나에 머물면서 동포들을 방문하였다고 한다.
31) 앞의, 『安昌浩全集』1, 316-322쪽.
32) 『新韓民報』 1919년 3월 13(2), 「호외」

기회가 도래하였다고 주장하였다.33) 이후 3월 17일에는 중앙총회를 통해 북미, 하와이, 멕시코에 특별위원을 파견하기로 결정하였으며, 워싱턴, 유타 등 미주지역 9개주에 대해서는 金平를 특파위원으로 임명하여 3·1 운동에 대한 선전활동을 강화하도록 하였다.34) 안창호는 3·1운동을 통해 고양된 애국심을 바탕으로 미주한인사회의 독립운동 준비에 박차를 가하고자 했던 것으로 파악된다.

3·1운동 이후 안창호는 독립을 위한 외교적인 활동에도 주력했던 것으로 보인다. 3월 24일 중앙총회는 중국의 新韓靑年黨 대표로 파리강화회의에 파견된 김규식 등 대표단에게 소요경비 3,500달러를 지원하였으며, 3월 29일에는 파리강화회의에 참석한 윌슨대통령과 각국대표들에게 김규식대표의 출석권 허락을 요구하는 전보를 보내기도 하였다.35)

뿐만 아니라 중앙총회 전체대회에서는 안창호의 중국파견을 결의하였는데 이는 안창호가 1910년대 이후 꾸준히 추진하고 있었던 '遠東事業'에 자신이 직접 참여할 것임을 결정하는 것이기도 하였다. 4월 1일 안창호는 보다 적극적인 독립운동의 전개를 위해 대한인국민회와 홍사단이라는 미주지역의 안정된 조직기반을 뒤로하고 고난의 길이 예정되어 있던 上海行을 선택했던 것이다.36)

따라서 이상의 내용을 통해서 보면 안창호는 제2차 '渡美' 이후 줄곧 대한인국민회를 중심으로 활동하면서 미주지역 한인사회의 독립운동의 역량 강화를 위해 노력했던 것으로 보인다. 안창호는 대한인국민회가 민주주의적 정신에 입각한 독립운동단체로서 대한제국의 전제군주제를 대체한 새로운 정치적 조직이었음을 분명히 하였다. 그리고 중앙총회의 자

---

33) 『新韓民報』 1919년 3월 20일, 「大韓獨立宣言」, 이명화, 앞의 책, 52-53쪽.
34) 『新韓民報』 1919년 3월 22일.
35) 『新韓民報』 1919년 4월 3일.
36) 이명화, 앞의 책, 53.

격으로 하와이지역 한인사회의 분쟁을 해결하기 위해 노력하였으며, 조직의 역량을 강화하기 위해 한인사회를 설득하기도 하고 계몽하기도 하였던 것으로 보인다. 또한 3·1운동 이후에는 재미한인들의 후원 속에서 3·1운동을 통해 고양된 한인들의 애국심을 바탕으로 독립운동의 역량을 강화하고자 했던 것으로 보이는데 그는 미주지역에 3·1운동의 역사적 의의를 널리 선전하는 한편, 외교적 독립운동 노력에도 박차를 가하였다. 그리고 자신은 보다 적극적인 독립운동의 전개를 위해 고난의 길이라고 할 수 있는 上海行을 선택하는 민족적 선각자로서의 면모를 보여주고 있었던 것으로 생각된다고 하겠다.

2. 興士團과 北美實業株式會社

안창호가 1910년대에 미주지역에서 수행한 조직 활동 가운데 대한인국민회에서의 활동과 함께 주력하고 있었던 것이 홍사단의 조직과 활동이라고 할 수 있을 것이다. 안창호가 홍사단을 조직하고 했던 이유로는 그 자신이 대한인국민회 중앙총회의 회장 등 중심인물로 활동하고 있기는 하였지만 국민회와 같은 대중적인 정치단체를 통해서는 독립운동을 위한 핵심적인 정예요원을 양성할 수 없다는 판단 때문이었던 것으로 보인다.37) 그리고 이러한 상황에서 1909년 8월 국내에서 인격의 수행과 애국심 함양을 위한 수양단체로 '靑年學友會'를 조직한 바 있던 안창호는 미주에서도 이와 성격이 유사한 단체로서 興士團의 결성을 추진하였다. 홍사단은 청년학우회의 강령이었던 懋實, 力行, 自强, 忠實, 勤勉, 整齊, 勇敢과 덕육, 체육, 지육의 강화를 강조했던 훈련방식은 그대로 계승하였던 것으로 보인다.38)

---

37) 『흥사단 50년사』, 大成文化社, 1964, 13쪽.
38) 최기영, 앞의 책, 195쪽.

홍사단이라는 명칭에 대해서는 그것이 비록 兪吉濬이 조직했던 단체의 명칭으로 이미 사용했던 적이 있으나 안창호는 홍사단의 "士가 文士와 武士를 모두 병칭하는 뜻으로 이것이 진정한 애국지를 가리킨다는 것으로 해석하고 홍사단이라는 용어를 그대로 사용하였다고 한다.39)

1911년 9월 미국에 망명했던 안창호는 맨 먼저 L.A에서 송종익에게 「홍사단 약법」을 보여주었면서 본격적인 조직활동에 착수하였는데, 이후 하상옥, 정원도, 강영소 등의 청년을 모아 조직의 창단을 준비했던 것으로 보인다.40) 홍사단은 조직을 결성하는 과정에서 국내의 8도에서 각각 1명의 대표를 엄선하여 조직의 전국적 대표성을 확보하고자 하였던 것으로 보인다. 그리고 이러한 취지 하에서 경기도의 홍언을 비롯하여 충청도의 조병욱, 경상도의 송종익, 함경도의 김종림, 강원도의 염만석, 황해도의 김항조, 평안도의 강영소, 전라도의 정원이 대표로 선출되었다. 이후 이들은 창단위원이 되어 1913년 5월 13일 샌프란시스코에서 홍사단을 조직하였으며, 홍사단은 1914년 10월 5일 「홍사단보」를 인쇄 발간하였으며, 그 해 12월 19일 1차 대회를 세크라멘트와 클레어몬트에서 제1차대회를 개최하였고, 회관은 얼마 후, L.A의 벙커힐에 두었다가 1932년 7월에 이르러 L.A의 남카다리나에 건립되었다.41)

홍사단은 '민족전도 대업의 기초'라는 목적을 달성하기 위해 務實, 力行, 忠義, 勇敢의 정신으로 덕성을 함양하고 신체를 단련하는 한편, 전문지식을 습득하고 건전한 인격과 신의와 엄격한 규율 등을 바탕으로 한층

---

39) 앞의, 『홍사단 50년사』, 14쪽. "도산이 망명직후 해삼위에 갔을 때 李剛동지에게 민족성 부흥운동을 위한 핵심단체를 조직할 뜻을 말하고 그 이름을 홍사단이라고 부름이 어떠하냐고 물었다". 이강은 "그것은 유기준씨가 조직했던 단체가 아닙니까" 함에 대하여 도산은 "비록 그가 사용한 이름이지만 이미 없어졌는데 그 이름이 좋으니 이를 다시 사용함도 무방하다"라고 하였다.
40) 앞의, 『홍사단 50년사』, 13쪽. 주요한, 『安島山全書』 상, 범양사, 1993, 142쪽.
41) 윤병석, 「安昌浩와 興士團」, 『문화일보』, 1993년 3월 20일자.

더 고도화되고 품격 있는 조직이 되기 위해 노력하였던 것으로 보인다.42)

한편 홍사단의 활동은 1910년대의 『新韓民報』에 홍사단의 기사가 거의 보이지 않는 것으로 보아 초기에는 비밀조직의 성격을 가지면서 결성되었던 것으로 보이기도 하지만,43) 창립당시 35명이었던 團友가 3·1운동 전에 이미 150명을 넘고 있는 것으로 보아 미주한인사회 내에서 빠른 속도로 그 세력을 확장해 가고 있었던 것으로 파악된다. 이들은 미주지역에서 한인사회를 지도하는 청년단체로서의 역할을 담당하였으며, 이러한 활동은 1930년대까지 원동지역 및 국내로 확장되면서 활발한 활동을 전개하였던 파악된다.44)

또한 안창호는 홍사단을 결성해 가는 과정에서 이와 함께 실업회사의 설립을 강조하고 있었던 것으로 보인다. 안창호는 1912년 1월 캘리포니아 지역의 동포들을 중심으로 농장을 도모하여 이익을 도모하는 북미실업주식회사를 설립하였다. 발기인은 안창호 이외에 송종익, 김종혁, 조성환, 김기만, 정원도, 임준기, 손양선, 강번 등이었는데 이들은 실업의 건전한 발전을 통하여 한인사회의 안정과 독립운동 활동의 활성화를 도모하고 했던 것으로 파악되고 있다.45)

한편, 이미 안창호는 1911년 말부터 스탁톤 지방 등에 대한 순행에 관심을 나타내고 있었던 것으로 보이는데 이는 안창호의 실업부흥을 위한 계획이 망명초기부터 준비되고 있던 노선이었음을 보여주는 것이라고 할 수 있을 것으로 생각된다.46) 이후 1912년말 스탁톤 농장의 감자농사는 실패하였으나 1913년 7월에는 정봉규 등의 투자로 자본금이 오히려 증가하는 등 궤도에 올랐으며, 특히 사장이었던 맹정희는 자본금을 끌어들이

---

42) 車利錫, 「安昌浩先生被捕情形及其略歷」, 『安昌浩文集』, 독립기념관 소장.
43) 최기영, 앞의 책, 106쪽.
44) 김원용, 앞의 책, 179쪽.
45) 『新韓民報』, 1912년 1월 19일자 논설, 「賀北美實業株式會社」, 『安昌浩全集』 5, 630쪽.
46) 『新韓民報』, 1911년 12월 11일자 잡보, 「안씨의 지방순행」

미주지역에서의 安昌浩의 獨立運動 165

기 위해 노력하였던 것으로 보인다. 북미실업주식회사에서는 일정 정도의 자금이 모아지면 그것을 원동지방으로 옮겨 보다 큰 규모의 사업을 추진할 계획이었던 것으로 보이는데 이러한 계획은 불행히도 1927년을 전후하여 실패하고 말았다. 그러나 안창호는 이러한 계획을 계속 추진하여 1932년에는 흥사단 원동부에 자본금 5만달러의 흥업회사를 다시 건립하기도 하였다.47)

이상의 내용을 통해서 보면 1910년에 도산안창호의 미주지역에서의 독립운동은 앞에서 언급한 대한인국민회에서의 활동 이외에 크게 2가지 형태의 서로 다른 운동방식에 의해 추진되고 있었던 것으로 보인다. 첫째는 흥사단으로 대표되는 보다 체계적이고 엄격한 청년조직을 육성함으로서 미주지역에서 새로운 독립운동의 인재를 육성하고자 했던 것으로 보인다. 두 번째는 상대적으로 안정된 미주지역 한인사회의 경제력을 바탕으로 북미실업주식회사와 같은 경제조직을 육성함으로써 한인사회의 안정은 물론 장가적으로 보다 많은 독립자금이 소요되는 원동지방의 독립운동을 활성화에도 기여하고자 했던 것으로 파악된다고 하겠다.

그리고 이러한 관점에서 본다면 미주지역에서의 안창호의 독립운동은 대한인국민회와 흥사단, 그리고 북미실업주식회사 등 다양한 형태로 끊임없이 추진되고 있었음을 확인할 수 있으며, 이는 조국의 독립을 위한 그의 노력이 보다 다양한 형태로 전개되고 있었음을 보여주는 것이기도 하였다.

---

47) 앞의, 「島山安昌浩의 애국계몽운동과 독립운동」, 107쪽.

맺음말

지금까지 본고에서는 1910년대를 전후하여 도산 안창호가 미국의 재미한인사회를 중심으로 전개하였던 한인독립운동의 활동과 특징에 대해서 살펴보았으며, 그 중요한 내용을 정리해 보면 다음과 같다.

안창호의 미국에서 1910년대를 전후하여 미국에서 활동을 통해 한국의 독립문제가 미국 중심의 국제관계나 혹은 미국에 의존하는 형식의 활동을 통해서는 이루어질 수 없는 국제문제임을 보다 명백하게 인식하게 되었으며, 그의 이러한 인식은 한국의 독립을 위해서는 우리민족의 실력의 기반 위에서만 이루질 수 있다는 실력양성론적 운동경향을 나타내는 토대가 되었던 것으로 보인다. 그리고 안창호의 이러한 국제관계 인식에 대한 지평의 확대는 그의 독립운동이 미국에서뿐만 아니라 상해와 원동지역, 그리고 국내에서도 보다 폭넓게 전개될 수 있는 민족지도자로서의 면모를 갖출 수 있게 하는 계기가 되었을 것으로 생각된다.

또한 안창호는 대한인국민회의 활동을 중심으로 재미한인사회 내에서의 독립운동을 강화하고자 했던 것으로 보인다. 그는 대한인국민회의 회장자격으로 박용만과 이승만의 분규를 해결하기 위해 적극적으로 노력하는 한편, 대한인국민회의 조직적 성격에 대해서도 대한제국을 대체하는 민주주의적 국가 발흥의 계기가 될 수 있을 것이라고 규정하였는데 이러한 안창호의 주장은 그의 민주주의국가 건설에 대한 의지와 열망이 미국에서의 독립운동을 통해 보다 확고해 졌음을 나타내는 것이었다고 할 수 있을 것으로 생각된다.

한편, 미국에서의 안창호의 활동으로는 흥사단과 북미실업주식회사의 설립 활동 등이 확인될 수 있는데 1910년대의 경우 흥사단의 활동은 아직 적극적으로 이루어지지 못한 초기단계였으며, 북미실업주식회사의 활동을 안창호가 의도했던 것에 비해 소기의 성과를 거두지는 못하였던 것으로 보인다. 그러니 이러한 한계에도 불구하고 1910년대를 전후한 시기의 안창호의 미국에서의 활동은 그가 독립운동에 대한 국제적 인식을 넓혀 그의 독립운동 전략을 보다 풍부하게 하는 계기가 되었고, 독립운동을 위한 지역적·조직적 세력의 확장을 가져오는 중요한 발판이 되었던 것으로 생각된다.

- 투고일 : 1월 21일, 심사완료일 2월 15일
- 주제어 : 안창호, 대한인국민회, 홍사단, 이승만, 박용만, 북미실업주식회사

Chang Ho Ahn's Independence Movement in America in the 1910s

Yoo, Choon Ki

The Chang Ho Ahn's activities in the United States before and after 1910s marked the considerable position in the Korean Independence Movement History. Ahn clearly knew at the time that the Korean independence from the Japan colonial rule could not be achieved in a way to rely on US centered international relations or the United States. His concern seems to lay the foundation of theory of self strenghtening, which meant that the Korean could accomplish the Korea independence by means of fostering Korean capabilities to exceed the Japanese abilities. This perception paved the way to stretch his leadership to further broader areas including Shanghai in China, Far East in Russia and homeland as well as the Untied States.

Ahn strove to intensify the independence movement within the Korean community in the United States with Taehan Kukminhoe activities. He, entitled as the chairman, made enormous efforts to deal with the conflict between Park Yongman and Rhee Syngman. Furthermore, Ahn thought that Taehan Kukminhoe was substituted for the Great Han Empire as the national apparatus based on democracy. Such idea revealed that Ahn's will and aspiration to state building grounded on democracy were further consolidated during his independent movement in the United States around 1910s.

Ahn organized the Korean Youth Academy in overseas Korean community and established Pukmisiluk Jusikhoesa in the United States. The Academy's activities remained premature as the initial stage in 1919 and Pukmisiluk Jusikhoesa did not obtain excellent results. In spite of these limitations of organizations' activities, his exertion in the United States about 1910 was greatly meaningful. In other words, this period was a turning point for Ahn in a sense that he began carrying out diverse strategies with the comprehensive perspective on the international community. Besides, a significant step to expand the organizations toward other regions and to strengthen the organizational power was taken around 1910.

> Key Words : Ahn Chang Ho, Park Yongman, Rhee Syngman, Taehan Kukminhoe, Korean Youth Academy, Pukmisiluk Jusikhoesa

특집 : 미주지역의 한인사회와 민족운동

鄭在寬: 미주의 공립협회 총회장에서 러시아의 혁명가로

박 환*

―――― 목 차 ――――

머리말
Ⅰ. 정재관의 미국에서의 활동
Ⅱ. 러시아에서의 활동
  1. 정재관의 러시아 연해주로의 파견과 활동(1909-1910)
  2. 대한인국민회 시베리아지방총회와 정재관
  3. 권업회와 정재관
  4. 1914년 제1차 세계대전 발발 이후 정재관
  5. 3.1운동 이후 정재관의 활동
맺음말

머 리 말

정재관(1880-1922)은 미국에서 공립협회 총회장, 공립신보 주필, 신한민보 주필 등을 역임한 1900년대 미주지역을 대표하는 민족운동가였다. 그런 그가 1909년 국민회 원동특파원으로 파견되어 1922년 시베리아에서 순국할 때까지 10 여 년 동안 러시아지역의 항일운동을 주도하였던 것이

---

* 수원대학교 사학과 교수

다. 즉 그는 1909년에는 대동공보 주필, 안중근의거 계획참여, 1910년대에는 러시아지역의 대표적인 독립운동단체인 대한인국민회 시베리아지방 총회를 조직하는 한편 권업회 부회장으로 활동하기도 하였다. 또한 1910년에는 국망에 임박하여 성명회 조직에 참여하는 한편 그 기초위원으로 활동하였다. 1914년 1차 세계대전이 발발하였을 때에는 러시아군 1등병으로 참전하였으며, 러시아 혁명 후에는 3.1운동 및 강우규 의거에도 일정한 영향력을 행사하기도 하였다. 또한 1920년부터 순국할 때까지는 러시아 연해주 수청에서 김경천 등과 항일운동을 전개한 러시아지역의 대표적인 항일운동가였던 것이다. 그러므로 1921년 12월에 보고한 일본 측 기록에서는[1] 정재관에 대하여,

> 한인신보사 사장 역임, 배일의 거두임

라고 하고 있다. 또한 일본 측 정보기록들에서 정재관의 항일운동에 대하여 깊이 있게 다루고 있다.[2] 즉,

> 鄭載寬 38세, 현주소:노령 소성(현재 빠르티잔스크) 원적: 京城 혹은 鄭在寬이라고 하며, 러시아귀화인
> 이갑파의 영수, 일찍이 하얼빈에 있을 때에 공립회라는 배일단체를 설립, 블라디보스톡 대동공보 객원, 블라디보스톡 성명회문서 제술원, 권업회 교육부장, 同 의사부 부의장, 동 부회장, 동 총무였고, 고안중근유족구조를 위해 설립된 공동회의 사무를 맡았을 때 會金 3,4천원을 사사로이 소비한 후 대한인정교보 기자로 있은 후 자바이칼주에 가서 항상 이갑, 안창호 등과 함께 "사회파"라는 단체를 결성하여 한국 독립쟁취를 위한 활동을 전개함. 1914년 11월 그의 반대파에 의해 일본 첩자로 고발당해 <블라고베센스크>에 있을 때에 러시아 경찰에 끌려갔으나, 2주후에 석방됨. 같은

---

1) 불령단관계잡건 재시베리아부 1921년 12월 10일 주요 불령선인에 대한 조서보고의 건
2) 재불령단관계잡건 배일선인명부 제1호, 1915년, 「정재관」

해 12월 치따에서 격렬한 발언을 하고 한인들을 선동하고 국권회복의 기초
를 마련한다는 미명하에 기부금을 강제로 모으고, 치안방해의 혐의 등으로
고발되어 이강 등과 함께 러시아 헌병에 체포되었으나, 1915년 1월 22일
석방됨.

라고 하고 있는 것이다. 또한 정재관과 함께 수청에서 창해청년단을 조직
하여 활동했던 김규면은 그의 이력에 대하여 『김규면비망록』에서 다음과
같이 언급하고 있다.

황해도 재령출생이다. 일즉이 북미주 산푸란쓰크 류학하였다. 조선망국
정부 고문관 미국인 수지분이 옥란정거장에서 전명운이와 육박전하는 순
간에 장인환이 총살한 사건에 직접 선도자로 미주에서 망명하여 원동연해
주에 와서 당시의 권업회사업과 해조신문사업에 한형권, 리종호, 신채호
등과 함께 활동하였으며, 의병대장 김두성의 부하 안중근중장이 하얼빈정
거장에서 이등박문을 총살한 사건에 직접 참모자이고 그 후는 "신민단"조
직 부위원으로 활동하면서 "신민단" 유격대장 강우규가 경성 남대문정거
장에서 재등총독을 포격한 사건에 직접 조직자이다. 강우규 기태 대원들은
석왕사에서 맡은 책임들을 준비케 하고 원산에 최자남이와 경흥에 김병하
는 운반 련락원으로 조직하였다. 그 다음부터는 "한인사회당"군사부위원
으로 수청일대의 빨지산 고려민 부대, 조직, 지도, 사업에 마지막까지 분투
하다가 풍한서숍에 병으로 죽으면서 신체를 화장하여 달라고 유언하였다.
그래 빨지산 일동은 정재관동무를 통나무가리 불속에 장례하였다. 별호는
해산(海山) 그리고 그곳을 정재관골이라고 기념하였다. 그의 자식들은 그
의 형이 와서 다리고 재령고향으로 나갔다.

정재관은 이처럼 미국에서 온 이후 러시아지역에서 활발한 항일투쟁을
전개하였다. 그런 그의 항일운동은 미주지역과 밀접한 관련을 갖고 있는
것이다. 그는 러시아에 온 이후 미주 국민회, 대한인국민회 등과 밀접한
관련을 맺으면서 안창호, 이강 등과 연계하면서 활동을 끊임없이 전개하

였던 것이다. 즉 그의 러시아에서의 활동은 미주지역의 대표자로서의 활동이라고 하여도 과언이 아니다.

이처럼 정재관은 초기 미주지역의 한인민족운동, 1909년 이후 러시아지역의 한인민족운동, 미주지역의 한인독립운동단체와 러시아지역 항일운동과의 상호관계를 이해하는데 있어서 대단히 중요한 인물이다. 그럼에도 불구하고 정재관에 대하여는 학계에서 별로 주목하지 못하였다.

이에 본고에서는 정재관의 미주에서의 활동과 러시아에서의 활동에 대하여 다루고자 한다. 이를 통하여 정재관의 역사적 위상을 올바로 밝혀보고자 한다.

I. 정재관의 미국에서의 활동

정재관은 1880년 5월 22일 황해도 黃州郡 淸水面 遠井里 78번지에서 출생하였다.3) 호는 海山이다.4) 그의 초기 기록에 대하여는 현재 알려진 바가 거의 없다. 동아일보 1922년 4월 3일자에서 공민 나경석이 『海蔘片信』(公民)에 「정씨순직」에,

> 씨는 원래 황해도 황주군 遠井里사람으로 성품이 강직관후하고 용감인자한 이로 경성관립사범학교에 재학하였다가 20년 전에 하와이에 이거하여 즉시 미국본토에 입하야 신한민보 주필로 한인지방총회장을 겸하고 있을 때에 전한국 외부고문으로 있던 미국인 스티븐슨을 장인환이 상항에서 총살하는 그 전야에 스티븐슨이 상항 샌프란시스코 여관에서 도착하여 우선 권총의 징계를 하였다 합니다.

---

3) 정재관 공적조서(국가보훈처 소장), 정재관의 둘째 며느리 김복희와의 면담에서 청취.(2003년 8월 23일)
4) 『독립신문』 1923년 5월 2일자

라고 있는 것을 통하여 그가 황주군 원정리 출생이며, 경성관립사범학교에 재학하다가 1903년경에 하와이로 이주하였음을 알 수 있다. 정대관의 하와이 이주 경위에 대하여는 알려진 바가 없다. 한인의 하와이 이주는 1902년 12월부터 1905년 4월까지 약 2년 반 동안 7,226명이 계약 노동자로 이주하면서 이루어진 것으로 알려지고 있다. 그 후 하와이 한인들은 1904년경부터 미국 본토로 이주하기 시작하였다.[5] 1903년 11월 2일 하와이에 도착한 그는[6] 곧 샌프란시스코로 이동하여 유학하였다고 전해진다.[7] 정재관은 安昌浩와 함께 공립협회를 창립했다. 이 단체는 1905년 4월 5일 항일운동, 동족상애 등을 내세워 샌프란시스코에서 조직된 민족운동단체이다. 이 단체에서 정재관은 1906년 5월부터 1907년 4월까지 서기로 일하였으며, 1907년 4월부터 1908년 2월까지는 총무로서 회장 안창호를 보필하였다. 그리고 정재관은 1908년 2월부터 1909년 1월까지는 총회장으로 활동하였다.[8] 한편 1905년 11월 20일 기관지로 공립신보를 창간하였다. 특히 그는 1907년 4월 26일(제2권 1호)부터 <활판인쇄>체제를 갖추면서 편집인 겸 발행인으로 활동하였다. 그는 제2권 창간호 논설에서 독립전쟁을 통하여 국권을 회복한 후 공화정 수립을 내세웠다.[9] 정재관은 공립신보의 편집인으로 활동하면서 수만은 논설을 써 미주지역 한인사회의 민족의식 고취에 크게 기여하였다.

한편 정재관은 1908년 2월에는 신한민보가 창간되자 주필로 일하였으며, 1908년 3월 22일 샌프란시스코 한국교민대표 崔有涉. 文讓穆. 李學鉉 등과 함께 조선의 외교고문 스티븐스를 방문. 친일성명서 내용을 추궁하

---

5) 김도훈, 「공립협회(1905-1909)의 민족운동연구」, 『한국민족운동사연구』, 1989, 7-11쪽.
6) 하와이세관의 기록에 정재관은 당시 24세이며, 결혼을 했고, 한국에서의 마지막 거주지는 황해도 황주, 타고온 배는 korea호, 도착일자는 1903년 11월 2일로 되어 있다.
7) 『김규면비망록』.
8) 김도훈, 위의 논문, 15쪽.
9) 『공립신보』 1907년 4월 26일 논설 「慶賀第 2年還」.

며 격투를 벌이기도 하였다. 그의 이러한 활동에 대하여 동아일보 1922년 4월 3일자에서 공민 나경석이 『海蔘片信』(公民)에 「정씨순직」에,

> 20년 전에 하와이에 이거하여 즉시 미국본토에 입하야 신한민보 주필로 한인지방총회장을 겸하고 있을 때에 전한국 외부고문으로 있던 미국인 스티븐슨을 장인환이 상황에서 총살하는 그 전야에 스티븐슨이 상항 샌프란시스코여관에서 도착하여 우선 권총의 징계를 하였다 합니다.

라고 하여, 대한제국 고문관 스티븐슨의 처단에 관여하고 있음을 보여주고 있는 것이다.

스티븐스는 일본정부의 명령으로 도미하여 반한적 발언을 하였다. 이에 정재관은 공립협회의 최유섭, 대동보국회의 문양목, 이학현 등과 함께 공립협회와 대동보국회의 總代로 선정되어 스티븐스가 숙박하고 있는 페아몬트 호텔로 파견되었다. 스티븐스가 그의 반일적 행위에 대하여 반성하지 않자 정재관 등은 격분하여 그를 구타하였다.[10] 정재관은 스티븐스를 公理의 적으로 규정하고 있는 것이다. 그러므로 그는 장인환, 전명운의 의거를 자유전쟁으로 인식하였던 것이다.[11]

Ⅱ. 러시아에서의 활동

1. 정재관의 러시아 연해주로의 파견과 활동(1909-1910)

미주 국민회에서 이강, 김성무 등을 러시아 연해주에 파견하여 러시아 지역에서 국민회 지회 조직이 활발히 이루어지자 국민회 본부에서는 이 지역의 조직을 보다 확장하기 위하여 정재관, 李相卨 등을 미국에서 파견

---

[10] 『공립신보』 1908년 3월 25일 별보 助傑爲虐 참조
[11] 『공립신보』 1908년 4월 1일 논설 「일본은 자유의 적이요 수지분은 공리의 적이라」

하였다. 이에 대하여 신한민보 1909년 6월 2일자 국민회보에서는,

> 위임장
> 위는 아령 원동각처에 주지한 우리 동포를 규합하여 단체를 고결하며
> 본회의 종지를 창명하여 목적을 관철케 함이 현시의 급무인바

라고 하여 러시아 지역에서 국민회의 이념 전파의 중요성을 지적하고 이어서,

> 본 회원 이당은 덕망이 귀중하고 경륜이 탁월하여 나라를 근심하고 동포를 사랑하는 열심과 성덕이 가히 우리 회의 표준을 지을지라. 그럼으로 원동방면의 일체 회무를 전권행사케 하기 위하여 본회의 대표원을 추정하노니 왕재 욱재하여 중망을 극부할지어다. 융희 3년 5월 1일
>
> 국민회 북미지방총회장 최정익
> 국민회 하와이지방 총회장 정원명

라고 있듯이 1909년 5월 1일 정재관과 이상설에게 원동방면의 일체 회무를 전권행사케 하기 위하여 국민회의 대표원으로 이들을 임명한다고 하고 있다. 이들의 원동파견은 대단히 중요한 의미를 지닌다고 할 수 있다. 이상설은 헤이그밀사로 널리 알려진 인물이며, 정재관은 공립협회시부터 이 단체의 핵심인물이었던 것이다. 특히 정재관은 공립협회의 서기, 총무, 총회장 등을 거친 핵심인물로서, 공립신보의 사장 겸 주필도 역임한 인물이었던 것이다.[12] 이처럼 중요한 인물들을 파견한다는 것은 그만큼 원동을 중요시 생각했기 때문일 것이다.

그러나 원동에 도착한 이상설은 鄭淳萬과 함께 미주의 국민회가 조선

---

12) 최기영, 「미주교포의 반일언론:공립신보·신한민보의 간행」,『대한제국시기 신문연구』, 일조각, 1991, 207쪽.

을 거부하고 신한국을 건설하려 한다고 생각하고 이들과의 대열에서 이탈하고 말았다.13) 그러므로 러시아 원동지부의 조직은 정재관, 이강, 김성무, 전명운, 한사교,14) 등에 의하여 추진되었다. 그들은 원동 독립군의 근거지를 만들기 위한 군사행동의 부대 사업으로 태동실업주식회사를 설립하였다. 그러나 이 사업은 마적의 행패로 안정성이 없어 실패하고 경비만 소모하고 말았다.15)

한편 정재관은 블라디보스톡에 온 이후 이강과 함께 만주를 순행하며 러시아와 만주 등지에 지방회 조직을 구축하기 위해 전력을 기울였다.16) 이에 러시아 지역의 국민회 조직 활동은 더욱 활기를 띠게 되어, 1909년 11월 초에는 13개 지회가 성립되기에 이르렀다.17) 그리고 1910년 5월 국민회가 대한인국민회로 발전할 때까지 러시아 지역에는 20개의 국민회 지회가 조직되었다.

연해주에 온 정재관은 구한말 러시아 연해주에서 간행된 대동공보의 주필로 일하였다.18) 특히 그는 안중근 의거에 관여했음이 주목된다. 1909년 10월 10일 대동공보사의 사무실에서 대동공보사의 유진률, 이강, 윤일병, 정순만, 우덕순 등과 함께 이등박문의 암살을 계획하였다.19) 또한 정재관은 미주 국민회에서 추진한 독립군 기지 개척사업에도 참여 하였다. 즉 그는 국민회에서 설립한 태동실업주식회사의 대리인으로서 봉밀산의 토지를 구입하였다. 그리고 그는 이강, 김성무 등과 함께 개척사업의 주무

---

13) 이광수, 『나의 告白』, 춘추사, 1948, 89-90쪽.
14) 김원용, 『재미한인오십년사』, 1959, 106쪽.
15) 윤병석, 「미주한인사회의 성립과 민족운동」, 『국외한인사회와 민족운동』, 일조각, 1990, 339-342쪽.
16) 불령단관계잡건 재만주부 명치 45년 7월 17일 배일자행동기타에 관한 건. 정재관이 연추를 거쳐 하얼빈에 가 학교와 신문사설립을 추진하고 있음을 보여주고 있다.
17) 『신한민보』 1909년 12월 22일 원동소식
18) 재불령단관계잡건 시베리아부 한인근황보고의 건, 1910년 8월 18일자
19) 신용하, 「안중근의 사상과 의병운동」, 『한국민족독립운동사연구』, 을유문화사, 1985, 179-180쪽.

로 활동하였다.20)

1910년 8월 국망이 가까워워자 연해주에서 활동하고 있던 독립운동가들은 성명회선언을 발표하여 세계 각국에 일본의 조선 강점의 부당함을 알리고자 하였다. 이에 8월 17일 밤 金益龍, 崔丙贊, 유인석, 김학만 기타 중요한 인사 한인 10여명이 이범윤 방에 모여서 합방문제에 대하여 열국 정부에 電信으로서 탄원서를 발송할 것을 결의하였다. 18일 오후 3시 한인정 한민학교 내에서 약 150여명의 한인을 소집해서 전날 밤 결의를 발표하고 일동의 동의를 구해서, 협의의 결과 새롭게 성명회라는 조직을 만들었다. 그리고 전신 대신에 문서를 만들어서 일본이외의 각 조약국에 발송할 것을 결의하고, 이범윤, 유인석, 차석보, 김학만 외 4명을 이사로 하고, 정재관, 유진률 외 2명을 기초위원으로 하였다. 그리고 이범윤이 기초해서 그 대요를 대동신보사에서 인쇄해서 각지에 배부하고, 일반 조선인의 동의를 구하고자 하였다.21)

2. 대한인국민회 시베리아지방총회와 정재관

1910년 2월 10일 미주의 국민회에 샌프란시스코에 본부를 둔 大同保國會가 참여하게 됨에 따라22) 국민회는 해체되고 1910년 5월 10일 대한인국민회로 발전하였다. 그리고 이 단체는 미주는 물론 멕시코, 러시아 등지에도 조직을 갖춘 해외한인들의 자치기관으로서 또한 독립운동의 중추기관으로 활동하게 되었다.23) 이처럼 국민회가 대한인국민회로 발전하자 러시아 지역의 국민회 지부도 대한인국민회의 원동지부가 되었다. 한편

---

20) 이명화, 「1910년대 재러한인사회와 대한인국민회의 민족운동」, 『독립운동사연구』11, 1997참조
21) 불령단관계잡건 재시베리아부 1910년 8월 20일 일반합방문제에 관한 열국정부에 탄원서를 제출하는 재노령한인등의 계획에 관한 건
22) 최기영, 「구한말 미주의 대동보국회에 대한 일고찰」, 『수촌박영석교수화갑기념논총』, 1992, 1343쪽.
23) 윤병석, 위의 논문, 296쪽.

이러한 때에 안창호, 李鍾浩, 申采浩 등이 중국 靑島에서 회담을 개최한 후 블라디보스톡에 도착하였다. 이들의 도착은 러시아 지역 국민회의 활동과 러시아 지역 한인독립운동에 중요한 계기를 만들게 된다.

안창호는 1910년 7월 경 블라디보스톡에 도착하였다. 그는 여기서 먼저 도착한 이갑, 이강 등을 만났다. 그리고 1908년 3월부터 그곳에서 기반을 잡고 있던 이강의 집에 머물면서 길림으로 갈 준비를 하고 있었다.24) 그러던 차에 1910년 8월 29일 망국 소식을 접하였다. 그런데다가 동시에 이종호가 농지 개척에 투자할 것을 주저하기 시작하였다.25) 이것은 앞으로의 운동계획에 큰 차질을 초래하는 것이었다. 왜냐하면 密山지역 땅의 구입비용을 이종호가 내기로 하였기 때문이었다. 만약 이종호가 이를 거절한다면 길림 계획은 수포로 돌아갈 수밖에 없었던 것이다.

이러한 때에 정재관은 안창호와 함께 인심수습, 국민회 확장, 기독교전교 등의 비용에 충당하기 위해서 1910년 11월 3일 각 금광소재지에 갔다.26) 한편 정재관은 1911년 당시 생활비로 미국으로부터 매월 300 루불을 받았다. 27)

정재관은 기독청년회 청년들에게도 깊은 관심을 보였다. 이 단체의 중심인물은 러시아에 귀화한 한인들이었는데, 그는 안창호, 李甲, 이강, 유동열, 김치보, 김성무, 유진률, 이종호, 김희선 등 국민회 관계 인사들과 함께 찬성원이 되어28) 단체를 후원하였다.

한편 정재관 등 미국에서 온 국민회 계통 인물들의 활동은 일부 재러한인의 반발을 초래하였다. 우선 일찍부터 러시아 지역에 거주하여 토착세력을 형성하고 있던 함경도파의 반발을 들 수 있다. 또한 정재관 등 국민

---

24) 곽림대, 「안도산」, 『한국학연구』4, 인하대학교 한국학연구소, 1992, 208쪽.
25) 주요한, 『안도산전서』, 샘터사, 1967, 117쪽.
26) 불령단관계잡건 재시베리아부 명치43년 11월 17일, 조선인에 관한 정보송부의 건
27) 불령단관계잡건 재시베리아부 명치44년 3우러 2일 배일조선인생활비 出所에 관한 보고의 건
28) 조선주차헌병대사령부, 『명치45년 6월조, 노령연해주 이주조선인의 상태』, 110-111쪽.

회 계열은 운동 방법론에 있어서도 의병파 등과 대립을 보이게 되었다. 1910년 일제에 의해 조선이 강점된 후 서울파인 이범윤 등 의병파들은 동년 9월 러시아 당국에 의해 이르크츠크로 유배를 당하였다. 그러니 그들은 1911년 5월 풀려나 다시 블라디보스톡으로 돌아왔다.29) 이들은 조국의 광복을 위해 즉각적인 무장투쟁을 전개하고자 하였다. 그러나 국민회 계통은 실력을 양성하여 독립투쟁을 전개하고자 하였던 것이다. 그러므로 양파간에 알력이 생기게 되었다. 그리하여 이르크츠크에 돌아온 이범윤 등은 이들에 대하여 위험한 행동을 가하고자 하였다.30) 이처럼 연해주 재러한인 사회의 함경도파, 서울파, 의병파에 의해 소외당한 평안도, 계몽운동계열인 국민회 계열은 러시아 측으로부터도 기독교 전도 문제와 관련 주시를 받게 됨에 따라 더 이상 연흑룡주지역을 중심으로 활동하기 어려운 분위기였다.

이에 정재관, 이강 등은 혹시나 불미스러운 일이 생길까 하여 하바로브스크와 불개미스크를 경유하여 1911년 9월 10일 자바이칼 지역인 치따로 이동하였다.31) 1911년 9월 치따에 도착한 이강, 정재관 등은 동년 10월 이곳에 대한인국민회 시베리아지방총회를 조직하였다.32) 그리고 동년 12월에 각 지방회에 통고문을 발송하였다.33) 이에 1912년 2월 15일 미주의 중앙총회에서는 시베리아총회 임시사무소를 치따에 두고 정재관, 이강 등으로 하여금 정식총회 조직에 관한 사무를 담당하게 하였다.34)

---

29) 박 보리스 드미트리예비치,「국권피탈 전후시기 재소한인의 항일투쟁」,『수촌박영석교수화갑기념논총』, 1992, 1080-1081쪽.
30) 「1911년 8월 7일자로 이강이 안창호에게 보낸 편지」,『도산안창호자료집』(1), 10-11쪽;「1911년 7월 25일자로 이강, 정재관이 안창호에게 보낸 편지」,『도산안창호자료집』(1), 12-13쪽.
31) 「1911년 9월 10일자로 백원보가 안창호에게 보낸 편지」,『도산안창호자료집』(1), 157쪽; 1911년 9월 12일자로 이강, 정재관이 안창호에게 보낸 편지,『도산안창호자료집』(1), 14쪽.
32) 김원용, 앞의 책, 111쪽.
33) 「1911년 12월 20일자로 이강이 안창호에게 보낸 편지」, 안(1), 51쪽.
34) 『신한민보』1912년 3월 18일. 1913년에도 미주 대한인국민회 본부에서는 시베리아총회를 정식으로 인준하고 있지 않다. 이에 이강은 정식으로 인준해 주지 않는다면 독립하겠다는

정재관은 『대한인정교보』에 간행에도 참여하였다. 그는 창간호시에는 기술인으로 참여하였으나 권업회의 교육부장으로 가게 됨에 따라 35) 정교보에서는 중요한 역할을 담당하지 못하였다.

3. 권업회와 정재관

러시아 연해주에서는 연해주 순무사와 블라디보스톡 헌병사령관 쉐르바코프(Р. П. Щербаков)등이 나서서 함경도파의 이종호 등에게 당시 경쟁적 관계에 있던 이상설 등 서울파와의 화해를 주선하였다. 러시아 당국은 권업회의 조직이 한인의 대표기관이길 원하였던 것이다.36) 이에 평소 1910년 일제의 조선 강점 이후 효과적인 항일투쟁을 위하여 연합의 필요성을 느껴오고 있던 함경도파와 서울파도 이를 계기로 권업회의 조직에 합의하였던 것 같다. 이에 권업회의 조직을 추진함에 있어 재러한인 모두의 대동단결을 추진한 권업회에서는 치따에 있던 평안도파에게도 권업회의 참여를 요청하였다. 그리하여 서울파의 중심인물인 이상설이 정재관에게 다음과 같은 편지를 보내기에 이르렀다.

> 청국 혁명 풍조에 감상을 得하야 조국참상을 애통하는 동시에 통일단합을 擧成코져 하는데 俄領당파는 鄭某 李某의 所爲라 하니 우선 同席議事하야 세인의 誣惑함을 벽파할 줄로 自認하고 如是 仰告하오니 속히 束裝來駕云云37)

또한 함경도파인 김익용 등도 평안도파로서 블라디보스톡에 남아 있던

의사를 표명하고 있다.(1913년 1월 15일자로 「이강이 최정익과 안창호에게 보낸 편지」, 『도산안창호자료집』(1), 70쪽)
35) 『권업신문』 1912년 12월 19일
36) 『도산안창호자료집(1)』, 173쪽. 1911년 12월 29일자로 백원보가 안창호에게 보낸 편지.
37) 『도산안창호자료(1)』, 56쪽, 1912년 2월 12일자로 이강이 안창호에게 보낸 편지.

백원보에게 친절을 표하여 정재관 등이 권업회에 참석할 것을 요청하는 등 권업회가 한인의 대표기관으로서 모양을 갖추기 위하여 노력하였다.38)

권업회 창립총회에서는 임원을 선거하였는데, 의장 이상설, 부의장 이종호, 총무 김익용, 한형권, 재무 김기룡, 서기 이민복, 의원 이범석, 洪炳煥, 金萬松 등이었다. 즉 이종호, 이상설 등이 중심이 되어 권업회를 조직하였다. 이외에 특별임원을 선거하였는데 수총재에 유인석, 총재에 이범윤, 김학만, 최재형, 崔鳳俊 등이었다.39) 그리고 주요 부서의 장을 임명하였는데 교육부장 정재관, 실업부장 최만학, 經用部長 조창호, 종교부장 黃公道, 선전부장 신채호, 검사부장 윤일병, 통신부장 김치보, 응접부장 김병학, 기록부장 李南基, 사찰부장 홍범도, 구제부장 고상준 등이었다.40) 즉 정재관은 교육부장으로 활동하였던 것이다. 또한 그는 <1912년 4월 4일 제1회 총회시의 임원개선>에서는 부의장으로, 41) <1912년 12월 30일 본회 임원 총선거>에서는 교육부장으로, 42) <1913년 10월 6일 특별총회>에서는 총무로43), <1914년 1월 19일 정기총회>에서는 부회장으로 각각 선출되어 권업회에서 중요한 역할을 담당하였던 것이다.

권업회가 창립된 후 얼마 지나지 않아 이종호가 이상설과 정재관을 이용하고자 한다고 하여 이들의 사이가 나빠지게 되었다. 특히 이종호와 이상설의 관계가 좋지 않았으며 이에 정재관은 1912년 5월 다른 곳으로 이동하고자 하였다.44)

---

38) 『도산안창호자료집(1)』, 173-175쪽. 1912년 3월 9일자로 백원보가 안창호에게 보낸 편지.
39) 『권업신문』 1912년 12월 19일자 참조.
40) 『권업신문』 1912년 12월 19일자
41) 『권업신문』 1912년 12월 19일자
42) 『권업신문』 1913년 1월 19일자
43) 『권업신문』 1913년 10월 26일자
44) 『도산안창호자료(1)』, 1912년 5월 12일자로 백원보가 안창호에게 보낸 편지, 179쪽.

4. 1914년 제1차 세계대전 발발 이후 정재관

1914년 12월초 자바이칼 치따시에 있던 정재관, 이강 등 7인은 국민회의 명의 하에 배일을 부르짖어 러시아헌병대에 인치 투옥되었다. 이들은 1915년 1월 22일 모두 석방되었다. 정재관은 1월 23일 치따시를 출발하여 기차로 하얼빈을 경유하여 니코리스크에 2월 4일 도착하였다. 다시 니코리스크를 출발하여 2월 7일 블라디보스톡에 도착하여 신한촌 咸東哲집에서 기거하면서 8일 수청에 도착하였다. 정재관의 말에 따르면 그들 독립운동가 7인이 구속된 것은 옛날 대한정교보사 사주 러시아귀화인의 밀고에 의한 것이라고 한다.45)

1916년 이후 완전 침체상태에 빠진 한인 민족운동계는 대한인국민회를 포함하여 거의 활동을 중단하였다. 대한인국민회의 지도자라고 할 수 있는 정재관은 귀화하기 위한 수단으로 전쟁에 자원 입대하였고, 이강은 치타주(州) 한인 정교선교사단 산하에서 교리문답을 담당하는 등 종교에 전념하였다.46)

1917년 러시아혁명이후 정재관의 모습은 1918년에 나타난다. 1918년 7월 21일 정재관은 항일운동가 39명과 함께 니코리스크에 모여서 일본군이 시베리아에 출병했을 때, 우리민족은 귀화인 비귀화인을 막론하고 일본군의 군사행동을 방해하기로 결의하였다. 그리고 정재관은 무기와 군자금을 마련하기 위하여 이강, 李敏馥, 林保赫, 丁益洙 등과 함께 이르크츠크 독일 첩보본부로 갔다고 한다.47)

한편 1918년 정재관은 블라디보스톡에서 간행된 한인신보 사장으로 일한다. 한인신보는 일본 측이 러시아당국에 대하여 "현하 歐洲戰 개전 당

---

45) 불령단관계잡건 재시베리아부 1915년 2월 24일 재치타시 이강과 정재관 등의 방면.
46) 이명화, 위의 논문
47) 국가보훈처, 북만주 및 러시아 불령단 명부,「정재관」

시 제국정부의 요구에 따라 연해주 군무지사로부터 금지명령을 받은 신문
으로 권업신문이란 것의 후신이며, 한일합방 전부터 계통적으로 계속되어
온 배일선인의 기관지이다"라고 지적하고 있는 것처럼[48] 민족의식 고취
에 기여하였던 신문인 것이다. 한인신보에서는 창간 당시에는 국제정세
를 고려하여 항일적인 기사를 싣지 않았으나 1917년 8월 29일 국치일을
맞이하여 우리들의 편지라는 제목 하에 임시 특집호를 간행하여 민족의식
고취에 기여하였다.[49] 한인신보는 1918년 10월 경 사장에 金秉洽을 대신
하여 정재관이 취임하였고,[50] 총무에는 조상원이, 서기에는 池健이 활동
하였다.[51] 그리고 정재관은 사장에 취임한 후 가옥건축과 활자구입을 목
적으로 러시아돈 2만여원을 모집하여 우선 가옥 건축에 착수 하고, 또한
각 지방에 의원을 파송하여 3만여원의 예산을 모집하고자 하였다.[52]

5. 3.1운동 이후 정재관의 활동

1919년 3·1운동 당시 만주와 노령에 독립운동단체가 중심이 되어 대한
독립선언서를 발표할 때에는 39명의 동지들과 함께 이에 서명하였다. 한
편 1920년 3월 1일, 신한촌에서는 3.1운동 1주년을 맞이하여 대한국민의
회, 노인동맹단 등 약 20개 단체가 참여한 가운데 만세운동기념식이 전개
되었다. 이들 단체들은 모두 정오에 모여 국가를 부르고 회장인 이승교(李
撥)의 식사에 이어 연설이 있었는데 정재관은 李興三, 趙永晋, 李義橓(이
동휘의 딸, 오영선의 처)[53], 蔡啓福 (채성하의 장녀), 적십자 대표 김某女

---

48) 국회도서관, 『한국민족운동사료(3.1운동편)』 3, 55쪽
49) 1917년 9월 13일 일한병합 기념일의 상황
50) 김하구는 윤해에게 편지를 보내어 정재관을 한인신보사 사장으로 추대하는 것과 관련하여
    정재관이 자금 3만원을 얻어서 크게 활동한다는 조건으로 사장 취임을 승낙했다고 밝히고
    있다.(1918년 10월 16일 한인신보에 관한 건)
51) 『신한민보』1918년 12월 5일
52) 『신한민보』1919년 1월 16일
53) 이의순은 1920년 3월 7일 개최된 노령부인독립회 일명 애국부인회 회의에서 회장에 선출되

, 金得秀(기독교청년회대표), 金景奉(운동구락부대표), 金翰(한인노동회 대표), 한창해(국민의회 대표), 김진(한인사회당 대표), 金光彦(학생단 대표)등과 함께 연설을 하였다. 54) 정재관은 "오늘의 독립선언기념회는 우리가 최후의 宣戰을 하는 날이다. 일반 동포들이 총과 칼을 가지고 일어나서 날마다 오늘부터 무기를 준비해서 상해임시정부의 명령을 받들어 행동하자"라고 외쳤다.55)

한편 정재관은 1920년 3월경부터 수청지방을 중심으로 마적 토벌 등 일제와 대항하여 항일투쟁을 전개하였다.56) 그 당시에 훈춘과 왕청 지방에서 신민단 단장으로 활동하던 김규면은 수청지방에 왔다. 이후 동지역에서 세력규합을 위해 노력한 정재관은 김규면, 朴春成, 黃錫泰 등과 공동으로 마적 방어를 표방하고 장정을 모집하고 병기를 준비하였다.57) 그리고 단체 명칭을 창해청년단이라고 하였다. 이 단체에서 정재관은 참모장으로써 김규면은 단장, 김경천은 총지휘관으로서 활동하였다. 정재관 등은 수청 지역을 3지역으로 나누고 각 구역마다 지휘관, 참모, 병사들을 배치하고, 은밀히 러시아 혁명군들과 결탁하여 시기를 기다리고 있다.58)

당시 창해청년단 명예 단장이었던 김규면은 그의 비망록에서 창해청년단의 활동 상황에 대하여,

> 다른 편으로 소작인 고려농촌들에는 마적(홍후적)들을 파견하여 농민촌락들을 략탈, 파멸케 하였다. 1920년 하반기부터 1921년 상반기까지는 연해주에서 고려인빨지산부대는 일본군의 침입과 마적부대의 활동을 방지

었다. 총무는 崔好濟, 재무는 함안나, 서가는 채계복 등이다(1920년 3월 12일 노령부인독립회에 관한 건).
54) 1920년 3월 5일 한국독립선언기념회에 관한 건
55) 불령단관계잡건 재시베리아부 1920년 3월 5일 한국독립선언기념회에 관한 건
56) 『독립신문』 1923년 1월 17일 「수청 홍의적란실기」
57) 위와 같음.
58) 불령단관계잡건 재시베리아부 1921년 1월 노령에 있어서 불령선인의 상황

하는 전투에서 번번히 승리하였다. 촌락을 불지르고 략탈하던 코산파마적 7백여명은 수청지방 우지미, 허포수동, 석탄광에서 창해소년단부대의 토벌에 소탕되었다. 허포수동 농촌에 출병하였던 일본군대는 마적부대가 패주하는 바람에 다른 방면으로 퇴각하였다. 창해소년단부대 시령장은 김경천, 참모장은 정재관, 명예단장은 김규면이었다.59)

라고 회고하여 정재관이 1921년 상반기까지 창해청년단의 참모장으로서 일본군의 침입과 마적의 활동을 퇴치하는데 전력을 기울였음을 밝히고 있다.

한편 마적토벌에 성공한 창해청년단은 군정과 민정을 단행하였다. 김경천은 수청지역을 중심으로 軍政을 단행하였다. 그리하여 그 지역에 살고 있는 조선인뿐만 아니라 중국인, 러시아인 등도 통치 관활하였다. 그리하여 만일 중국인이나 러시아인도 관할구역을 벗어나 타 지역으로 이동하고자 할 때에는 김경천의 증명서를 소지하여야만 하였다. 그래야만 창해청년단의 수비구역 밖을 출입할 수 있었던 것이다.60) 아울러 재러동포들의 안정된 삶의 기반을 마련하기 위하여 民政도 단행하였는데, 총책임은 정재관이 담당하였다. 정재관은 김경천을 도와 민정책임자로서 매년 매호마다 10원씩 걷어 들여 군자금으로 활용하였다. 그리고 러시아식 교육을 전폐하고 민족교육을 실시하였으며, 둔전병제도도 실시하였다.61)

한편 정재관은 1921년 5월 경 노우오리도푸카에서 서쪽으로 약 10리(조선리) 떨어진 시베찬(西北廠)에 거주하면서도 항상 連味洞(王八泡子)에 있는 학교에 출입하였다. 정재관은 이 학교설립 취지서를 작성하였다.62) 이 학교는 뜻있는 청년들이 세운 학교였다. 교장은 朴基玄(31세), 교사는

---

59)『김규면비망록』, 266쪽.
60)『동아일보』 1922년 1월 24일『노령견문기』「경천 김장군」(속)
61)『동아일보』 1922년 1월 24일자『노령견문기』「경천 김장군(속)」
62) 불령단관계잡건 재시베리아부 1921년 6월 8일 蘇城방면의 상황에 관한 건

金極瑞(25세) 등이 담당하였다. 김극서는 유지청년회 회장으로서 간도 명동학교를 졸업하였다.63) 1921년 6월 당시 정재관은 김경천과 함께 東開拓 인근지역에서 활동하였다. 64)

1921년 7월 이만에서는 한인무장유격부대들의 지휘관 회의가 개최되었다. 이 회의에 참가한 정재관은 김경천, 채영, 정재관, 등과 함께 대한의용군사회를 조직하기로 하였다. 그리고 이 단체의 주요 간부로는 김규면, 馬龍河, 金德殷, 박 일리아, 朴春日, 朴英 등이 각각 선출되었다.65)

1921년 8월 정재관은 한창걸 등과 함께 한인혁명군을 조직하여 활동하였다. 이때 치따공산당과 밀접한 관련을 맺고 상호 협약을 체결하였다. 즉 한인혁명군과 치따공산당은 상호간 서로 돕기로 하고, 한인혁명군은 붉은 군대가 일본군과의 교전에 있어서는 물론, 적군과 백군의 전투에 있어서도 적군을 원조하기로 하였다. 적군 역시 한인혁명군이 조선국경을 넘어 공격할 때에 도와주기로 하였다. 치따정부는 한인혁명군에게 총기, 탄약, 군자금의 소요액을 보조하기로 하였다.66)

정재관은 金俊, 安永鎭 등 및 여러 동지들과 협의하여 蘇子河지방에서 한인총회를 조직하였다. 그리고 이를 바탕으로 거주민의 생활안정과 식산을 도모하는 일면 주민들에게 군사와 교육의 후원을 하게 하였다. 또한 간부로 총회장에 崔鶴進, 간부에 朴文友, 金錫俊, 姜熙德 등이 활동하였다. 그리고 전 지방을 12개 행정구역으로 나누어 각 구에 지방회를 설립하고 각 구에 소학교를 한 개씩 설치하여 만 8세 이상의 남여는 의무로 취약하게 하였다. 이것이 소자하지방의 신기원으로 평가되고 있다.67)

---

63) 불령단관계잡건 재시베리아부 1921년 5월 5일. 선인행동에 관한 건.
64) 위와 같음.
65) 김승화 저, 정태수 역,『소련한족사』, 대한교과서주식회사, 1989, 122쪽..
66) 불령단관계잡건 재시베리아부 1922년 3월 14일 노령의 불령선인단과 공산당의 관계에 관한 건
67)『독립신문』1923년 5월 2일자「소자하지방 정황 황욱」

맺음말

지금까지 미주와 러시아지역에서 활동한 정재관에 대하여 살펴보았다. 그의 민족운동의 특징을 살펴보는 것으로 결어에 대신하고자 한다.

첫째, 정재관은 구한말 미주지역에서 활동한 대표적인 민족지도자이며, 언론인 가운데 한 사람이었다. 미주지역의 대표적인 민족운동단체인 공립협회, 국민회 및 그 기관지인 공립신보, 신한민보의 중심적인 역할을 하였던 것이다.

둘째, 미주에서 활동하다 러시아로 와 독립운동을 전개한 인물 가운데 한 사람이다. 그와 같이 미주단체에서 러시아로 파견된 인물로는 이강, 김성무 등을 들 수 있다. 정재관은 이들과 함께 미주 국민회 등 조직을 러시아에 확산시키는데 크게 기여하였다. 국민회 지회 조직 및 대한인국민회 시베리아지방총회를 조직한 것은 그 대표적인 사례라 할 것이다.

셋째, 러시아지역의 항일언론 발전에도 기여하였다. 대동공보, 대한인정교보에서의 그의 역할은 이러한 점을 보여주고 있다. 그의 언론활동은 미주에서 공립신보, 신한민보의 경험이 토대가 되었을 것이다.

넷째, 미주에서 온 인물이기는 하였지만, 러시아에서 활동하던 함경도계열, 서울계열과도 일정한 협조관계를 유지하였다. 권업회 교육부장, 창해청년단 참모장으로서의 활동 등은 이를 보여주고 있다고 생각된다.

다섯째, 러시아에 귀화하여 러시아정부의 탄압을 피하며 효율적으로 독립운동을 전개하고자 하였다. 1차 세계대전 발발시 러시아군 입대, 치따에서 대한인정교 창립 및 참여 등은 그러한 그의 모습을 보여주는 것이라 생각된다.

여섯째, 정재관은 미주에서 온 인물이나 러시아지역에서 그곳의 주민들과 함께 하며 다시 미주로 돌아가지 않고 끝까지 투쟁하다 순국한 인물이다. 시베리아 수청 산골짜기에서 병마에 시달리며 병사한 그의 모습은 한 혁명가의 전형적인 모습을 그려보게 된다.

미주지역 독립운동계의 거물이었던 정재관. 혁명의 현장 러시아에서와 활동하다 순국한 한 독립운동가의 한 사례로서 연구사적 의의가 크다고 생각되며, 민족운동가로서 높이 평가된다.

- 투고일 : 1월 21일, 심사완료일 2월 15일
- 주제어: 정재관, 공립협회, 대한인국민회, 시베리아 지방 총회, 창해청년단, 권업회, 신한민보

Jung Jae Kwan: From the President of Kong Rip Association in America To the Revolutionary in Russia

Park Hwan

Jung Jae Kwan(1880-1922) was a Korean national activist, taking an active part in the movement for Korean independence throughout America in 1900's, as president of Kong Rip Association, and editor of both Kong Rip Shin Bo and Shin Han Min Bo. In 1909, he was dispatched to Russia as an agent of Won Dong by Korea National Association. He led a national movement against Japan, for about 10 years until his death on a Siberian field in 1922. In 1909, he was an editor of Dae Dong Kong Bo, taking part in the plot of the patriotic deed of Martyr, An Jung Keun. In 1910, he was a vice-president of Kwon Up Association, organizing Korean People Association in Siberia, a representative party for Korean Independence in the Russian area. He was engaged in Sung Myung Organization as a member of Foundation Committee on the verge of Fall of Korea, in 1910. In 1914, when the World War II broke out, he entered the war as a private of Russian Army. After the Russian Revolution, he exerted an influence over 3. 1 Movement and the patriotic deed of Martyr Kang Woo Kyu. He is regarded as one of representative activists against Japan in the Russian area, with Kim Kyung Chun, who also developed the national movement in Soo Chung, the Maritime Province of Siberia.

The characteristics of Jung Jae Kwan's national movement are as follows: Firstly, Jung Jae Kwan was the representative figure who led the national movement in the American continent at the end of Chosun dynasty. He was one of the press. He played an important role in publishing Kong Rib Shin Bo, Shin Han Min Bo, organs of Kong Rip Association and Korea National Association respectively.

Secondly, he was one of a few activists, including Lee Kang, Kim Sung Moo, who were dispatched from the American continent to Russia. Jung Jae Kwan, with the help of Lee Kang, and Kim Sung Moo, made a contribution toward proliferating such an organization as Korea National Association in Russia. He organized the branch of Korea National Association, and Korean People Association in Siberia.

Thirdly, he also contributed to the development of the press against Japan in Russia. His role in Dae Dong Kong Bo, and Magazine of Korean Orthodox Church made a good example. His activities in the press might be based on the experiences in Kong Rip Shin Bo, Shin Han Min Bo in America.

Fourthly, even though he came from America, he maintained the cooperative relation with the other party lines of Ham Kyung Province, and Seoul in Russia. His activities as an educational manager in Kwon Up Association and an advisor to Chang Hae Youth Corps show this fact clearly.

Fifthly, he tried to develop the movement for Independence effectively so that he was naturalized in Russia to avoid the oppression of Russian government. For example, he entered Russian Army when the World War I broke out; he established and took part in Korean Orthodox Church in Chita.

Sixthly, even though he came from America, Jung Jae Kwan didn't go back, stayed in Russia, lived with the inhabitants, struggled, and finally died there. We can picture him as the typical revolutionary, being troubled with a disease that led to his death in Soo Chung valley of Siberia. Jung Jae Kwan, an activist who struggled for Korean Independence, wandering about America and Russia, can be called a "big man" in the field of "revolution," and is worthwhile to study.

Key Words : Jung Jae Kwan, Russia as an agent of Won Dong by Korea National Association, Kwon Up Association, Kong Rip Association, Dae Dong Kong Bo, Kong Rip Shin Bo, Shin Han Min Bo, Chang Hae Youth Corps

일반논문

1930년대 평양교구의 신사참배거부운동

김 수 태[*]

목 차

머리말
Ⅰ. 신사참배 거부운동의 개관
Ⅱ. 신사참배 거부운동의 성격
Ⅲ. 개신교와의 협력을 통한 신사 참배 거부운동의 전개
Ⅳ. 신사참배 거부운동의 좌절
맺음말

머 리 말

 일제의 신사정책에 대해 종교계가 정식으로 이의를 제기하여 사회적인 큰 반향을 일으켰던 최초의 사건은 1924년 10월 11일 강경 공립보통학교 학생의 신사참배거부운동이었다. 강경 나바위 본당에 다니던 천주교 신자 학생 가운데 일부가 매번 신사참배를 거부하면서 문제가 되었다. 그러나 거기에 불참하였던 20여 명의 천주교 신자 학생과 참석하였으나 참배을 거부하였던 6명의 개신교 신자 학생이 퇴학 당함으로써 이들의 신사참

---

[*] 충남대학교 국사학과 교수

배거부운동은 끝이 났다. 그 다음해인 1925년 10월 일제가 조선 신궁 진좌제를 위해 메이지 천황의 사진과 유품이 부산에서 서울로 옮겨지는 동안 철도 연변에 각 학교의 학생들을 동원하여 환영할 것을 명령하였을 때 천주교 학교인 대구의 해성학교와 효성여학교가 개신교 학교와 마찬가지로 출영하지 않는 등 신사참배를 거부하였다. 1926년에도 대구교구에서 이러한 일이 계속해서 일어났으며,[1] 1927년에는 원산교구에서도 일제의 신사참배 요구를 거절하였다.[2]

천주교의 신사참배거부운동이 보다 본격적으로 전개된 것은 1930년대에 들어와서 미국의 메리놀 외방전교회가 관할하는 평양교구(평양 지목구)에서였다. 1930년대 기독교에서 신사참배 거부운동을 처음으로 시작한 것은 광주 지역의 개신교였으나,[3] 그 중심지는 역시 평양지역이었다. 개신교의 경우에서도 쉽게 살필 수 있지만 1930년대 여러 지역에서 전개되었던 신사참배 거부운동을 전개한 인물들이 평양에서 교육을 받거나, 평양지역의 인물과 밀접한 관련을 맺고 있다는 사실에서 알 수 있다. 그것은 천주교도 마찬가지였다. 대구교구나 원산교구 등에서도 신사참배거부운동의 움직임을 찾아볼 수 있지만, 당시 천주교의 신사참배거부운동을 선두에서 적극적으로 전개한 지역은 평양교구였던 것이다.

일제 강점기 기독교의 신사참배거부운동에서 커다란 위치를 차지하고 있는 평양교구의 신사참배거부운동이 크게 주목된 것은 1990년대 중반 이후의 일이었다.[4] 영원한 도움의 성모 수녀회의 창립자로서, 당시 신사

---

1) 1920년대 천주교의 신사참배거부운동에 대해서는 정동훈, 「일제강점기하의 한국 천주교회와 신사참배에 관한 고찰」, 가톨릭 대학교 석사학위논문, 1994, 33~35쪽. 이 글은 수정되어 『교회사연구』 11, 1996에 실렸는데, 자료나 본문 내용에서 석사학위논문이 풍부하므로 그것을 인용하고자 한다.
2) 윤선자, 「1930년대 일제의 종교통제 정책 강화와 천주교회의 황국신민화 과정」, 『일제의 종교정책과 천주교회』, 2001, 255쪽.
3) 김승태, 「1930년대 기독교계 학교의 신사문제」, 『한국 기독교와 신사참배문제』, 1991.
4) 천주교의 신사참배거부운동은 정동훈, 앞의 글과 윤선자, 앞의 글이 참고된다. 이밖에 김승

참배거부운동을 주도적으로 이끌었던 평양교구장 모리스(1889~1987 : 목이세) 몬시뇰의 기록들이 수집되고 체계적으로 정리됨으로써 가능하게 된 것이었다.5) 이를 통해 기독교의 신사참배거부운동에서 그동안 일반적으로 언급되어 오던 개신교의 신사참배거부운동 이외에 천주교의 그것까지를 함께 말할 수 있게 되었다. 특히 당시 학교를 중심으로 천주교와 개신교가 벌인 신사참배거부운동의 전체적인 모습을 이해하는데도 커다란 도움을 주었다.6) 한편으로 1920년대 일제의 신사참배 요구를 거절하였던 천주교가 1930년대 중반에 바뀌게 된 사실을 구체적으로 알 수 있게 해주었다.

그러나 평양교구의 신사참배거부운동은 몇 가지 점에서 새롭게 검토될 필요가 있을 것 같다. 무엇보다도 기존의 연구에서 신사참배거부운동과 관련하여 이미 다루었던 자료들을 보다 면밀히 검토되어야 할 것으로 생각한다. 특히 콜만 신부가 작성한 두 개의 글과, 모리스 몬시뇰의 서한 등 여러 자료들은 신사참배거부운동을 이해할 수 있는 매우 풍부한 내용을 담고 있기 때문이다. 따라서 이 글에서는 이들 자료에 대한 새로운 소개와 분석을 토대로 1930년대 평양교구의 신사참배거부운동을 다루어

태. 「일제하 주한 선교사들의 신사문제에 대한 인식과 대응」, 『한국 기독교의 역사적 반성』, 1994에서 천주교의 문제가 간단히 언급되고 있다.
5) 신사참배에 대해 모리스 몬시뇰과 메리놀 외방전교회 본부가 교환한 서신들은 이정숙 편, 『목요안 신부』, 1994에 번역되어 있다. 한편 콜만 신부와 코너스 신부의 서한 등 이 밖의 중요 자료들은 이정숙·이태호 편, 『Father John E. Morris, M.M.』, 1994의 4장 「The "Rites" Problem in Peng Yang」에 번역되지 않은 채 실려 있다. 신사참배 거부운동과 관련되는 글의 목록은 다음과 같다.
 - 'De JINJA SAMPAI' by Fr. Walter J. Coleman, M.M
 - 'Memo on the Rites Questions' by Fr. Walter J. Coleman, M.M
 - 'Corrections and Amendments' by Fr. Walter J. Coleman, M.M
 - Letter by Fr. Joseph W. Connors, M.M
6) 학교 문제에 대해서는 최근 김승태에 의하여 『1930년대 기독교계 학교에 대한 신사참배 강요와 폐교전말』, 『한국근현대사연구』 14, 2000에서 다시 다루어졌다.

보고자 한다. 이때 모리스 몬시뇰과 콜만 신부의 활동에 초점이 맞추어질 것이다.

먼저 평양교구에서 벌어졌던 신사참배거부운동이 어떠한 배경 속에서 어떠한 성격을 가지고 일어났는가를 살펴보고자 한다. 특히 평양교구의 신사참배거부운동이 한국 민족과 관련된 민족적인 입장을 담고 있지 않는가의 문제를 알아볼 것이다. 다음으로 기존의 신사참배거부운동 연구에서 거의 주목하지 않았던 천주교와 개신교의 상호관계에 대한 문제를 다루어보고자 한다. 당시 평양교구에서 전개된 신사참배거부운동은 개신교와의 일정한 연대성을 가지고 이루어졌다는 사실을 새롭게 파악할 수 있기 때문이다. 마지막으로 평양교구에서 전개된 신사참배거부운동이 좌절되는 과정을, 그 원인과 함께 구체적으로 검토해보고자 한다. 이때 한국 천주교의 교구별 입장 차이 및 메리놀 외방전교회의 내부 갈등, 그리고 이들 집단과 주일 교황사절과의 상호관계를 엿볼 수 있을 것이다. 이러한 분석을 통해서 신사참배거부운동에 대한 연구가 방법론적으로나, 내용면에서 보다 새로운 방향에서 체계적으로 진행되기를 기대해 본다.[7]

Ⅰ. 신사참배 거부운동의 개관

1930년대 평양교구의 신사참배거부운동은 어떻게 전개되었을까. 그 과정을 간단히 정리해보면 다음과 같다.[8]

평양교구에서 신사참배거부운동이 언제부터 시작되었는지는 정확히

---

7) 기존의 연구가 가지고 있는 문제점에 대해서는 김승태, 「신사문제 연구에 대한 회고와 전망」, 『한국기독교와 신사참배 문제』 및 「일제하 주한 선교사들의 신사문제에 대한 인식과 대응」에서 언급된 바 있다. 연구의 대부분이 일제의 신사 참배정책에 대한 기독교계의 대응양상에 초점을 맞추어져 있어 단조로운 느낌을 떨쳐버릴 수 없다.
8) 정동훈과 윤선자에 의하여 대부분의 사실들이 언급되었지만, 이 역시 모두 다루어진 것은 아니었다.

알 수 없다. 1923년에 메리놀 외방전교회가 평양지역에 진출한 사실을 고려할 때 그 시기는 빨라도 1920년대 중반 이후의 일로 생각된다. 1932년에 이르기까지 평양교구의 천주교 학교들이 늘 그러했던 것처럼 신사참배를 하지 않았다는 사실이 그것을 알려주고 있다. 이때 평양교구는 신사참배를 반대한 1922년의 『서울 교구지도서』의 가르침을 충실히 따랐을 것이다.

그러나 1932년 9월 18일 평양의 천주교 학교들이 만주사변 1주년을 기념하여 만주 출정전몰 전사자 위령제에 참석을 거부함으로써 평양교구의 신사참배거부운동이 본격적으로 펼쳐지게 된다. 그것은 당시 평양교구장인 모리스 몬시뇰을 중심으로 이루어졌다. 평양교구의 신사참배거부는 1932년 판 서울교구의 『천주교 요리』에서 신사참배를 용인하는 것을 반대하는 것으로 나타났다. 이러한 입장은 9월 20일부터 열흘동안 열린 한국 천주교 5개 교구 교리위원의 교리문답회의에서도 이어져 나갔다. 그리고 10월 달에 들어와서 평양교구는 교구장의 허락 하에 중화 본당의 콜만 신부가 신사참배 반대의견서인 「신사참배 : 카이사르의 것은 카이사르에게」를 주일 교황사절에게 제출하였다. 이후 1933년의 상황은 구체적으로 파악되지 않는다. 그러나 이 시기에도 평양교구 소속 메리놀 외방전교회 선교사들의 신사참배 거부 움직임이 계속되었던 것으로 알려지고 있다. 그러므로 1932년부터 1933년까지 평양교구는 신사참배거부운동의 이론적 정비와 함께 구체적인 행동을 보여준 시기였다고 할 수 있다.

그러나 1934년에 이르면 평양교구의 신사참배거부운동은 찬반을 둘러싸고 보다 복잡한 양상을 띠게 된다. 이들의 거부 움직임에 제동을 걸려는 시도가 구체적으로 나타났기 때문이다. 그러나 5월 15일 평양교구의 메리놀 외방전교회 평의회는 천주교 신자 학생의 신사참배 불허를 문서화하였으며, 5월 28일부터 6월 2일까지 콜만 신부는 신사참배 거부에 대한 새로운 메모인 「소견의 부연 : 의례문제에 대한 메모」를 다시 작성하기 시작하였다. 5월 30일 경 평양교구를 방문한 메리놀 외방전교회 부총장 드라우트 신부에게 평양교구 메리놀 외방전교회 소속 신부들은 자신의 반대주장을 피력하였으며, 모리스 몬시뇰도 다른 교구장과 함께 행동하기로 하였던 동의를 무시하고 신사참배를 계속 거부하였다. 9월 5일 코너스 신부는 한국의 천주교 신자들이 신사참배를 할 수 없다는 서한을 일본 관리에게 제출하였으며, 모리스 몬시뇰은 9월 7일과 11월 9일자로 중국의례 반대의 견서 자료를 본부에 제출하여 자신들의 입장을 뒷받침하려고 노력하였다. 9월 17일 천주교 학교에 또다시 신사참배가 요구되자, 천주교 학생들로 하여금 미리 대열에서 빠져나오도록 하였으며, 9월 22일에 들어와서 진남포에서 열린 추모식에서 평양 천주교 학교의 교장으로 하여금 천주교 학생이 아니라, 이교도 학생들을 데리고 가서 참석하게 하였다.

이러한 가운데 1935년에 들어오면 평양교구의 신사참배 문제에 대한 입장은 크게 전환되었다. 물론 2월 12일자 코너스 신부가 거듭 신사참배에 대한 거부입장을 밝히면서 한국 교구장 전체가 그것을 용납할 수 없다는 입장을 밝히면 그것이 가능하다는 희망을 드러내었다. 그러나 6월 모리스 몬시뇰이 주일 교황 사절을 만난 이후, 이들의 희망과는 달리 메리놀 외방전교회 총장신부는 7월 30일자 서한을 통해 평양교구의 선교사들이 주일 교황사절의 지시에 따를 것을 명령하였다. 이어 10월 3일부터 6일까지 평양 서포에서 주일 교황사절이 참석한 가운데 열린 한국 천주교회 연례 교구장 회의에서 신사참배를 허용하는 것으로 의견이 모아졌는데, 모리스 몬시뇰도 일치를 언급하며 동의하였다. 이는 평양교구의 신사참배 허용으로 이어지는 것이었다. 그럼에도 불구하고 1936년 초반까지 평양교구 메리놀 외방 전교회의 선교사들이 이러한 정책변화에 반발하는 움직임이 있었지만, 4월 12일 한국천주교회는 『경향잡지』를 통해 천주교 신자들의 신사참배를 공식적으로 허락됨으로써 평양교구의 신사참배거부운 동은 끝내 좌절되고 말았다.

Ⅱ. 신사참배거부운동의 성격

메리놀 외방전교회가 관할한 평양교구에서 신사참배거부운동을 벌이 게 된 배경은 무엇일까. 성격에 대한 논의를 중심으로 그 문제를 살펴보자.

현재 평양교구의 신사참배거부운동에 대해서는 한국 민족과 관련된 측 면이 드러나지 않는다는 지적이 나와 있다.[9] 평양교구의 신사참배거부운 동에 이론적 근거를 마련해준 콜만 신부의 의견서인 「신사참배 : 카이사 르의 것은 카이사르에게」를 분석한 기존의 연구는 그의 말 가운데에서 "진정 예절들에 관해서는 우리를 제어할 수 없지만, 그 외에는 국가 안정 에 기반이 됨을 잘 알 것입니다"라는 부분에 주목하였다. 이것을 천주교가 일제의 안녕과 체제유지에 협력하고 있는 것으로 이해하였던 것이다. 이 에 콜만 신부의 글이 신사참배를 반대한 문서로서 지니게 되는 가치는 분명히 큰 것이지만, 그가 일제 통치하의 한국 민족을 생각하면서 쓴 것이 아니라는 점에서 아쉬움을 가진다고 말한다.

이러한 견해를 뒷받침하기 위해서 1935년 메리놀 외방전교회 월시 총장 신부가 모리스 몬시뇰에게 보낸 서한에서 언급한 내용을 또 다른 사례로 제시하였다. "일본인들에게 그리스도를 이해시켜야 할 선교사들은 국가 통치자들과의 협력이 가장 중요하다"라고 역설한 점 역시 메리놀 외방선 교회가 한국 민족에 대해 어떻게 이해하고 있었는지를 보여주고 있다는 것이다.[10] 이러한 까닭에 신사참배를 반대하는 것이 한국의 식민지 체제

---

9) 정동훈, 앞의 글, 61~62쪽.
10) 신사참배 거부운동을 비판한 드라우트 신부의 입장도 같다.

를 반대하는 것이고, 신사참배를 용인하는 것이 식민지 체제를 찬성하는 것이라는 식의 도식은 인정될 수 없다고 주장한다. 두 경우 모두 체제 안에서 교회를 유지하기 위한 방법을 모색하는 것으로 이해하고 있다.

그러나 이러한 해석은 콜만 신부의 언급을 잘못 이해한 것이라고 말할 수 있다. 국가 안정과 관련된 콜만 신부의 발언은 천주교 및 일본과 공산주의의 상호관계에 대한 내용이었기 때문이다. 그는 천주교가 강한 논쟁과 적극적인 행동을 통해 공산주의를 얼마나 공격하고 있는가를 상기시키면서, 천주교의 이러한 정책이 일본의 국가안정에 커다란 도움이 된다는 사실을 말하고자 하였다. 이러한 점에서 일본 정부는 신사참배를 거부하는 천주교와 현명하게 협력을 모색하는 것이 나을 것임을 오히려 강조하고 있는 것이다.

또한 신사참배거부운동의 영향에 대한 그의 생각은 월시 총장 신부의 그것과는 커다란 차이를 보여주고 있다. 콜만 신부는 1934년 6월 2일에 쓴 「소견의 부연 : 의례문제에 대한 메모」에서 신사참배가 선교사 개인들에게 약간이나마 평화를 줄지 모르지만 일본인들이 천주교를 좀더 좋게 생각하게 만드는데는 아무 것도 보여주는 것이 없다고 밝히고 있기 때문이다. 오히려 일본인들이 천주교에서 자기네들의 뜻을 결코 받들지 않을 무언가를 실제로 본다면 천주교에 대해 새로운 박해를 일으킬 것으로 우려하였다. 그리고 그는 이러한 인식의 차이가 메리놀 외방 전교회 본부와 실제로 선교지역을 담당하고 있는 선교사들 사이에 현실상황을 바라보는 이해의 차이에서 비롯되는 것으로 파악하였다. 그러나 그는 이 경우 선교지역을 담당하는 선교사의 견해가 설득력이 있으며, 외방전교회본부가 그것을 받아들여야 한다고 한다.

콜만 신부의 신사참배거부운동이 한국 민족과 깊은 관련을 맺고 있다는 사실은 한국 천주교회사에 대한 그의 언급에서 쉽게 찾아볼 수 있다. 그는 신사 참배의 허용이 언제나 미신과 타협하는 태도를 보인 적이 없고 신앙의 보호를 최고로 중시하고, 선교사들에게 순교정신을 기대하고 과거에 순교한 선교사들의 영광스러운 기록에서 즐거움의 근원을 찾던 한국 천주교회의 발전을 갑자기 깨뜨리는 것이라고 지적한다. 때문에 신사참배가 비록 정화된 예식으로 나타난다 하더라도, 보통 수준의 한국인들의 생각 속에 그것은 신성한 것에의 참여로 간주하고 있기 때문에 천주교의 신앙 전통에서 받아들여지지 않는다는 것이다. 더욱이 그는 한국 천주교가 3·1 운동과 안중근의 신앙에 소극적인 관심을 가졌던 부끄러운 역사적 사실을 언급하며 문제가 많았음을 지적하고 있다. 그래서 그는 보기 좋은 교회나 신학교 건물의 건설에만 머무는 것만을 복음전파로 생각하는 것이 잘못되었다고 비판한다. 그것은 이차적인 것을 본질적인 일차적인 것의 자리에 놓았기 때문이라고 한다. 따라서 그는 신사참배거부운동을 통해서 한국 천주교가 새로운 모습을 보여주기를 기대하였던 것이라고 말할 수 있다.

한편 평양교구의 신사참배거부운동이 단순히 미국인 선교사들만 관여하지 않았다는 사실도 주목해야 할 것이다. 이들의 신사참배거부운동에는 평양교구의 한국인 신부와 신자들의 참여도 있었기 때문이다. 그 자세한 양상을 파악할 수 없지만, 천주교 학교 교장의 한 사람이었던 양기섭 신부의 활동을 찾아볼 수 있다.[11] 그는 한국인 사제를 양성하고자 하였던 메리놀 외방전교회의 주된 선교목표에 의하여 평양교구 출신으로 최초의 신부가 인물이다. 그리고 평양교구의 기관지인 『가톨릭 연구』의 발간에 중요한 역할을 하였던 김구정을 또한 들 수 있다. 대구교구 신학생이었던 그는 3·1운동에 참여하였다가 퇴학당한 경력을 가지고 있었기 때문이다.[12] 그러므로 평양교구의 신사참배거부운동을 단순히 미국 선교사의 운동으

---

11) 그는 1932년 9월의 신사참배 거부운동으로 일제 당국에 소환되었다.
12) 윤선자, 「일제의 정교분리정책과 3·1 운동기 천주교회의 동향」, 위의 책, 106~107쪽.

로만 이해하는 것은 많은 문제가 있다고 하겠다. 그들의 올바른 방향설정을 그대로 따랐던 한국인 천주교 신자의 뒷받침 없이 신사참배거부운동이 지속되기는 불가능한 일이었기 때문이다.

이러한 사실은 신사참배가 의미하고 있는 일본 제국주의의 본질을 콜만 신부가 정확히 지적하였다는 점에서 구체적으로 파악할 수 있다. 그는 그때까지 신사참배가 종교적이냐, 애국적이냐의 문제로 크게 논란이 되었던 점에 대해서 명쾌한 해답을 제시하였던 것이다. 그는 신사참배가 종교적인 것과 국가적인 것으로 구분되지 않는다고 분명히 말하였다. 그는 신사참배를 종교와 관련이 없는 것으로 국가적인 것으로 이해하며 이를 허용하고자 하는 사람들에게 그와 같은 구분이 어떻게 가능한 것이며, 무엇 때문에 그것을 구분하느냐고 반문한다. 이때 그는 신사참배가 종교적인 면뿐만 아니라 항상 민족적, 애국적인 면을 함께 지니고 있다고 말하면서, 그 상호관계를 자세히 설명하고 있다. 이때 비판의 핵심은 신사참배와 관련하여 표출된 일본의 잘못된 애국 애족주의에 치중하고 있다.

그는 일제가 추구하는 애국주의 혹은 민족주의를 종교로 규정한다. 이에 신도 역시 실제로는 일종의 종교라고 규정한다. 그래서 그는 신사참배에 민족적인 부분 혹은 애족적인 면이 있다고 하더라도 그것은 나쁘고 부당한 일임을 지적한다. 애국심의 표현이라는 목적에 종교적 행위라는 수단을 사용하였기 때문에 정당화될 수 없다는 것이다. 일제가 애국주의(국수주의)를 종교와 결부시키면서 이중의 효과를 노린 것으로 이해하였다. 그것은 다름이 아니라 국가의 현양 내지 신격화라는 것이다.

때문에 그는 민족주의 정신이 순수하고 혼합되지 않은 좋은 것이라고 하더라도 그대로 받아들일 수는 없다고 말한다. 그러나 보다 더 커다란 문제는 거짓된 형태의 민족주의 혹은 애국주의가 현대 사회에서 많은 악의 근원이 되는데 있음을 지적한다. 왜냐하면 초인간에 대한 니체의 철학을 바탕으로 국가를 모든 권리의 샘으로 규정하는 것은 국가에 의하여 무엇이든지 정당화될 수 있다고 생각했기 때문이다. 콜만 신부는 일본이 이러한 신사참배의 강요를 통해 오직 정복과 폭력의 권리만을 존중하고 있는 모습을 살펴볼 수 있다고 한다. 또한 그는 이러한 움직임이 당시 일본의 상황과 깊은 관련이 있다고 말한다. 환율 등에서 보이듯 일본의 경제적 핍박 상태가 심각해지고, 공산주의의 활동 등으로 말미암아 일본은 국가의 일치와 조화를 더욱 절실히 지향하게 되었다는 것이다.

그는 일본 군부의 움직임에서 그러한 현상이 두드러지게 나타난다고 설명한다. 일본의 군부 세력은 독일 군부를 극구 찬양하고 있으며, 독일 군대의 비참한 결과로부터 유익한 교훈을 아무 것도 배우지 않는다는 것이다. 때문에 일본이 정복과 폭력의 과거를 뉘우치기는커녕 지금까지는 재치있게 일 처리를 하지 않았다는 것과, 앞으로는 더욱 주도면밀하고 더 많은 폭력을 써서 행동해야 한다는 생각을 품고 있다는 것이다. 때문에 코너스 신부에 의하면 독일 나치를 초월하는 애국적 광신이 여기에 팽배하고 있다고 이해된다. 콜만 신부는 일본 군부가 이러한 목적을 위해 학교 교육에 깊은 관심을 가졌으며, 신사참배를 강요하였다는 것이다. 그것은 평양에서의 신사참배를 요구한 교육당국의 배후에 군부가 있었다는 사실이 잘 말해준다고 한다. 따라서 그는 모든 박해가 이와 같이 실제로는 국민에게, 국민으로서의 복종을 다하라는 강요하는 위장 속에서 시작되었다고 비판한다.

이러한 까닭에 그는 천주교가 신사참배를 허용할 수 없다는 것이다. 신격화된 국가를 하느님과 같이 기도하면서 섬길 수는 없기 때문이었다. 그리고 신사참배를 거부하는 천주교 신자들은 종교심의 부족이 아니라 애국심이 결여되었다고 고발하는 것은 부당하다고 한다. 또한 신사참배가 종교적인 것, 국가적인 것 이외에 단순히 교육적이라는 사실에 대해서도 비판하였다. 그러한 국가 지상주의가 종교와 결합한 형태로 학교 교육을 통해서 어린 학생들에게 전달될 때 진실을 더 이상 가르칠 수 없는 등 너무나 나쁜 영향을 주기 때문에 도저히 받아들일 수 없다는 것이다. 때문에 카이사르가 하느님께 속한 것을 자기에게 돌리려고 하는 한 천주교는 저항할 수밖에 없다고 한다. 특히 사제는 그러한 움직임에 타협할 수 없다는 점을 강조하고 있다.

뿐만 아니라 그는 천주교가 공식적으로 이러한 주의를 인정한다면 온 세상에서 지금까지 이룩되었고 현재 진행중인 발전이 모두 무슨 소용이 있느냐고 반문한다. 그것은 세계사의 흐름과도 어긋난다는 것이다. 여러 국가들이 참된 국제법을 만들어 불완전하나마 각 나라가 자족하는 존재로서 다른 나라의 침입을 받지 않도록 하려는 시도가 무슨 의미가 있겠느냐고 말한다. 그것은 한 민족이 다른 민족들에게 자기네의 법과 문화를 강요할 신적 권리를 갖고 있다고 생각할 수 없기 때문이라는 것이다. 그럼에도 불구하고 일본이 이웃 민족에게 무력을 사용하고, 다른 국가들에게 나름대로 사유할 수 있는 권리를 짓밟고 자기의 판단을 강요한다면 문제가 된다는 것이다.

신사참배에 담긴 일제의 애국애족주의에 대한 콜만 신부의 체계적 비판은 평양교구의 메리놀 외방전교회 선교사에게 커다란 영향력을 발휘하였다. 그것은 정복과 폭력을 기반으로 하는 일본 제국주의의 본질을 비판한 것이었기 때문이다. 이에 그는 더 사나와지는 일제의 만행에 종지부를 찍을 때가 가까워왔다는 것을 알리며, 그것을 그대로 받아들여 따른다면 더욱 비극적인 일이 발생한다고 경고하였다. 이러한 사실은 한국민족에 대한 일제의 종교정책 및 더 나아가 식민지 정책을 함께 비판한 것이었던 것으로 이해할 수 있을 것이다. 그것은 궁극적으로는 한국인의 독립을 바라는 평양교구 메리놀 외방전교회 선교사들의 희망과도 일치하는 것이었기 때문이다.13) 이러한 의미에서 신사참배 거부를 이론적으로 뒷받침한 콜만 신부의 견해는 더욱 주목할 필요가 있을 것이다.

Ⅲ. 개신교와의 협력을 통한 신사참배거부운동의 전개

지금까지 신사참배거부운동에서 천주교와 개신교가 어떠한 관련을 맺었는지에 대해서는 별다른 검토가 이루어지지 않았다. 따라서 평양교구를 중심으로 그러한 움직임이 어떠한 양상으로 전개되었는지를 알아보고자 한다.

1920년대 천주교와 개신교가 함께 신사참배거부운동을 벌인 일은 확인되고 있다. 이때 강경, 대구 등의 지역에서 일어난 천주교와 개신교의 신사참배거부운동이 서로 일정한 연결고리를 가지고서 움직여졌는지는 확인되지 않는다. 그러나 일제 당국자들은 개신교 신자들이 천주교 신자들과 똑 같은 이유로 참석하지 않은 사실에 몹시 당혹해했다고 한다. 그것은 3·1운동 이후 한국인 천주교 신자와 개신교 신자 사이의 분열을 책동했던 일제의 의도대로 이루어지지 않았기 때문이었다.14) 그러나 당시 천주교와 개신교는 당시 두 종교의 상호인식을 고려할 때 이해를 같이 했을 뿐 서로 연대를 한 흔적은 찾아보기 어렵다.

천주교와 개신교의 협력이 실제로 이루어진 것은 1930년대의 일이었다. 1932년 평양교구에서 신사참배거부운동을 벌임으로써 본격적으로 이러한 현상이 나타난 것이다. 9월 18일 평양에 있던 천주교 계통의 학교가 평양시의 만주 출정 전몰전사 위령제의 참석 요구에 불응하였다. 이때 개신교 학교도 함께 불참하였다. 천주교는 늘 했던 대로 가지 않기로 결정

---

13) 메리놀 외방전교회의 선교활동이 한국 민족의 자립을 바란다는 사실은 김수태, 「1930년대 평양교구의 가톨릭 운동」, 『교회사연구』, 19, 2003을 참고할 것.
14) 윤선자, 「1930년대 일제의 종교통제정책 강화와 천주교회의 황국신민화 과정」, 255쪽.

했고, 개신교 신자들도 비슷한 결정을 내렸던 것이다. 이 때에도 상호간에 이러한 움직임을 공모한 일이나 의논한 적도 없었다고 한다.

그러나 시 당국이 다시 천주교와 개신교의 학교장들을 소환함으로써 비로소 접촉하게 되었다. 이에 천주교와 개신교는 서로 상대편을 지원하게 되었다는 것이다. 그런데 그것은 콜만 신부의 글에서 언급되고 있듯이 우연한 일이었다. 그렇지만 시 당국은 평양교구장 모리스 몬시뇰이 그 이전과 달리 개신교에 대한 천주교의 통상적인 입장에서 벗어나 개신교 신자들과 함께 공동전선을 폈던 것으로 이해하게 되었다. 이에 교구장을 비난하였는데, 그것은 천주교 교리의 순수성에 대한 열성이 아니라 그런 종류의 협력이 앞으로도 계속해서 발생하리라는 두려움 때문이었다. 그래서 교구장에게 사과할 것을 수차 요구하였다. 이제 평양지역에서는 천주교와 개신교의 신사참배 운동에 대한 협력이 새로운 문제로 떠오르게 되었다.

신사참배거부운동을 둘러싸고 평양지역에서 천주교와 개신교가 상호간에 벌인 협력의 양상은 이후 자세하게 파악되지 않는다. 그러나 콜만 신부가 쓴 두 개의 글을 통하여 단편적으로나마 천주교 측의 움직임을 살펴볼 수 있다. 1932년 9월에 있은 천주교와 개신교의 우연한 협력을 크게 주목한 콜만 신부는 그 다음 달에 일제의 신사참배 강요정책에 대항하기 위해서는 개화된 전 세계 사람들의 의견일치가 필요하다며, 그것을 호소하는 방법을 모색하였다. 이때 그는 일제가 신사참배를 너무 지나치게 강조하고자 한다면 그것은 양심의 자유의 원칙과 관계되는 일이므로, 천주교 신자, 개신교 신자, 유다인, 모슬렘인, 불가지론자와 무신론자는 물론 일반적으로 자유사상의 옹호자까지 참가하는 공동전선을 펼쳐야 한다고 주장하였다. 여기에서 신사참배거부운동을 위하여 천주교와 개신교의 협력을 통한 공동전선이 간단하지만 공식적으로 언급되고 있다.

신사참배거부를 위한 천주교와 개신교의 협력, 즉 공동전선의 형성문제는 평양교구의 신사참배거부운동이 활발히 전개되었던 콜만 신부가 쓴 1934년의 글에서 더욱 구체적으로 설명되고 있다. 그리히 사실은 1932년 이후 이 무렵까지 그를 중심으로 천주교와 개신교 사이에 협력의 문제가 진지하게 고려되었음을 알려준다고 하겠다.

먼저 그는 자기가 만난 개신교 신자의 활동을 알려준다. 신사참배 문제로 양심의 가책을 받고 있던 한 개신교 신자가 일본에 가서 천주교를 대표하는 사람을 만난 일이나, 한국에서 어느 주교와 신부를 만나 신사참배 문제에 대해 어떠한 입장을 취해야 하는가를 토의한 사실을 설명하고 있다. 이때 개신교 신자가 이해될 때까지 주교와의 토론이 이루어졌다고 한다. 이 개신교 신자는 일본에서는 신사참배 문제를 원칙적으로 반대하지만, 지금 처한 곤란한 입장을 감안해서 원칙을 제쳐놓아야만 한다는 대화내용을 들려준다. 한국의 주교를 만나기 전 좋아하지는 않지만, 주교님께서 참여한다는 결정을 내렸기 때문에 따른다는 사제의 입장을 듣게 된다. 주교로부터는 종교예식으로 거행되지 않으리라는 단서를 일제와 작성했기 때문에 신사참배를 하였는데, 그것이 지켜지지 않아서 당황하고 있다는 사실과, 그럼에도 불구하고 계속해서 참여하고 있다는 설명을 들었다. 그러나 그 개신교 신자가 조건이 이행되지 않았으면 일제와의 동의를 파기해야 할 것이 아니냐고 질문하자 그 주교는 다른 주교들과 서면으로 다룰 것이라고 대답하였다고 한다.

이러한 사실은 개신교 신자들이 한국 천주교회가 신사참배 문제에 어떻게 대응하고 있음을 나름대로 예의주시하며 그 방향을 모색하고 있었음을 잘 보여준다. 그런데 이 개신교 신자의 천주교 측과의 토론에 콜만 신부가 어떠한 역할을 하였는지는 알 수 없다. 그러나 콜만 신부는 이 개신교 신자와의 토론을 통해서 다행히 평양교구장은 실상의 본질을 제대로 파악하고 있으며, 신사참배를 거부한다는 사실을 알려준다. 또한 그는 그 개신교 신자에게 주교들의 동의가 전혀 동의가 아니었으므로 불복종의 옛 정책으로 돌아가야 한다는 자신의 견해를 피력하였다.

더 나아가 콜만 신부는 개신교 신자와 신사참배 거부운동의 여러 방법을 함께 논의하였던 것으로 알려지고 있어 주목된다. 콜만 신부는 자기의 태도를 수동적 저항정책으로 표현하였다. 이에 그는 분명히 저항해야 하지만, 아무도 주제넘게 자신을 순교자가 되는 쪽으로 내던져는 안된다는 사실을 강조하였다. 순교는 최후의 방법으로, 그것이 자기에게 부과될 때까지 기다리고 기다려야 한다고 말하였다. 또한 이를 위해 현재의 단계에서는 일제의 신사참배 정책의 모순을 드러내고, 신사참배에 타협하는 사람들을 색출하는 정책, 그의 표현을 빈다면 연기를 피워 유인하는 작전을 사용해야 한다고 설명한다. 그러나 무엇보다도 천주교와 개신교가 같은 방향에서 일치 단결하여 저항할 필요가 있음을 역설하였다. 때문에 그는 이러한 노력을 만일 그렇게만 부를 수 있다면 협력이라고 표현되기를 희망하였다. 이를 통해 신사참배 거부를 위해 콜만 신부의 개신교와의 협력이 본격적으로 논의되었음을 알 수 있다.

이러한 사실과 함께 콜만 신부는 천주교와 개신교의 이러한 협력이 원칙을 지키는 방향으로 나아가야 함을 지적하고 있다. 이에 평양에서 천주교와 개신교가 이러한 원칙을 지키지 않음으로써 발생한 사례를 구체적으로 들고 있다. 1934년 5월 이전 평양의 천주교와 개신교 교장들에게 예식 참여 동의서에 서명하라는 상당한 압력이 들어오자, 그들은 서명했다고 한다. 왜냐하면 거기에는 이론적으로 약간이나마 그들의 권리를 안전하게 보호한다는 단서가 첨부되었기 때문이었다. 천주교와 개신교의 협력 양상을 잘 보여주는 또 다른 예라고 할 수 있다. 그런데 평양지역에서 행해진 서명들이 그 단서에 대해서는 한마디의 언급도 없이 한국의 전지역에

방송되자 커다란 파문이 일어났다고 한다. 평양의 동료 종교인들이 서명 했다는 것을 공무원들로부터 통보 받은 서울의 개신교 학교인 이화여전 당국이 학생들에게 참석 허락을 내린 뒤 비로소 자기들이 속았다는 것을 알게 되었다는 것이다. 콜만 신부는 천주교와 개신교가 신사참배 거부운 동에 일관된 원칙을 적용하지 않을 때 이와 같이 일제에 의하여 이용될 수 있음을 경고한 것이다.

콜만 신부에 의하면 신사참배 거부운동을 위한 천주교와 개신교와의 협력문제는 섭리적인 것으로, 현재 그 시기가 적절한 것으로 언급되고 있다. 물론 천주교와 개신교가 교리의 이해차이로 말미암아 서로의 존재 를 인정하지 않고 대립적인 상태에 놓여있는 것을 커다란 문제로 지적하 고 있다.15) 그러나 천주교와 개신교는 그 뿌리가 같으며, 천주교 신자만이 아니라 개신교 신자들 역시 훌륭한 신앙의 소유자임을 받아들여야 함을 강조한다. 그것은 선교사에게도 마찬가지라고 말한다. 선교지역에서 고국 에서보다 서로 더 친해지기가 쉽다고 한다. 때문에 천주교 신부가 개신교 목사에게 호감을 가지는데 그렇게 놀랄 필요가 없다고 말한다.

그러므로 그는 신사참배거부운동에 있어서는 서로 다른 입장을 보일 필요가 없다고 보았다. 만일 신사참배 문제에 대해 천주교와 개신교가 그대로 갈라진 채 대응한다면 일제와 같은 이교도의 승리에 도움을 준다 는 것이다. 이에 나치에 대항한 독일의 한 추기경의 활동을 예로 들고 있다. 히틀러가 정권을 잡은 이후 그는 타협을 거부하면서 천주교와 개신 교의 상호협력을 요구하며 나치의 이교주의에 대항하는 공동전선을 펴나 갔다고 한다. 따라서 신사참배거부운동을 통해 천주교가 개신교와 제대로 협력해 나갈 수 있다면 현재 상호간에 가장 큰 걸림돌 중의 하나인 일치 결여의 문제까지도 새롭게 접근해 나갈 수 있을 것이라고 생각하였다.

---

15) 당시 천주교와 개신교의 상호인식에 대해서는 신광철, 「천주교와 개신교」, 1998이 참고된 다.

당시 천주교와 개신교의 관계를 깊이 고려하면서 콜만 신부가 우선적으로 제기한 것은 어느 한 쪽이든 서로 도와 용기를 주는 것이 좋은 방법이라고 말한다. 그것은 대부분 그들에게 비공식적으로 통보하는 일로 이루어졌다. 이를 통해 그는 그들에게 용기를 주고 신사참배 거부에 대한 통찰의 기회를 주며 힘껏 그 일을 신중하게 다루도록 충고하였다고 한다.

이에 그가 직접적으로 경험한 사례를 소개하고 있다. 그는 신사참배 거부운동으로 조사를 받고 있던 개신교 신자에게 용기를 주어 어려움에서 벗어나게 해주었다고 한다. 열심히 자신의 처지를 변호하고 있던 한 개신교 남자 신자가 상당히 긴장을 하는 모습을 보이자 콜만 신부는 그에게 당신의 주장을 계속하십시오, 그러나 서두르지 마십시오 라고 말하며 용기를 주었다는 것이다. 그것은 그냥 돕고 싶었기 때문이라고 그 이유를 설명하고 있다. 그리고 그 개신교 신자가 천주교는 어떻게 할 것이오 라고 다시 물었을 때, 그는 천주교 역시 참석하지 않을 것이며, 1715년이래 신사참배를 금지하는 법을 가지고 있기 때문이라고 대답해주었다고 한다. 이에 그 개신교 신자는 콜만 신부의 말을 인용하여 다른 신자들에게 천주교 신자들조차 나가지 않을 것인데, 그것은 그들이 만든 금지하는 법에 바탕을 두고 있다고 말하였다고 한다. 뒤에 그 개신교 신자가 말했듯이 콜만 신부의 말이 커다란 힘이 되어 당시의 어려움을 극복할 수 있었기 때문이다. 그래서 그는 자기들의 경우 천주교가 합세하여 저항함으로써 그 상황이 훨씬 호전될 수 있었음을 단번에 이해할 수 있었다고 한다. 따라서 콜만 신부는 어느 한 쪽이 아니라 두 집단에 의해 일제히 이루어진다면 그것의 실질적 가치가 거의 기하학적 비례로 증가할 것임을 역설하였다.

그는 신학적으로 개신교 신자들에게 용기를 주는 것이 천주교에게 어떤 유익을 가져오게 하는 것인가의 문제와 무관하게 그 자체로서 선한 일이라고 주장한다. 그리고 실제로도 천주교에 도움을 줄 수 있다고 설명한다. 그는 이곳 평양에서 다양한 교육제도를 갖춘 개신교 학교들이 참여하기보다 차라리 문을 닫을 정도로 고통을 당한다면 그들이 천주교보다 당국을 더 당황케 할 것이라고 설명한다. 이러한 특정한 상황에서는 천주교가 그들을 돕는 것보다 오히려 개신교가 천주교에게 더 도움을 줄 수 있는 양상으로 전개될 수도 있다는 것이다. 한편 그는 상호간에 견고하게 일치를 유지할 수 있느냐는 우려에 대해 그러한 문제보다는 내부의 분열이 오히려 더 큰 문제가 될 수 있음을 지적하고 있다. 그리고 천주교가 3·1운동이나 안중근 의사의 문제에서 보여주었듯이 한국 민족의 현실적 관심사에 매우 소홀히 해 온 것이 서로 간의 이해에 오히려 도움을 주지 못했음을 지적한다. 그러므로 불필요한 문제에 관심을 쏟기보다는 신사참배거부운동이라는 최고의 관심사에 서로 힘을 모아야 한다고 말한다.

그러나 콜만 신부의 이러한 입장은 평양교구와 메리놀 외방전교회 본부에서 논란이 되었다. 평양교구에서 비공식적으로 개신교와의 협력을 통해 신사참배거부운동을 벌이고자 노력하고 있음에도 불구하고 천주교를 부정하는 개신교측의 비판이 계속적으로 일어났기 때문이다. 이것은 신사참배 문제와 상관없이 선교방침으로 개신교와의 관계를 개선하고자 나름대로 노력해온 교구장 모리스 몬시뇰의 입장을[16] 어렵게 만든 것이었다. 이에 모리스 몬시뇰은 콜만 신부의 이른바 협력이라고 부른 문제에 대해 그것이 현명한 방법인가에 대해 의문을 제기하기에 이르렀다. 현재 한국 천주교가 개신교보다 일제 당국과 좀 더 나은 관계를 유지하고 있는데, 천주교를 비판하는 개신교와 공동전선을 편 결과 그러한 이득까지를 상실하는 것은 어리석은 일이라고 보았기 때문이다. 그러나 이교도들과의 협력보다 개신교 신자들과의 협력이 덜 심각하다는 콜만 신부의 조언을

---

[16] 이 점에 대해서는 김수태, 「메리놀 외방전교회의 진출과 활동」, 『부산교회사보』 22, 1999 ; 『한국사회사연구』, 2003을 참고할 것.

듣고서 그는 견해를 수정했다고 한다. 이와 달리 신사참배 거부운동을 크게 비판한 드라우트 신부의 경우 개신교와의 협력이 신학적 방침의 기초적 사항을 위한 배려로 해석되어야 하는데, 일반적인 경우 모두 동일하다는 결론이 나지 않는 한 개별 교구의 권한을 넘는 일임을 지적하였다. 그래서 금지령을 통해 콜만 신부의 활동에 제동을 걸었던 것이다. 그럼에도 불구하고 콜만 신부는 되돌아 볼 때 아마도 자신의 행동이 옳았음을 점점 느끼고 있다고 하면서, 만일 천주교가 올바르게 대처하고 있고, 개신교 역시 올바른 일을 한다고 주장한다면 어떤 물리적 협력은 불가피하다고 말하였다.

이상에서 살펴본 것처럼 평양교구의 신사참배거부운동은 개신교와의 관계 속에서 진행되었다고 보아도 좋을 것 같다. 또한 그것은 일제의 종교 분열정책을 고려할 때 매우 적절한 대응으로 생각된다. 따라서 1930년대 개신교와의 새로운 관계를 모색하였던 평양교구의 또 다른 모습을 신사참배 거부운동을 통해서 엿볼 수 있다고 하겠다.[17]

Ⅳ. 신사참배거부운동의 좌절

4년 동안이나 지속된 평양교구의 신사참배거부운동이 결국 좌절되게 된 원인은 어디에 있는 것일까. 과정과 함께 그것을 살펴볼 필요가 있다.

메리놀 외방전교회 코너스 신부에 의하면 한국 천주교의 신사참배거부운동이 어려움을 겪는 가장 주된 이유로 교회가 분열된 모습을 보였다는 사실을 들고 있다.[18] 우선 신사참배 거부문제를 둘러싸고 드러난 한국 천주교회의 교구 상호간의 대립을 들 수 있을 것이다. 거기에는 각 교구가

---

17) 개신교 측 관련자료를 비교 검토를 하지 못한 것이 이 연구의 한계라고 할 수 있다.
18) 콜만 신부의 글에서도 이 점이 강조되고 있다.

속한 전교회의 입장이 크게 반영되었다. 1932년 평양교구에서 신사참배 거부운동이 활발히 전개될 무렵 파리 외방전교회가 관할하던 뮈텔 주교의 서울 교구에서 신사참배를 거부하는 입장을 수정하여 그것을 허용하는 방향으로 새로운 변화기 일어났기 때문이다. 1932년 판 『천주교 요리』의 수정을 통해서 구체적으로 표현되었다19). 그리고 신사참배에 대해 파리 외방전교회가 관할하던 한국 소속 교구의 입장을 통일시켜 나가기로 하였던 것으로 보인다. 그것은 그동안 파리 외방전교회 내부에서도 계속적으로 신사참배를 거부해 오던 대구교구의 드망즈 주교를 향하였을 것으로 생각된다.20) 파리 외방전교회의 이러한 변화에 대해 일반적으로 1932년 5월에 이루어진 파리 외방전교회 총장 신부의 한국방문이 영향을 주었을 것으로 이해하고 있다.21) 한국뿐만 아니라 일본까지를 관할하고 있던 파리 외방전교회로서는 일본이나 한국의 사정보다 파리 외방전교회 회원들 간의 협력과 일치가 더 중요한 것이었다는 것이다.

그러나 모리스 몬시뇰이 관할한 메리놀 외방전교회의 평양교구는 신사참배를 거부하는 독자적인 움직임을 걸어나갔던 것으로 보인다. 1922년 이래 한국 천주교회의 입장이었으며, 로마로부터 승인을 받아 1932년에 발간된 『한국교회 공동지도서』의 가르침을 그대로 따르기를 요구하였던 것이다. 그리고 다른 교구장들에게도 그와 같은 입장을 취하기를 촉구하였다. 그러나 평양교구는 무엇보다도 파리 외방전교회 회원들과의 태도변화를 위하여 노력하였다. 이러한 사정은 콜만 신부의 두 번째 글에 잘 나타나고 있다. 그들이 입장을 바꾸게 된 이유를 정확히 알 수 없지만,22)

---

19) 윤선자, 「1930년대 일제의 종교통제정책 강화와 천주교회의 황국신민화 과정」, 259쪽.
20) 1930년대 대구교구의 움직임에 대해서는 윤선자, 위의 글, 259~260쪽.
21) 윤선자, 위의 글, 260~261쪽.
22) 이 점에 대해서 정동훈은 앞의 논문, 7쪽에서 솔직한 기록을 남기고 있는 메리놀 외방전교회와 달리 파리 외방전교회의 선교사들은 후대에 자신들의 기록이 공개될 것까지를 염두에 두고 썼기에 신사참배를 용인하게 되는 과정에 대해서는 자세한 기록을 발견할 수 없었다

한국 천주교회의 체면을 세우기 위해서라도 그들의 태도변화가 필요한 일이라는 것이다. 또한 평양교구가 한국 천주교회에서 신사참배 거부문제를 지속적으로 전개하기 위해서는 파리 외방전교회의 협력이 필요하였을 것이다. 그러나 파리 외방전교회는 그것을 협의할 필요가 없다며 그러한 요구를 받아들이지 않았던 것으로 보인다. 때문에 콜만 신부는 개신교 신자와 천주교 신자가 이 문제에 동의할 수 있는데, 같은 사제직을 수행하는 이들 사이에 친구로서의 토론도 불가능하다는 말이냐고 반문하며 안타까워하였다. 그리고 현세적인 이익을 위하여 자기나라 정부에 지나치게 의존하는, 때로는 지지까지 하는 선교사들 편에 합세할 마음이 없다고까지 한다. 따라서 교구마다 신사참배에 대한 입장의 차이를 보여준 한국 천주교회의 내부적인 혼란상태는 1935년까지 계속되었던 것으로 보인다. 그것은 원산교구는 1934년까지, 연길교구의 경우에는 1935년까지 신사참배가 허용되는 것을 받아들이지 않았던 사실에서 알 수 있다.[23] 콜만 신부에 의하면 이러한 현상은 한국 천주교회의 교계정책이 정상적인 상태에 놓여 있지 못함을 드러내주는 것으로 이해한다.

그러나 이와 같이 평양교구를 중심으로 신사참배거부운동이 계속적으로 전개되고 한국 천주교회의 교구별 입장 차이가 드러나자, 주일 교황사절이 이 문제에 개입하기 시작하였다. 1932년 10월 무니 주일 교황사절은 신사참배를 허용하는 히로시마 교구장 로스 몬시뇰의 견해를 담은 글을 한국의 천주교회에 보내게 된다. 그러나 같은 달 평양교구는 교구장인 모리스 몬시뇰의 허락 하에 중화 본당의 콜만 신부가 로스 몬시뇰의 글에 대한 반대의견서인 "신사참배 : 카이사르의 것은 카이사르에게"를 주일 교황사절에게 제출하였다. 이를 통해 그것은 로마 교황청의 승인을 바탕

고 한다.
23) 윤선자, 앞의 글, 259쪽. 콜만 신부의 1932년도의 글에서는 원산교구의 신사참배 거부운동 사례가 또한 언급되고 있다.

으로 이루어져야 함을 강조하였다. 그것은 평양교구의 신사참배거부운동을 이론적으로 체계화한 것으로, 평양교구의 신사참배거부운동이 더욱 적극적으로 이루어질 것임을 알려주는 것이었다.

이후 1933년 1월 무니 주일 교황사절은 교령을 통해서, 그리고 같은 해 3월 6일부터 16일에 있었던 교구장 연례회의를 통해서 한국 천주교회가 신사 참배문제에 대한 주일 교황사절의 의견을 따를 것을 기대하였다. 그러나 1933년에 들어와서도 평양교구의 입장은 크게 바뀌지 않았는데, 평양교구 소속 메리놀 외방전교회 선교사들의 반대 움직임이 계속되었기 때문이다. 그 결과 평양교구는 한국 천주교회의 다른 교구와의 뚜렷한 입장차이 뿐만 아니라, 이제 주일 교황사절과 대립하는 새로운 양상을 보이게 되었다. 결국 1934년에 들어와서 주일 교황사절 마젤라 대주교의 요청에 의하여 메리놀 외방전교회 본부가 직접적으로 개입하게 되었다. 이에 부총장 드라우트 신부가 한국방문을 하게 된다. 그는 주일 교황사절의 입장을 충실히 따랐던 인물로서, 그의 방문 이후 평양교구 메리놀 외방전교회 선교사의 내부분열이 일어나게 되었다.

1934년 5월 15일 평양교구의 메리놀 외방전교회 평의회는 주일 교황사절인 마젤라 대주교의 요구에 의해 평양교구를 방문하게 되는 전교회 부총장 드라우트 신부의 입국에 앞서 천주교 신자 학생의 신사참배 불허를 문서화하였으며, 자기들의 결의안이 드라우트 신부를 통해서 주일 교황사절에게 전달되기를 희망하였다. 그리고 5월 28일 콜만 신부는 신사참배에 대한 새로운 메모를 작성하기 시작하였다. 그것은 1932년에 작성한 소견의 부연 형식으로 기록되었다. 5월 30일경 평양교구를 방문한 메리놀 외방전교회 부총장 드라우트 신부에게 평양교구 메리놀 외방전교회 소속 신부들은 자신의 반대주장을 피력하였으며, 교구장 모리스 몬시뇰도 다른 교구장과 함께 행동하기로 하였던 동의를 무시하고 신사참배를 계속 거부하였다. 이러한 논의 속에서 콜만 신부는 5월 31일과 6월 2일자로 소견을 계속 메모 형식으로 부연하였다.

이때 그는 그러한 결정은 로마 교황청에 의해서만 가능하다는 입장을 재천명하였다. 그렇지 않으면 주교나 장상의 말을 그대로 따를 수 없다는 것이다. 이때 뮈텔 주교의 예를 들고 있다. 뮈텔 주교가 안중근 의사에게 성사를 준 신부에게 사제직 기능 수행정지를 내리자, 그 신부는 로마에 상소했고, 교황청은 그가 옳았고, 주교가 잘못되었다고 판결했던 것이다. 이에 그는 정치적 평화를 위해 열성을 다했던 주교가 윤리 신학의 가장 기초적인 하나를 잊었기 때문이라고 비판하였다.

평양교구를 방문하였던 부총장 드라우트 신부는 6월 11일자 서한을 통해서 평양교구의 메리놀 외방전교회 신부들의 의견을 받아들이지 않고, 모리스 몬시뇰에게 오히려 태도 변화를 요구하였다. 그는 신사참배가 비록 표현에 있어서는 때로 종교적이기도 하지만 항상 애국적인 것이라고 한다. 그리고 일본 당국자가 평양교구의 움직임이 한국인들을 선동하는 것으로 인식하고 있음을 알리며, 우리의 태도로 일본 제국에서 교회의 미래가 거부된다면 얼마나 유감스럽게 될 것이냐고 질문하면서 우려의 뜻을 전달하였다. 그러나 이러한 상황 변화에도 불구하고 코너스 신부는 한국의 천주교 신자들이 신사참배를 할 수 없다는 서한을 일본 관리에게 제출하였으며, 모리스 몬시뇰은 9월 7일과 11월 9일자로 중국의례 반대의 견서 자료를 본부에 제출하여 자신들의 입장을 뒷받침하려고 노력하였다.

한편으로 모리스 몬시뇰은 9월 16일에 이르러 자신들의 입장과 메리놀 외방전교회 본부의 의견을 서로 만족시킬 수 있는 절충안을 논의하기 시작하였다. 지역신문에 애국적인 동기에서 나오는 시민적 의무감 차원에서의 예절에는 우리가 참석할 것이라는 점을 주지시키며, 우리의 학생들에게 국기를 가지고 다니면서 신사에 절을 하기 보다 국기에 절하도록 가르치게 한다는 것이다. 그러나 기본적인 입장은 역시 신사참배 거부였다. 그것은 9월 17일 천주교 학교에 또다시 신사참배가 요구되자, 천주교 학생들로 하여금 미리 대열에서 빠져나오도록 한 사실에서 잘 알 수 있다. 그러나 이 무렵 평양교구의 신사참배거부운동이 새로운 국면에 들어갔음은 분명한 것 같다. 9월 22일에 들어와서 진남포에서 열린 추모식에서 평양 천주교 학교장으로 하여금 천주교 학생이 아니라, 이교도 학생들을 데리고 가서 참석하게 하는 등 절충적인 입장을 실천하였기 때문이다. 모리스 몬시뇰은 이러한 절충노력이 콜만 신부와 함께 신사참배거부운동에 적극적이었던 스위니 신부에게 양심의 가책을 주지 않았다고 언급한다.24) 이것은 교구장으로 선교지역의 선교사와 본부의 임원들과의 갈등을 최소화하려는 모리스 몬시뇰의 노력에서 나온 것으로 생각된다.

이러한 가운데 1935년에 들어오면 평양교구의 모리스 몬시뇰은 신사참배 문제에 대해서 더욱 실용적인 노선을 추구하고자 하였다. 물론 2월 12일자 코너스 신부가 드라우트 신부에게 보낸 서한에 보이듯, 거듭 신사참배에 대한 거부입장을 밝히면서 한국 교구장 전체가 그것을 용납할 수 없다는 입장을 밝히면 그것이 가능하다는 희망을 드러내기도 하였다. 이때 정부 관계자들이 작년 9월 진남포에서 보여주었듯이 한국에 있는 천주교 학교에 대하여 예외조항을 얻을 수 있다는 것이다. 이러한 가운데 평양교구의 메리놀 외방전교회 소속 신부들 사이에 신사참배거부운동을 둘러싸고 분열하는 양상이 심각하게 나타나게 되었다. 코너스 신부의 서한에서도 나타나고 있지만, 4월 17일자 서한을 통해 모리스 몬시뇰은 신사참배거부운동에 완고한 중심인물 몇몇이 총장 신부에게 자신에 대한 정보가 제공됨을 언급하고 있는 것이다. 이제 신사참배거부운동을 둘러싸고 평양교구 내의 메리놀 외방전교회 소속 선교사들이 강경파와 온건파,

---

24) 그러나 콜만 신부는 이러한 절충안에 대해서도 비판적이었다.

그리고 본부의 입장을 충실히 따르는 그룹으로 구분되어 대립하게 되었다.

이런 가운데 6월 모리스 몬시뇰은 주일 교황사절의 호출을 받아 일본을 방문하게 된다. 이러한 상황 전개는 그의 신사참배 거부태도를 더욱 누그러지게 만들었다. 그것을 더욱 촉진시킨 것은 메리놀 외방전교회 총장인 월시신부가 모리스 몬시뇰에게 평양교구의 움직임에 대해 우려를 표시한 7월 30일자 서한이었다. 평양교구의 선교사들이 주일 교황사절의 지시에 따르지 않는 것은 문제라고 지적하며 명령을 따를 것을 지시하고 있다. 그리고 평양교구의 신사참배거부운동이 메리놀 외방전교회와 일본의 관계에 부정적인 영향을 준다는 사실을 지적하였다. 그리고 마침내 그동안 신사참배 거부운동을 가장 강력하게 주장해온 콜만 신부를 다른 지역으로 옮기는 조치를 취하였다. 이제 모리스 몬시뇰은 그러한 본부의 조치를 별다른 반발 없이 받아들이게 되었다.

이와 함께 평양교구의 메리놀 외방전교회 신부들의 희망과는 다른 방향으로 한국 천주교회 교구장들의 의견 수렴이 이루어지게 되었다. 8월 31일 모리스 몬시뇰은 서울과 원산의 교구장들과 대화 나누었고, 새로운 반대 움직임이 자신의 관할지에서 일어나지 않았음을 해명하였다. 그리고 10월 3일부터 6일까지 평양 서포에서 주일 교황사절이 참석한 가운데 열린 한국 천주교회 연례 교구장 회의에서 신사참배를 허용하는 것으로 만장일치로 의견을 모았다. 이때 모리스 몬시뇰은 평양교구가 지금까지 다른 교구에 비해 좀 다르면서도 엄격한 입장을 고수했다는 사실을 해명하면서, 교황사절과 다른 교구장들과 동석했던 최근의 회의 이후 훨씬 앞으로 나아가 그들과 보조를 맞출 태세가 되었음을 언급한 뒤, 무엇보다도 교회의 일치가 중요하기 때문에 연로하고 경험이 풍부한 다른 교구장들의 지도를 받으며 함께 하기로 한다는 입장을 밝혔다.[25]

그러나 모리스 몬시뇰은 10월 10일자로 총장신부에게 보낸 편지를 통해 교황사절의 희망에 따른 이러한 접근책을 평양교구의 메리놀 외방전교회 신부들이 그대로 받아들이지 않는 어려움을 호소하였다 교구장회의에서 만장일치로 동의한 행동방침에 대한 반발이 평양교구의 선교사들에 의하여 계속되었기 때문이다. 콜만 신부는 고정된 이론적 원칙들을 선포하며, 옛 신학교 시절에 그들을 가르쳤던 교수로서의 영향력을 발휘하고 있었다. 레오·스위니 신부 역시 다른 선교지와 달리 평양교구가 고수해온 배타적인 태도를 바꾸지 않았다. 그래서 참사회에서 모리스 몬시뇰이 그러한 입장에서 물러날 의사를 밝히자 이들은 압력에 의하여 굽힌 것으로 생각하고 교구장을 심하게 테스트하였던 것이다. 이에 모리스 몬시뇰은 교구장회의에서 만장일치로 동의한 행동방침과 조화를 이루지 못하는 교구소속 신부들의 처리에 고심하게 된다. 이때 그는 콜만 신부 등을 상황변화를 파악하지 못하는 극단론자로까지 언급하고 있다. 따라서 그는 교구장회의의 결정을 따르지 않을 경우 그 문제로 말미암아 집안이 갈라지는 원인이 된다는 주장까지를 펴야만 하였다. 그는 평양교구 메리놀 외방전교회 소속 신부들로 하여금 더 이상의 분열이 일어나지 않도록 하는 한편, 교구장들이 도달한 만장일치의 견해에 메리놀 선교사들이 함께 맞추어 갈 수 있도록 하는 가장 부드러운 조치를 취하게 되는데, 그것은 스위니 신부의 10주년 맞이 휴가와 코너스 신부의 소임 변경으로 나타났다. 따라서 이러한 변화는 평양교구장으로서 그동안 신사참배 거부운동을 이끌어오던 모리스 몬시뇰의 좌절이라고 말할 수 있다. 동경과 한국 천주교회로부터의 다양한 형태의 압력과 지시에 그가 결국 굴복한 것으로 이해할 수 있을 것이다. 이와 함께 그의 교구장직 사임을 의미하는 귀국이 언급되기 시작하였다.

---

25) 한국 천주교수용 150주년 기념식을 개최하는 등 평양교구의 가톨릭 운동이 최고로 추구되는 시절에 이러한 결정이 이루어지고 있어 매우 역설적인 현상이라고 말할 수 있다.

그러나 1936년에 들어가면 모리스 몬시뇰은 교구차원에서 신사참배를 허용하는 조치를 더욱 뚜렷이 취해야만 했다. 즉 교구장회의에서 약속한 것처럼 훨씬 앞으로 나아가야만 했던 것이다. 1월 17일 도청에서 의무적 신사참배는 전혀 종교적이 아니며 참석해 할 학생들의 마음에 애국심과 충성심을 심을 목적뿐이라는 공식 성명이 나왔는데, 여기에 천주교의 호의가 삽입되었다. 이와 함께 1월 23일자와 27일자 서한에서 메리놀 외방전교회 본부에서는 신사참배 문제에 여전히 영향력이 있는 콜만 신부로 하여금 더 이상 이 문제에 관심을 가지지 않도록 만드는데 성공하였음을 알리고 있다. 그래서 그가 자신의 반대주장을 철회하였으며, 그러한 태도 변화가 알려지기를 희망하였다고까지 언급되었다. 그러나 평양교구에서는 모리스 몬시뇰의 태도변화에 대한 내부의 반발이 계속적으로 일어났다. 메리놀 외방전교회의 지부장이 로마에 모리스 몬시뇰에 대한 보고서를 올렸기 때문이었다. 모리스 몬시뇰이 여전히 신사참배와 관련된 정책 수행을 반대했다는 것이다. 또한 1월 29일 천주교의 애국적 신사참배소 예식에의 참여문제는 시 당국자들과 참여를 거부하는 개신교인들 사이에 상당히 언짢은 감정을 유발시키게 만들었다.26)

이러한 가운데 메리놀 외방전교회 본부는 2월 13일자 드라우트 신부의 서한을 통해 신사참배들의 애국적 성격에 대한 가톨릭의 태도를 호의적으로 인용 보도한 신문에 아주 만족해한다. 그리고 그것이 계속적으로 확정되기를 요구한다. 이에 2월 19일과 20일에 열린 메리놀 외방전교회의 서포 회의에서 모리스 몬시뇰은 일본 정부가 신사참배의 성격에 관해 한글과 영어로 명백한 선언을 발표했으므로, 선교사들 역시 신사참배에 관해

---

26) 평양교구의 신사참배 거부운동의 좌절이 평양지역의 개신교에 미친 영향을 엿볼 수 있을 것이다 상당한 영향을 주었을 것이다. 1936년의 개신교 교장들의 사임, 그리고 1938년 학교의 폐쇄, 그리고 뒤이어 나타나는 주기철 목사들의 신사참배 거부운동과의 연관성을 살펴볼 필요가 있을 것이다.

신자들에게 충고할 것을 요구하였다. 그리고 학교 등의 문제로 당국을 상대할 때 매우 신중해야 한다고 충고하며, 일본의 모든 국경일에 일장기의 게양도 촉구하였다. 특히 콜만 신부의 예에서 보이듯이 선교사들이 개별적으로 일본의 애국주의를 다룰 때에는 상당히 조심해야 하며, 그로 인해 선교사업과 그 결과로서 불멸의 영혼을 구원하는데 악평을 몰고 오지 않도록 해야 함도 지적하였다. 끝으로 신사참배에 관한 맥컨 박사의 사례를 다루는 1936년 1월 22일자 서울신문 기사를 낭독하였다. 이로 말미암아 한국 천주교회에서 끝까지 홀로 신사참배거부운동을 벌이던 평양교구의 움직임이 모두 정리되었다.

평양교구의 변화와 이러한 조치는 이제 공식적으로 한국 천주교 신자 전체의 신사참배 문제를 정리하는 계기를 만들어주었다. 1936년 4월 12일 한국 천주교회는 『경향잡지』를 통해 천주교 신자들의 신사참배를 공식적으로 허락하였던 것이다. 이를 통해 주교와 신부 또한 평신도 사이에 그동안 매우 혼란스럽고 복잡한 모양으로 전개되었던 신사참배 문제가 정리된 것이다. 그리고 이어 그것은 1936년 5월 26일 신사참배에 관한 교황청 포교성의 훈령을 통해서 또한 확인되었다. 평양교구 소속 메리놀 외방전교회 소속 신부들이 마지막까지 기대하였던 교황청의 조치는 그들의 바람과는 다른 방향으로 결론이 났던 것이다. 이와 함께 교구장으로 임명된 후 신사참배 거부운동의 중심에 놓여있었던 모리스 몬시뇰이 교구장의 사임이 검토되었다. 1936년 7월 28일 한국의 상황을 논의한 참사회의에서 평양교구에서 명확하고 즉각적인 변화가 필요하다는 모리스 몬시뇰의 요청을 받아들인 것이다. 이에 그는 7월 31일자로 평양교구장직에서 물러났다.

맺음말

이상에서 1930년대 평양교구에서 전개된 신사참배거부운동을 새로운 각도에서 접근해 보았다. 간단히 요약해보면 다음과 같다.

평양교구에서 신사참배거부운동이 시작된 시기는 메리놀 외방전교회가 평양지역에 진출한 1920년대 중반 이후의 일로 생각된다. 그러나 이러한 거부운동은 교구장을 비롯해서, 교구 소속 메리놀 외방전교회 선교사들에 의하여 1930년대에 들어와서 본격적으로 전개되었다.

평양교구의 신사참배거부운동은 한국 민족의 올바른 발전과 깊은 관련을 맺고 전개되었다. 신사참배를 일제의 종교정책과 관련된 것으로 순교정신을 바탕으로 하는 한국 천주교회의 토대를 깨뜨리는 것으로 이해하였다. 이와 함께 국가의 신격화를 추구하며 한국을 철저히 지배하려는 일본 제국주의의 본질이 그 바탕에 놓여있다고 비판하였다. 때문에 평양교구의 신사참배거부운동은 한국인 신부와 신자들의 뒷받침 속에 이루어질 수 있었다.

이때 평양교구의 신사참배거부운동이 개신교와의 일정한 연대성을 가지고 이루어졌다는 사실이 새롭게 파악된다. 일제의 신사참배 강요정책에 대항하기 위해서는 전 세계 사람들의 공동전선과 협력이 필요하다는 평양교구의 입장에서 시도된 것이었다. 이러한 분위기는 일제로 하여금 그런 종류의 협력이 앞으로도 계속해서 발생하리라는 두려움을 가지게 만들었다. 그러나 개신교의 천주교 비판이 계속적으로 일어나자, 비공식적으로나마 개신교와의 협력을 통해 신사참배거부운동을 벌이고자 노력하였던 평양 교구의 노력은 그대로 추진될 수 없었다.

한편 평양교구의 신사참배거부운동은 일제의 노력도 있었지만, 그러한 움직임에 제동을 걸려는 여러 시도가 나타나면서 복잡한 양상을 띠게 되었다. 평양교구를 제외한 한국의 다른 교구장들이 여기에 반대하였으며, 또한 메리놀 외방전교회의 선교사와 주일 교황사절 및 외방전교회 본부와의 갈등이 계속해서 일어났던 것이다. 이에 메리놀 외방 전교회의 선교사들은 반발하는 움직임을 보였지만, 1936년 4월 한국천주교회가 천주교 신자들의 신사참배를 공식적으로 허락됨으로써 평양교구의 신사참배거부운동은 끝내 좌절되고 말았다.

- 투고일 : 1월 7일, 심사완료일 2월 20일
- 주제어: 카톨릭, 평양교구, 신사참배거부운동, 개신교,
  메리놀 외방전교회, 모리스 몬시뇰, 콜만신부

The Movement of Rejecting Shinto Worship in the Pyongyang Parish in the 1930s

Kim, Soo Tae

The movement of rejecting Shinto worship in the Pyongyang Parish started from the middle 1920s, and widely spreaded in the 1930 by the effort of Maryknoll missioners. The movement was processed in a close tie with Korean nationalism: since the Shinto worship was enforced in terms of Japanese colonial policies, it was regarded as destroying the foundation of Korean Catholic of religious martyrdom. Many Korean priests and Catholic Christians supported and participated in the movement.

Also, the present paper recognizes the tie between Catholic and Protestantism in the movement in the Pyongyang Parish. It is considered that a common battle line was required against the Japanese Shinto worship policy. However, this tie and the effort of the Pyongyang Parish could not continue due to the Protestant criticism of the Catholic. The movement rejecting Shinto worship in the Pyongyang Parish became complicated and faced various challenges and confrontations including disagreements from other parishes. The tension between the Maryknoll missioners and delegates of Pope in Japan became exacerbated in the middle 1930s. The movement came to an end in April, 1936, when the Korean Catholic Church officially allowed the Shinto worship.

> Key Words: Shinto worship rejection, Maryknoll Missionary, Catholic. Protestant. Pyongyang Parish.

일반논문

구한말 '기독교 민족주의' 논의

박 정 신*

―― 목 차 ――
머리말
I. 우리 학계의 기독교와 민족주의논의
　- 독립협회운동을 보기 삼아 -
맺음말

머 리 말

대체로 우리 역사학계는 기독교에 대하여 냉담하다. 외세에 짓밟히고, 그래서 거기서 벗어나려는 울부짖음으로 점철된 우리의 근, 현대사를 연구하는 이들은 서양에서 온 이 종교를 일단 색안경을 끼고 본다. 서양 제국주의의 거센 물결을 타고 이 땅에 들어온 까닭에 아예 기독교를 '서양 제국주의의 앞잡이'로 보는 이들도 있다.[1]

---

* 숭실대학교 기독교학과 교수
1) 아래 논의는 최근에 나온 나의 글, *Protestantism and Politics in Korea* (Seattle and London: University of Washington Press, 2003)의 1장과 4장 그리고 「기독교와 한국역사--그 만남, 물림 그리고 엇물림의 사회사」, 유동식 (들), 『기독교와 한국역사』 (서울: 연세대학교 출판부, 1996), 161-214쪽을 볼 것. 아래 글은 나의 논문집, 『근대한국과 기독교』 (서울: 민영사, 1997), 181-235쪽에도 실려있다.

이런 부정적인 시각은 우리 학계에만 있는 것이 아니다. 그것은 서양선교사들이 활동한 중국, 일본 그리고 인도와 같은 다른 피선교지에도 널리 퍼져 있다. 이러한 시각을 가진 이들은 서양선교사들의 오만한 태도와 세속적 활동을 지적하기도 하고 그들의 '제국주의적 정치활동'을 거론하기도 한다. 중국 사람들에게 기독교를 전해준 이들이 자기들을 괴롭히는 서양 제국주의자들이고, 인도 사람들에게 기독교를 전해준 이들이 자기들을 짓밟고 있는 식민세력이었기 때문에 이 종교에 부정적인 견해를 가지는 것은 어쩌면 당연한 것처럼 보인다.2)

그러나 기독교에 대한 이 같은 부정적인 시각을 그대로 우리의 근, 현대사에 적용하는 것은 몰(沒)역사적이다. 물론 최초의 선교사 알렌 (Horace N. Allen)과 같은 선교사들이 선교활동을 하며 돈벌이에 나서고, 일본이 조선 사람들의 '적'으로 떠오를 때 일본과 친화적 관계를 가지고 활동한 선교사들도 있었다는 사실을 우리는 빠뜨리지 말고 보아야 한다.3) 그렇다고 하더라도, 더 나아가 선교사들이 진실로 서양 제국주의의 '앞잡이'로서 활동하였다 하더라도 우리의 특수한 역사적 상황은 기독교가 재빨리 뿌리 내리고 가지쳐 뻗어나게 하였을 뿐 만 아니라 '제국주의의 앞잡이'가 아니라 우리 민족과 더불어 고난의 길을 가게 하였다. 여기에서 우리는 우리 민족의 '적'은 기독교를 전해준 서양 제국이 아니라 비(非)서양, 비(非)기독교 국가인 이웃 일본이었다는 역사적 사실을 주목할 필요가 있다. 봉건

---

2) 여러 글이 있으나 다음 글들을 볼 것. Stephen Neil, *Colonialism and Christian Mission* (New York: McGraw Hill Book Co., 1966), Ka-che Yip, *Religion, Nationalism, and Chinese Students: The Anti-Christian Movement of 1922-1927* (Bellingham: Western Washington State University, 1980), 박순경, 「한국민족과 기독교의 문제」, 변형윤 (편), 『분단시대와 한국사회』 (서울: 까치사, 1985), 345-370쪽, 그리고 강돈구, 「한국기독교는 민족주의적이었나」, 『역사비평』 27호 (1994년 겨울), 317-327쪽.

3) 보기를 들어 Fred Harvey Harrington, *God, Mammmon, and the Japanese: Dr. Horace Allen and Korean-American Relations, 1884-1905* (Madison: University of Wisconsin Press, 1944)를 볼 것.

적 옛 질서를 허물고 새 문물을 받아들여 부강한 나라를 건설하여야 한다는 것이 당시의 우리 민족사적 과제였음을 생각하면서 말이다.4)

익히 알다시피 우리 민족은 제국주의적 야욕을 드러내며 다가오고 있는 일본에 맞서 이 민족사적 과제를 달성하여야 하였다. 이러한 역사적 상황 전개가 새 문물을 갈망하는 이들에게 서양, 특히 미국 선교사들이 세운 여러 선교학교 (Mission schools)에 들어가고 그들의 종교공동체에 줄지어 들어서게 되었다. 일제 식민시대에는 전국적 조직 공동체로 떠오른 교회가 우리 민족이 서로 만나 위로하는 곳, 정보를 나누어 갖는 곳, 사회, 정치적 결사를 하는 조직기반의 기능을 하게 되었다. 기독교와 우리 민족의 '각별한 만남'은 바로 이러한 특수한 역사적 상황 전개에서 이루어진다. 기독교를 부정적 시각을 가지고 도식적으로 우리 역사를 읽으려는 몰(沒)역사적 연구태도를 경계하여야 하는 이유가 바로 여기에 있다.

우리 역사학계에서 민족운동사와 기독교를 이어 보려는 노력에 인색하다. 초월적 보편주의를 지향하는 기독교와 특수한 우리의 민족운동 사이에 있을 수도 있는 이념적, 조직적 이음새를 아예 보려하지 않는다. 우리 민족운동사에 숱하게 등장하는 기독교인들을 보면서도 말이다. 이들은 기독교인들이 그들의 신념체계와는 관계없이 조선사람으로서 민족운동에 참여한 것으로 간단하게 취급한다. 기독교라는 보편종교와 민족주의라는 특수주의가 서로 이어질 수 없다는 또 하나의 도식적 역사인식, 그래서 몰역사적 연구태도를 우리는 여기에서도 본다. 이러한 시각으로는 우리의 역사라는 특수한 마당에서 우리 민족과 기독교가 뒤엉켜 씨름하면서 엮어 놓은 그 '특수한 역사'를 읽어낼 수 없다.5)

물론 우리는 보편주의적 종교의 신념을 가지고 특수주의적 민족주의를 대항한 여러 역사적 사실을 지나치지 않는다.6) 기독교 목사 본훼퍼

---

4) 닫음 1에 있는 나의 글들을 볼 것.
5) 위에 있는 나의 영문저서 서론을 읽을 것.

(Dietrich Bonhoeffer)가 나치 독일의 인종적 민족주의와 치열하게 맞선 신념이 바로 보편적 종교인 기독교의 가르침과 이어져 있다.7) 일본제국이 천황숭배를 골간으로 하는 국가 (민족)주의를 내세울 때 무교회(無敎會)운동으로 유명한 기독교인 우찌무라 간조 (內村鑑三)는 이를 온몸으로 거부하였다. 이른바 1891년에 일어난 그의 '불경사건'(不敬事件)은 초월적이고 그래서 보편적인 기독교 신앙에서 나온 그의 신념과 이어져 있다.8) 우리가 익히 알고 있는 일제 말 식민세력이 우리에게 강요한 신사참배 (紳士參拜)를 보아도 그렇다. 일제가 식민시대 후반기에 우리 민족을 전쟁에 동원하려고 '내선일체'(內鮮一體)니 '동근동족'(同根同族)이니 하며 그들의 신사에 강제로 참배케 할 때 일단의 기독교인들이 우상숭배라며 한사코 참배하기를 거부, 숱한 고초를 당하였다.9) 바로 이들이 특수한 일제의 국가주의에 분연히 일어날 수 있었던 것은 그들의 보편적 종교, 기독교의 신앙 때문이었다. 이처럼 민족 또는 국가주의와 보편적 종교와는 서로 엉킬 수 없다는 주장을 뒷받침할 많은 역사적 사건과 사실이 있다.

그럼에도 불구하고 우리는 이러한 시각과 결론을 모든 경우에 도식적으로 적용하려는 태도를 경계해야 한다. 보편적 종교와 특수주의인 민족주

---

6) 나는 아래 글에 크게 기대고 있다. Kenneth M. Wells, *New God, New Nation: Protestants and Self-Reconstruction Nationalism in Korea, 1896-1937* (Honolulu: University of Hawaii Press, 1990) 서문을 볼 것. 웰스에 대한 나의 비판을 보기 위해서는 *Korean Studies*에 나온 서평 (17집, 1993, 157-160쪽)과 K. 웰스, 「새 하나님, 새 민족: 한국기독교와 자기개조민족주의, 1896-1937」,『해외한국학평론』창간호 (2000), 247-266쪽을 볼 것.
7) Wells, 윗글 서론을 볼 것.
8) 우찌무라 간조의 지성구조에 대한 상세한 논의는 박영신, 「일본사회의 구조와 지성인: 우찌무라 간조의 지성구조」, 박영신/박정신 옮김,『근대일본의 사회사』(Kenneth B. Pyle, The Making of Modern Japan)에 덧붙인 글 II로 259-310쪽에 실려있음. 이 글은『人文科學』37집 (1977)과 38집 (1978)에 발표되었음.
9) 상세한 것은 김승태 (엮음),『한국기독교와 신사참배문제』(서울: 한국기독교역사연구소, 1991)과 김승태 (엮음),『신사참배 거부항쟁자들의 증언』(서울: 다산글방, 1993)에서 살필 것.

의 또는 국가주의가 서로 '결연'(alliance)되거나 '용해'(fusion)된 경우도 인류역사에 숱하게 있기 때문이다. 이를테면 중동의 역사를 읽으면 이슬람이라는 종교와 아랍민족주의가 어우러진 이슬람 민족주의가 있고, 폴린드에는 캐톨릭과 민족주의가 이어져 공산체제에 저항한 솔리다리티 (Solidarity)운동으로 나타난 경우도 있으며, 신부 아글리페이 (Gregorio Aglipay)를 따르는 아글리파얀 (Aglipayan, 필리핀독립교회)과 필리핀 민족주의와 얽힌 역사도 우리는 읽는다. 이처럼 종교와 민족주의가 공동의 목적을 가질 수 있는 역사적 상황에서는 둘은 결연하거나 용해되었던 것이다. 식민지 상황이 그러하고 정치적 억압이 있을 때가 그러하다.10)

이러한 경우라 하더라도 종교와 민족주의가 식민세력이나 정치적 압제세력과 같은 공동의 '적'에 맞서 싸우는 이유나 동기가 다를 수 있고, 이 과정에서 둘이 취하는 방법과 수단도 다를 수 있다. 그래서 보편적 종교와 특수주의적 민족주의가 결연 되거나 용해되었을 경우에도 둘 사이에는 항상 긴장관계에 있다. 보편적 종교의 가르침과 특수한 지역이나 나라에 사는 이들이 종교공동체에 대한 기대 사이에 거리가 있을 수 있다는 말이다.11) 그렇기 때문에 종교적 민족주의자들의 행동 동기, 그리고 수단이나 방법이 비(非)종교적 민족주의자들의 것과 다를 수 있다는 것이다. 그러나 이러한 차이 때문에 그들을 비(非)민족적이라든가 반(反)민족적이라고 규정하지 않는다. 그러기에 역사에는 정치적 민족주의가 있는가 하면 문화적 민족주의도 있고, 경제적 민족주의가 있는가 하면 종교적 또는 윤리적 민족주의도 있는 것이다. 국수적 민족주의도 있고 자기 성찰적 민족주의도 있다.12) 그래서 한국민족주의를 연구하는 로빈슨 (Michael

---

10) Wells, 윗글 서론, 특히 2-5쪽을 볼 것.
11) 윗글, 5-8쪽을 볼 것.
12) 우리의 민족주의 논의에 있어서 유연하고 열린 시각이 필요하다는 논지를 보기 위해서는 나의 글, 「실력양성론--이념적 학대를 넘어서」, 『한국사 시민강좌』 25집 (1999년 8월), 41-66쪽을 볼 것.

Robinson)도 "민족주의란 아주 넓고 포괄적인 개념"이라고 하였다.13) 이러한 열린 시각과 포괄적인 인식태도를 가질 때 우리의 민족운동 또는 민족주의의 다양함을 읽게 된다.

I. 우리 학계의 기독교와 민족주의 논의
- 독립협회운동을 보기 삼아 -

일찍이 김양선이 한국기독교를 '민족교회'라는 시각으로 우리 근, 현대사에 나타난 중요 민족운동과 기독교를 이어 논의하기 시작했고 그를 이어 민경배, 이만열, 서굉일, 장규식을 비롯한 많은 이들이 기독교와 우리 민족사를 이으려는 학문적 노력이 있어왔다.14) 나아가 최근에는 『한국기독교의 민족주의』 그리고 『일제하 한국 기독교민족주의연구』라는 값진 연구서도 나왔고 '한국기독교민족운동'에 대한 '개념화' 시도가 이어지고 있다.15)

한규무는 '기독교민족운동'의 개념은 대략 '기독교인이 벌인 민족운

---

13) Michael Edson Robinson, *Cultural Nationalism in Colonial Korea, 1920-1925* (Seattle and London: University of Washington Press, 1988), 8-13쪽을 볼 것. 8쪽에서 따와 옮김.
14) 나는 김양선의 '민족교회' 연구의 꼴과 결을 보기 위해 「김양선의 '민족교회' 연구」라는 제목의 글을 쓰고 있다. 이 글을 쓰기 위해 그의 '민족교회' 개념과 사관은 그의 '주체적 수용사관'과 이어져 있어 「백락준과 김양선의 한국기독교사 인식--이른바 '선교사관'과 '수용사관'의 꼴과 결」, (『한국개혁신학회 논문집』 20권 (2001년 11월), 366-381쪽)을 앞서 발표한 바 있다.
15) 아래 글들이 최근 한국 '기독교민족운동' 또는 '기독교민족주의'에 대한 논의들이다. 신기영, 『한국 기독교의 민족주의』, 부산: 동녘, 1995; 장규식, 『일제하 한국 기독교민족주의 연구』, 서울: 혜안, 2001; 한규무, 「한국기독교민족운동사 연구의 현황과 과제」, 『한국기독교와 역사』 12호 (2000), 75-107쪽; 그리고 이만열, 「한국기독교와 민족운동: '한국기독교민족운동' 개념화를 위한 시론」, 『한국기독교와 역사』 18호 (2003), 115-147쪽. 이러한 글 가운데 역사학자 장규식과 사회학자 신기영의 한국기독교민족주의 논의를 자세히 보아야 할 값진 업적이다.

동'"으로 우리 학계는 생각해 왔다고 말하면서 "기독교인이 벌인 민족운동이면 다 '기독교민족운동'이라 할 수 있는가?"고 의문을 제기한 후 개념화의 어려움을 토로한 바 있다.16) 계몽운동, 독립협회운동, 신민회 등 여러 구체적인 사례를 들어 '기독교민족운동'을 꼼꼼히 논의하면서 '기독교민족운동' 개념화를 위해 고민하고 있다. 이러한 고민을 담은 한규무의 발표에 논찬을 맡은 최기영이 그의 지적 번민을 높이 사면서 "기독교민족운동을 기독교를 통하여 근대시민사회로 옮겨가는 과정"으로, "(기독교) 신앙 그 자체에만 머문 것이 아니라, 그것을 통하여 한국사회에 새로운 지향점을 찾고자 한 움직임"으로 보자고 제안하였다.17) 이 두 역사학자의 논의에서 우리 학계가 민족운동사 연구에서 기독교 공동체와의 관계가 거의 논의되지 않고 있다고 아쉬워하고 있음을 읽는다. 그 한 보기가 구한말의 독립협회운동이라고 이들이 지적했다. 나는 오래 전부터 이에 관심을 가지고 글을 써 왔는데 나의 글들이 우리 학계에 알려지지 않은 탓이라 생각이 들어 독립협회운동을 중심으로 기독교와 한국민족주의나 민족운동과의 물림에 대한 내 생각을 학문적 토의를 위해 다시 논의하고자 한다.18)

우리 학계에서 「독립협회」에 관한 연구는 비교적 활발하다. 이 가운데 대표적 업적이라고 할 수 있는 신용하의 『獨立協會硏究』(이하 '硏究'라 함)다.19) 이 '硏究'는 방대한 자료를 섭렵하여 독립협회와 그 운동에 관한

---

16) 한규무, 윗글, 85-86쪽.
17) 최기영의 논평내용은 한규무의 윗글 뒤 (119-113쪽)에 실려 있는데 따옴은 111쪽이다.
18) 달음 1에 있는 글들이 그 보기이다. 내가 미국대학에서 교수하며 연구활동을 하였기 때문에 나의 학문활동이 우리학계에 알려지지 않았을 것이라 생각한다. 그러나 나는 미국에 있으면서도 가끔 우리 글로 논문을 발표해왔고 그리고 나의 이와 같은 주장을 오래 전부터 해왔음으로 우리 학계가 나의 글들을 읽지 못하였다는 사실을 쉬이 수긍하지 못한다. 이를 여기에 적어두고자 한다. 물론 서평일은 예외다.

19) 신용하, 『獨立協會硏究』, 서울: 일조각, 1976.

역사를 체계적으로 인식하고자 한 우리 학계에서 보기 드문 역작이다. 특히 신용하는 우리 학계에서 습관화된 자료의 짜깁기 작업을 넘어서 당시 우리 학계에서 생소한 사회사의 시각과 방법으로 복잡한 역사현상을 '해석'하고 '설명'하려고 하였다. 이 연구서가 나온 이후에도 독립협회에 관한 글들이 많이 나왔지만,20) 이 '硏究'는 독립협회 및 이와 관련된 분야를 연구하는 이들에게 '고전적' 길잡이가 되어왔다.

그러나 이 '硏究'는 출판된 지 20여 년이 훨씬 지난 오늘에 사는 이들이 갖는 독립협회운동에 대한의 궁금증을 풀어 주기에는 미흡하다. 그렇게 기대하는 것이 아마 무리일 것이다. 그래서 역사는 끊임없이 새로이 씌어야 한다고 말하는 것이다. 우리 국학계에 사회사적 시각과 방법론을 소개하고 이 분야를 개척하는데 분명 남보다 앞서 있는 신용하는 이 '硏究'에서 사회사학자들이 기피하여야 하는 추상적 용어를 사용, 복잡한 역사현상을 설명하였다. 이를테면, 고급관료들을 비롯한 당시의 엘리트들의 사교클럽처럼 태동한 독립협회에 참여, 이 모임을 활성화시키고, 토론회를 개최하여 일반대중의 참여를 유도한 지식인들을 거론하면서, 또한 민중진출기와 민중주도기를 설명하면서 '신지식층'이니 '동류의 사회의식을 가진 다수의 민중'이라는 용어를 사용하고 있다.21) 물론 그는 '신지식층'을 밝히기 위해 서재필, 윤치호, 이상재, 남궁억과 같은 독립협회를 이끈 이들을 열거하면서 개신교계 지식인이니 개신유학자 그룹 따위로 분류하고 있다. 그러나 그의 이러한 노력은 이들이 이념적, 조직적 토대가 되는 종교공동체와 어떻게 이어져 있는지를 설명하지 않았다. 특히 '동류의 사회의식을 가진 다수의 민중'에 대해서는 도대체 이들은 누구이고, 무엇

---

20) 유영렬, 최덕수 그리고 주진오와 같은 역사학자들과 박영신과 같은 사회과학자들의 글이 있다. 이들의 시각과 방법론은 신용하의 '硏究'와 문론 다르고 또한 그 수준을 넘어서려는 것이다.
21) 윗글, 81-112쪽을 볼 것.

을 통해 깨어나서 적은 무리의 지식인들이 서울에서 펼치기 시작한 독립협회 활동을 알고 참여하게 되었는지에 대한 사회사적 설명을 전혀 시도하지 않았다. 바로 이러한 사회사적 질문이 시도되지 않았기 때문에 신용하는 추상적인 용어를 사용할 수밖에 없었던 것이다.

이 글에서는 독립협회 기관지인 『독립신문』의 논설 따위를 논의하지 않으려 한다. 다만 나의 논지를 살리기 위해 다음 몇 가지를 구체적으로 논의해 보고자 한다.

독립협회는 1898년에 처음으로 여덟 개의 지부, 이를테면, 공주, 평양, 선천, 의주, 강계, 북청, 대구 및 목포에 지부를 설치하였다.22) 첫 번째로 설치된 공주지부는 중앙간부인 이상재와 지석영의 요청으로 이루어졌고, 나머지 7개 지부는 모두 그 지방 도시에 사는 주민들의 열화와 같은 설치 요청에 따라 이루어졌다고 이 '硏究'는 밝히고 있다.23) 그렇다면, 도대체 이 지방도시 주민 가운데 누가, 어느 무리가 서울에서 펼쳐지고 있는 독립협회의 운동을 들어 알고, 또한 독립협회가 품고 있는 개혁의 뜻에 심정적으로 동조할 뿐만 아니라 이를 적극적으로 펼쳐 보려는 행동을 한 무리는 누구인가라는 질문으로 자연히 이어지게 된다. 이에 더하여, 부산, 인천, 대전 그리고 광주와 같은 다른 지방 도시에 사는 이들이 아니고 왜 하필이면 위의 지방 도시에 사는 이들이 유독 독립협회 지부 설치를 열화와 같이 요구하였는가도 밝혀져야 한다. 이에 대한 대답이 바로 누가 '동류의 사회의식을 가진 다수의 민중,' 다시 말해서 독립협회 운동에 적극적으로 가담하고 또 나서서 독립협회 지부를 설치한 깨어난 민중인가를 밝히는 관건이 된다. 독립협회의 조직적, 인적 토대를 밝히는 길이 여기에 있는 것이다.24)

---

22) 『독립신문』, 1898년 10월 1일자.
23) 신용하, 윗글, 88, 93-95 및 106-107쪽을 볼 것.
24) 자세한 논의는 닮음 1에 나오는 나의 영문저서 4장을 볼 것.

신용하의 '硏究'는 당시의 기독교를 단순한 종교로 여길 뿐 이 종교가 새 종교, 새 문화, 새 교육, 새 사회, 새 정치운동을 펼치는 조직공동체로 성장하고 기능하고 있었다는 사실을 지나치고 있는 것이다. 앞에서 말했지만, 바로 이 때문에, 다시 말해서 독립협회운동과 기독교라는 새 공동체와 이어서 논의하지 않았기 때문에 위와 같은 사회사적 궁금증을 풀어주지 못했다고 생각하는 것이다.

지금까지 나온 연구에 의하면, 지부가 설치된 8개의 도시 가운데 공주는 기독교에 친화적이고 이후에 이 종교로 개종한 이상재와 지석영의 요청으로 설치되었고 지부가 설치된 나머지 7개 도시 모두가 기독교가 다른 곳과는 비길 수 없는 빠른 속도로 성장하고 있던 지방 도시였다. 평양, 의주, 강계, 선천 이른바 서북지방 도시로서 이 지방은 선교 초기부터 전체 기독교인의 반 이상이 집중되어 있었고 조선 기독교계를 주도하고 있었다.25) 1910년의 장로파 교회가 전국에 687개였는데 이 서북지방에 363개가 있었다. 같은 해 통계에 의하면 2,082개 사립학교 가운데 숭실, 숭의와 같은 기독교계 인사들이 세운 근대식 학교의 거의 반에 해당하는 1,035개가 이 지방에 집중되어 있기도 하다.26) 줄여서 말하면, 이 서북지방에서 기독교라는 새로운 종교공동체가 빠른 속도로 조직, 확대되어가고 있었다. 대구, 목포 그리고 북청 역시 기독교가 급속히 성장하던 곳이다.27)

이를테면, 평양지부는 길선주와 안창호를 비롯한 17명의 이 지방 기독교 지도자들에 의해 설치되었다.28) 길선주와 안창호는 첫 집회 때 수 천명

---

25) 이광린,「開化期 관서지방과 基督敎」,『韓國開化思想硏究』(서울: 일조각, 1979) 239-254쪽 과 Roy E. Shearer, *Wildfire: Church Growth in Korea* (Grand Rapids, Mich.: William B. Eerdman Publishing Co., 1966) 4장과 5장을 볼 것.
26) 朝鮮總督府,「舊韓國官報」22집 (1910년 8월 13일), 987-998쪽. 그리고 손인수,『韓國近代敎育史』(서울: 연세대학교 출판부, 1971), 29-159쪽, 특히 29쪽을 볼 것.
27) Roy E. Shearer, 윗글 4장과 6장, 특히 카나다 선교부 (함경도), 남장로교 선교부 (호남지역) 그리고 북장로교 선교부 (대구 경북지역)의 활동을 눈여겨볼 것.
28) 김인서,「靈溪先生小傳」,『信仰生活』1933년 2월호, 26-30쪽, 특히 27쪽을 볼 것.

의 군중에게 연설하였다. 신문이나 방송이 없었던 당시 상황에서 교회와 학교라는 조직을 통해 이 군중집회계획이 알려지고 또 동원되었을 것이라고 생각하는 것은 너무나 당연한 가정이다. 이 지방에 사는 이들이 다른 지역의 사람들보다 먼저 기독교를 받아들였다는 사실은 이들이 교회와 교회가 세운 학교에서 근대 문물을 더 빨리 접하고 사회적, 정치적으로 더 일찍 깨어났음을 뜻한다. 여기에서 우리는 당시 기독교 공동체는 어떠한 곳이었는지 한번 살펴 볼 필요가 있다.

확대되어가던 당시의 기독교 공동체는 개혁적 조선 사람들로 이루어졌다.[29] 유교적 신분사회인 조선에서 유교적 체제와 이념적, 심리적 그리고 사회적으로 강하게 이어지지 않은 평민과 하층민들이 기독교라는 새 종교로 개종하였고, 유교적 조선을 개혁하여 부강한 나라를 만들어 보려는 양반들도 이 새 종교공동체에 들어왔다. 이들은 기독교가 제공하는 신분 차별을 두지 않는 신교육과 가난한 이들도 정성스레 보살펴주는 근대의료 봉사에 이끌린 이들도 있고, 1894년 청일전쟁을 통해 서양문물의 우수함을 체험한 후, 그리고 서양문물을 일찍 받아들여 전쟁에 승리한 이웃 일본의 야망이 뚜렷해지자 들어온 이들도 있었다. 짧게 말해서, 이 공동체의 구성원들은 적극적이든 소극적이든 모두가 개혁적이었다.[30]

유교적 조선 땅에서 재빨리 뿌리내리고 가지쳐 뻗어나가고 있는 이 종교공동체에서는 소리 없는 '혁명'이 일어나고 있었다.[31] 유교적 조선사회

---

[29] 초기 개종자들에 대한 사회신분적 배경에 대해서는 Yong-Shin Park, "Protestant Christianity and Social Change in Korea," Ph.D. Dissertation, University of California at Berkeley, 1975, 1장과 2장을 볼 것. 이 글에서 박영신은 양반 엘리트들은 정치적, 사회적 그리고 경제적으로 유교적 질서와 강하게 이어져 있었기 때문에 개종이 어려웠는데, 평민들은 유교적 질서와 상대적으로 강하게 이어지지 않아 개종이 더 수월했다고 주장하고 있다. 비슷한 논지를 나의 영문저서 1장과 4장에서도 볼 수 있다.
[30] 나의 글 (영문) 1장과 4장을 볼 것.
[31] 이에 대한 상세한 논의는 윗글 4장을 볼 것.『독립신문』논설들을 읽으면 기독교 이상에 터한 유교사회에 대한 비판과 개혁의 필요성을 주장하는 많은 글들을 쉬이 찾을 수 있다.

의 밑뿌리를 뽑아내는 일들이 일어나고 있었다. 흔히들 말하는 것이지만, 이들은 하나님 앞에서 모두가 평등하다는 가르침을 받았다. 유교적 신분사회에서 양반과 상민이, 남자와 여자가, 그리고 어른과 어린이가 동등하다고 믿고 신분에 관계없이 모두 예배처소인 사랑방과 같은 곳에 모여 종교의식과 행사 그리고 여러 활동을 함께 하였다. 남녀노소가 구분되고, 신분구별이 명확한 유교사회에서 이 구별과 차별의 경계를 넘어 한 자리에 모여 함께 무엇을 했다는 것 자체가 혁명적인 것이다.

이들은 대다수의 조선 사람들이 따랐던 제사를 비롯한 유교적 가르침과 습속 따위와 충돌하고 결별을 '고백'했고 소수로 살기로 '결단'을 체험한 이들이다. 그러기에 초기 선교사들과 개종자들은 소극적으로 유교적 질서를 거부한 것이 아니고 자못 전투적이었다. 초기선교사의 조선사회 인식을 다음 따옴에서 보자.

> "조선의 (유교) 스승들은 여자는 남자보다 못하다고 가르쳤다. 기독교는 이를 정면으로 부인함으로 충돌이 있게 된다. 이들은 어떤 사람은 다른 이들보다 더 우월하다고 가르치는데 우리는 역시 여기에 동의하지 못한다."32)

이와 같은 초기 선교사들의 조선사회의 유교적 사회질서와 관행에 대하여 매우 비판적이었다. 이들이 서양문명에 대한 우월감을 가지고 조선의 문화를 내려다보았음은 분명하다.33) 그렇기에 이들은 초기 기독교인들에

---

32) George H. Jones, "Open Korea and Its Methodist Mission," *The Gospel in All Lands*, 1898년 9월, 391-396쪽, 특히 392쪽을 볼 것.
33) 미국 선교사들이 가졌을 우월감을 .선민의식'으로도 읽을 수 있을 것이다. 미국의 패권주의의 뿌리를 논의한 다음 글이 선교사들의 선민의식 그리고 그들의 좁은 문화적 편견을 이해하는데 도움을 줄 것이다. 박영신, 「미국의 패권주의, 그 뿌리」, 『환경과 생명』 2003년 봄호. 미국선교사들의 지성구조를 상세히 살피려면, William R. Hutchison, *Errand to the World--American*

게 유교적 질서와 문화를 혁파하여야 할 것으로 가르쳤던 것이다. 이들은 기독교인들이 남녀를 구분하고 사람을 구분하여 차별하는 것, 개인의 능력보다 조상 덕에 윗자리에서 뻐기는 양반사회와 정면으로 맞서야 하는 '사회개혁세력'으로 기독교인들을 교육시켰던 것이다.

이러한 유교사회질서는 사람들로 하여금 높은 수준의 삶을 꾸리도록 노력하는 것을 원천 봉쇄하는 '악한 것' (the evil)이다. 이러한 제도는 신분이 낮은 사람들의 삶은 신분이 높은 이들의 손에 달려있다. 신분이 낮은 사람들은 당연히 누리어야할 자유도 박탈당하고 살고 있다. 이러한 유교질서는 인간의 삶을 천하게 만들고 인간 몸의 성스러움을 전혀 고려치 않는다. 그렇기 때문에 기독교인들은 이러한 조선의 유교 질서를 '악한 것' 또는 '이방의 것' (Heathenism)으로 혁파하여야한다고 선교사들은 가르쳤고 또한 초기 기독교인들은 그렇게 믿고 행동하였다. 34)

기독교로 개종한 어떤 양반의 고백도 한번 따와보자.

"넉 달 전 나는 이 사랑방 (예배처소-글쓴이 달음)에 있는 것이 부끄러웠다. 교인들이 모여 무릎 꿇고 기도할 때 나는 기분이 매우 언짢아 똑바로 편히 앉았었지만, 얼마 후 나도 무릎을 꿇기 시작했는데, 부끄러운 마음이 모두 사라져 버렸다. 하나님은 나에게 믿는 마음을 주신 것이다. 내 친구들은 내가 미쳐버렸다고 말하면서 찾아오지도 않는다. 그러나 참 하나님을 경배한다는 것은 미쳐버린 징조가 아니다. 사실 나는 양반이지만, 하나님께서는 어떤 이는 양반으로, 또는 어떤 이는 상놈으로 만드시지 않았다. 인간들이 그러한 구분을 지은 것이다. 하나님께서는 모든 사람들을 평등하게 만드시었다."35)

Protestant Thought and Foreign Mission, Chicago and London: University of Chicago Press, 1987를 볼 것.
34) 윗글, 394쪽.
35) S.F. Moore가 옮긴 "An Incident in the Street of Seoul," *The Church at Home and Abroad* (1894년 8월), 120쪽.

되풀이 말하지만, 초기 기독교인들은 조선사회가 바탕 한 신념체계와 사회, 정치제도는 인간을 억누르는 '악한 것' 또는 '이방의 것'으로 인식하였다.36) 이들은 이러한 제도나 질서가 하나님이 만든 것이 아니라 인간이 만든 것이라고 규정했는데 이는 고칠 수 잇는 것이라는 의미를 담고 있고 그래서 이들은 적극적으로 유교질서와 제도와 부딪혀 적극적으로 혁파하려는 도전적 무리, 개혁적 무리였던 것이다. 그러니까 당시의 기독교의 성장이란 이러한 개혁적 조선사람들의 조직공동체의 확대를 뜻한다.

또한 당시의 기독교인들은 새로운 정치를 경험해 보고 이에 필요한 정치기술을 습득한 무리들이었다.37) 이들은 교회와 학교 및 교회관련 기관에서 예배, 기도회, 성경공부모임, 연설회, 토론회와 같은 공중집회와 청년회, 학생회, 남녀 전도회, 제직회, 당회 그리고 OO 위원회와 같은 자치활동과 행정기구 활동을 통해 대중 앞에 서서 대표로 성경을 읽거나 기도하고, 또는 토론과 연설의 기술을 터득하며, 회의를 이끄는 기술을 배웠다. 이런 활동을 하면서 회장을 비롯한 간부를 뽑고 뽑히는 새로운 정치경험을 가지게 되었다. 우리가 아는 바와 같이 윤치호가 로버트의 회의 규칙을 조선말로 옮긴 것도 다 이 즈음의 일이다.38) 질서 있는 회의 필요성을 느낀 탓이다. 당시 기독교인들은 이러한 종교의식, 행사 그리고 활동을 통하여 대중 앞에서 연설하고 토론할 수 있고, 어떤 모임을 조직하고 운영하는 능력과 기술을 기르고 체득해 간 무리들이었다.39)

---

36) 여러 일차자료가 있으나 다음 글들을 볼 것. "Obstacles Encountered By Korean Christians," *The Korean Repository*, vol. 1, no. 10 (April, 1895) 145-151쪽과 George H. Jones, 윗글도 볼 것.
37) 이러한 나의 논지를 자세히 보기 위해서는 나의 영문저서 1장과 4장을 볼 것. 교회의 이러한 모임과 행사 그리고 활동을 통해 새로운 정치기술을 익히고 새로운 정치경험을 하였다는 것은 내가 처음으로 주장한 것이다.
38) 그는 Henry M. Robert와 Joseph J. Robert가 지은 *Pocket Manual of Rules of Order for Parliamentary Assemblies*를 옮기었다.
39) '예구쟁이 말쟁이' 또는 '예수쟁이는 말 잘한다'는 예수 믿지 않는 이들의 빈정댐이 아마도

그러니까 이때의 새로운 교육운동, 문화운동, 사회운동이 이러한 기독교 공동체 안팎에서 펼쳐지고 있었던 것은 너무나 당연한 것이다. 독립협회보다 조금 뒤에 이러한 교육, 사회운동을 한 처명식의 회고에 의히면, 당시 조선 사람들이 새 문물을 접하고, 문화, 사회, 정치 문제를 논의하기 위해 쉬이 모일 수 있는 곳이 바로 교회였다.40) 앞서 논의했지만, 기독교는 도전적이고 개혁적인 무리들의 공동체요 또한 새 정치기술을 터득하고 무리들의 공동체였다. 그래서 기독교공동체가 교회 안팎에서 펼쳐진 구한말의 새로운 사회운동, 교육운동 그리고 문화운동의 조직 기반으로 기능하고 있었던 것이다.

이러한 사회사적 맥락을 배경으로 삼고 독립협회운동을 인식하고 설명하여야 한다. 다른 도시가 아니고 왜 하필이면 이 7개 도시의 주민들이 서울에서 펼쳐지고 있는 독립협회운동에 관심가지고 있었으며, 또한 이 협회가 품고있는 개혁의 뜻에 심정적으로 동조할 뿐만 아니라 이를 적극적으로 펼쳐 보려 했는가 라는 질문을 던지어야 한다. 바로 이러한 질문에 대한 답이 바로 '동류의 사회의식을 가진 다수의 민중' 말하자면 깨어난 민중의 실체를 밝히는 것이 된다. 신용하의 '研究'는 이와 같은 질문을 던지지도 않았고 그래서 독립협회의 이념적, 조직적 토대를 구체적으로 밝히지 못하고 있는 것이다. 여기에서 구한말 일어난 새로운 사회운동은

구한말부터 생겨나지 않았나 생각한다. 이미 그때부터 예수 믿는 이들은 교회의 여러 활동을 통해 가족의 울타리 밖의 사람들과 접촉하고 함께 활동하는가 하면 본문에 적었듯이 대중 앞에 서서 연설하고 토론하는 경험으로 당시 조선의 어느 무리들보다 대중 앞에서 '말 잘하는 이들'로 각인 되었을 것이다. 이런 시각으로 '예수쟁이 연애쟁이'나 '예배당은 연애당'이라는 말도 해석할 수가 있을 것이다. 당시 교회에 가면 찬양대다 청년회다 하는 교회의 모임과 활동에는 남녀가 함께 하였다. 이런 모임과 활동이 '남녀칠세부동석'의 유교 사회에서는 교회가 '연애하는 곳'으로 기독교인들은 '연애 잘하는 사람들'로 보였을 것이다. 이 또한 기독교 공동체가 유교적 질서를 혁파해 갔음을 반증하는 비야냥의 말들인 셈이다.

40) 崔明植,『安岳事件과 三一運動과 나』, 서울: 극허전기편찬위원회, 1970, 14-17쪽.

이념적으로 유교적 조선사회를 개혁하려는 무리의 조직공동체로 급성장하고 있던 기독교와 이어서 이해하여야한다고 우리는 주장하게 되는 것이다. 짧게 말해서, 독립협회운동을 비롯한 구한말 여러 갈래의 정치, 사회, 교육 그리고 문화운동이 포괄적 의미에서 민족주의운동이라면, 당연히 이러한 운동이 기독교 공동체와 이념적으로 조직적으로 어떻게 이어져있는지 논의되어야하는 것이다.

맺음말

앞서 살핀 바와 같이 독립협회운동은 이념적으로, 조직적으로 기독교 공동체에 기대어 일어난 민족운동이었다. 그럼에도 불구하고 우리 학계는 기독교와 우리 민족운동과의 이음새를 보지 못하고 있거나 아예 보지 않으려 하고 있다. 그것은 머리글에서 말한바와 같이 두 가지 이유에서다. 첫째, 밖에서 제국주의의 물결을 타고 왔다는 시각을 가지고 기독교를 바라보기 때문에 민족운동과 잇지 않고 있다. 둘째, 보편적 종교인 기독교와 특수주의적 민족운동이나 민족주의가 이어질 수 없다는 시각을 가지고 있기 때문이다. 앞서 이야기 했듯이, 이러한 시각으로 도식적으로 역사를 읽는다면 몰역사적인 역사 읽기가 된다. 오히려 우리 민족사에서는 기독교가 서양 제국주의의 물결을 타고 왔으나 우리 민족과 겨루어야 했던 상대는 서양의 기독교 국가가 아니라 비기독교 국가인 이웃 일본이었다는 시각을 가지고 파란만장한 우리 민족의 역사변동에 기독교가 어떠한 모습으로 있었는가를 읽어야 한다. 둘째 시각도 도식적으로 역사현상인식에 적용할 때 몰역사적일 수 있다. 보편주의적 종교와 특수주의적 민족주의가 결연되거나 용해될 수 있다는 유연한 시각을 가지고 구체적 역사현상을 인식할 필요가 있다. 우리 학계가 이러한 시각교정을 하지 않을 때 우리의 근, 현대사를 총체적으로 읽어낼 수 없다.

우리가 이 글에서 주장한 것은 한국 기독교운동 그 자체가 정치운동이라거나 민족주의운동이었다는 것이 아니다. 그것은 종교운동이었다. 그러나 그것은 역사적 운동이기 때문에 정치, 경제, 사회, 문화와 같은 여러 부분에 '역사적 역할'을 담당할 수밖에 없었다. 한국 기독교는 민족의 염원과 갈망에 적극적으로 호응하여야 하는 역사적 환경에 처하여 있었다. 선교초기에 기독교운동은 서양 식민제국주의와의 관계가 중요한 문제로 부각되지 않았고, 또한 한국 기독교가 피지배자인 민중에 그 기반을 형성하였다. 이 두 가지의 역사적 조건과 선택이 한국 기독교운동과 민족주의와 밀접한 연관관계를 가능하게 하였다. 우리는 기독교라는 텍스트(text)도 중히 다루어야 하지만, 이 기독교가 뿌리내려 자란 그 시기의 한국역사의 흐름이라는 콘텍스트(context)를 함께 그리고 이어서 논의하여야 한다고 주장하는 것이다.[41]

이에 더하여 한국 '기독교민족주의'를 논의할 때 계량적으로 접근하려는 욕심을 버릴 필요가 있다.[42] 이를테면, 독립협회운동을 펼친 서재필, 윤치호, 이승만 등이 얼마나 기독교적이었는가, 기독교 신앙이 열렬하여 이러한 민족운동을 주도하였는가, 민족운동을 펼치기 위해 기독교에 들어왔는가 하는 질문을 던지며 얼마나 기독교적이고 얼마나 민족주의적이었나를 따지는 것은 한국 '기독교민족주의' 논의, 나아가 한국민족주의 논의에 바람직하지 않다. 기독교와 민족주의, 이 둘의 요소가 계량적으로 어느 정도 되어야만 '기독교민족주의'라고 할 수 있는가. 민족운동을 위해 기독교에 들어온 이나 기독교적 신념에서 민족운동을 펼친 이나 다 '기독교민

---

[41] 나와 비슷한 시각으로 기독교와 우리의 민족주의운동을 바라다보는 시각으로는 김용복, 『韓國民衆의 社會傳記--민족의 현실과 기독교운동』(서울: 한길사, 1987)이 있는데 이 책 여러 곳을 볼 것.
[42] 이러한 고민을 보기 위해서는 한규무의 윗글을 볼 것.

족주의자'라고 보는 포괄적 시각을 가질 필요가 있다.[43]

  마지막으로 '기독교민족주의'가 다른 유의 민족주의와 동기, 방법, 목적이 다를 수 있다는 시각을 가질 필요가 있다. 그렇기에 민족주의에는 경제적 민족주의도 있고 정치적 민족주의도 있으며 교육적 민족주의도 있다. 전투적 민족주의도 있고 외교노선의 민족주의도 있다. 민족의 독립이나 민족의 문제에만 국한하는 민족주의도 있으며 이와 함께 민족의 울타리를 넘어 보편적인 가치나 인류공동체와 이어지는 민족주의도 있을 수 있다는 열려진 생각을 가져야한다. 이 경우 '기독교민족주의'는 민족문제에 관심을 가지되 '민족지상주의'를 넘어서는 '보편적 민족주의'가 될 수 있다.[44]

  우리 학계, 특히 우리 국학계가 좁은 이념적, 민족적 울타리를 벗어나 유연하고 폭넓은 그리고 포괄적인 우리 민족주의 논의의 마당으로 나아갔으면 한다. 여러 민족주의 흐름이 우리 민족사에 도도히 흐르고 있다. 그 흐름 하나에 매몰되어 그 밖의 것은 반민족적이라거나 비민족적이라고 재단하는 우를 범하지 말아야 한다. 그것은 또 하나의 '당파적 시각'이기 때문이다.

---

43) 도진순은 북한 학계의 민족개량주의를 논의하면서 (북한의) 사회주의적 역사인식의 "일면적 이해"를 비판하는 글을 쓴 적이 있다. 그는 "상당히 노동자적이어야 노동자가 되는 것이 아니듯이 상당히 민족적이어야만 민족자본이 되는 것은 아니다"라고 했다. 민족주의와 민족개량주의의 바탕에 있는 공통성과 유사성까지 부정해 버리고 둘 사이에 "만리장성"을 쌓는 우를 범하고 있다고 꼬집었다. 도진순, 「국내민족주의 좌우파운동」, 『한국사』 15 (서울: 한길사, 1994), 117-155쪽을 볼 것. 이러한 시각에서 얼마나 기독교적이고 얼마나 민족적인가를 묻는 계량적 관심으로 기독교와 우리 민족주의 사이에 "만리장성"을 쌓기보다 이 둘 사이에 있는 공통성과 유사성을 살펴보는 포괄적이고 열린 마음가짐이 필요하다. 그래야만 이 둘의 '결연' 또는 '용해'현상을 읽어낼 수가 있다.
44) 1970년대 이후 나타난 기독교인들의 반군사독재 인권운동, 민주화운동 그리고 통일운동이 특수주의적 민족주의와 보편종교인 기독교가 결연되고 용해되어 나타난 현상으로 볼 수 있다. 이를테면 문익환의 인권운동, 민주화운동과 통일운동이 그렇다. 이에 대한 우리 학계의 논의가 활발해지기를 기대해본다.

- 투고일 : 1월 15일, 심사완료일 : 2월 21일
- 주제어 : 한국민족주의, '기독교민족주의,' 독립협회, 기독교와 개혁운동, 기독교와 민족운동

A Discussion on 'Christian Nationalism' in Late Confucian Korea

Chung-shin Park

Despite many contributions to the study of nationalism or nationalist movement in modern Korea, there has been little attention given to 'Christian nationalism' or Christian nationalist movement. Scholars, who study modern Korean history, have presented only in negative way, arguing that Protestant Christianity in Korea was a product of the West's expansion into Asia. Christianity, they say, was an instrument of Western imperialism. They have denigrated the church by limiting their studies to the missionaries who, consciously or not, cultivated friendly relations with Japanese colonial authorities during the colonial period.

What they have ingored is the fact that even though Christian missionaries might have acted as the vanguard of Western imperialism, circumstances in Korea push Protestant Christianity in a direction the missionaries might not in fact have intended. These scholars have not appreciated the fact that the imperialist enemy in Korea was Japan, not the West. The Japanese threat induced Korean nationalists to join the religious community to obtain modern education, spiritual solace, a sense of association, and political solidarity. In this sense, Friedrich Engels was right when he said that history never turns out exactly the way historical actors intended. Under this particular historical circumstances, Protestant Christianity and Korean nationalism came to be associated or fused, and there appeared 'Christian nationalism.'

Recently, some scholars have begun to see this relationship between

Protestantism and nationalism in modern Korea. They have studied the Independence Club, the 105 Men's Case, the March-First Movement and so forth. Some of them, who see this linkage, now attempt to how much Christian faith or how much nationalist motive involved in the so-called Christian nationalists' activism. This quantitative approach, however, are not welcomed and not necessary to our discussion of 'Christian nationalism' in modern Korea. How can one evaluate quantitatively a nationalist behavior? Quantitatively, how much Christian faith or how much nationalist motive a 'Christian nationalist' behavior might show one can call him or her a Christian nationalist?

This article rejects such an quantitative analysis and invites scholars to discuss those actual facts and events in which 'Christian nationalists' involved. It is very difficult to distinguish, this article finds, those Christians who participated in a nationalist movement because of their Christian faith from those Christians who involved in such nationalist politics because of their nationalist motive. For, in both, Christian faith and nationalist motive were associated and fused.

No one refutes the fact that Christians actively participated in the Independence Club movement in Late Confucian Korea. Nevertheless, those, who have studied it and other progressive reform movements at the time, have developed their interpretation without connecting events with the Protestant church community. They have failed to considered the social and political linkage between protestantism and progressive reform politics. Consequently, they have not been able to explain how those social and political movements occurred, who initiated them, what social and political bases the reform activists and nationalists relied on, and so forth.

Key Words : Korean nationalism, 'Christian nationalism,' The Independence Club, Protestant Christianity and Reform Movement, Protestantism and Nationalist Movement

일반논문

조선의용대와 재중 일본인 반전운동집단의 연대*

한 상 도**

───── 목 차 ─────

머리말
Ⅰ. 동아시아 국제연대와 조선의용대
Ⅱ. 일본인 반전운동집단의 조직화와 활동
　1. 반전동맹 결성의 경과
　2. 반전동맹의 결성과 활동
　3. 반전동맹의 해체와 배경
Ⅲ. 조선의용대와 일본인 반전운동집단의 연대활동
　1. 연대관계의 형성과 배경
　2. 항일대오 속의 갈등과 연대
맺음말

머 리 말

　1938년 가을 武漢이 함락된 이후, 국민당정부는 장기항전 전략을 세우고, 한인독립운동세력을 비롯하여 일본·대만·베트남 등 동아시아 반제·반일운동세력을 중국항일전쟁 체계내로 편입시키려 하였다. 1939년

---
* 이 논문은 2002년도 건국대학교 신임교원연구비 지원에 의한 논문임.
** 건국대학교 사학과 조교수

유럽에서의 전쟁이 제2차 세계대전으로 확대되는 것을 계기로, 朝鮮義勇隊·臺灣義勇隊 등을 동원하여 동아시아 반파시스트 연대체제 구축을 적극화하기 시작하였다.

이러한 상황에서 대일 선전활동을 주관하던 군사위원회 정치부 제3청 주도하에 일본인 포로를 기반으로 한 반전운동단체의 조직이 추진되었다. 鹿地亘[1]으로 대표되는 일본인 반전운동집단이 바로 그들인데, 그 과정에서 제3청 휘하의 조선의용대와도 관계를 맺기에 이르렀다.

대만의용대와 '형제 관계'를 표방하였던[2] 조선의용대는 대일 대적선전활동을 매개로 일본인 반전운동집단과 연대를 형성하게 되었고, 양자는 '반파시스트·반전·반군벌'이라는 슬로건 아래, 중국군 대일전선의 최전방에서 선전·심리전을 펼쳤다.

이 글에서 다루고자 하는 조선의용대의 동반자로서 在華日本人民反戰同盟(이하 '반전동맹')[3]는 중일전쟁기 중국국민당정부가 항일전쟁의 전략적 차원에서 대일 선전·심리전의 수행을 위해, 일본군포로를 중심으로 구성한 단체이다. 일본인이 일본제국주의에 반대하여 벌이는 반전·반일활동은 국민당정부의 항일전쟁 수행에 적지않이 기여하였을 뿐만 아니라, 중국민 일반에 미치는 반향도 기대되는 이벤트였을 것이다. 한 걸음 나아가 국민당정부는 반전동맹과 조선의용대·대만의용대를 아우르는 국제

---

1) 鹿嶋節子,「鹿地亘の著作にみる朝鮮義勇隊」, 河合和男·飛田雄一·水野直樹·宮嶋博史 편,『論集 朝鮮現代史』(강재언선생 고희기념 논문집), 東京: 明石書店, 1996는 녹지긍이라는 인물을 매개로, 일제말기 중국대륙을 무대로 전개되었던 한·일 반전·반제국주의 국제연대 사실을 동북아시아사의 전면으로 끄집어냈다. 이 글은 위 논문으로부터 많은 교시를 받았다.
2) 이에 대해서는 한상도,「조선의용대의 국제연대 의식과 대만의용대」,『한국근현대사연구』 11, 1999이 참조된다.
3) 在華日本人民反戰革命同盟會가 공식명칭인 듯하고, 在華日本人民反戰同盟으로 많이 등장한다. 국민정부 군사위원회 정치부의 반전동맹 조직 건의서에서는 '在華日人反戰同盟會'로 표기되었고, 결재 과정에서, 蔣介石위원장이 '在華'를 삭제하였다고 한다(孫金科,『日本人民的反戰鬪爭』, 北京出版社, 1996, 68쪽).

연대 체제를 통해, 동아시아 피압박민족해방운동에 대한 영향력을 확보하려 하였다.

국민당정부 관할구역에서 활동한 일본인 반전운동집단은 크게 녹지궁을 중심으로 한 반전동맹그룹, 靑山和夫를 중심으로 한 그룹, 조선의용대의 성원으로 활동한 그룹의 셋으로 나눌 수 있다. 반전동맹 그룹은 대체로 1938년 하반기에서 1941년 여름 해산할 때까지, 조선의용대와 더불어 중국군 제5전구를 주무대로 활동하였다. 나머지 두 그룹도 군사위원회 정치부 관할하에 조선의용대와 연대 활동하였다.

따라서 조선의용대의 역사성을 제대로 파악하기 위해서라도, 일본인 반전운동 집단과의 연대활동 및 그 성격과 의의 등이 밝혀져야 할 것이다. 특히 이 글에서는 반전동맹의 리더로서, 조선의용대 대장 김원봉과 동반자적 관계를 유지하였던 녹지궁의 회고록 등4)을 통해, 일제말기 동아시아 반파시스트 국제연대라는 틀 안에서 조선의용대의 또다른 면모를 더듬어 보고자 한다.

Ⅰ. 동아시아 국제연대와 조선의용대

중일전쟁기 국민당정부의 동아시아 반파시스트전선의 형태는 군사위원회 정치부 제3청의 구심력을 바탕으로, 조선의용대가 중추적 역할을 하며, 대만의용대와 반전동맹이 방계조직으로 기능하는 것이었다. 따라서 조선의용대와 반전동맹의 연대는 군사위원회 정치부에 의해 통제되었다.

---

4) 녹지궁은 『和平村記』(中央公論社, 1947), 『抗戰日記』(九州評論社, 1948), 『火の如く風の如く』(講談社, 1969), 『暗い航跡』(東邦出版社, 1972), 『日本兵士の反戰運動』(同成社, 1982), 『回想記 '抗日戰爭'のなかで』(新日本出版社, 1982) 등의 자료를 남겼다. 이 중 필자가 미처 접하지 못한 자료는 鹿嶋節子, 앞의 글에 소개된 내용을 재인용하고, 그 출전을 밝혔다.

먼저 이 시기 중국을 중심가치로 설정한 반일 국제연대의식을 살펴봄으로써, 조선의용대와 반전동맹의 연대관계를 살피는 실마리로 삼고자 한다.

1940년 10월 10일 조선의용대의 정치단체이며 모조직이라 할 朝鮮民族戰線聯盟은 조선의용대 창립 2주년을 맞이하여, 중국항일전쟁이 동아시아 피압박민족의 반일작전을 주도하는 것으로 평가한 다음, "분산되어 있는 각 민족의 반일역량을 통일하여, 서로 배합할 필요가 있다. 중국항전의 승리는 이러한 연합작전으로 신속히 완성하고, 기타 각 피압박민족의 독립·해방 또한 반드시 이러한 공동작전을 통해 목적을 달성할 수 있을 것"이라 함으로써, 중국항일전쟁을 구심점으로 한 동아시아 국제연대 인식의 단면을 보여주었다.5)

같은 맥락에서 조선의용대 창건 2주년 기념대회에서, 金元鳳은 조선의용대의 두 가지 임무로, "조선민족해방의 선봉대가 되어, 조선민족해방을 쟁취하는 것"과, "중국전장상의 하나의 國際縱隊로서 國際友人의 모습을 보여주는 것"을 지적하였다.6) 국민당정부 군사위원회 관할 하에 있는 조선의용대의 성격은 중국항전 승리를 위한 동아시아 피압박민족 연대의 일원으로서 존재가치가 강조되었다. 그의 설명대로, 조선의용대의 위상은 한인의 자발적인 참여 하에 창건된 개별성과, 동아시아 피압박민족 및 전세계 약소민족 공동전선의 일원이라는 국제성의 양면적인 것이었다. 그리고 중국항일전쟁의 심화에 수반하여, 조선의용대의 국제성은 강화되어 간 반면에, 한인부대로서의 독자성은 난관에 봉착하였다.

이는 중국관내지역 독립운동의 일반적인 제약성을 대변하는 것이었다. "동아시아 피압박민족은 중국항전에 자극받아 조직면의 파고가 예전에 볼 수 없이 높아졌다. 조선혁명과 중국혁명은 서로 밀접한 관계에 있으며, 중국항전의 領袖는 나아가 동아시아 각 피압박민족 해방운동의 총지휘이

---

5) 內務省警保局保安課 편, 『特高月報』1941년 1월분, 107쪽.
6) 『新華日報』1940년 10월 10일.

다. 중국항전이 호전되면, 조선혁명도 호전되는 것이고, 동아시아 각 민족의 해방운동 역시 호전되는 것이다"라는 조선의용대가 蔣介石 위원장에게 보낸 전문은7) 수사적인 표현이었을 것이지만, 조선의용대의 태생적 한계를 드러낸 것이기도 하다.

이렇듯, 조선의용대는 중국항일전쟁의 승리를 대일승전·민족해방의 관건으로 이해하여, 중국항일전쟁 체계의 일원이라는 제약성 하에서도 한인무장부대로서의 독자성을 견지하기 위해 노력하였다. 아울러 국제적 연대의 외연을 확대해 감으로써, 국민당정부 군사위원회 지휘하에 있는 종속성을 극복하는 한편, 스스로의 위상을 동아시아 피압박민족운동세력의 국제연대 체계내에 위치지우려 하였다. 때문에 이들은 대만의용대 및 반전동맹과의 연대 형성에 적극적이었을 뿐 아니라, 중국의 항일전장에서 활동한 각국의 구호활동가 및 언론인 등을 상대로 한 홍보·연대활동에도 적극적이었다고 설명할 수 있겠다.

단편적인 사실이지만, "일본인 및 대만인을 유인하고, 다시 외국인을 참가시키기 위해 영어에 능통한 周世民을 책임자로 하여, 각 방면의 외국인과 교섭 권유하고 있다"는 일제기관의 파악8)과, 제1구대 대원들이 전장에서 이들의 활동을 취재하러 온 소련 타스통신 신문기자(중국식 표기명; 尉特饒布)와 함께 기념촬영을 하고, 『민족혁명 도상의 조선』이라는 영문 소책자를 선물한 사실9) 등은 이같은 일면을 뒷받침해준다.

그런데 이같은 조선의용대의 인식은 반전동맹의 그것과 상통하였다. 일례로 1939년 3월 1일 桂林의 군사위원회 초대소인 樂群社 강당에서 거행된 3·1운동 기념식에 참석한 鹿地亘은 "중화민족의 항전을 구심점으로 하여, 동아시아 각 민족혁명의 접력을 이곳에 집중하였을 뿐 아니라,

---

7) 위와 같음.
8) 『特高月報』1938년 10월분, 136쪽.
9) 『朝鮮義勇隊 第1區隊 血戰實記』 (二), 『朝鮮義勇隊通訊』15기, 1939. 6. 11, 10쪽.

오직 이 역량만이 광명한 내일의 동아시아를 조망할 수 있을 것이다."
"파시즘 일본을 타도하고, 인류를 참담한 재앙 속에서 괴멸시킨 파시스트 동맹 아성의 일각인, 세계 각 민족의 평등·자유·우애를 기초로 하는 새로운 제도를 창조하기 위해서는, 혈맹의 견고한 임무를 완성하여야 한다."10) "중국인·조선인·일본인 … 우리들이 파시스트를 타도하고, 역사의 새로운 페이지를 창조할"11) 것이며, 이를 위해 반전동맹과 "함께 보조를 맞추어 필승의 앞길을 향하여 매진하자"12)고 역설하였다.

반전동맹은 창립대회 선언에서 "중국항전을 중심축으로 한 조선·대만 등 모든 동아시아 민족의 빛나는 해방투쟁과 협조 호응하여야 한다"13)고 하였고, 1940년 '7·7 제4주년 기념선언'에서는 "중국항전은 일본인민혁명과 극동 제민족 해방운동을, 공동의 적을 목표로 삼아, 단결 협동시킨 반제국주의적 핵심이 되었다"14)고 평가하였다.

대만의용대 또한 반전동맹 西南支部 창립을 축하하는 글에서, "공동의 적 일본제국주의를 타도할 수 있는 역량을 더욱 증강한다는 것은 실로 유쾌하고 위안이 될만한 가치가 있다. … 일본 인민혁명과 조선·대만민족의 해방을 위하여 공동 분투하며, 중국과 긴밀한 연계를 맺어, 이로써 일본제국주의를 타도하며, 동아시아 각 민족의 진정하고 영원한 우의와 평화를 실현하기 위하여 노력하자"15)고 천명함으로써, '중국과의 긴밀한 연대' 즉 중국의 리더십을 배경으로 한 조선의용대·대만의용대·반전동맹간의 연대 필요성을 강조하였다. 중국대륙을 무대로, 국민당정부의 지원에 전적으로 의존할 수밖에 없는 반일 국제연대의 기본적인 성격이

---

10) 鹿地亘 講, 馮乃超 譯, 「三一節紀念祝辭」, 『朝鮮義勇隊通訊』 6기, 1939. 3. 11, 3쪽.
11) 劉金鋪, 「'三一'紀念在桂林」, 『朝鮮義勇隊通訊』 6기, 8쪽.
12) 『新華日報』 1939년 3월 2일.
13) 『朝鮮義勇隊』 36기, 1940. 7. 15, 4쪽.
14) 『日本兵士の反戰運動』, 236쪽.
15) 「臺灣義勇隊致日本在華人民反戰同盟」, 『臺灣先鋒』 1기, 1940. 4. 15, 18~19쪽.

잘 드러나고 있는 셈이다.

이같은 국제연대 구도는 장개석의 측근인 王凡生16)이란 인물의 구상으로도 뒷받침된다. 1938년 7월 이전, 장개석의 직할 특별정보기구인 '國際問題硏究所 소장'이라는 공식직함을 가진 왕봉생은 일본인 靑山和夫17)를 앞세워, 조선의용대·대만의용대·반전동맹으로 구성되는 가칭 '원동반파시스트동맹'이라는 기구를 조직하여, 이를 자신의 활동기반으로 활용하려는 야심을 실천에 옮겼다. 조선의용대의 효용가치를 높이 평가한 왕봉생은 자신의 심복인 청산화부를 '일본공산당 대표'로 장개석에게 소개한 다음, 김원봉과 녹지긍에게 접근토록 하였다. 청산화부는 김원봉과 녹지긍에게 원동반파시스트동맹의 결성을 제안하였는데,18) 이는 조선의용대를 원동반파시스트동맹 소속의 무장단체로 둔다는 구상이었다.19)

---

16) 본명은 王大廷이고, 일본 동경대학 사학과와 육군경리학교 출신의 외교관이었다. 중일전쟁 전 주일공사관 참사로 근무하며, 수 차례 일본의 전면적인 중국침략 가능성을 보고하였다. 중일전쟁 후 장개석의 신임을 얻어, 국제문제연구소 소장에 임명되었다. 장개석의 신임을 배경으로, 조선의용대·대만의용대·반전동맹을 망라한 반파시스트·반일 국제연대기구를 만들어, 자기 휘하에 두려는 계획을 추진하였다.
17) 본명은 黑田善次이다. 郭沫若이 일본체류시 그로부터 동양사 등을 배웠고, 無神論者同盟·唯物論硏究會 등 진보적 단체에 가입하였다. 3개월간 투옥 후 석방되어, 王凡生의 요청으로 上海로 건너왔다. '일본공산당 대표'라는 왕봉생의 소개로, 장개석의 고문이 되었다. 왕봉생의 수족 노릇을 하였고, 녹지긍을 견제하며, 조선의용대·대만의용대·반전동맹에 영향력을 행사하였다.
18) 「國際義勇軍第一隊組織計劃方案」, 楊昭全 등 편, 『關內地區朝鮮人反日獨立運動資料滙編』下, 瀋陽: 遼寧人民出版社, 1987, 909~911쪽.
19) 염인호, 「조선의용대의 창설과정과 그 위상 및 성격」, 『조선의용군의 독립운동』, 나남출판, 2002, 60쪽.
  이와 관련하여, 녹지긍은 "왕봉생은 장의 측근이라는 특권을 이용하여, 일본인·조선인·대만인 등의 운동을 자신의 정치적 기반으로 장악하려 하였다. 그 목적에서 조선의용대나 대만의용대가 정부의 승인을 받는데 힘이 되어주었다"고 기술하였다(『日本兵士の反戰運動』, 29쪽).
  다른 기록에서는 "조선의용대가 기획되고 있다. 대만의용대도 마찬가지이다. 왕씨는 그것들을 자신이 전면에 나서지않고, 靑山을 통해 조종하려는 것으로 보인다"(『抗戰日記』, 56쪽, 鹿嶋節子, 앞의 글, 380쪽 재인용)고 하였다.
  또 武漢 함락 직후 청산화부가 "나는 조선의용대를 이끌고 최후의 일각까지 싸워야겠다"

물론 이들의 구상은 김원봉과 녹지긍의 반대로 실현되지 못하였지만, 이는 일제말기 延安의 중국공산당 항일근거지에서 결성된 朝鮮義勇軍의 위상이 동방각민족반파시스트대동맹이라는 중공주도하 국제연대조직의 일개 구성원으로 규정되었던 사실20)과 맥락을 같이하고 있다. 왕봉생의 구상은 전통적인 영향력 복원을 지향하는 중국의 동아시아정책 범주 안에서 접근되어야 할 사실이었다.

녹지긍의 눈에는 "스스로 나라를 잃고있는 국민당이 머지않아 조선인을 일본군벌로부터 해방시켜 괴뢰정부로 보내 그 종주국을 차지하려는 의도"21)로 비쳤고, 그러기에 "조선민족의 자주적 입장을 버리지 않는 의용대에게 끊임없이 장애를 만들어내, 이를 김구 일파에 합병시켜 버리려고 압력을 가하였던 것이다"22)라고, 국민당정부의 조선의용대 지휘권 장악 의도23)를 비판하였던 것이다.

김원봉과 녹지긍의 반대에 부딪친 청산화부는 '원동반파시스트동맹 서기국' 명의로 삐라를 배포하며, 조선의용대가 참가할 예정이라고 선전하였다.24) 당시 김원봉을 비롯한 조선의용대 대원들은 반일 국제연대기구의 필요성에는 공감하였지만, 조선의용대·대만의용대·반전동맹이 각기 '민족적인 독자조직'으로서, "반파시즘이라는 목적을 가진 단체간의 협력

고 하였다는데, 이에 대해 녹지긍은 "청산화부는 자신을 상대해 주지도 않는 조선의용대가 마치 자신의 지휘하에 있는 것처럼 처신하였다. 그의 속내는 그것으로 살필 수 있을 것이다. 그대로 무한에 머물러 조선의용대를 일본군에 팔아넘기고, 자신의 일본귀환 조건을 만들려는 것은 아니었을까?"(『回想記 '抗日戰爭'のなかで』, 221쪽)라고, 청산화부에 대한 의구심과 반감을 감추지 않았다.

20) 이에 대해서는 한상도, 「조선의용군의 위상과 동방각민족반파시스트대동맹의 관계」, 『역사와현실』 44, 2002가 참조된다.
21) 『日本兵士の反戰運動』, 29쪽.
22) 위와 같음.
23) 국민당정부 군사위원회에서는 조선의용대 분대 조직에까지 '指導員' 명목의 중국인을 파견하였다.
24) 『回想記 '抗日戰爭'のなかで』, 207쪽.

을 위해," '단체가맹'이나 동맹의 성격이 아닌 '각단체협의회' 정도의 형태를 구상하였던 것같다.25)

우여곡절을 거쳐, 조선의용대의 소속 문제는 일단 보류되고,26) '개인가맹'의 형태로써 원동반파시스트동맹이 출범하였으나,27) 이후 몇 차례 기관지 등을 간행하다가 공중분해되고 말았다고 한다.28)

김원봉의 견해와 같은 맥락에서, 1938년 여름 녹지긍은 처 池田幸子와 함께 장개석을 면담하였을 때, 장개석의 "동양평화를 위해 진력을 다해주기 바란다"는 말을 시니컬하게 부연하였다. "그 '동양평화'라는 것은 '三民主義 中國'에 일본인을 동화시키려는 것이고, '포로에게 관대'라는 말은 폭력적 위협을 德으로 갚음으로써, 일본인을 德政으로 귀의시켜 개준토록 하는 것일뿐 만아니라, 본질적으로는 異族을 皇恩으로 씻기려는 천황사상과 조금도 다르지 않았다"29)고 한 다음, "일본인의 항전 참가는 장개석정부가 자신의 正義의 입장을 호소하기 위해 하나의 간판으로 내세운"30)것이라고 평가하였다.

---

25) 녹지긍은 "조직이 단서로 작용한다면, '友誼團體'로서 '聯合'의 수단을 취하자고 그(김원봉)가 제안하였다. '遠東諸民族反侵略協議會' 따위가 좋다고 생각합니다. 예의 반파시스트동맹은 만들지 말았으면 합니다. 그것은 靑山 한 사람의 단체입니다. 제멋대로 뉴스나 성명서를 발표하고, 우리이름을 함께 쓰는 데는 질색입니다. 그것을 해산시켜 버립시다"(『抗戰日記』, 167쪽, 鹿嶋節子, 앞의 글, 385쪽 재인용)고 김원봉이 토로하였다고 적었다.
26) 조선의용대의 위상은 조선민족전선연맹과 군사위원회 정치부 양측대표로 구성되는 朝鮮義勇隊指導委員會 관할로 결정되었다.
27) 『火の如く風の如く』, 47쪽, 鹿嶋節子, 앞의 글, 379쪽 재인용.
28) 『日本兵士の反戰運動』, 29쪽.
29) 위의 책, 28쪽.
30) 위의 책, 25쪽.

Ⅱ. 일본인 반전운동집단의 조직화와 활동

1. 반전동맹 결성의 경과

1940년 재중 일본인 반전운동집단의 활동상황을 파악한 일제 정보자료에 근거하면, 반전동맹 등이 조선의용대·韓國靑年戰地工作隊·臺灣革命團體聯合會 등과 연대 활동하였다. 鹿地亘·池田幸子·靑山和夫·鹽見成策·坂本秀夫·成倉進·中山泰德·長谷川テル·綠川英子·淺野公子 등이 '利敵活動' 및 '대일 역선전 공작'에 종사하였으며, 중국측은 이들을 일본군을 상대로 한 '反戰熱' 고취 활동의 '유력한 무기'로 활용하였다.31)

이들 일본인 반전운동집단 가운데에서 주도적인 역할을 한 단체가 녹지긍이 이끈 반전동맹이었다. 여기에서는 반전동맹의 결성 과정과 그 활동을 살펴봄으로써,32) 조선의용대가 지향한 국제연대의 일면을 보충하고자 한다. 먼저 녹지긍 부부가 정치부 제3청 소속으로, 재중 일본인 반전운동을 전개하게 되는 과정을 정리하면 대체로 다음과 같다.

1927년 5월 결성된 對中非干涉同盟을 발판으로 일본내 반군벌·반제운동에 참여하였다가, 투옥되었던 녹지긍(원명은 瀨口貢, 1903년 大分縣 西國東郡 출생)은 1935년 11월 동경감옥을 출옥하였다. 이듬해 1월말 上海로 탈출한 녹지긍·池田幸子(원명은 田沼かね, 1912년 茨城縣 稻敷郡 출생) 부부는 魯迅을 비롯한 중국문화계 인물의 도움하에 중국항일전쟁

---

31) 內務省警保局 편, 『極秘外事警察槪況』6(1940), 東京: 龍溪書舍, 1987, 62쪽.
32) 반전동맹에 관한 서술이 한인독립운동사 범주에서 벗어나는 감이 없지않으나, 반전동맹에 대한 설명이 일제말기 중국지역에서 전개된 한인독립운동의 정황을 이해하는 데 적지않은 도움을 주겠기에 축약 서술하였다.

대오에 합류하였다.

중일전쟁 발발 직후 상해가 함락되자, 홍콩으로 탈출하였다가 다시 九龍으로 은신하였다. 이후 진보적 지식인 夏衍을 만난 것을 계기로 녹지긍도 정치부와 인연을 맺게 되었다. 당시 하연은 중국문화계와 제3청과의 연락을 맡았다. 1938년 1월에는 하연의 주선으로 「新華日報」에 「國民的公意」라는 글33)을 실어, 일본파시스트 군부세력을 정면 비판하였다. 이 글은 중일전쟁기 중국대륙에서 일본인이 발표한 최초의 반전선언으로, 큰 반향을 불러일으켰다고 한다.

녹지긍을 주목한 제3청장 郭沫若은 정치부 부장 陳誠의 승낙을 받아, 이들 부부를 헌병의 무장호위 하에 廣州로 이송하였다. 이즈음 녹지긍은 하연이 주관하는 『救亡日報』에 「現實的正義」라는 글을 발표하기도 하였다. 3월 23일 이들 부부는 武漢에 도착하여, 정치부의 진성 부장·周恩來 부부장과 곽말약을 만났으며, '政治部 設計委員'이라는 직함을 받았다.34)

녹지긍이 정치부와 인연을 맺은 이래, 신문에는 그를 소개하는 글이 게재되었고35), 일본인 반전운동집단에 대한 홍보작업36)이 펼쳐졌던 것 같다. 각급 기관 및 단체와 유력인물이 참여한 환영행사와 강연회 등이 이어

---

33) (來論) 鹿地亘,「國民的公意」1~3,『新華日報』1938년 3월 9·10·13일. 이는 일본에서 발행되는『改造』1938년 2월호에 실린 「日中 분쟁 해결에 관한 의견」 가운데, "中日戰爭 및 일본군부의 행동은 결코 '軍閥'적인 의미가 아니고, 일본국민의 '合意'를 근거로 하여 발생한 것"이라는 내용에 대한 비판이었다.
34) 김학철,『최후의 분대장』, 문학과지성사, 1995, 188쪽에 따르면, '설계위원'의 월급은 200원으로, 조선의용대원 월급의 10배에 해당하였다.
녹지긍의 일본 탈출과 정치부 참여 과정에 대해서는 孫金科, 앞의 책, 56~57쪽 및『日本兵士の反戰運動』, 11~19쪽 참조.
35) 適夷,「日本反戰作家鹿地亘」,『新華日報』1938년 3월 27일.
36) 『신화일보』의 경우만 살펴 보더라도, 波光,「一個反戰的日本朋友」(1939. 2. 8),「(社論)日本國內反戰運動」(1938. 9. 3), 方殺,「蓬蓬勃勃的日本反戰運動」(1939. 4. 20), 楊毓倫,「日本軍民的反戰運動」(1939. 11. 22),「(社論)日本共產黨領導的反戰鬪爭」(1940. 3. 7), 青山和夫,「日本侵華與日本勞動大衆」(1940. 5. 6),「(社論)歡迎日本反戰工作團」(1940. 5. 9) 등이 눈에 띈다.

졌다.37)

이후 이들은 일본군 및 중국민을 상대로 한 반일·반전 선전활동에 동원되었다.38) 1938년 9월 초 그는 제3청이 주관하는 희극훈련반 반원에게 '반전운동의 의미' 등을 주제로 강연하는39) 등, 대일 선전활동과 중국민중을 상대로 항전의식 고취에 동원되었다. 10월 10일 辛亥革命 기념일에는 호남성 각 신문에 "中山先生의 혁명은 아직 성공하지 않았으며, 승리의 날을 향해 매진하고 있다. 자주적이고 비타협적인 정신이야말로 雙十節을 새로운 단계로 진입시키는 정신이다"40)는 요지의 글을 싣기도 하였다.

2. 반전동맹의 결성과 활동

1938년 12월 녹지긍은 정치부 馮乃超의 지원하에, 반전동맹 결성에 착수하였고, 1939년 5월 군사위원회 위원장 장개석의 승인을 받았다. 7월에는 桂林의 南崗廟라는 폐사원에 임시포로수용소를 설립하고 일본군포로 50여 명을 수용하였는데, 이들 중 반전운동에 공감하는 11인을 기반으로 반전동맹 서남지부 준비회가 구성되었다. 12월 25일 樂群社 강당에서 성립대회가 열렸고, 규약 등이 통과되었다.41) 이날 김원봉은 '조선의용대

---

37) 일례로『在各團體歡迎席上鹿地亘先生講詞』및 행사소식,『新華日報』1938년 4월 2일을 살펴 보면, 중경의 11개 단체 연합으로 개최된 환영회에는 吳鐵城 중경시장·곽말약 청장·陳銘樞·沈鈞儒·鄧穎超 등이 참석하여 치사를 하였다. 참석인물의 면모는 중국측의 관심과 정치적 고려의 일단을 짐작케 한다. 또 국제반침략운동대회 중국분회 대표·중국국민협회 대표·中華海員公會 대표·전국청년기자학회 대표·중산학사 대표와 郁達夫·田漢·鄭用之 등이 축사를 하였다. 외국신문 기자들도 참석하였고, 녹지긍의 연설은 중국어와 영어로 통역되었다.
38) 일제말기 중국대륙에서 전개된 일본인 반전운동으로는 重慶 국민당정부 통치구역에서의 녹지긍 등의 활동, 중국공산당 지배하 邊區政權 및 항일근거지에서의 野坂參三 등의 활동, 일본군 점령하 上海 등지에서의 中西功 등의 활동이 알려져 있다(井上久士,「中國共産黨의 捕虜政策과 日本人反戰運動」,『近きに在いて』34, 1998, 3쪽).
39) 鹿地亘 講, 邢桐華 譯,「日本人民反戰運動之意義: 政治部第3廳'戲劇訓練班'의 講演詞」,『新華日報』1938년 9월 3일.
40) 鹿地亘,「雙十節告中華友人」,『新華日報』1938년 10월 13일.

대장' 자격으로 축사를 하였다.[42]

「대회선언」에서는 '일본 인민대중의 해외분견대' 역할을 자임하고, "중국항전과의 협력에 관해서는 물론, 우군으로서의 행동통일을 위하여 중국정부의 지휘에 복종하는 동시에, 일본 인민혁명의 촉진과 완성이라는 독자적인 목적을 갖는다"[43]고 밝힘으로써, 중국항일전쟁의 종속적 존재라는 여건 하에서도, 자신의 정체성을 견지코자 하였다.

그런데 "1939년 6월 중순 조선의용대로부터 周모(周世敏) 외 3명, 중앙당국(정치부)으로부터 廖濟寶씨가 와서, … 수용 중인 16명을 … 위로해 주었다. 이어서 계림에 제3수용소를 설립키로 결정되어, 周모가 관리인(소장)으로 부임하였다. … 周모는 여러 가지로 우리들을 잘 돌봐주었지만, 조금 지나자 사상 방면의 책동을 시작하였다. … 周는 日本人義勇隊의 조직에 실패하자 그 직을 떠났고, 중국당국으로부터 麻生哲씨가 관리인으로 왔다"[44]는 기록은 군사위원회 정치부가 상정한 일본군포로 조직의 모델이 朝鮮義勇隊였음을 시사한다.

일본군 포로 교육을 위해 조선의용대 대원이 파견된 사실[45]이나, 조선의용대가 일본군 포로들을 위해 '포로우대회'라는 환영·위로회를 열어준 사실[46] 또한 조선의용대 조직을 골간으로 한 일본군포로의 조직화

---

41) 孫金科, 앞의 책, 73~83쪽 참조. 기관지『人民の友』를 발행하였고, 岡野進(野坂参三)의 「일본 공산주의자에게 주는 편지」, 소련공산당 18차대회 스탈린보고 중의 '국제정세에 관한 부분', 레닌의「제국주의론」등을 교재로 사용하였다(『日本兵士の反戰運動』, 68~69쪽).
42)『抗戰日記』, 181쪽, 鹿嶋節子, 앞의 글, 389쪽 재인용.
43)『日本兵士の反戰運動』, 82쪽.
44)『火の如く風の如く』, 289~290쪽, 鹿嶋節子, 앞의 글, 380쪽 재인용.
45) "石正·康弘們 두 동지가 포로교육 활동을 위해 어제 湖南省 서부지역으로 갔다"(『本隊消息』,『朝鮮義勇隊通訊』3기, 1939. 2. 5, 9쪽)는 기록이나, "본대에서는 명을 받들어 대원을 파견하여 일본포로를 훈련시키는데, 그 성적이 자못 좋다"(『本隊消息』,『朝鮮義勇隊通訊』 19·20 합기, 1939. 8. 1, 11쪽)는 기록이 이를 뒷받침한다.
46)『火の如く風の如く』, 290쪽, 鹿嶋節子, 앞의 글, 379쪽 재인용. 같은 시기에 발행된『朝鮮義勇隊通訊』19·20합기 11쪽에도 "본대는 ×월 ×일 계림시 낙군사 대강당을 빌려 일본군포로를 초대하였는 바, 각 기관·단체 및 민중 천여 명이 참석하였다. 정황이 매우 열렬하였

구상을 뒷받침한다.

국민당정부가 조선의용대원 주세민을 일본군포로 관리책임자로 임명한 사실은 다음과 같은 개연성을 낳게한다. 국민당정부는 일본인포로와 일본인 반전운동집단을 조선의용대의 하부구조로 편제함으로써, 군사위원회 정치부→조선의용대지도위원회→조선의용대·대만의용대·반전동맹으로 이어지는 동아시아 국제연대체계의 구축을 구상하였던 것으로 유추할 수 있겠다. 녹지긍·청산화부 등의 조선의용대 위상에 대한 찬사와 언급도 이같은 배경하에 나온 것으로 해석될 수 있다. 그러나 일본군포로들의 반발과 민족감정 등으로 인해, 반전동맹이라는 일본군포로들만의 조직으로 변경되었던 것이다.

서남지부는 중국민을 상대로 한 선전활동의 일환으로 연극을 공연하였다. 녹지긍이 대본을 쓴「三兄弟」공연은 일본인에 대한 호기심도 곁들여, 큰 반향을 일으켰다. 이들은 중국군 위로금 및 반전동맹 활동기금 모금을 표방하며, 柳州 등지 1·5전구의 중국군을 대상으로 순회공연을 가졌다. 국민당정부 西南行營의 각급기관을 중심으로 '반전동맹후원위원회'가 조직되었고, 西南大學에서 발행하는『國立大學週刊』은 '在華日本人民反戰專刊' 특집호를 발간하였다.47)

그런데 일본인을 동원한 반일·반전 선전활동48)은 중국항일전쟁의 유익한 이벤트였다. 일본군의 사기를 떨어뜨리고, 전력을 약화시킨다는 전술적 차원만이 아니라, 국민당정부의 대민중 활동의 측면에서도 그 효과

다"고 하였다.
47)『日本兵士の反戰運動』, 129쪽.
48) 일제는 중국측이 중일전쟁의 장기화를 목표로, 군사정치 및 사상 '모략'을 수단으로 하여 반전운동을 전개하고 있으며, 군사위원회 정치부와 CC단 및 중국공산당과 각 전구 특별당부 등의 주도하에 군인·군속 출신의 일본군포로와 민간인들을 포로로 잡아, 통신 또는 라디오방송 및 문서통신 등 선전활동에 동원하여, '모략공작'을 벌이고 있다고 분석하였다 (『極秘外事警察槪況』6, 61쪽).

가 적지않았던 것같다. "중국정부가 일본군의 포로병들을 마치 손님처럼 지나치게 인도적으로 대접하는게 우습기도 하고, 또 맞갖잖기도 했다. 수족이 성한 편편한 녀석들을 인력거에 태워가지고 다니는게 아무리 보아도 꼴볼견이었다"는 조선의용대원 金學鐵에 의하면, 일종의 '퍼레이드'라는 인상을 지울 수 없었다고 하였다.49)

1939년 12월 28~29일에는 崑崙關과 441고지 일원에서, 일본군을 상대로 선전·심리전을 전개하였다.50) 한편 20여 명으로 구성된51) 순회공연단은 湖北省과 四川省 일대에서 순회공연을 전개하였으며, 중경 도착 후에는 중경방송국에서 일본국내를 상대로 "군벌에 속지말고, 일치 단결하여 침략전쟁에 반항하자"는52) 요지의 방송을 하는 등, 반전활동을 계속하였다.

서남지부 지부장 坂本秀夫(일명 汐見洋)는 「조선의용대에 보낸다」는 편지에서, "전쟁은 혁명의 호기회이다. … 내가 갖고 있는 것은 오직 인류의 정의감을 위한 것이다. 나는 현재 일본군벌이 내게 賣國奴라는 오명을 씌웠지만, 그러나 나는 믿는다. 머지않은 장래에 일본군벌과 재벌이 타도될 때, 나의 모국 일본과 일본인민은 반드시 나를 진정한 애국지사로 받아들일 것"53)이라고 토로하였다. 어느샌가 반일대오에 서있는 자신을 발견하고 일본국민으로서의 자괴감을 느끼고 있는 듯한 반전동맹원의 센티멘

---

49) 김학철, 앞의 책, 185쪽. 이와 관련하여, 김학철은 "일본군포로들은 하루에 한 시간씩 교양을 받는 외에는 식사시간과 취침시간만 준수하면 그만이다. 거리에 나가 마음대로(야간도 포함) 돌아다녀도 좋으나, 시외에 나가려면 따로 허가를 받아야 한다. 우리는 그들에게 아무 것도 강하지 못한다. 단 그들이 자원적으로 우리가 하는 일에 동참을 하겠다면, 이를 굳이 거절하지는 않는다. 그러므로 이무라 요시코(井村芳子)양이 우리를 따라, 전선에 나와 일본군의 참호에다 대고 노래를 부른 것은 어디까지나 그녀의 자유의지였다"고 토로함으로써, 중국항일전쟁의 주변부적 존재로서 조선의용대 위상의 한계를 절감하였다.
50) 『新華日報』 1940년 1월 10일.
51) 『新華日報』 1940년 5월 9일.
52) 『新華日報』 1940년 7월 25일.
53) 「日本反戰戰士汐見洋給朝鮮義勇隊的信」, 『朝鮮義勇隊通訊』 28기, 1939. 11. 1, 9쪽.

탈리즘은 일본군 전쟁포로로서 회피하기 어려웠던 고뇌의 단면을 보여주고 있었다.

이와 함께 1940년 7월 경에는 중국군 제5전구에 지부 조직이 결성되었다. 일본군 포로 출신으로 조선의용대 제2지대에 소속되었던 伊藤進·大竹義雄·松井一三·井村芳子·井村月雄 등 15·6명이 구성원이었다. 이들은 중국군 제5전구 李宗仁부대에 포로가 되었으며, 제5전구 정치부는 '언어불통' 등의 이유로, 5전구사령부의 소재지인 老河口에 주둔 중인 조선의용대 2지대에 이들을 인계하였다. 이후 이들은 1940년 11월 초 호북성 張家集에서 열린 환영회에 참석하는 등 2지대 대원과 함께 대일선전활동에 참가하였다.54)

또 1941년 1월 중순에는 井口芳子 등 수 명이 조선의용대 대원들과 함께 노하구에서 洛陽으로 이동하며 반전활동을 펼쳤다.55) 녹지긍은 "호북성 제5전구에서 조선의용대의 협력으로 伊藤進 등이 지부 설립에 착수하였다"고 회고하였다.56)

중경의 반전동맹 총부의 결성 시점은 분명치 않지만, 1940년 3월 30일 제1회 총회에서 조직 및 기관·규약 및 운영사항이 논의되었다. 서기국·기관지편집부·교육부·자료조사부·기획선전부·경리회계부의 기구가 설치되었고, 4월 15일 기관지『眞理の鬪い』창간호를 간행하였다. 5월 상순 이후 서남지부 대원들이 속속 도착하였고, 7월 20일 총부 창립대회가 거행되었다. 구성원은 33명이었고, 녹지긍을 회장으로 선출하였으며, 池田幸子·靑山和夫·綠川英子·成倉進·前野恭子·廣瀨雅美 등이 지도부에 선임되었다.57) 반전동맹 '총고문' 자격의 정치부 제2청장 杜心

---

54) 『極秘外事警察槪況』8(1942), 263쪽.
55) 『極秘外事警察槪況』7(1941), 98쪽.
56) 『火の如く風の如く』, 358쪽, 鹿嶋節子, 앞의 글, 390쪽 재인용.
57) 孫金科,「國統區日本人民反戰同盟」,『中國現代史』1990년 5월호, 中國人民大學 書報資料中心, 104쪽.

如와 곽말약 등 정치부 간부들, 제3청 소속 老舍·田漢·馮乃超 등의 문화계 지식인들, 왕봉생 국제문제연구소 소장, 국민당 선전부 대표 그리고 조선의용대 대표가 참석하였다. 강령에서는 반전동맹이 정치저 견해니 신앙의 차원을 뛰어넘어, 평화를 지향하는 대중적 통일전선임을 강조하였다.58)

창립선언문의 내용을 살펴 보면, 먼저 중일전쟁을 일본의 동아시아 침략전으로 규정하고, 일본제국주의를 '동아시아 전민족의 공통의 적'으로 지목한 다음, "해외에 있는 일본인민의 革命支隊"를 자임하였다. 나아가 동아시아 반제·반일 국제연대세력의 일원임을 강조하여, "중국항전을 중심축으로, 조선·대만 등 동아시아 제민족의 빛나는 해방분투와 협조 옹호함으로써, 동아시아 평화의 기초를 닦는데 기여할"59) 것이라고 하였다.60)

3. 반전동맹의 해체와 배경

조선의용대와 마찬가지로, 반전동맹의 위상 또한 군사위원회 정치부에 의해 규정되었다. 제2차 국공합작의 틈새가 넓어지면서, 국민당정부측의 녹지긍 및 반전동맹의 정체성에 대한 의구심이 점증하였다. 1940년 9월 정치부 부장이 陳誠에서 張治中으로 바뀌고, 周恩來 부부장과 郭沫若 제3청장이 경질됨으로써, 정치부는 국민당 우파에 의해 장악되었다. 남의사계열의 제2청장 杜心如가 반전동맹 '총고문'에 임명되었고, CC계열의 汪怡民이 '상주고문'으로 파견되었다.61)

---

58) 『日本兵士の反戰運動』, 137~138쪽.
59) 「在華日本人民反戰革命同盟會宣言」, 『朝鮮義勇隊通訊』 36기, 16·4쪽.
60) 한 중국인 연구자는 반전동맹의 성격을 지적하며, '국제주의의 한 부대'로써, "전후 일본을 위해 평화·민주의 유력한 세력을 준비하였다. 그들은 귀국 후 적극적으로 일본의 평화·민주활동에 몸을 던졌다"고 평가하였다(孫金科, 「在華日本人民反戰運動の硏究狀況と今後の課題」, 『近きに在いて』 34, 1998, 14쪽).

종래 반전동맹의 후원자 역할을 해 온 중국공산당원 및 제3당파 인물의 퇴진은 국공합작의 역학관계 변화와 군사위원회 정치부내 권력투쟁의 측면이 반영된 결과였겠지만,62) 이후 녹지긍과 반전동맹의 활동은 급속히 위축되었다. 1940년 6월 초 군정부장 겸 참모총장 何應欽의 활동중지 명령 또한 국민당정부내 친일·타협세력에 의한 책략의 결과였다63)는 녹지긍의 지적은 이러한 상황을 함축하였다.

1941년에 들어 상황은 한층 악화되었다. 1월부터 3월에 걸쳐 벌어진 皖南事變의 와중에 불길한 징후가 현실로 다가왔다. "毛澤東 선생이 최근 「論持久戰」에서 적절히 지적하였듯이, 당면한 일본의 혁명은 人民革命이다.", "일본의 혁명조직은 이미 이번 전쟁이 필연적으로 일어날 것임을 확인하였고, 모택동 선생 등의 주장을 이해하고, 그의 전술을 적용해 갔다"64)는 녹지긍의 강연내용은 군사위원회 정치부를 장악하고 있는 반공·우파세력의 촉각을 건드렸을 것이다.

이와 함께 일부 대원의 녹지긍에 대한 도전과 탈주사건 또한 해산의 빌미가 되었다. 成倉進 등 일부대원은 "녹지긍이 공산주의교육을 강요하고 있다. 녹지긍이 환자에게 식사를 주지 않고, 자신을 따르는 대원만 우대한다. 녹지긍이 운영경비를 유용·횡령하였다"는 진정서를 정치부에 제출하고 도주하였다.65)

8월 23일 "돌연 최악의 사태가 찾아왔다" 정치부장 장치중은 "사상이 타당하지 않은 점이 있고, 동맹원 중에 회장의 통제에 따르지 않는 자가

---

61) 『日本兵士の反戰運動』, 126쪽.
62) 반전동맹에 대한 지휘권 다툼에서 王凡生→鄒任之(제2포로수용소 소장)→靑山和夫로 이어지는 반공·극우계파가 郭沫若→馮乃超→鹿地亘으로 이어지는 용공·합작파 라인을 압도한 사실을 가리킨다.
63) 『日本兵士の反戰運動』, 136쪽.
64) 鹿地亘 講, 邢桐華 譯, 앞의 글.
65) 孫金科, 앞의 책, 124~142쪽 참조.

있기" 때문에, 8월 25일까지 반전동맹원 전원을 貴州省 鎭遠縣 소재 軍政部 제2 포로수용소로 옮기도록 명령하였다. 비록 "동맹의 명의와 회장의 지위는 그대로 남겨둔다"는 단서가 붙었지만,66) 이는 반전동맹의 해체에 다름아니었다.

이로써 1941년 8월을 전환점으로, 국민당정부 관할구역내 일본인 반전운동집단의 활동은 끝났다. 그 대신 延安과 화북의 중국공산당 및 팔로군 관할지역의 반전동맹 지부67)를 거점으로 한 또다른 일본인 반전운동이 펼쳐졌다.

그런데 귀주성 이전을 빌미로 한 반전동맹 활동에 대한 제한 조처는 같은 시기 발생한 조선의용대의 화북이동 사실과도 연관이 있을 것으로 짐작된다. 1941년 8월은 조선의용대 주력이 黃河를 건너 陝西省 중국공산당 항일근거지인 太行山 지역으로 이동을 완료한 시점이었다. 반전동맹 내의 容共·親共 경향을 주시해 오던 군사위원회 정치부는, 조선의용대의 경우처럼, 반전동맹의 중국공산당 관할구역 이동 가능성을 우려하였고, 그 결과 이들을 중국공산당과의 접촉이 불가능한 貴州省으로 강제이동시키기로 결정하였으리라는 유추는 무리한 상상만은 아닐 것이다.

물론 이로써 반전동맹의 친공화는 막을 수 있었을 것이다. 하지만 곧이어 화북지역의 반전동맹 지부조직을 기반으로 日本人民解放聯盟이라는 친중공 반전운동단체가 출현함으로써, 일본인 반전운동집단에 대한 지도력은 중국공산당측으로 넘어가버리는 결과를 낳았다.

이는 조선의용대 주력의 중국공산당정권 합류 사실과 더불어 중일전쟁기 중국민당정부 항일노선의 한계와 제약성을 반영하고 있다. 제2차 국공

---

66) 『日本兵士の反戰運動』, 237~238쪽.
67) 이미 1940년 6월 초 延安支部, 9월 西北支部, 1941년 2월 23일 冀中支部, 5월 4일 晉察冀支部, 1942년 초 淮北支部가 성립되었고, 이들 조직을 기반으로 1942년 6월 23일 在華日本共産主義者同盟이 성립되었으며, 1944년 1월 15일 日本人民解放聯盟 準備委員會가 출범하였다.

합작 하에서도 적극적인 항일노선보다는 공산당 토벌에 역점을 두었던 국민당정부의 항일노선은 중국항일전쟁의 주변부로 설정되었던 조선의 용대와 반전동맹·대만의용대의 신뢰와 기대감을 저버리는 결과를 초래하였을 것이다. 국민당정부가 기도하였던 동아시아 국제연대체제의 한 축이 와해됨으로써, 중국공산당의 동아시아 국제연대 구상을 강화시켜 주는 역설적 상황으로 귀착되었던 것이다.

반전동맹의 노선 표방에도 변화의 조짐이 현저해졌다. 중국공산당의 국제연대 구호이기도 한 '반파시스트 연대' 주장이 공개적으로 사용되었다. 1941년 말 재중 일본인 반전운동의 리더인 鹿地亘·池田幸子·綠川英子·靑山和夫 등이 '재화일본인반파시스트연맹' 명의로 공동 발표한 다음의 선언문은 반전운동이 반파시스트운동의 단계로 옮겨가고 있음을 알려준다.

> 우리의 조국은 세상에서 처절한 지옥과 같은 처지가 되었다. … 파시스트 흉도는 지금 전세계를 두들겨 하나의 계통적 전장을 만들어버렸다. 그들은 전인류에 도전하였다. … 그들은 하나의 전쟁으로써 다른 전쟁의 구실로 삼고, 전쟁으로써 전쟁을 배양하였다. 그들은 점차 전쟁에 의한 기아와 지옥을 확대하고, 기아의 출현을 전쟁 확대의 구실로 삼았다. 이러한 기아정책에 굴복하지 않는 인민을 그들은 국민적 성의가 없는 비국민이라 하여, 학살적 박해를 가차없이 가하였다. … 파시스트 흉도는 인류의 중세기적 무단통치 부활의 몽상자이다. …
> '살지 못해 죽는다'라는 말은 중세기 일본의 인민지배의 요체였다. 지금 이론은 '살지못해 죽는다'는 말의 전면적인 부활이다. …
> 그들은 인류역사를 역전시킬 몽상을 하고 있다. 인류역사는 인류의 합리적 생활의 발전의 의지에 의해 추동되는 것이지, 결코 움직이지 않는다. 인류에 적대하고, 역사를 거꾸로 하려는 자는 그 수레바퀴에 가루가 될 것이다.[68]

---

68) 「全世界反フアシスト聯合戰線の兄弟よ! 共同の敵を打倒せ!」, 독립기념관 소장자료 번호

국민당정부 관할구역에서의 활동이 불가능해진 시점에 발표된 이 선언문은 '전세계 반파시스트 연합전선'의 결성이라는 중국공산당식 통일전선 구호를 전면에 내세우고 있다. 일본인 반전운동그룹이 국민당정부와의 연대를 절연하고 중국공산당을 새로운 파트너로 상정하고 있음과, 반파시스트 국제연대의 새로운 출발을 다짐하는 선언적 의미가 큰 것으로 유추된다. 하지만, 이 글에서 엿보이는 반전·반군벌 논리는 반전운동집단의 존재가치를 밑받침하고, 자신의 정체성을 담보하는 가치로 역할하였을 것이다.

한편 녹지궁과 반전동맹 외에도 녹천영자69)·鹽見成策70) 등도 반전운동 과정에서 일정한 역할을 하였다. 특히 남편이 중국인인 녹천영자(1912~1947)는 신화일보 지상 등을 통해71) 반전선전을 통한 대중국민 계몽활동을 펼쳤는데, 1938년 7월 武漢에서 그녀는 安偶生과 선전방송을 하였단다.72)

004417 - 025.
69) 본명은 長谷川照子이며, 동경 출신이다. 1920년대 말 경제공황·만주사변 등의 정세를 배경으로 에스페란토를 배웠고, 에스페란토운동을 통한 반전 평화운동에 눈떴다. 치안유지법 위반으로 체포되었으나, 나이가 어리다는 이유로 석방되었다. 1933년 봄 '일본 무산계급 에스페란토동맹'에 가입하였다. 그녀의 에스페란토 필명은 Verda Majo('녹색의 5월')였다. 1936년 봄 동경고등사범학교 유학생인 중국인 에스페란토운동가 劉仁(劉砥芳·劉鏡賢)을 알게 되어, 이후 부부가 되었다. 1937년 1월 유인이 먼저 上海로 건너갔고, 이어서 4월에 그녀도 상해로 건너왔다. 이후 중국인 에스페란토운동에 참여하여, 중국의 반전·반일운동에 합류하였다.
70) 하노이주재 일본영사관 서기관이었는데, 鎭南關을 넘어와 중국측 군수물자 집결 상황을 촬영하다가 중국군에 붙잡혔다. 이후 국민당정부 桂林行營 책임자 寥濟賢과 녹지궁의 설득으로 중국측에 투항하여, 계림행영 참모처에서 근무하며 반전운동에 참여하였다.
71) 예를 들어『新華日報』1940년 1월 11일자에 반전운동에 있어서 신화일보의 역할을 강조하는 글을 썼고, 이외에도「日本朋友慰勞信」(1938년 8월 20일),「中日兩國婦女携起手來!: '三八'國際婦女節感言」(1940년 3월 8일) 등이 눈에 띈다.
72) 한 중국인 필자는 안우생(安重根의사의 조카이며, 安恭根의 아들)을 일명: 王子天이며, 필명이 Elpin인 '에스페란토주의자'라고 소개하였다. 안우생은「평화의 비둘기: 중국방송의

Ⅲ. 조선의용대와 일본인 반전운동집단의 연대활동73)

1. 연대관계의 형성과 배경

1939년 5월경 녹지긍은 조선의용대가 경영하는 소학교를 방문하였다. … 장소는 重慶에서 양자강 건너 南岸으로, 강을 내려다보는 언덕 위였다. … 김원봉의 주문에 아이들이 녹지긍에게 赤旗歌를 조선어로 들려주었다. 틀리게 알고있는 마디를 녹지긍이 바로잡아 주었다.74)

(1939년 7월 5일의) 10일쯤 전, 鎭遠의 수용소로부터 일본인 覺醒分子 8명과 조선인동포 20명이 (계림의) 인근부락에 도착하였다. 오늘 그들과 우리 '博愛村(국민당 제2포로수용소 분소)'과의 친목회가 두 마을 중간에 있는 작은 광장에서 열렸다.75)

(1939년 8월) 조선인포로를 의용대에 인도하는 기회에 … 나(녹지긍)는 金若山 대장과 오랫만에 만났다.76)

일본어방송 진행자, 일본의 에스페란토 話者 綠川英子에게 바침」이라는 獻詩에서 "지금 당신은 마이크 앞에서 통역방송을 진행하면서/미리 알아챈 진리를 간절히 당신 동포들에게 고합니다./우레같은 소리가 솟구쳐 나옵니다./당신의 귀중한 의견을 슬기롭고 건재한 심령에게 바치니/당신의 외침은 결코 공허한 메아리가 아닐겝니다./피에 취한 심장을 갈기갈기 찢어놓고/쓰디쓴 대가를 맛보게 할 것입니다"라고 하였다(李益三, 「綠川英子在中國抗日和解放戰爭中貢獻一生」, 중국인민정치협상회의 광동성위원회 문사자료연구위원회 편, 『廣東文史資料』 47, 광동인민출판사, 1986, 199~200쪽).
73) 이하의 서술에서는 인용문이 다소 많은 감이 없지않다. 조선의용대와 반전동맹의 연대 당사자였던 녹지긍의 회고로써, 한국사 연구자 일반의 접근이 용이하지 않은 자료이기에, 주요 부분을 인용문으로 처리하였음을 양해바란다.
74) 鹿地亘, 「一つの比較: 民族教育の問題について」, 『民主朝鮮』 1948년 8월호, 鹿嶋節子, 앞의 글, 386쪽 재인용.
75) 『火の如く風の如く』, 158쪽, 위의 글, 387쪽 재인용.
76) 『火の如く風の如く』, 263쪽, 위의 글, 387쪽 재인용.

(동맹 결성을 위해 포로가 집결해 있던 계림의) 수용소는 憲兵兵團 구내에 설치되었다. 이미 포로가 70여 명이나 되었다. … 내(녹지긍)가 (이곳에) 올 때까지 (당시 녹지긍은 중경에 있었다) 조선의용대로부터 비서 周世敏의 도움을 받았다.[77]

위의 인용문은 녹지긍의 회고에 등장하는 조선의용대 관련 부분의 일부이다. 이는 "재중경 조선의용대는 중경거주 반일 외국인과 제휴하여, '國際部隊'라는 항일진영을 조직하고, 日本反戰主義者同盟 鹿地亘 일파도 역시 본대와 제휴를 획책하고 있는 듯하다"[78]는 일제 정보자료의 분석과 더불어, 조선의용대와 반전동맹이 연대관계를 유지하며, 중국항일전쟁의 한 축을 이루었음을 뒷받침한다.

그런데 녹지긍의 회고에 등장하는 주세민[79]은 1939년 상반기 중국측이 주관하는 방송 선전활동에 참여하여, "중일전쟁은 결코 일본국민을 위한 전쟁이 아니고, 군벌과 재벌의 이익을 위한 침략전쟁이며," "중국의 적은 너희들이 아니며, 일본민중도 아니고, 바로 일본군벌이다. 실제로 일본군벌은 너희들과 중국의 적일 뿐만 아니라, 전세계 민주국가 공동의 적이다", "중국의 적은 일본군벌이지, 일본군 사병이 아니다. 따라서 전선에서 붙잡힌 포로는 살해하지 않을 뿐 아니라, 오히려 자신의 형제와 같이 우대한다"[80]는 일본군을 상대로 투항권고 연설을 한 사실이 확인된다. 미루어 보건대, 그는 일본어 실력과 연설 능력 등을 겸비하고, 조선의용대의 대일본군 선전활동의 중추적 역할을 수행하였던 것으로 추정된다.

---

77) 『火の如く風の如く』, 272쪽, 위의 글, 388쪽 재인용.
78) 『特高月報』1940년 9월분, 105쪽.
79) 周世敏(일명 金雲學)은 함북 출신으로, 1933년 9월~1934년 4월 義烈團에서 운영한 朝鮮革命軍事政治幹部學校 2기생 훈련을 받은 다음, 1934년 4월 중순 중국육군군관학교 洛陽分校 내에 설치된 金九 주도의 韓人特別班으로 옮겨, 1935년 4월 졸업하였다. 졸업 후에는 朝鮮民族革命黨원을 거쳐, 1938년 10월 창건된 朝鮮義勇隊 대원이 된 인물이다(한상도, 『한국독립운동과 중국군관학교』, 문학과지성사, 1994, 281·294쪽).
80) 「敬告被迫作戰的日本弟兄」, 『朝鮮義勇隊通訊』 18기, 1939. 7. 11, 9쪽.

한편 녹지긍은 조선의용대를 다음과 같이 평가하였다.

> 이 나라에 머물고 있는 조선의 애국자들이 항전 참가를 위해 金若山의 지휘 하에 朝鮮義勇隊를 결성하고, 대만인 애국자들이 조국의 저항을 돕기 위하여 臺灣義勇隊를 조직하려 한 것은 특기하지 않으면 아니된다.
> 특히 조선의용대는 黃埔 기타 중국군관학교에서 훈련받은 적이 있는 청년군인을 기간으로 하여, 수백 명의 구성을 갖고 있어, 한 부대는 武漢戰役 후 북상하여 延安과 華北으로 들어갔고, 다른 한 부대는 무한방위를 위해 武裝宣傳隊로 활동한 후, 국민당군과 함께 湖北·湖南·廣西·四川의 각 전장에 흩어져, 이윽고 日本人反戰同盟이 조직되자 각지에서 밀접하게 이들과 협력하여 활동하였다.[81]

1938년 10월 말 武漢을 철수한 조선의용대와 일본인 반전운동집단은 桂林에서 재회하였다. 이때 김원봉은 녹지긍에게 현상체포령이 내려진 일본군 문서 노획 사실을 알려주었다.[82] 두 사람의 관계는 서로의 속내를 털어놓는 데까지 발전하였다.

> 조선의용대 대장 金若山이 방문하였다. 함께 行營으로 나갔는데, 공습경보가 울렸다. 방공호 앞의 마당에 대기하면서, 정황에 대한 얘기를 나누었다. "韓國國民黨(임시정부)의 노쇠한 조선인과의 통일전선을 단념하겠다"고 그는 말하였다. … 그는 피곤한 듯이 머리를 흔들었다.
> "우리들의 협동을 위해서도 임시정부와는 인연을 끊겠습니다. 당신들이 일본인이기 때문에, 그리고 그들은 반일이기 때문에 함께 할 수 없다고 하기 때문이지요." 이번에는 내가 머리를 옆으로 흔들 차례였다.[83]

위 녹지긍의 회고를 보면, 두 사람의 친분과 신뢰를 읽을 수 있다. 대한민국임시정부의 보수적 인물로부터 벽을 느낀 김원봉의 소회와, 청산화부

---

81) 『日本兵士の反戰運動』, 26쪽.
82) 『抗戰日記』, 109쪽, 鹿嶋節子, 앞의 글, 384쪽.
83) 『抗戰日記』, 166~167쪽, 위의 글, 385쪽.

의 견제를 받고 있던 녹지긍의 심정은 동병상련이라는 표현이 어울릴 수 있었을 것이다. 녹지긍은 김원봉의 첫인상을 다음과 같이 적었다.

늠름하고 딱 벌어진 뼈대, 붉은 구릿빛으로 빛나는 피부를 가진, 그의 경력에 어울리는 외모의 군인이었다. 국민당군의 장교복을 입고 있었다. 검고 뻣뻣한 머리카락, 굵은 눈썹, 40을 조금 넘긴 나나 靑山보다 5·6세가량 연상일지?
청산으로부터 소개받은 나는 외경섞인 흥미로움을 느끼면서, 그의 크고 강한 손을 잡았지만, 기회를 이용하는 것을 허용하지 않는 날카로운 눈빛을 별도로 한다면, 그의 사람을 대하는 태도는 매우 정중하였다.[84]

녹지긍이 조선의용대 숙소를 방문한 기록은 흡사 한 편의 영화장면을 보는 듯하다.

무창 시내의 비교적 큰 민가를 빌려 숙소로 삼고 있었다. 가운데에는 납작한 돌로 만든 마당을 둘러싸고, 네 채의 속소로 이루어져 있고, 집합명령으로 각 동의 방에서 '와' 뛰쳐나오는 500명 전후의 초록색 군복을 입은 젊은이들이 갑자기 마당을 가득 채웠다. 미처 뛰어나오지 못한 자들은 복도창문을 몽땅 열고 겹겹이 얼굴을 내밀고 있었다. …
대장이 개회를 선언하고, 이어서 나를 소개하며 인사를 시켰다. 실제로 나는 지금까지 발랄한 이렇게 많은 조선인 젊은이들이 이런 곳에 있다는 것 등이 현실로 느껴지지 않았기 때문에, 질리는 듯한 기분을 느꼈지만, 청산이 뒤에서 재촉하였기 때문에 흥분을 느끼면서 앞으로 나갔다.
나는 솔직하게 "지금 이곳에서 이렇게 훌륭한 집단을 갖고있는 조선의 형제들과 얼굴을 맞대니 가슴이 벅찬 기분이다. 함께 손을 잡고 침략자와 힘껏 싸우자"고 소리를 질렀다. 우렁찬 박수소리가 터졌다.[85]

한편 조선의용대 대원 金學鐵은 녹지긍 부부를 회상하여, "다같은 망명

---

84) 『火の如く風の如く』, 44쪽, 위의 글, 378쪽 재인용.
85) 『回想記 '抗日戰爭'のなかで』, 206~207쪽.

자의 신세인데다가, 일본말이 잘 통했으므로, 일종의 '忘年之交'쯤 됐을 지도 모른다"고 하였다. 또 池田幸子가 「荒城의 달」을 잘 불렀고, 「霜滿軍營秋氣淸」을 읊으며 칼춤을 추던 녹지긍을 기억하며, "본국정부의 박해를 피해 망명을 한 이들 부부에 대해서 명확하게 동지적인 연대감을 느꼈다"고 적었다.86) 池田幸子도 후일 인터뷰에서 "우리들은 주로 조선의용대와 함께 협동하여 자주 연락을 취하며 일하였습니다"87)라고 회고하였다.

이같은 조선의용대와 녹지긍의 우호관계를 바탕으로, 조선의용대와 반전운동집단의 연대도 추동력을 발휘하였다. 이들의 연대는 3·1운동, 6·10만세운동, 조선의용대 창건기념일 등의 행사에 참석하여, 축하하는 등의 모습으로 구체화되었다.

녹지긍은 1940년 조선의용대 창건 2주년에 즈음하여, '재화일본인반전동맹 대표' 자격으로 조선의용대가 '동아시아 반제국주의 민족연합전선의 최선구자'로서, 그 기초를 닦는데 공헌하였다는 찬사를 보냈다.88) 중국영화제작소에서 반전 선전활동에 종사하고 있던 植進 등은 1941년 조선의용대 창건 3주년 기념축사에서, 조선의용대는 '조선민족의 선봉대'로서, 또 '각혁명단체 및 혁명동지의 모범'으로서, 중국항일전쟁에 중대한 공헌을 하고 있다고 칭송하였다.89)

조선의용대에 대한 찬사는 녹지긍과 각축을 벌이던 靑山和夫의 경우도 마찬가지였다. 1940년 6월 10일 그는 중경에서 거행된 조선의용대총부 주최 6·10만세운동 기념식에서 연설하였고,90) 10월 10일 조선의용대 창

---

86) 김학철, 앞의 책, 188쪽.
87) 「故池田幸子女士の步んだ道: 日中戰爭期における反戰運動」, 『中國硏究月報』 304, 1973, 鹿嶋節子, 앞의 책, 397쪽 재인용.
88) 鹿地亘, 「祝朝鮮義勇隊成立二週年」, 『朝鮮義勇隊』 37기, 1940. 9. 13, 17쪽.
89) 日本反戰同志 植進 等, 「朝鮮義勇隊成立第三週年紀念祝辭」, 『朝鮮義勇隊通訊』 40기, 1941. 10, 22쪽.
90) 『新華日報』 1940년 6월 11일.

건 2주년에 즈음하여서는 조선의용대를 "중국항전을 돕는" "중국전장상의 국제대오 중 가장 유력한 주도적 지위를 차지하는 대오"로 치하하였다.[91]

12월 8일 조선의용대 주최 靑山和夫 및 '일본 반전동지' 환영회에서, 김원봉은 "일본 반전형제와 우리 조선의용대는 똑같이 파시스트에 반대하는 좋은 형제"라고 소개하였고, 청산화부는 김원봉의 권유로 일본민요를 불렀다. 또 중국인 劉모는 중국 '舊劇'을 공연하였다. "중·한·일 친구들이 같은 전선에 서서 공동으로 일본군벌을 타도하기 위한 성난 목소리였다." 마지막으로 歡樂歌 소리 속에서 '國際友人'의 잔치는 끝났다는[92] 표현은 조선의용대와 일본인 반전운동집단의 연대 모습을 잘 보여준다.

또 그는 "중국 항일전선에서 가장 크고 유력한 국제대오인" 조선의용대는 "일본혁명을 목적으로 하는 우리들에게 있어서 모범이며, 큰형이며, 혁명선배이다"고 말한 다음, "조선의용대가 큰형으로서 지원하고 있는 중국에서 항전 중인 일본혁명분자와 맺는 혁명적 관계는 일본혁명투쟁운동사상 공전의 역사적 의의가 있다"고 평가하였다.[93]

1942년의 3·1운동 기념일을 맞이하여, 일본인 반전운동그룹인 靑山硏究室[94]·東亞之光會[95]·和平村硏究室·桂林地方代表·昆明地方代

---

91) 靑山和夫,「朝鮮義勇隊的兩週年」,『朝鮮義勇隊』38기, 1940. 11. 15, 5쪽.
92) 張恩澤,「歡迎日本戰友」,『朝鮮義勇隊通訊』39기, 1941. 1. 1, 14쪽.
93) 靑山和夫,「我們要學習朝鮮義勇隊」,『朝鮮義勇隊通訊』40기, 9쪽.
94) 1940년대 초반 貴州省 鎭遠縣 소재 국민당정부 軍政部 소속 제2포로수용소 내에 존재한 일본인포로 그룹. 포로수용소 소장 鄒任之의 주도하에 청산화부가 조직하였다. 총간사 安田 외 21명이 청산화부의 지시를 따랐다. 녹지긍의 표현을 빌리면, 포로들 사이에서 '軍醫中尉'로 불리운 安田은 포로들에게 더운물로 자신을 발을 씻도록 강요하였고, 청산연구실 가입을 거부하는 자에게는 약을 주지않는 등, '소비에트식' 관료적·군대적 명령관계의 그룹이었다고 한다(『日本兵士の反戰運動』, 253쪽).
  1940년 11월 기관지『國際』를 간행하였고, 1942년 현재 소속원이 60여 명에 이르렀다고 한다(『極秘外事警察槪況』 8, 263쪽).
95) 1940년 2월 1일부터 군사위원회 정치부에서 주관하는 반전영화「東亞之光」촬영을 위해 만든 조직으로, 6월에 완성된 영화는 중경·싱가폴·마닐라 등지에서 상영되었다(『極秘外

表·××橋分室이 '일본혁명민주협의회' 명의로 축하의 글을 실어, "세계 반파시스트 진영 중에서 가장 활발한 국제대오의 선진인 조선의용대의 4년 간의 경험은 우리들이 마땅히 배울만한 가치가 있다"고 치하하였다. 이어서 같은 글은 "일본 근로대중과 견결하게 손잡고, 잔학무비한 日寇에게 최후의 일격을 가하자"고 제의한 다음, "금후 한·중연대를 강화하고, 세계평화와 동아시아 민족 공동의 적인 일본 천황 및 일본 파시스트군부를 철저하게 소멸 파괴해야 한다"고 끝맺었다.96)

이들 중 청산연구실과 동아지광회는, 1941년 12월 26일 河北省 邢臺戰鬪에서 전사한 조선의용대 제3지대 대원 孫一峰·王現淳·崔鐵鎬·朱東旭의 희생을 기리는 '영용한 반파시스트 국제대오 조선의용대 만세', '선열 손·왕·최·주 네 동지의 혁명정신 계승'이라는 추모글을, 『조선의용대통신』에 게재하기도 하였다.97)

2. 항일대오 속의 갈등과 연대

조선의용대와 일본인 반전운동집단 간의 인연은 대체로 조선의용대가 중국군으로부터 일본군 포로를 인계받음으로써 비롯되었다.98) 1939년 초반 일본군 상등병 출신의 若林政이란 인물이 通城縣 錫山洞 전선에서 중국군에 투항하여 군사위원회 정치부를 경유 조선의용대 제2지대 1구대

事警察槪況』 8, 259쪽). 이후에도 이들은 반일·반전 선전영화 촬영에 동원되었다.
96) 日本革命民主協議會 靑山和夫 등, 「祝朝鮮'三一'革命紀要」, 『朝鮮義勇隊通訊』 41기, 1942. 3. 1, 13쪽. 참고로 '일본혁명민주협의회' 소속 인물을 살펴보면 다음과 같다. 靑山硏究室: 靑山和夫·伊藤進·高山明雄·谷口榮·松井一二·井村月雄·井村芳子, 東亞之光會: 植進·高橋信二·王利陸夫·關村義雄, 和平村硏究室 대표: 靑木繁, 桂林地方 대표: 鹽見政策, 昆明地方 대표: 早川三郎, ××橋分室 대표: 西村芳夫.
97) 『朝鮮義勇隊通訊』 42기, 1942. 4. 1, 25쪽.
98) 이와 관련하여, 鹿地亘은 戰場이 넓게 펴져있고, 교통편이 나빴기 때문에 적당한 수송편이 있을 때까지, 포로들은 종종 수개월이나 戰地에 머물러 있었다. 그동안 그곳에서 활동하고 있던 조선의용대에 참가하는 자도 있었다고 적었다(『日本兵士의 反戰運動』, 86쪽).

에 인계되었다. 그는 "어머니가 중국 국적의 소유자였기에, 어머니에 대한 사랑으로 중국을 사랑하여 투항하였다"99)고 하였는데, 이는 예외적인 경우에 속하였다. 이 보다는 伊藤進이란 인물의 경우가 일본군출신 포로가 조선의용대 합류 과정에서 겪은 혼돈과 갈등을 이해하는데 도움을 준다.

1938년 말 湖北省 중국군 제5전구에서 활동 중이던 조선의용대 제2지대는 중국군 헌병사령부로부터 이등진·荒木·池田이라는 일본군사병을 인수하는데, 이들은 大別山戰鬪에서 포로로 잡혔다. 조선의용대 대원 두 명이 함께 생활하며, 이들을 교화시키기 위해 노력하였다.100)

> 우리 동지들이 막 인수해 와 가르칠 때에는 늘 도망가거나, 자살할 기회만 엿보았다. 그러나 한 달이상 가르친 지금에 이르러 그들은 자살을 두려워하지 않으며, 우리들 의용대 동지와 헤어질까봐 두려워한다.101)

"확실히 일본포로는 완강하였고, 이민족의 어떠한 교도도 받아들이려 하지 않았다"102)는 조선의용대 대원의 체험담처럼, 포로가 된 직후 이들이 완강히 저항하였을 것임은 능히 짐작할 수 있다. 경멸과 조롱의 대상이었던 '조선인'이 감독·지휘자의 위치에 있는 현실을 수긍하기란 용이한 일이 아니었을 것이다. 1940년 7월 7일자로 伊藤進이 鹿地亘에게 보낸 편지에 의하면,

---

99) 「一寇兵投降要求參加朝鮮義勇隊」, 『朝鮮義勇隊通訊』 6기, 1939. 3. 11, 8쪽.
100) 중국군 제5전구 사령부에서 일본군포로를 조선의용대 제2지대에 인계한데 대해, 조선의용대 대원은 다음과 같이 설명하였다. 李宗仁 사령부에서 몇 안되는 일본군포로들을 따로 관리하기가 주체스러우니까, "당신네가 말도 잘 통하고 하니 좀 맡아달라"고, 그 포로들을 우리 제2지대에 떠맡겨버린 까닭에, 우리는 그 포로들과 한지붕 밑에서 기거하고, 또 한 식탁에서 식사를 하게 됐는데, 인격을 존중한다는 의미에서 우리는 그들을 꼭 '동지'라고 불렀다(김학철, 앞의 책, 222쪽).
101) 志成, 「一個俘虜的告白」, 앞의 책, 6쪽.
102) 위와 같음.

> 우리 5명이 조선의용대 내에서, 실천이론 수양 각 방면을 총괄하여 생활
> 상의 언어불통, 내부관계 확대 등, 혁명자로서는 미완성인 우리들 5명에게
> 는 극복할 수 없는 곤란과 고투와 절망을 보이기 시작하고 있습니다.103)

라고 하였는데, 이들의 반발과 고뇌의 일면이 엿보인다.

전쟁포로인 일본군과 조선의용대, 당연히 양자 사이에는 제국주의 지배국민과 피압박민족으로서 정치적·문화적 가치의 충돌이 있었을 것이다. 평화와 공존·공영을 지향하는 반전·반파시스트투쟁이라는 명분이 국가와 민족의 차이를 상쇄시킬 수도 있을 것이지만, 젊은 조선의용대 대원과 반전동맹 대원 간에는 적개심과 경멸감이 가로놓여 있었을 것임은 쉽게 짐작할 수 있다. 더욱이 '대일본제국의 아들'로 교육받고, 천황제 국가체제를 수호하고 '아시아 제민족을 구하기 위한 성전'에 뛰어들었다가, 포로가 된 일본군사병이 하룻밤새 뒤바뀐 자신의 운명을 수긍하기란 쉽지않았을 것이다.

> 포로가 되어, 지금까지 자신들이 '열등민족'으로 생각해 온 조선인 등과
> 같은 처지가 된 일본인들은 현실이 탐탁치 않았을 것이다. … 조선인들이
> 얼굴을 들고 일본인을 대하는 기회였다. 그렇기에 일본인은 끝까지 자신을
> 억누르려는 무익함에 압박받았다. (반면에 한인포로 또한) 우리들은 여기
> 까지 와서 일본인들에게 압박받고 있다고 호소하였다104)

는 녹지긍의 기록은 상충하는 민족감정의 일단을 잘 묘사하였다. 같은 포로신분이지만, 한인과 일본인의 관계에도 변화가 생기기 시작하였다는 사실105)은 감내하기 어려운 현실이었을 것이다. 더욱이 일본제국주의 타

---

103) 鹿地亘資料調査刊行會 편,『日本人民反戰同盟資料』9, 東京: 不二出版, 1994, 308~309쪽, 鹿嶋節子, 앞의 글, 391쪽 재인용.
104)『火の如く風の如く』, 70쪽, 鹿嶋節子, 앞의 글, 381~382쪽 재인용.

도라는 한·중연대 환경을 배경그림으로 삼아, 조선의용대 대원이 관리자 또는 보호자 차원의 연대 상대로 그들 앞에 섰을 때, 일본군포로 출신 반전동맹원의 반발이나 저항은 충분히 예견될 수 있는 사실이었다.

결국 소선의용대에 머무는 것을 담탁치않게 여기던 大竹義雄 등 12·3명은 西安의 일본군 포로수용소로 후송되었고, 伊藤進·松井一二·井村月雄·井村芳子 등은 조선의용대 제2지대와 행동을 함께 하였다. 12월 10일경 이들을 포함한 20여 명의 이동선전대 일행은 洛陽 방면으로 출발하였다.106) 이들은 조선의용대 대원들과 함께 생활해야 하는 현실에 적응하기 위해 노력하였던 듯 하다. 한 대원은 다음과 같이 적었다.

> 의용대 동지들은 혁명적 입장과 성실한 동정의 태도로, 그들에게 중국어를 가르치고, 그들에게 일본의 현재의 정치·경제·군사상황, 일본제국주의가 왜 중국을 침략하였는지, 중국은 왜 항전하는지, 한국민족은 어떻게 해방을 위해 분투해 가는지, 제국주의의 암흑세계와 미래의 광명세계 등을 설명해 주었다. 궁극적으로 그들의 완강한 반동고집을 설득시켜, 그들로 하여금 혁명의 빛나는 큰길을 걷도록 만들었다.107)

1940년 봄 조선의용대 2지대에 배속된 大竹·松井·井村月雄·井村芳子는 호북성의 어느 중국군 부대에서 조선의용대 대원들과 함께 여흥시간을 가졌다.

---

105) 1939년 봄 貴州省 鎭遠縣의 일본군 포로수용소인 '和平村'에는 玄以平이라는 한인이 근무하고 있었는데, 그의 업무는 수용소 소장을 도와 한국인 포로를 관리하고, 한국어 문건을 번역하는 것 등이었다. 그는 조선의용대 총부에서 이 포로수용소를 방문한 尹世胄 등에게, 포로 중의 한인과 일본인은 개인 혹은 단체로 늘 충돌이 발생하였으며, 충돌의 주원인은 "일본인이 조선인을 멸시함으로써, 조선인의 분개를 야기시키는 것이었다"고 말하였다(石正, 「和平村通迅」, 『朝鮮義勇隊通訊』 8기, 1939. 4. 1, 9쪽).
106) 『極秘外事警察槪況』 8, 263쪽.
107) 志成, 「一個日本俘虜的告白」, 앞의 책, 6쪽.

大竹과 井村도 한 마디씩 환영사를 하였고, 대회의 흥취를 위한 오락이 벌어졌다. 프로그램은 조선의용대의 「우리들의 전투는 대시대에 와 있다」, 「아리랑」 합창으로 시작되었다. 日本朋友들은 「反戰行進曲」, 「달빛아래의 戰壕」를 처량하고 비애와 분노 섞인 목소리로 불렀다. 이 이국적인 노랫소리는 그곳에 있던 동지들 개개인의 심금을 울렸다.

그 다음에는 大竹이 「提泥鰍」라는 일인극을 하였다. 그의 화장술과 숙련된 동작 및 얼굴근육의 떨림은 우리들 모두를 웃음의 도가니로 몰아넣었지만, 그는 웃지않았다.

金煒 여동지는 光未然이 지은 「黃河大合唱」을 낭송하였다. 낭랑하고 유창한 중국어로, 넉넉한 음색과 경쾌한 박자로, 하늘로부터 황하의 물이 퍼붓는 듯한 웅장함을 표현함으로써, 中華를 지키는 우리들로 하여금 우선적으로 화북을 지켜야 한다는 확신을 심어주었다.

중국군 特務營측에서도 「軍民合作」, 「東北을 되찾으러 가자」, 「적의 후방으로 가자」, 「太行山 위」를 불렀다. 특히 「동북을 되찾으러 가자」는 그들을 더욱 흥분시켰다. … 특무영 형제들은 國術을 연기하였고, 「救國軍歌」, 「抗敵先鋒歌」, 「희생은 이미 關頭에 이르렀다」, 「大刀行進曲」 등의 군가를 합창하였다. 그리고 麥新 동지는 「抗戰滿江紅」을 독창하였다. 그들은 조선민요 「낙화암」을 불렀으며, 「義勇軍行進曲」을 합창하며 대회장을 떠났다.108)

이러한 정황에 대해, 조선의용대 대원은

(大竹·松井·伊藤進은) 현재 조선의용대 대원과 함께 생활·활동하며, 또 중국사병과 진지의 포화 속에서 손잡고 있다. … 회의 시에는 매번 한·일·중 3개 국어로 말하고, 놀 때에도 각 민족은 다른 복장을 입고 있다. 그러나 그들은 한 가지 마음을 품고 있다. … 일본군벌을 타도하고, 새로운 동방을 건설한다는 …

그들은 호북성 북부지역에서 일본어로 쓴 대적 선전표어와 전단을 살포하며, 적군의 기세와 군민항전 정서를 와해시키는 활동을 전개하였다. … 중국군에 참가한 조선의용대 胡군과 일본반전형제 伊藤은 중국군의 엄호

---

108) 唐鐵克, 「活躍在鄂北戰線的朝鮮義勇隊」, 『朝鮮義勇隊通訊』 35기, 1940. 6. 15, 10쪽.

하에 적과 200m 지점까지 나아가, 적을 향해 반전혁명의 강연을 하였
다.109)

고 기술하였다. 호북성 북부선선에서 포로가 된 일본군출신 人竹과 平漢
線(北京-武漢) 연선지역에서 상업을 하다가 중국유격대의 포로가 된 井村
남매는 "자신의 역량을 다하여 조선의용대 동지를 좇아 일본군벌 타도를
위해 투쟁한다"고 선서하였단다. 또 이들은 중국 및 한국노래도 배워 선전
활동에 적극 참여하였다.110)

리더격인 伊藤進은 「조선의용대 대장에게 보내는 공개서신」에서, 자신
은 "조선의 형제들과 중국동포들과 손잡고 어깨를 나란히 나아가고 있으
며," "중·한·일 동아시아 민족은 정확한 이해아래 전세계 피압박민족의
해방과 자유 평등을 목표로" 투쟁해야 한다고 역설하였다.111) 또 그는
「나의 새로운 삶」이란 글에서, 조선의용대에 합류한 이래 "새로운 운명하
에서 새로운 역량·새로운 지식을 얻어, 집체적인 역량과 노력을 통해
활기차고 행복한 길을 향해 매진하고" 있다면서, "전쟁은 인류최대의 죄
악으로, 누구를 막론하고, 이같은 죄악에 반대해야 한다. 인류의 생명과
문화를 파괴하려는데 무슨 이유가 있겠는가"라고 하였고,112) 조선의용대
2지대원과 함께, 중국군 1·5전구의 중국군을 상대로 일본파시스트군벌
을 비판하는 내용의 연설을 하였다.113)

다시 조선의용대 대원의 회고를 통해, 이들의 연대 모습을 떠올려 본다.

---

109) 東明, 「轉戰鄂北的一支國際隊伍」, 『朝鮮義勇隊』 34기, 1940. 5. 15, 16쪽.
110) 尹爲和, 「開赴棗陽: 鄂北工作隊剪影之一」, 『朝鮮義勇隊』 34기, 11쪽. 이들은 7곡의 중국
노래와 4곡의 한국노래를 부를 수 있었으며, 특히 井村芳子가 부정확한 발음으로 부른
중국노래는 중국군 및 조선의용대 대원들의 인기를 끌었다고 한다.
111) 「日本俘虜伊藤進致朝鮮義勇隊隊長的信」, 『朝鮮義勇隊通訊』 7기, 1939. 3. 21, 10쪽.
112) 伊藤進, 「我的新生」, 『朝鮮義勇隊通訊』 9기, 1939. 4. 11, 7쪽.
113) 劉金鋪 편역, 「活躍在1·5兩戰區的朝鮮義勇隊」, 『朝鮮義勇隊通訊』 13기, 1939. 5. 21,
8쪽.

우리는 또 거의 밤마다 '야간대화'라는 것을 하는데, 실은 '대화'인게 아니라, 일방적으로 하는 '講話(연설)'였다. 왜냐하면 적군은 이 대화에 한 번도 응해 준 적이 없었으니까. 하긴 더러 못마땅스레 소래기를 꽉지르기는 했었다.

야밤을 타서 적전 150m쯤 접근을 하면, 우선 징소리 대신에 수류탄 한 발을 터뜨려서 '개막'을 알린다. 이 느닷없는 폭발음에 놀라 깨지않는 놈은 하나도 있을 수 없다. 그런 다음에 '프롤로그'로 일본여자 井村芳子(스물한두 살)가 고운 목소리로 「황성의 달」 따위 일본노래를 부른다. 적군의 살벌한 마음을 녹이기 위한 수단이다. 연후에 반전을 종용하는 '강화' 즉, 정치선동, 이것을 '喊話工作'이라고도 한다. 물론 이것이 주목적이다. 다 끝나면 '에필로그'로 밤하늘에다 대고 총 몇 방을 쏜다. '안녕히 주무세요'인 셈이다.114)

한편 일본군포로를 조선의용대에 인계하였던 중국군 제5전구측은 이후 일본인들만의 독자조직 구성을 구상하였다. 앞에서 살핀 반전동맹 제5전구 지부가 그것인데, 이 과정에서는 삼자 간의 갈등이 엿보이기도 하였다.

제5전구 사령부는 조선의용대측에 일본인포로의 재인계를 요청하였고, 조선의용대는 이에 반대하였다. 伊藤進 등 잔류 일인포로들도 이에 동의하지 않았다.115) 이로 인해 중국측의 방침이 일인들의 조직으로 반전동맹 지부 결성으로 변경된 것으로 짐작된다. 애당초 중국측은 '언어소통 문제' 등의 원인으로 일본군 포로에 대한 관리를 조선의용대측에 맡겼던 것이지만, 양자간의 갈등 소지와 일본군 포로에 대한 보다 확실한 통솔력 확보 차원에서, 반전동맹 지부라는 별도조직을 편성하였던 것으로 유추할 수 있겠다.

---

114) 김학철, 앞의 책, 222쪽.
115) 『極秘外事警察概況』8, 263쪽.

중국군 제5전구측의 방침에 직면한 조선의용대 2지대는 중경 정치부와의 교섭을 거쳐, 1941년 5월경 정식으로 이들을 조선의용대로 편입시켰다. 사소한 일인 듯하지만, 이는 항일전쟁을 동아시아 반파시스트운동의 차원으로 자리매김하려는 중국측의 구상하에서, 조선의용대가 갖는 위상의 일단을 보여주고 있는 것이다. "본 지부는 인원도 적어서 조선의용대 2지대의 뜻대로 움직이며, 재화일본인민반전혁명동맹회와도 교섭이 없는 것으로 고찰된다"116)는 일제자료의 파악은 반전동맹 제5전구 지부가 결국 조선의용대의 하부구조로 편제되었음 알려준다.

하지만 조선의용대 대원과 반전동맹원간의 융합은 용이한 일이 아니었던가 보다. 1941년 말 이등진 일행 5명은 조선의용대 교대병력과 함께, 중경으로 돌아왔다. "생활습관 차이에서 조선의용대 사람들과 의사소통이 결여된"117) 것이 주원인이라 하였듯이, 상극적인 긴장관계를 끝내 해소하지 못한 것일게다. 그런데 중경으로 돌아온 伊藤進 일행은 靑山硏究室로 보내졌고, 반전동맹 총부와의 연락조차 허용되지 않았다118)는 사실은 반전동맹이 이미 귀주성 鎭遠縣으로 이송된 사실과 더불어, 반전동맹이 용도 폐기되었음을 확인해주었다.

이외 1940년초 陳一路와 周成民 등이 녹지긍과 함께 계림 및 중경에서 라디오방송을 하였듯이,119) 조선의용대와 반전동맹은 방송매체를 통해 일본군 및 일본인을 상대로 한 연합 선전활동을 벌이기도 하였다. 이들은 중국항일전쟁의 승리가 곧 조국의 해방을 담보해주리라는 믿음을 갖고, 자신의 항일전쟁에 몰두하였던 것이다.

---

116) 위의 책, 263쪽.
117) 『日本兵士の反戰運動』, 230쪽.
118) 위의 책, 232쪽.
119) 『特高月報』 1940년 4월분, 200쪽.

맺 음 말

1938년 10월 10일 조선의용대 창건은 동아시아 반파시스트 국제통일전선운동의 차원에서 접근되어야 할 사실이었다. 1938년 상반기 중국국민당정부 일각에서는 중국지역에서 활동 중인 한국·대만·일본인 등을 망라하여 국제 반파시스트 무장부대를 결성하려는 시도가 있었고, 조선의용대의 창건은 그 연장선상에서 이해될만한 것이었다.

조선의용대의 지휘권을 둘러싸고 이견과 갈등이 있었고, 金星淑·崔昌益·柳子明 등과 군사위원회측 인물로 구성된 朝鮮義勇隊指導委員會의 존재는 조선민족전선연맹과 중국군사위원회간 절충의 소산이었다. 그리하여 조선의용대는 군사위원회 정치부 제3청이 주관하는 대일 대적선전 활동의 중심 역할을 하며, 대만의용대와 일본인 반전운동집단을 이끄는 '맏형' 노릇을 하였다.

국민당정부는 일본인 반전운동집단을 조선의용대의 하부구조로 편제함으로써, 軍事委員會 政治部→朝鮮義勇隊指導委員會→朝鮮義勇隊·臺灣義勇隊·在華日本人民反戰同盟으로 이어지는 동아시아 국제연대체계를 구상하였다. 일본인 반전운동의 리더인 鹿地亘·靑山和夫 등의 조선의용대 위상에 대한 찬사와 언급도 이같은 상황을 배경으로 하였던 것으로 유추할 수 있다.

한편 1941년 말 貴州省 이전을 빌미로 한 반전동맹에 대한 제재 조처는 같은 시기 발생한 조선의용대의 화북이동 사실과 일정한 연관이 있었다. 1941년 8월은 조선의용대 주력이 黃河를 건너 陝西省 중국공산당 항일근거지인 太行山 지역으로 이동을 완료한 시점이었다. 반전동맹 내의 容共·親共 경향을 주시해 오던 군사위원회 정치부는, 조선의용대의 경우처럼, 반전동맹의 중국공산당 관할구역 이동 가능성을 우려하였고, 그 결과 이들을 중국공산당과의 접촉이 불가능한 귀주성으로 강제 이동시키기로 결정하였으리라는 추측은 무리한 상상이 아닐 것이다.

이로써 반전동맹의 진공화는 믿을 수 있었을 터이지만, 이어서 화북지역의 반전동맹 지부조직을 기반으로 日本人民解放聯盟이라는 친중공 반전운동단체가 출현함으로써, 일본인 반전운동집단에 대한 지도력은 중국공산당측으로 넘어가버리는 결과를 낳았다.

이는 조선의용대 주력의 중국공산당정권 합류 사실과 더불어, 중일전쟁기 중국민당정부 항일노선의 한계와 제약성을 반영하고 있다. 제2차 국공합작 하에서도 적극적인 항일노선보다는 공산당 토벌에 역점을 두었던 국민당정부의 항일노선은 중국항일전쟁의 주변부로 설정되었던 조선의용대와 반전동맹 그리고 대만의용대의 신뢰와 기대감을 앗아가는 결과를 초래하였을 것이다. 조선의용대의 약화와 재화일본인민반전동맹의 유명무실화는 국민당정부가 구상하였던 동아시아 국제연대체제의 한 축이 와해되는 상황으로 이어졌고, 경쟁관계에 있던 중국공산당의 동아시아 국제연대 구상을 강화시켜주는 역설적 국면으로 귀착되었던 것이다.

조선의용대와 반전동맹의 연대가 갖는 의미를 살펴보면, 양자에게 있어서, 국민당정부의 정치·군사적 지원은 존립의 필수조건이었다. 그리고 김원봉과 녹지긍을 비롯한 지도부만이 아니라, 대다수 젊은 구성원들의 항일의식 및 혁명관은 진보적인 양상을 띠었다. 조선의용대의 화북이동 예에서 입증되었듯이, 중국공산당이 적지않은 영향력을 발휘하고 있었기에, 기대만큼 국민당정부의 구심력이 작용하지는 못하였던 것같다.

또 양자의 관계는 기본적으로 상극적이었기에, 양자의 연대에는 일정한 한계가 있었을 것이다.[120] 설혹 김원봉과 녹지긍이라는 지도자간에는 상

---

[120] 이에 대해 鹿嶋節子는 "조선의용대와 반전동맹은 공식적인 제휴나 공동투쟁 관계에 있었던 것이 아니고, 현실적인 활동의 경우에 있어서 협력관계를 맺고 있었던 셈이다"(앞의

호 확신이 있었다 하더라도, 구성원 일반에게까지 신뢰와 연대를 요구하기는 어려웠을 것이다. 특히 1941년 상반기 조선의용대 주력의 중국공산당 항일근거지 이동을 계기로, 양자의 연대는 난관에 부딪혔다. 경악한 국민당정부는 조선의용대 본부를 重慶으로 옮김으로써, 중국공산당으로의 경도 현상을 차단하고 친정체제를 강화하였다.

중국공산당 관할구역에서 華北朝鮮靑年聯合會라는 한인조직이 출현하고, 조선의용대 주력의 화북 이동이 마무리되는 시점인 1941년 8월 군사위원회 정치부가 재화일본인민반전동맹의 귀주성 이동을 결정한 배경에는, 동아시아 국제연대 구호 하에 벌어지고 있던 국민당정부와 공산당 정권의 각축 구도가 작동하고 있었다. 재중 한인독립운동은 그 무대로서 중국근대사의 환경과 분리하여 설명될 수 없는 역사적 조건을 안고 있었던 셈이다.

특히 皖南事變 시점부터 조선의용대 주력의 화북 이동과 반전동맹의 강제이동에 이르는 과정의 내면에는, 거부하기 어려운 현실 정치상황 속에서 자신의 자유와 해방의 길을 찾고자 하였던 조선의용대와 반전동맹의 몸부림이 숨겨져 있었던 것이다.

- 투고일 : 1월 10일, 심사완료일 : 2월 20일
- 주제어 : 조선의용대, 재화일본인민반전동맹, 중국군사위원회 정치부, 김원봉, 녹지긍, 반전운동, 동아시아 반파시스트 국제연대

글, 375쪽)라고 평가하였다.

Solidarity between Joseon Volunteer Army and Anti-War Group of Japanese in China

Han, Sang-Do

The foundation of JVA(Joseon Volunteer Army) on Oct. 10, 1938 was a fact to be approached from the perspective of anti-fascist International United Front in East Asia. In the first half of 1938, there was an attempt to establish an international anti-fascist armed corps including Koreans, Taiwanese and Japanese who were active in China assisted by CGG(the Chinese Guomindang government); thus, the establishment of JVA should be understood in the extension line of it.

There were some different and conflicting views surrounding the right of command of JVA, and the existence of the JVA Command Commission stemmed from the Joseon National Front League and the Chinese Military Commission. Thus, JVA played a pivotal role in anti-Japanese propaganda activities organized by the 3rd Administration of Political Bureau of Chinese Military Commission. In this manner, JVA played a big brother role in leading the Taiwanese Volunteer Army and Japanese Anti-War Movement Group.

CGG embodied the East Asia International Solidarity system connecting Political Bureau of the Chinese Military Commission, JVA Command Commission and Joseon and Taiwanese Volunteer Armies and JAWU(Japanese Anti-War Union in China). The praise and mention on the phase of JVA by Kaji Wataru and Ao Yama who are the leaders of the Japanese anti-war movement can be analogized to have such a background.

Meanwhile, the sanctions on the Japanese Anti-War Union based on the transfer to Guizhou province in the end of 1941 had a certain connection with JVA's movement to northern China that took place in the same period. In August 1941, the main militias of JVA had completed the movement to Mt. Tai Hang which is the base of CCP(the Chinese Communist Party)'s resistance against Japanese invasion into the Shan Xi province, crossing the Yellow River. The Political Bureau of the Chinese Military Commission that had closely watched the movement of pro-communist/anti-communist within JAWU worried the possible JAWU's movement between the jurisdiction areas of CCP, as in the case of JVA. As a result, a guess that they had been forcefully moved to Guizhou province, which is impossible to connect with CCP, cannot be an unreasonable imagination.

In this way, the pro-communist trend of JAWU could be prevented. However, the command of the Japanese anti-war movement group was handed over to CCP, since a pro-Communist China anti-war group (Japanese People Liberation Confederation) emerged based on the branch organization of JAWU in northern China.

Such a fact reflects the limits and restrictions of CGG's anti-Japan line during the Chinese-Japanese War, coupled with the main JVA's joining CCP Regime. The anti-Japan line of CGG that focused on subjugation of CCP rather than on active anti-Japan line under the 2nd Guomindang- Communist Cooperation could have resulted in taking away the reliability and expectation of JVA, JAWU and Taiwanese Militias that had been set to be the peripheral of the Anti-Japan War by China.

The weakening JVA and the nominal JAWU led to the fact that an axis of the international solidarity system in East Asia collapsed, and the phase derived from the paradoxical situation that strengthened the embodiment of international solidarity in East Asia by CCP that was in the competing relationship.

Finally, when looking into the meaning of the solidarity between JVA and JAWU in China, the solidarity was a prerequisite of the existence of political and military support by CGG to both parties. The anti-Japan awareness and view of revolution that were possessed by most young constituents, as well as the command including Kim Won Bong and Kaji Wataru, took on progressive and liberal tendency. As evidenced in the example of JVA's movement to nothern China, the centripetal force of CGG did not seem to work well as expected, since CCP's influence also existed to some extent.

The relationship between both parties was basically antagonistic; thus, there could have been some limits in the solidarity between them. Although there was some assurance on reliability and solidarity between the two leaders, Kim Won Bong and Kaji Wataru, it could have been difficult to demand reliability and solidarity between general constituent members. Especially, with the occasion of the movement to CCP's anti-Japan base by JVA in the first half of 1941, the solidarity between both parties faced with an obstacle. CGG that was shocked by the movement of JVA shifted the headquarters of JVA into Chongqing; thus, it prevented the movement of JVA toward CCP and strengthened pro-government system.

In August 1941, a Korean organization which was called Joseon Youth Federation in northern China emerged in the extent of CCP's jurisdiction, and movement to northern China by the main force of JVA was completed. In the background of the Political Bureau of the Chinese Military Commission's decision to move JAWU to Guizhou province, the competition structure between CGG and the Communist regime was functioning. The independence movement by the Koreans in China was embedded with historical conditions that could not be explained separately from the environment of Chinese Modern History as its stage.

> Key Words : Joseon Volunteer Army, Japanese Anti-War Union in China, Political Bureau of Chinese Military Commission, Kim Won Bong, Kaji Wataru, Anti-War Movement, anti-fascist International United Front in East Asia

일반논문

현대 역사기록의 체계적 수집을 위한 연구*

이 경 용**

――――― 목 차 ―――――
머리말
Ⅰ. 정부수립 이후 기록관리체계 검토
　1. 기록관리 규정과 '공문서보존기간표' 개관
　2. 남북분단구조와 '비상대비' 기록관리체제
Ⅱ. 공공기록관리와 역사기록의 상관관계
　1. 공공기록의 폐기 및 재분류 사례 검토
　2. 공공기록관리에 대한 이해와 역사기록
맺음말

머 리 말

1999년 제정된 「공공기관의기록물관리에관한법률」(이하 기록물관리법)의 시행을 전후해서, 우리나라 공공기록관리의 낙후된 현실과 이를 극복하기 위한 논의들이 제기되었다. 이 논의들은 우리 사회의 기록관리 현실이 유구한 기록문화전통에도 불구하고 매우 어둡고 참담하다고 평가했다.[1] 심지어는 공공기록관리의 현실을 "기록하지 않고, 관리하지 않으

---
* 본 연구는 국사편찬위원회 2003년도 한국사연구지원비로 이루어졌음.
** 정부기록보존소 학예연구사

며, 공개하지 않는다"[2]고 단언하였다.

정부수립 이후 반세기가 지나는 동안 우리나라 공공기록관리가 제대로 이루어지지 않았던 이유는 어디에 있을까? 논자마다 약간의 차이는 있지만, 가장 큰 이유로 단연 '기록을 남기지 않는 풍토'[3]를 지적한다. 이는 해방후의 좌우대립과 분단, 한국전쟁, 4·19혁명과 5·16군사쿠데타, 그리고 독재권력의 장기집권으로 이어졌던 우리 현대사의 파행적 전개과정에서 연유한다. 정치·사회적 혼란으로 인해 많은 기록이 산실되었음은 물론이고 '밀실행정'으로 중요사항은 되도록이면 기록으로 남기지 않으려 했고 중요 사안일수록 단기간 보존하는 관행이 지속되었다.

그런데, 이전의 우리나라 기록관리의 문제점 파악은 주로 잘못된 풍토와 관행의 '현상'에 대한 지적과 함께 '사료'가 역사연구자료로서 얼마나 중요한 의미를 가지고 있는가에 대한 일종의 당위적 인식 차원에 머물렀다고 해도 과언이 아니다. 그 이유로는 첫째, 전근대시기는 물론이고 근대 이후 우리나라 기록관리제도의 역사적 성립과정이나 배경, 그 구조에 대한 연구가 거의 이루어지지 않았기 때문이다. 둘째, 공공기관에서 국정운영과 관련하여 생산관리하는 '현용기록'에 대한 이해가 부족하다. 미래적 사료로서 현용기록을 인식하지 못하고, 남겨지면 좋고 남기지 않으면 '냄비언론'처럼 일시적으로 그 행태를 규탄하는 것에 그친다. 셋째, 전문적 인력의 구조적 참여와 기록관리기구의 중층적인 설치 등 국가기록관리제도 마련을 위한 중장기적인 계획 및 이를 위한 방안모색이 제대로 시도된 적이 없다.

---

1) 대표적으로 김학준,「기조 발표 : 국가기록관리의 현실과 미래」,『국가기록보존관리 현실과 미래』(한국국가기록연구원 창립기념 심포지움, 199년 4월)
2) 「기록관리법의 완전한 시행을 촉구하는 학계 선언문」(2002. 10.26)
3) 대표적으로 이만열,「국가기록관리의 현실」,『국가기록보존관리 현실과 미래』(한국국가기록연구원 창립기념 심포지움, 1999년 4월). 이와 함께 우리나라 기록관리가 낙후된 원인으로 기록관리기관의 비체계성, 기록관리기관의 전문성 미비와 권한 미비 등을 지적하였다.

이는 당연히 기록과 기록관리에 대한 우리 학계의 연구경향에도 반영되었다. 즉, 그 동안 우리 학계, 역사학을 비롯한 서지학, 고문서학, 도서관학 등의 '기록'에 대한 연구는 특징 역사기록의 이해와 규명에 중점이 두어져, 기록관리제도나 역사기록에 대한 인식론적 연구는 거의 이루어지지 않았다. 오늘날 계승·발전시켜야 할 훌륭한 기록문화유산으로 주목되었던 "조선왕조실록"과 "승정원일기" 등에 관한 연구에서도 '사초(史草)-사관(史官)-사관(史館)-사고(史庫)'를 축으로 하는 전근대시기의 역사편찬제도에만 집중되었다.4) 역사기록의 체계적 수집과 활용을 위한 기본 전제인 아카이브즈 제도나 정책은 역사학의 연구대상이 되지 못했다.

정부수립 이후 우리나라 공공기록관리는 현대사의 파행적 전개과정과 뗄래야 뗄 수 없는 내적 관련성을 가지고 있다. 본문에서 자세하게 언급하겠지만 우리나라 공공기록 관리방식은 기본적으로 비상사태에 대비한 '소산관리' 방식이었으며, 이러한 점에서 남북분단체제에 강하게 규정받았다고 할 수 있다. 이러한 관리방식은 정치적 혼란과 연동되어 영구기록의 최소 설정, 행정가치 위주의 분류, 중요기록을 공개하지 않고 이관하지 않는 관행을 낳았다. 그 결과 현대사회 규명을 위한 역사기록(archives)의 '합법적' 폐기가 구조화되었고, 기록에 내재된 역사적 가치를 비롯한 다양한 가치 평가에 근거해서 이루어져야할 공공기록의 관리는 단순히 '보존' 차원에서 인식되고 집행되었다.

필자는 우리 사회의 역사연구가 '운좋게 살아남은' 기록의 개별적 수집에 의존하는 연구방식에서 탈피하여 제도적 장치에 기반하여 체계적이고 지속적으로 수집·정리된 역사기록에 근거할 때, 특히 근현대사 영역의 장기적이며 지속적인 발전이 가능하다고 생각한다. 그러나 안타깝게도 우리 학계는 개별 기록(사료) 파악에 경도된 연구경향이 강하다고 할 수

---

4) 기록을 둘러싼 관련 학계의 연구동향과 그 한계에 대해서는 필자의 『한국의 근현대 기록관리 제도사연구』(1894~1969년), 1~18쪽 참조(중앙대 박사학위논문, 2002. 6)

있으며, 그 결과 공공기록관리제도나 체계구축에는 소극적이었다. 관련 기록에 항상 목말라하면서도 동시대 기록의 체계적이고 제도적인 확보를 위한 적극적 활동을 하지 않았다.5) 공공기록관리의 의미는 아주 단순하게 생각하더라도 당대사의 중요 역사기록을 안정적으로 확보하는 작업과 깊은 관련을 맺고 있다. 국정운영과 관련한 주요 회의록과 연구보고서, 결재문서, 주요 역사적 사건 등을 후대에라도 설명해 줄 수 있는 기록들이 제대로 관리되지 못하면, 영원히 역사에서 사라져 버린다.

이 연구는 최근의 우리나라 기록관리제도사 연구와 기록학적 연구성과를 활용하여, 멸실되어 가는 현대 역사기록의 체계적 수집을 위한 기록관리제도의 확립과 정착이 매우 중요한 현실적 문제라는 인식에서 출발하였다. 또한 우리 학계의 기록을 둘러싼 논의가 이제는 '남겨진' 사료 중심에서 벗어나, 기록물관리법 제정으로 촉발된 전문인력의 배치와 기록관리기관의 설립 등 기록관리 개혁을 위한 구체적 실천행위로 전환되기를 촉구하기 위해 작성되었다.

연구방법으로는 이론적 접근보다는 사례분석을 통해 현용기록관리의 중요성과 국가기록관리 개혁에 역사학계의 참여가 왜 필요한지를 자연스럽게 부각시키고자 했다. 구체적으로 2장 1절에서는 정부수립 이후 우리나라 기록관리규정과 보존기간 책정을 중심으로 역사적 가치가 있는 기록이 수집될 수 없었던 구조를 개관하였다. 2절에서는 이러한 구조에서 제정된 기록관리규정이 남북분단상황에서 '전시(戰時) 대비'를 전제로 하는 기록관리정책에서 비롯되었다는 사실을 밝혔다. 그리고 그 결과 역사적 가치가 있는 기록이 어떠한 기준에 의해 폐기 또는 선별되었는지 구체적

---

5) 물론 이것은 순전히 역사학계의 책임만은 아니다. 굴절되고 왜곡된 정치지형이 근현대사 연구 진전에 커다란 걸림돌로 작용하였다. 그러나 우리나라 현대 역사학의 '실천적 성격과 과제'에서 볼 때, 당대사의 중요 사료를 올바른 공공기록관리제도 마련을 통해서 체계적으로 확보하지 못한 점에 대한 자기반성이 필요하다고 본다.

사례를 제시한 것이 3장 1절이다. 이를 통해 조선총독부의 기록이 지극히 '행정가치' 위주의 재분류과정에서 폐기되는 사례와 중요 정책관련 기록이 대부분 '10년보존'으로 되어 있는 점들이 확인된다. 3장 2절에서는 역사학지와 기록학 전공자들이 참여한 충청남도의 한시기록 재분류 사례를 통해서 현용기록관리의 중요성, 역사학계가 공공기록관리 개혁을 위한 주체로서 참여해야 하는 구체적 근거를 드러내고자 했다.

I. 정부수립 이후 공공기록관리체계 검토

1. 기록관리 규정과 '공문서보존기간표' 개관

공공기록은 관련 규정에 의해 보존기간을 구분하며, 그 구분에 따라 관리된다. 이는 현대사회에 들어서 기록 생산량이 급증하자 기록의 처리를 일정한 가치선별에 의해 '중요한' 것만 영구보존하고 나머지를 폐기하기 위해서이다. 크게 영구보존 기록과 유한보존 기록으로 대별된다. 또한 이 가운데 영구기록은 정해진 기간 안에 정부기록보존소와 같은 아카이브즈로 이관하도록 규정되었다.6) <표 1>은 정부수립 이후 공공기록관리에 관련된 규정, 해당 규정의 보존기간, 주요 내용을 정리한 것이다. 이를 통해 다음과 같은 사실을 알 수 있다.

첫째, 보존기간 구분 방식에서 조선총독부 기록관리제도의 영향을 찾아볼 수 있다. 이 점은 특히 1949년과 1961년의 규정에서 더욱 두드러지는데, 1961년 규정에서는 결재권자에 따라 보존기간을 책정하였다. 별도의 보존기간 책정기준이 정해지지 않은 가운데 조선총독부의 방식에 의존했

---

6) 정부수립 이후 우리나라 기록관리규정에 대한 자세한 설명은 이경용, 앞의 논문, 164~184쪽 참조.

다고 보인다.[7]

둘째, 1964년 우리나라 최초의 '공문서 분류'가 이루어졌다. 이 내용은 <표 2>를 통해 자세히 알아보겠지만, 행정기관과 해당 업무의 변천 및 변화에 따른 변동이 기본적으로 어려웠다. 따라서 보존기간 책정이 해당 업무가 아니라 기본적으로 기록물철 단위로 이루어지게 하는 문제점을 처음부터 내포하였다. 즉, 동일한 업무진행 과정에서 발생한 기록도 각기 다른 보존기간을 책정하여 전체적인 맥락을 알 수 없게 되는 경우가 많았다. 유사한 종별이 없을 경우 기관장이 보존기간을 책정하도록 되어 있으나 실제로는 업무담당자의 자의적 판단에 의해 이루어졌다.

셋째, 1984년 정부기록보존소 부산지소 설립과 관련하여, 영구·준영구 기록은 생산기관에서 4년간 관리(처리과 1년 포함)한 후 정부기록보존소로 이관하도록 규정되었다는 점이다. 그러나 정부기록보존소로의 영구(준영구)기록의 이관시기는 6년간 관리후(1991년)로 바뀌었다가 다시 13년간 관리후(1996년)로 변경되었다. 기록물관리법 제정 이후에는 기본적으로 9년간 생산기관에서 보존관리후 이관하는 것으로 또다시 변경되었다.

넷째, 1986년과 1996년의 관련규정에서 알 수 있듯이, 행정기관이 생산·취득한 통일 또는 대북한 업무와 직접 관련된 기록, 외교기록은 통일원(현 통일부)과 외무부(현 외교통상부)에 이관하여 관리하도록 했다. 이는 정부기록보존소의 낮은 위상과 관련하여, 기록물관리법이 제정되기 전까지는 중요 정책기관 공공기록이 이관되지 않은 구조였음을 말해준다.

그러면 정부기록보존소에 이관되는 영구(준영구 포함) 기록물은 어떠한 것들인가? 공공기록은 '공문서보존기간 및 책정기준'(이하 '보존기간표')에서 정한 기준에 따라서 보존기간이 책정되며, 원칙적으로 영구(준영구)기록이 정부기록보존소로 이관된다.

---

[7] 조선총독부 기록관리제도의 내용에 대해서는, 이경용, 위의 논문 중 제3장 참조.

<표 1> 기록관리 규정과 보존기간[8]

법령명	보존기간 구분과 주요 사항
정부처무규정(1949. 7)	* 4종 구분--갑종(영구보존), 을종(10년보존), 병종(3년보존), 정종(1년보존)
정부공문서 규정 (1961. 9)	* 4종 구분--특류(대통령·내각수반 결재, 영구), 갑류(장관 전결, 10년), 을류(차관·국장 전결, 3년), 병류(기타 문서, 1년) * 보존의 필요성 없는 문서는 결재 후 폐기
공문서 보관·보존 규정(1963. 12)	* 6종 구분(영구, 10년, 5년, 3년, 1년, 6월) * 보관철은 연도별·분류번호별·보존기간별로 보존 * 보존문서 기록대장에 보존기간별로 현황을 기록
공문서 보존기간 종별 책정기준에 관한 건(1964. 4)	* 최초의 공문서 분류 * 유사한 종별이 없는 문서의 보존기간은 기관의 장이 정함 * 다음 각 호의 문서는 별표의 기준에 불구하고 연말에 폐기 · 법규 문서에 관한 주무과의 초안 · 상급 기관의 결정을 받은 사항으로써 하급기관에서 경유시에 단순히 보관한 부본 · 소관이 아닌 문서. 다만 계속 참고해야 할 문서는 1년간 보존
공문서 보관·보존 규정(1969. 5)	* 7종 구분--영구보존(갑종) : 원본·마이크로필름 영구보존, 영구보존(을종) : 마이크로필름 영구보존·원본 폐기 무방, 준영구보존(10년 이상 보존문서), 10년보존, 5년보존, 3년보존, 1년보존 * 보존기간 변경 : 보존기간 연장·단축 필요시, 기관장 승인을 얻어 그 기간을 연장·단축
공문서 보존기간 종별 책정기준 등에 관한 규칙 (1979. 6)	* 다음 각 호의 문서는 별표의 기준에 불구하고 연말에 폐기 · 법규 문서에 관한 주무과 또는 담당관의 초안 · 상급 기관의 결정을 받은 사항으로서 하급기관에서 경유시에 단순히 보관한 부본 · 1년보존 대상 문서 중 경미한 것으로 당해 기관장이 결정 * 별표에 규정된 준영구로 책정된 문서의 보존기간은 다음과 같이 함. 보존기간이 10년 미달된 때는 이를 10년으로 함. · 각종 인사발령에 관한 문서는 발령 후 15년간 · 각종 정책·계획 등에 관한 문서는 그 정책·계획 또는 사업 등이 완료된 후 3년간 · 각종 허가·인가·면허·승인 등에 관한 문서는 종료 후 5년간 · 인사기록에 관한 문서는 당해 공무원 사망 후 5년간 · 기타 문서는 기관의 장이 개개 문건의 성질에 따라 그 보존의 필요를 인정한 기간

---

8) 이경용, 앞의 논문, 164쪽 및 곽건홍, 『한국 국가기록 관리의 이론과 실제』(역사비평사, 2003.6) 25~26쪽에서 재작성.

정부공문서 규정 (1984. 11)	* 6종 구분(영구, 준영구, 10년, 5년, 3년, 1년) * 행정여건의 변화 등에 따라 보존기간을 연장 또는 단축할 필요가 있다고 인정될 때 총리령이 정하는 바에 따라 그 보존기간을 연장 또는 단축할 수 있음 * 보존기간이 만료된 문서는 문서과에 인계하여 보존. 보존기간이 3년 이상 10년 이하인 문서는 그 보존기간이 만료될 때까지, 영구·준영구문서는 3년간 문서과에서 보존 * 보존기간이 만료된 영구·준영구문서는 정부기록보존소에 이를 이관하여 보존해야 함 * 역사적 가치가 있는 등 보존 필요가 있는 비밀문서의 원본은 정부기록보존소에 이관하여 보존
정부공문서 규정 (1986. 12)	* 계속적으로 활용할 필요가 있는 외교문서는 외무부장관과 영구·준영구 문서는 정부기록보존소장과 협의하여 문서과에서 이를 계속 보존할 수 있음
사무관리 규정 (1991.6)	* 6종 구분(영구, 준영구, 10년, 5년, 3년, 1년) * 보존기간이 5년·10년인 문서 중 외무부령이 정하는 외교문서는 3년간 문서과에서 이를 보존한 후, 외무부로 이관하여 보존해야 함 * 보존기간이 영구·준영구문서는 문서과로 인계하여 5년간 보존한 후, 정부기록보존소에 이관하여 보존
사무관리 규정 (1996. 5)	* 7종 구분(영구, 30년, 20년, 10년, 5년, 3년, 1년) * 각급 행정기관이 생산·취득한 통일 또는 대북한 업무와 직접 관련되는 문서와 외교문서 중 보존기간이 5년 이상 30년 이하인 문서는 통일원과 외무부에 이관하여 보존 * 영구문서는 각급 행정기관에서 13년간 보존한 후 정부기록보존소에 이관하여 보존 * 외교문서는 일반에게 공개한 해부터 정부기록보존소에 이관 * 정부기록보존소장이 역사적 가치가 있다고 인정하는 비치문서는 정부기록보존소에 이관하여 보존해야 함 * 총무처장관은 역사적으로 보존가치가 있다고 인정되는 사건·사고 등에 관한 문서는 '정부공문서평가심의회' 심의를 거쳐 보존대상 기록물로 지정할 수 있다 * 각급 행정기관 또는 정부기록보존소에서 보존하고 있는 문서는 마이크로필름 또는 광디스크에 이를 수록하여 보존할 수 있다
기록물관리법시행령 (2000.1)	* 7종 구분(영구, 준영구, 20년, 10년, 5년, 3년, 1년) * 기록물 분류기준표제도를 도입하여 정부기록보존소에서 보존기간 기준 제시

〈표 2〉 1964~1979년 공문서보존기간 책정기준 사례

1차분류	기능명칭(2차분류)	세부기능 (3차분류)	기능종별(문서철)	보존기간
100 (總記)	127 文書保存		보존문서의 정리·관리에 대한 계획방침문서	3년
			보존문서기록대장	영구
			폐기문서에 관한 지침, 기타문서	1년

		연차계획	계획서	10년
300 (경제기획)	310 경제종합계획	장기계획	연구서	5년
		경제심의	회의자료	1년
			장기대책	10년
			단기대책	5년
			작업결과보고서	3년
			기타일반적인 사항의 문서	1년
2000 (公安)	2062 政治情報		각정당 및 정치일반특수여론	3년
			개인동향	3년
	2065 문화계동향		문화시책 학생 및 교직자단체학원분과 각종종교동향 언론 예술 체육계의 동향 각종발간물등	3년

* 출처 : 총리령 제44호(1964년 4월 22일) '공문서보존기간 및 책정기준'

1964년 4월 22일 총리령 제44호로 제정 공포된 '공문서보존기간 및 책정기준'은 우리나라 최초의 '공문서분류'로, 공문서의 10진분류방식에 의한 분류번호와 보존기간이 책정된 해당 업무를 연계시킨 것이다. 1964년의 '보존기간표'는 1979년 개정될 때까지 적용되었다. <표 2>는 이 가운데 총기의 '문서보존' 업무, 경제기획의 '경제종합계획' 업무 등을 표로 정리한 것이다.

'공문서보존기간표'의 가장 큰 문제는 역사적 가치에 근거한 평가가 이루어지지 않은 채 단순히 행정적 가치에 경사된 보존기간 책정이 행정실무 담당자들에 의해 이루어졌다는 점에 있었다. 경제종합계획에 해당하는 기능에서 중요한 역사적 가치가 있다고 생각되는 '계획서', '장기대책'은 보존기간 10년에 불과하였다. 1960·70년대는 경제개발 5개년계획과 관련하여 대대적인 산업구조 개편이 이루어진 시기였으므로 경제기획 분야의 보존기간은 매우 중요하다고 볼 수 있다. 그럼에도 장기계획에 대한 '연구서'와 경제심의 '단기대책'은 보존기간 5년으로 책정되었다. 또한 공공기록관리제도와 관련하여 중요하다고 생각되는 '문서보존'의 경우에서도 '보존문서의 정리·관리에 대한 계획방침'은 보존기간 3년, '폐기문서에 관한 지침'은 보존기간 1년으로 책정되었다. 공공기록관리 정책의 구체적 내용을 밝혀줄 기록은 원칙적으로 남겨질 수 없었다. 조선총독부의 기록관리제도에서 법규성 문서·증빙관련 대장류 등이 주로 영구보존문서로 책정되었던 경향을 생각해 볼 때, '행정적 가치' 우선의 보존기간 책정이 가지는 문제점을 적나라하게 보여준다.

이와 같은 공공기록 분류방식은 1979년에는 '공문서보존기간종별책정기준등에관한규칙'으로, 1984년에는 '정부공문서 분류번호 및 보존기간 기준표'로 이름을 달리하여 제정되었다. 또한 1991년과 1997년의 개정을 포함하여 현재까지 모두 4차례에 걸쳐 변화되었지만, 행정가치 중심의 보존기간 책정의 문제점은 근본적으로 달라지지 않았다.[9]

〈표 3〉 1984년의 '보존기간표' 중 문교·노동분야

문교분야 영구보존 단위업무	노동분야 영구보존 책정기록
학사에 관한 기본정책 관계 기록, 대학 및 대학원 신입생 명부, 대학(교)학위등록 명부, 명예박사학위 수여 관계 기록, 대학원학위등록 명부, 과학기술교육에 관한 기본정책 관계 기록, 학교관리에 관한 기본정책 관계 기록, 각급학교 설립인가 관계 기록, 각급학교 폐지인가 관계 기록, 대학원·대학·교육대학 정원 관계 기록, 각급학교 졸업대장, 각급학교 설립·폐지 관계 기록, 국사편찬 관계 기록, 국립(공공)도서관의 도서등록 원부, 체육에 관한 기본정책 관계 기록, 경기지도자 자격증 발급대장,	노동에 관한 기본정책 관계 기록, 산업안전보건에 관한 기본정책 관계 기록, 국제노동정책수립 관계 기록, 임금정책 관계 기록, 노동조합기본정책 관계 기록, 노사협조 증진에 관한 정책수립 관계 기록, 직업훈련기본정책 관계 기록, 직업지도정책 관계 기록, 진폐환자 급여결정·요양관리 관계 기록, 판정서 등

〈표 3〉의 문교 분야에서 보존기간이 영구로 분류된 단위업무의 경우, 정책성 업무에 대한 영구보존이 이전에 비해 약간 증가하였지만, 증빙성 기록에 대한 비중이 압도적임을 알 수 있다. 이 점은 노동 분야에서도

---

9) 이러한 문제점을 해결하고자 정부기록보존소는 현재 보존장소와 보존방법, 비치기록물 여부 등을 함께 규정하며, 단위업무별로 보존기간을 책정하는 분류기준표를 마련하였다. 이 새로운 분류기준표는 2004년부터 시행되고 있다. 분류기준표의 제정과 운영에 대한 이해는, 정부기록보존소, 「제5편 기록물분류기준표 운영」『자료관 기록관리 편람』(2003.12) 275~332쪽 참조.

마찬가지이다. 문교 분야에 비해 정책성 기록이 상당히 증가하기는 했지만 현재 정부기록보존소 소장 기록에는 증빙성 기록이 많다.10) 이는 주요 정책성 기록의 이관이 정부기록보존소로 원활하게 이루어지지 않았음을 의미한다. 결국 몇 차례의 개정은 있었지만, 보존기간의 책정기준으로 행정적 가치가 단연 중시된 점은 변하지 않았다고 볼 수 있다.

2. 남북분단구조와 '비상대비' 기록관리체제

정부수립 이후 영구보존문서 '정리'가 1962년, 1968년, 1975년의 3차례에 걸쳐 이루어졌다. 문제는 이 '정리' 작업 과정에서 많은 주요 기록물이 올바른 평가 및 선별과정을 거치지 않고 폐기되었다는 것이다. 또한 이러한 계획 및 실행은 남북분단체제하의 국가기록 정리방식을 엿볼 수 있다는 점에서 주목받아야 한다. 여기에서는 정부수립 이후 관행화된 우리나라 국가기록관리방식의 역사적 배경과 흐름에 대한 이해를 돕고자 1968년과 1975년의 사례를 간략하게 소개하고자 한다.

1968년 3월 28일 국무총리지시 제2호로 '보존문서 정리작업 계획'(이하 '68년계획')이 국방부·중앙정보부·선거관리위원회를 제외한 중앙행정기관과 그 산하기관, 각급 지방자치단체, 각시·도 교육위원회 및 산하 각 기관에 하달되었다.

'각급 행정기관 및 지방자치단체에서 보유하고 있는 1968년 4월 1일 현재 보존문서를 일제히 재정리함으로서 화재 등 기타 비상시에 대비'한다는 목적이었다. '68년계획'의 정리기간은 4월 1일부터 5월 31일까지였다.11) 이 '68년계획'과 후속 조치로 마련된 '세부지침'의 핵심은 보존기록

---

10) 곽건홍, 앞의 책, 31~32쪽.
11) 1968년의 '보존문서정리계획'과 그 폐해에 대한 자세한 내용은 이경용, 「한국의 현대 기록관리제도 연구-정부수립 이후~1969년까지 공기록을 중심으로-」, 『중앙사론』17집(한국중앙사학회, 2003. 5), 53~59쪽 참조.

을 문서주관과(총무과 또는 문서과-필자주)에 집중보존시켜 '소개(疏開) 계획'에 따른 영구보존문서 후송을 원활하게 하는 것이었다. 이를 위해 모든 문서는 '최하(最下)보존기간'으로 '엄격히' 재분류하여 장기보존문서를 최소한도로 줄이도록 지시하였다. 또한 계속 영구보존문서로 분류된 것은 그 목록을 작성하여 '영구보존문서 보존계획'에 따른 준비를 갖추고자 했다.

재분류된 영구보존문서는 대구 부산지구의 자체소속하급기관에 임시 영구보존문서 창고시설을 갖추고 후송시켰다. 1971년 10월 현재 후송을 완료한 중앙행정기관은 감사원을 비롯한 15개 기관이며, 그 양은 17,776권이었다. 이러한 '보존문서정리작업' 과정에서 총무처가 소장하던 조선총독부기록도 '행정적 가치'가 강조된 선별기준에 따라 무분별하게 폐기되었다.

'68년계획'에 대해서는 다음과 같이 정리할 수 있다. 첫째, 국가적으로 종합적인 기록관리정책이 마련되기 이전 '누적된 문서정리'나 '화재나 기타 비상시에 대비하기 위해서'라는 이유로 기록물을 재분류했다. 둘째, 영구보존문서의 보존방식의 하나로 마이크로필름촬영후 원본폐기 방법이 채택되었다는 점이다.[12] 셋째, 폐기대상문서에 대한 선별평가가 이루어진 흔적을 찾을 수가 없다는 점이다. 즉 폐기대상문서를 총무처에 인계하여 총무처장의 검토후 폐기토록 했지만, 어떻게 폐기문서에 대한 재분류를 했는지, 그 기준들은 어떻게 설정했는지 일체의 관련규정 유무와 그 정확한 실상을 더 이상 알 수 없다.

1975년 4월 또다시 대대적인 '보존문서 정리작업계획'이 시작되었다.[13] 이 계획 또한 '68년계획'과 같이 최하 보존기간으로 재분류하여 장기보존

---

12) 이러한 방침은 1969년의 '공문서보관·보존규정'에서 정해진다.
13) 보다 자세한 내용에 대해서는 이경용, 「한국 기록관리체제 성립과정과 구조」, 『기록학연구』 8호(2003. 10) 참조.

문서를 최소한으로 축소시키고 영구보존문서를 후방시설로 소산하여 비상시에 대비하기 위함이었다.

1975년 4월 24일부터 5월 31일까지 이루어진 이 '영구보존문서 소산' 계획의 핵심내용은 다음과 같이 정리할 수 있다. 즉 첫째, 정부의 중요문서, 문헌, 기록물의 집중관리를 위해 부산지역에 보존시설을 확보하겠다는 것이다. 향후 20년 동안 이관보존될 기록물의 양으로 80여 만권으로 추산했다. 이때 소산된 기록과 1968년에 소산시킨 기록은 이곳에서 마이크로필름 촬영하겠다는 계획이다. 둘째, 서울에는 기존건물을 활용하거나 신청사를 확보해서 '촬영 및 열람, 전시시설'을 두겠다는 점이다. 1975년도 이후 생산 보존문서 촬영 후에는 부산의 소산시설에 보존시키겠다는 방침이었다. 부산의 소산시설 보존 방침은 1977년부터 1984년까지 '충무제방사업'의 일환에 의한 정부기록보존소 부산지소 건립으로 실제화된다.

1968년과 1975년의 대대적인 '영구문서정리작업'과 비상사태에 대비한 '소산계획'에는 남북분단구조하의 굴절된 기록관리 역사가 함께 하고 있다. 즉, 남북분단체제하에서 '소산'을 통한 기록물의 '안전한 보존'이라는 명분으로 전문적인 평가나 선별이 이루어지지 않은 채 상당량의 주요 기록물이 폐기되었다. 예를 들어, '68년계획'의 후속조치인 '세부지침'에 의하면 "특별한 모순이 발견되지 않는 한 '공문서보존기간 및 종별책정기준'에서 정한 보존기간 보다 장기간 보존문서로 재분류할 수 없다고 명시하였다. 앞에서 살펴본 것처럼, '보존기간표'는 주요 정책성 업무에 대해서도 보존기간이 매우 낮게 책정되어 있다. 이런 점에서 '비상사태'에 대비한 두 차례의 소산계획에 의한 기록의 재분류는 중요한 역사적 가치를 지닌 기록의 대량 폐기 결과를 초래했다고 평가할 수 있다.

또한 1968년과 1975년에 진행된 기록관리 방침은 1969년의 정부기록보존소 설립과 1984년의 부산서고의 설립과 직접적으로 관련되었다는 점에서 우리나라 공공기록관리제도가 기본적으로 남북분단체제에 강하게 규정받았음을 말해주고 있다. 이 점은 북한도 예외가 아니었다. 북한을 방문했던 중국 국가당안국 외사처의 왕홍민(王紅敏)·왕적재가 작성한 「조선의 당안공작(檔案工作)」과 「조선(朝鮮)」이라는 제목의 문건에 의하면, 북한도 남북대치로 인해 전시대비 위주의 기록관리정책을 취하고 있다. 각급 문헌고는 모두 산 속에 건설되었으며, 아직까지 북한의 중앙문헌고를 참관한 외국인은 없을 정도로 문헌고에 대한 보안조치가 엄격하다고 한다. 북한의 각 문헌관은 모두 전쟁에 대비하여 최종보존서고(후고, 後庫)를 만들어 두었다고 한다. 후고는 대부분이 산지에 있으며, 일단 위험상황이 발생하면 모든 기록물은 후고로 이전된다고 한다.[14]

1968년의 대대적인 '보존문서정리' 작업, 1975년의 '영구보존문서 소산계획'과 1977년~1984년의 충무제방사업은 '기록물관리법' 제정 이전의 우리나라 공공기록관리체제를 규정짓는 국가적 기록관리정책이며, 이러한 정책은 남북분단상황과 매우 밀접한 관련성을 가지고 있었다.

한국전쟁 이후 강화된 남북의 이데올로기적 편향은 장기적 전망 속에서 이루어져야 할 우리나라 공공기록관리제도를 비정상적으로 운영하게 만들었다. 소산에 대비한 극단적인 '행정사무적' 가치에 입각한 보존기간 책정, 영구보존문서의 최소화, 마이크로필름 촬영 및 '서고보존' 중심의 기록관리 방식이 그것이었다. 이러한 우리나라 공공기록관리제도의 토양은 곧바로 정부기록보존소의 비정상적인 운영으로 이어졌다. 이러한 시대적 상황 속에서 기록관리정책과 집행의 형식적인 '2원적 운영'과 획일적인 행정조직 관리방식은 관행화되었다. 그리고 이러한 잘못된 관행은 국

---

14) 이상민, 「북한의 공공기록관리제도」, 『기록보존』제15호(정부기록보존소, 2002)에 실려 있다. 북한의 기록관리 전문가양성 교육은 정규교과과정을 통해 제공되는데, 김일성종합대학과 평양사범대학 등의 역사학과에 문헌관리 전공이 설치되어 있다. 학제는 5년제로 매년 입학생을 교육부와 국가문헌국이 상의·결정하며, 졸업 후 모두 국가의 문헌관리부문에서 일하게 된다고 한다.

가기록물관리기관인 정부기록보존소의 독립성 확보와 전문성 강화를 근본적으로 가로막는 요인으로 작용했다.15)

Ⅱ. 공공기록관리와 역사기록의 상관관계

 현대적 기록관리는 일상적으로 생산·유통되는 기록(records)에 대한 역사적 관점을 견지하면서부터 인식 및 관리 범위도 넓어졌다는 점이 이전 기록관리와의 차이점이라고 할 수 있다. 제2장에서 확인한 바 있듯이, 우리나라 공공기록관리는 행정실무자에 의해 행정적 가치 위주로 보존기간을 책정한 '보존기간표'에 의해 중요한 기록이 '합법적'으로 폐기되는 구조였다. 이러한 구조에서 이루어진 중요기록 폐기와 재분류 사례를 통해서, 현용기록관리의 중요성 인식이 현대 역사기록 수집과 어떠한 관련을 가지는지를 논하고자 한다.

1. 공공기록의 폐기 및 재분류 사례 검토

 우선, 조선총독부 기록군의 폐기사례부터 검토해보자. 1968년의 '보존문서정리' 작업의 원활한 수행을 위해 작성된 '세부지침'을 통해 당시 총무처가 보존관리하던 조선총독부 기록군에 대한 '재분류'가 행해졌다. 그 기준은 다음과 같다.16)

- 광무(鑛務) 관계문서는 현행규정에 준하여 처리
- 임정(林政) 관계문서 중 불하(拂下) 및 대부관계서류는 임야대장 및 토지대장과 대조 후 일치되는 것에 한하여 폐기, 불일치한 것은 사건해결

---

15) 기록물관리법 제정 이전까지의 정부기록보존소의 구조와 운영상의 문제점, 이로 인한 우리나라 공공기록관리의 문제점에 대해서는 이경용, 앞의 논문(2003.10) 참조.
16) '보존문서 정리작업 세부지침'(총무처 행정능률과, 1968. 4. 22 발송)

후 별도 정함
- 토지개량관계문서는 해당 토지개량조합과 대조 후 일치되는 것은 폐기, 불일치한 것은 사건해결 후 별도 정함
- 토목(土木) 관계문서는 토지개량관계문서에 준함
- 지방관계문서
  -남한(南韓) 읍면 예산 결산관계서류철은 폐기
  -도, 시, 군 예산 및 결산관계문서는 해당지방자치단체의 도지(道誌), 군지(郡誌) 발간에 참고로 하는 경우를 제외하고 폐기(도, 시, 군 관계 서류철도 동일함)
  -학교비(學校費) 예산 결산관계문서는 폐기
  -읍면 기채(起債) 관계철은 폐기
  -학교비 기채관계철은 폐기
  -학교비 특별부과금관계철은 폐기
- 위생관계문서 중 기록은 분리하여 현존 대장과 대조후 합치부분은 폐기
- 부동산관계문서는 현존기록과 대조후 처리

임정관계・토지개량・토목관계・지방관계・부동산관계 기록들은 일제통치가 말단행정단위에서 어떻게 이루어졌는지 지배정책의 구체적 실현형태를 알 수 있는 사료적 가치를 지니고 있는 것들이다. 또한 지방관계기록과 부동산관계기록은 그 소유권 이전 및 재산권 행사와 관련하여 중요한 가치가 있는 것들이다. 그럼에도 현존 대장과 합치되면 일단 폐기하라는 재분류방식에 의해 상당량의 조선총독부 기록이 폐기되었다.17)

이때의 조선총독부 기록의 폐기는 아마도 1964년에 제정된 '보존기간표'에 의한 공공기록의 '재분류'와 관련되었다고 보이지만 더 이상 자세한 내막은 알 수 없다. 이 당시 조선총독부 기록군 재분류는 행정사무관이

---

17) 1962년의 '보존문서정리계획'에 의하면 '5・16이후 보존가치를 상실한 문서'를 폐기문서로 분류하여 폐기했던 사례와 유사한 측면이 있다. 즉 민원의 소지가 많은 공문서에 대한 '조직적 폐기'가 이루어진 것은 아닌가라는 의문이 든다. 1962년의 공공기록 폐기에 대해서는, 이경용, 앞의 논문(2003.5), 48~52쪽.

담당하였다. 예를 들어 조선총독부 임정기록은 농림부 산림국 임정과 행정사무관이, 인사기록은 인사담당관이 심사위원이었다. 회계기록의 경우, '이북에 소재하고 있는 건물', '이남에 소재한 건물 중 현재 철거된 건물', '현재 건물 중에 목조건물 등의 공사관련철'은 모두 폐기하였다. 교육관련 기록의 경우는, '교과서 관계서류는 일제시의 것이 전혀 필요치 않다'는 이유로, '검정서류 또한 현용교과서가 아니므로 불필요하다'는 이유로 관련 기록을 모두 폐기하였다. 인사관련 기록 또한 '일본인의 은급(恩級)청구서에 불과하여 보존가치가 전무'하다는 점을 폐기사유로 들었다.

실무자의 행정가치 일변도에 의한 폐기기준으로 인해 중요 기록이 사라진 것이다. 오늘날 역사연구자 뿐만 아니라 사회·경제분야 연구자들이 관련 자료들에 목말라 하는 이유가 당대사의 중요한 기록물을 남길 수 있는 제도적 장치, 즉 과학적이고 합리적 기준에 의한 평가와 체계적인 수집이 이루어질 수 있는 공공기록관리제도를 수립하지 못한 점에 있음은 더 말할 나위가 없다.[18]

다음으로는 중앙행정기관의 '10년 보존문서'에 대한 정부기록보존소의 재분류 사례를 살펴보자. 이 사례는 1984년 정부공문서규정 제38조 제1항의 '보존기간이 10년인 문서로서 중앙행정기관이 보존하고 있는 문서에 대하여는 정부기록보존소장과 미리 협의하여야 한다'는 규정에 근거하여 시행되었다. 1984년부터 1996년까지 13년동안 시행된 '10년 보존문서'에 대한 폐기심의가 시행된 배경으로는 정부기록보존소가 1984년 부산에 전용서고를 확보한 상황을 들 수 있다.

13년간의 폐기협의 결과 총 297개 기관과 협의한 대상기록 27만 2,429권 중 보존결정 6,581권(2.4%), 자체보관 46,097권(16.9%), 폐기 21만 9,819권(80.7%)이었다. 폐기협의 대상의 약 20%의 기록이 폐기를 면했다.

---

[18] 이와는 별개로 당시 폐기기준에 의해 폐기되었어야 할 기록이 폐기되지 않고 남아 있는 경우도 있다. 향후 폐기의 전 과정에 대한 구체적 분석이 필요한 부분이다.

1990년의 경우 보존결정기록은 282권이었으며, 결정 이유는 정책수립 269권, 기선정문서연계 7권, 정책수립·기선정문서연계 4권, 역사적 가치 2권(제주도유재산취득처분승인 1권, 애국지사수형인명부 1권)이었다. 1991년의 경우에는 보존결정기록은 301권이었으며, 결정 이유는 후대관심 18권, 정책수립 108권, 특수사건 28권(원자력병원신축 1권, 감시선건조 1권, 복지모선설계 1권), 기관요청 61권, 국민권익 18권, 영구·준영구문서의 연계 22권, 국민권익 및 기관요청 1권, 국민권익 및 후대관심 40권, 정책수립 및 후대관심 2권, 기관요청 및 후대관심 2권, 기타자료 1권이었다.

당시 작성된 '보존대상선별기준표'의 내용은 다음과 같다.[19]

- 영구, 준영구보존문서와의 관련성이 높은 자료
  (예1) 장기업무계획관계문서(준영구), 환경보전장기계획관계문서(10년)
  (예2) 하수도사업실시인가(준영구), 상수도사업실시인가(10년)
- 기보존 결정된 문서와의 연계성이 높은 자료
  (예) 원자력 이용개발계획관계문서, 외국과의 과학기술분야 협력관계문서, 독립유공자 포상 및 사실조사 관계문서, 외국과의 수산업협력관계문서 등
- 정책수집자료
  (예1) (계획확정) 경제종합계획 중장기계획서(영구)
  (계획안및심의) 경제종합계획중 중장기계획관계문서(10년), 경제심의회의록(10년)
  (예2) (계획확정) 산업정책의 기본계획수립 및 종합조정에 관한 문서(영구)
  (계획안및심의) 산업별투자계획의 수립 및 종합조정에 관한 문서(10년), 산업정책심의회 운영관계문서(10년)
- 국민의 권리 및 신분보호 관련자료

---

19) 시귀선, 「기록물관리법 시행 이전의 기록물 평가」, 『기록물평가분류워크샵 자료집』 (2001.12) 17~22쪽.

(예) 토지거래규제구역지정대장, 공공토지취득에 따른 손실보상관계문
서 등
· 특수사건관련자료
(예) 재해 및 복구에 관한 기본정책 관계문서 등
· 문서생산기관 요청자료 : 문서생산기관에서 보존필요성 등 객관적 이유
를 들어 보존대상으로 요청한 문서
· 기타 보존할 가치가 많은 자료
(예) 올림픽조직위원회 세부시행계획 관계문서 등

　이 사례는 정부기록보존소가 처음으로 한시기록에 대한 폐기여부를 결정했다는 점에서 평가받을 만하다. 또한 1989년부터는 행정능률국의 사무능률과장과 국사편찬위원회 교육연구관 등이 '공문서평가심의위원'으로 위촉되어 참여하고 있는 점은 긍정적으로 볼 수 있다. 독립기념관기본설계·건립계획관계, 농어촌종합대책, 영화진흥5개년계획, 환경보전중장기계획, 국민체육진흥법개정, 대통령령관계개정 등은 현재 정부기록보존소에 소장된 '10년 보존문서'로, 이러한 정책수립관련 기록이 남을 수 있었던 까닭이 여기에 있다.
　그러나 매년 빠지지 않고 연속적으로 폐기협의를 의뢰한 기관은 과학기술처와 국가보훈처의 단 2곳 뿐이었으며, 미협의 기관에 대한 행정적 조치를 취할 근거가 미흡한 점이나 목록을 통한 폐기여부 결정, 기록폐기 여부 사유서를 하위직 직원들이 처리하는 등의 많은 문제점이 있었다. 또한 중장기계획과 심의회의록 등이 '10년'으로 책정되어 있다는 점에서 '보존대상선별기준표'는 역으로 '보존기간표'의 본질적 문제점을 잘 보여주고 있다. 이와 함께 준영구기록의 폐기권이 기관장에게 맡겨져 있는 점도 문제이다. 1996년의 '사무관리규정'에 의해 10년 이하 기록은 각급 행정기관에서 '문서평가심의회'를 구성하여 폐기할 수 있다고 규정하여 한시기록의 최종 폐기권한을 생산기관의 실무자에게 위임함으로써 공공기관

의 '자의적' 기록폐기 관행을 벗어나지 못했다.

남북분단구조하에서 전시(戰時)에 대비하여 대대적으로 이루어진 '영구보존문서정리' 방식을 통해 많은 중요 역사기록이 사라졌음을 특히 1968년의 조선총독부 기록군 폐기사례를 통해 확인할 수 있었다. 이러한 비전문적이고 행정편의적 공공기록관리 방식이 거의 반세기 가까운 시기 동안 유지·온존되었다. 정부기록보존소 설치 이후 1980·90년대의 '10년보존' 기록의 재분류가 일시적으로 이루어졌지만, 중요 역사기록이 남겨지지 않은 공공기록관리의 기본적 구조는 변하지 않았다.

이러한 구조는 중요기록의 생산보고가 제대로 되지 않는 현황을 통해 확인할 수 있다. 1999년과 2000년의 2년간 경기도, 서울, 인천, 대전시의 기록생산현황을 보면, 영구기록 생산량은 인천광역시의 2000년도 총생산량 대비 5.7%를 제외하면 대체로 1% 수준이다.[20] 이러한 현상은 기본적으로 '보존기간표' 책정기준 자체의 문제점을 포함하여 '보존기간표'의 책정 방식, 곧 기록생산자인 업무담당자가 '보존기간표'의 단위업무를 찾아서 보존기간을 책정하도록 되어 있어 기록생산자의 '자의적 판단기준'이 반영된 결과이다.

또한 전체 생산기록의 1%에 불과한 영구기록의 내용을 보면 대부분이 증빙성·법규성 기록이다. 정부기록보존소에 소장되어 있는 전라북도의 영구기록을 분석한 한 연구에 의하면, 법규성 기록은 9.1%, 증빙성 기록은 72.8%, 정책성 기록은 13%, 기타 기록이 5.1%라고 한다.[21] 그러나 정책성

---

20) 곽건홍, 앞의 책, 80~81쪽.
21) 이진영, 「정부기록보존소 소장 지방기록물의 현황과 성격-전라북도 영구문서를 중심으로」, 『기록보존』제14호(2001), 128쪽. 법규성기록은 조례, 규칙, 훈령의 제·개정과 승인에 관한 기록(법령질의답변, 지시, 명령문서 등 포함), 증빙성기록은 개인·단체의 신분, 재산관계를 증빙하는 기록으로 인사기록, 징계, 인허가, 등록, 보상 등에 관한 기록이다. 정책성기록은 정책을 수립하거나 집행하는 과정에서 생산된 기록으로 다시 중요 정책기록과 일반 집행기록으로 구분하였다. 기타 기록은 법규, 증빙, 정책의 성격이 매우 적은 기록을 말한다.

기록에 일반집행기록(12.5%)을 포함시키고 있는 점을 감안하면, 실제 정책성 기록은 0.5%에 불과하다.

이 선은 중앙행정기관의 경우도 마찬가지이다. 최근 3년 동안의 생산현황을 분석해보면 영구기록의 생산량은 전체 생산량의 1% 정도이다. 문제의 심각성은 주요정책을 담당하는 부서들의 경우, 아예 영구기록을 생산조차 않고 있다는 점에 있다. 통일정책, 남북교류협력, 정보분석의 주요업무에 관련된 중장기계획이나 정책수립 기록물은 생산현황으로 파악되지 않는다. 또 군 전력투자사업의 정책이나 계획, 군비기획과의 군비통제기본정책, 군사분야 대북정책 및 추진업무, 정책기획국의 국방 주요사업 등의 기획 및 주요정책관련 기록들도 생산보고가 되지 않는다. 생산단계에서 주요 정책기록의 보존기간이 지나치게 낮게 책정되거나 생산보고에서 아예 빠져버리기 때문에 정책수립 및 기획, 주요업무 추진 관련 부서의 영구기록은 거의 수집될 수 없었다. 중앙행정기관 이관 기록물의 상당 부분이 인사관련, 법령제개정관련, 시설관리관련 기록으로 '중요 정책성' 기록을 찾아보기 어려운 이유이다.

2. 공공기록관리에 대한 이해와 역사기록

역사기록(archives)과 관련하여 학계에서 가장 일반적으로 사용하고 있는 '사료'에 대한 이해는 어떠한 것인가? 해방 이후의 역사를 현대사라고 볼 때, 현대사료는 해방 이후의 역사연구의 자료라고 말할 수 있을 것이다. 「사료의수집및보존등에관한법률」제2조(사료의 정의)에 의하면[22], '사료'는 "국사연구의 자료가 되는 문서류(도서·사진류·금석문류·서화류 및 녹음·녹화류 등을 포함한다)"라고 되어 있다. 그런데 주지하는 바와 같이, 우리 사회의 정치사회적 상황으로 인해 1980년대 이전까지 현대사

---

22) 법률 제 6400호, 2001.1.29(일부 개정)

연구는 활성화되지 못하였다. 따라서 국사연구의 자료가 되는 '사료'에 대한 인식은 사실상 주로 해방 이전시기의 '고문서'를 연상하게 되는 것이 일반적이었다고 생각한다.

또한 정부기록보존소의 운영세칙에는 '역사기록물'에 대해, '역사적 가치가 높다고 판단되는 고문서, 총독부문서 및 외국문서'라고[23] 되어 있다. 그리고 역사기록물의 종류에 대해서, 고문서는 '일제식민통치 이전에 생산된 기록물', 총독부문서는 '조선총독부 및 그 소속기관이 식민통치를 위하여 생산한 기록물', 외국문서는 '미군정청 문서와 외국정부 및 국제기구가 생산한 한국관련 기록물'이라고 규정하였다.[24]

이와 같이 '사료' 또는 '역사적 가치가 높은' '역사기록물'은 그 대상 시기가 기껏해야 미군정시기까지의 기록을 의미하는 것이었다. 따라서 공공기관에서 업무와 관련하여 생산되는 '현용기록'은 막연히 '잠재적 사료가치'가 있는 이른바 '관공서 문서'라고 인식하는 것이 일반적이었다. 더구나 독재권력의 기록은폐와 이에 따른 비공개 관행은 특정 사건이나 사고와 관련되지 않는 한 공공기록(또는 현용기록)을 역사기록과 연계하여 인식하지 못했다고 보인다.

이와 관련하여, 충청남도의 한시기록에 대한 재평가 작업 사례를 소개·검토하고, 이를 통해 공공기록관리와 역사기록의 긴밀한 관련성을 알아보도록 하자.

충청남도는 '보존기간표'의 행정적 가치에 경사된 보존기간의 문제와

---

[23] 『정부기록보존소운영세칙』(행자부예규 제58호, 일부개정 2000.9.18) 제29조(역사기록물의 수집)

[24] 『정부기록보존소운영세칙』, 제8조(기록물의 종류 및 기본목록) 제9항, 제10항, 제11항. 물론 이러한 용어정의는 '역사적 가치'가 높은 기록물의 수집을 위한 것이며, 기록물관리법 제정과 관련한 시대 흐름과 역사적 인식의 변화에 따른 기록물 개념이 아직 반영되지 않았기 때문이다. 하지만 이 용어정의에는 사료에 대한 일정한 시대적 인식이 반영되었다는 점에서 참조할 필요가 있다.

함께 전문성이 결여된 공공기록관리제도의 구조적 문제에서 비롯된 중요 역사기록의 멸실을 막고자, 역사학자, 향토사연구자 등과 연대하여 '도정기록물 선정위원회'를 구성하였다. 공주대학교 대학원 기록관리학과 지수걸 교수와 대학원생들, 충남도정사료실, 충남발전연구원, 향토연구회가 참여한 '선정위원회'에서는 2000년부터 2003년까지 4년간 충청남도의 폐기대상기록을 재평가하였다.

선정위원회는 첫째, 도정 운영이나 도민의 생활상에 대한 종합적, 핵심적 정보 포함 여부, 둘째, 언론으로부터 주목받은 사업이나 행사, 또는 집단 민원 등 사회적으로 커다란 물의를 빚은 정책·사업, 혹은 사건·사고 등에 관한 기록, 셋째, 도청에서 최초로 도입·실시한 제도나 정책, 혹은 특수한 지방사정을 반영하는 특이한 제도나 정책에 관한 기록, 넷째, 형태면에서 특이성이나 희소성을 지녀 지방문화유산으로 보존가치가 크다고 판단되는 기록 등을 평가기준으로 중시하였다.

심의대상기록은 보존기간 만료된 충청남도 본청, 도산하기관, 도의회 기록들이었다. 심의방법은 『도정백서』 등 간행물을 통한 주요정책 검토와 도정관련 신문기사 검색을 통해 주요 사건을 선별하고, 도민의 생활사를 포함한 도사편찬사료 등 역사자료적 가치·행정사료적 가치·증빙적 가치로 구성된 선별기준을 확정하였다. 그리고 3차에 걸친 분류선별절차를 거쳤는데, 총 폐기대상기록 27,277권 가운데 1차로 222권, 2차로 70건, 2000년 8월 58권을 최종 선별하였다.[25], 2001년 4월 총 19,227권 가운데 18권, 2002년 4월 20,517권 가운데 66권, 2003년 5월 현재 68권을 '도정기록물'로 선정하여 폐기대상에서 제외시켰다.[26]

---

[25] 공주대학교 기록관리학과,「도청 폐기대상문서 재분류 보고서」(2000.8.9) 참조.
[26] 지수걸,「충남도청의 문서폐기 실태와 개선방안」(『대전충남 지역기록문화의 현황과 과제』 2002.5)과「한국의 '지방자치'와 '기록자치'」(『'지방분권과 기록자치'학술심포지움자료집』 2003.5) 참조.

이 작업을 통해 환경오염실태조사보고서, 적조대책관계철, 재난관리계획서, 일본군위안부할머니 특별지원금지급 관계철, 우루과이라운드 관계철, 한보철강관련 당진지역 피해실태 조사보고서, 토종발굴·육성관계철, 자생란 희귀식물관계철 등이 보존되게 되었다. 정부기록보존소의 지침에 의해, 2000년부터는 '5년보존' 이하의 기록물만 폐기하도록 되어 있는 점을 감안하면 충청남도에서 보존관리하고 있는 한시기록 가운데 영구기록으로 선별평가될 기록물은 훨씬 많을 것이다.

'5년보존' 이하의 기록물 가운데에는 정책담당관실 등의 정책·개발사업관련 기록과 각종 국제교류사업 관련 기록, 충청남도가 실시한 각종 문화사업에 관한 기록, 대천 보령 공설운동장 관계철이나 공주곰나루유원지조성사업 언론보도의 건과 같은 감사관실이나 각종 민원관련 부서의 민원·진정관련 기록 등이 포함되어 있었다. 이 점은 앞에서 살펴보았던 '보존기간표'가 가지는 문제점과 함께 공공기록관리의 비전문성을 잘 보여주고 있다. 또한 우리나라 공공기록관리가 지역(혹은 지자체) 입장에서 볼 때 향후 역사적 가치나 정보적 가치 높은 기록을 낮은 보존기간으로 책정하여 폐기되는 중앙 편중적 구조였음을 반증하였다.

그런데, 공공기록의 '운명'을 결정짓는 '보존기간표'는 각급 행정기관 실무자의 의견을 단순 집계한 것에 불과하며, 전문가의 역사적 평가에 의한 영구기록이 책정되지 않은 것이라는 점에 심각한 문제점을 내포하고 있다. 시기적으로 다소 차이는 있지만, 주요 정책기록의 보존기간이 10년으로 되어 있는 등 역사적으로 보존가치가 있는 중요한 기록의 보존연한이 낮게 책정되어 있는 경우가 많다. 그리고 이 '보존기간표'에 따른 기록분류와 보존기간 적용은 순환보직의 실무담당자들에게 맡겨져 있어 수많은 중요 역사기록물이 유실 폐기될 수밖에 없었던 것이 우리나라 공공기록관리의 구조적 특징이라고 할 수 있다.[27]

이와 같은 기록관리의 구조를 개혁하기 위해 기록물관리법 제정을 통해 자료관을 의무적으로 설치하도록 하고, 기록이 생산되는 단계부터 기록을 세내로 평가분류할 수 있는 기록관리 전문인력을 자료관에 배치하여 생산기관에서의 기록관리 역량과 체제를 강화하도록 한 것이다. 그러나 기록물관리법 시행후 3년이 지난 지금까지 대다수의 행정기관들은 자료관을 설치하지 않고 있으며[28], 전문인력의 배치도 아직 이루어지지 않고 있다. 또한 등록·분류·편철 조항의 연기로 인해 올해까지는 종전의 '보존기간표'를 사용하고 있다. 이런 점에서 우리나라 공공기록관리는 기록물관리법에서 규정하는 새로운 제도의 지향과 종전의 관련규정에 의한 관리방식이 혼재되어 있는 '과도기'에 있다.

앞의 충청남도 사례는 기록관리법 제정에도 불구하고 여전히 예전 관행에 의해 공공기록이 폐기되고 있는 상황에서 그것도 지방기록물관리기관이나 자료관[29]도 없는 상황에서 한시기록 재평가를 통해 중요한 '도정기록'을 남기고자 했다는 점에서 높이 평가되어야 한다. 더 나아가 이 사례가 주목되어야 할 보다 중요한 이유는 공공기록관리의 중요성을 인식하고 있던 역사연구자와 기록관리학 전공자들이 '현용기록'에 대한 지역사적 관점을 견지한 가치평가를 통해 공공기록관리 영역에 적극적으로 개입했다는 점에서 찾아야 할 것이다. 폐기대상의 공공기록을 일정한 '평가기준'에 의해 '선별'한다는 행위는 현대 역사기록을 남기는 것을 의미하기 때문이다.

---

27) '보존기간표'의 종합적 문제점에 대해서는 이상민, 정부기록보존소,『기록물분류표제정교육안』1999년 1월.
28) 2003년 11월 현재 45개 기관에 자료관이 설치되었다.
29) 지방기록물관리기관이나 자료관은 모두 기록물관리법에서의 용어이다. 간단히 말해서 지방기록물관리기관은 영구기록을 소장관리할 수 있으며, 자료관은 한시기록만을 관리하고 영구기록을 정부기록보존소나 지방기록물관리기관 등으로 이관해야 한다. 참고로 자료관은 행정기관이 반드시 설치해야 할 의무조항으로 되어 있지만 지방기록물관리기관은 그렇지 못하다.

기록관리체제에서 역사기록을 선별해내는 일은 '최종적' 행위이기에 주목받는 것이며, 역사기록 선별행위는 '역사를 기록하는 행위'라고 볼 수 있기에 매우 중요한 '고도의 전문적' 업무이다. 서구 선진사회에서 "지속적 가치를 지닌 기록물의 선별(selection)"을 아키비스트의 최우선과제라고[30] 인식하고 있으며, 이에 걸맞는 시스템을 유지시키는 데에는 이러한 이유가 있는 것이다.

서구 기록관리학의 최근 흐름[31] 가운데 현용기록관리의 중요성이 대두되고 있는 경향은 주목할 필요가 있다. 평가를 비롯하여 기록관리가 생산단계부터 '지속적 관심'(continuum of care) 속에서 이루어져야 한다는 것이다. 이른바 '연속체' 개념으로, 이에 의하면 기록(records)은 역사기록을 포함하는 개념이다. 생명주기론에 따른 일정 시간의 경과 속에 역사기록의 가치가 나타나는 것이 아니고, 업무, 증거, 기억을 위한 존재로써의 기록의 본질은 보존기간이 100만분의 1초이건 1세기이건 변하지 않는다고 보는 것이다.[32] 따라서 기록과 역사기록의 관계를 단계적으로 인식하거나 정부기록보존소와 같은 아카이브즈로 이관된 다음의 문제로 이해해서는 안 된다는 점이다. 생산기관에서 기록이 생산되는 시점부터 통제되고 관리되지 않으면 선별평가된 역사기록의 진정성·신뢰성이 확보되지 않는다고 보기 때문이다. 주목해야 할 또 하나의 흐름은 기록과 역사기록의 배후에 있는 인간활동에까지 눈을 돌리고 있다는 점이다. 21세기 아키비스트는 이제 기록관리기관 내부에만 머물러 있을 것이 아니라, 현실

---

30) F. Gerald Ham 저, 강경무·김상민 번역, 『아카이브와 매뉴스크립의 선별과 평가』(진리탐구, 2002.12) 9쪽.
31) 이 논문에서 활용되는 외국의 이론들은 기본적으로 전자환경하에서 생성되는 기록관리와 관련한 인식론적인 글들이기에 기록을 둘러싼 다양한 측면들을 함께 다루고 있다. 따라서 어느 한 부분만을 추출하여 활용할 경우 본뜻을 훼손할 우려가 있다. 그러나 궁극적으로 지향하는 본질을 우리 기록관리 현실과 연계하여 적용해보았다.
32) Frank Upward, "Structuring the Records Continuum-Part One:Postcustodail principles and properties", *Archives and Manuscripts* 24(2), 1996.

사회의 정보최선에 나서서 '기억(기록) 건설자'(memory builder)로서의 적극적 역할을 수행해야 한다는 주장도 있다.33)

우리나라 기록관리의 출발은 전시대비체세하에서 당시 총무처의 '문서관리 행정'의 일환으로 이루어진 '문서보관소' 구상이었으며, 이에 따라 국가기록관리를 담당해야 할 국가기록관리기관의 역할과 사명에 대한 고려 없이 말단 행정처리 부서로서 설립되었던 것이다. 폐기대상이 될 기록을 폐지로 판매하여 그 판매대금으로 '문서보관소' 설립 기금을 조성한다는 구상도 있었다. 따라서 1962년부터 '국립문서보존소' 설립이 구상되고 1969년 정부기록보존소가 총무처 소속기관으로 설립되었을 당시부터 기록관리를 위한 학계와의 연대모색이나 이를 통한 학계의 참여는 이루어지지 않았다. 이렇듯 그 출발부터 태생적인 한계를 가질 수밖에 없었던 정부기록보존소는 국가기록유산의 중심 관리기관으로서의 역할이나 기록문화의 중심 센터로서의 역할을 자임하거나 수행하지 못했다.

여러 가지 이유가 있겠지만, 이러한 상황이 계속되고 있음에도 우리 학계의 '사료인식'은 멸실되어 가는 현대 역사기록을 체계적으로 수집·활용할 수 있는 제도 구축에는 여전히 소극적이다. 많은 예산을 투자하여 진행하고 있는 해외기록의 수집도 분산적으로 진행되고 있다. 기록이 생산되는 단계부터 관리되어 역사기록이 체계적으로 수집되어 활용될 수 있는 기록관리체계의 구축, 그리고 그 체계를 유지 발전시킬 전문인력의 양성과 배치에 역사학계의 적극적 역할이 요청된다.

---

33) Eric Ketelaar, "Archivistics Rearch Saving the Profession", *The American Archivist*, Vol.63, No.2, Fall/Winter 2000

맺음말

　공공기관의 업무수행과 관련해서 생산된 공공기록의 관리는 생산되는 단계부터 지속적 관리가 이루어져야 하며, 이를 위한 일련의 기록관리체계가 갖추어질 때 역사기록을 체계적으로 보존관리할 수 있다. 이때 생산기관의 기록관리를 담당하는 자료관의 설치와 전문인력의 배치는 필수적 요인이다. 그런데 지금까지 유지되었던 예전의 기록관리 관행과 이 관행을 유지·온존시켰던 우리나라 기록관리 제반 여건의 변화는 기록물관리법 제정으로 인해 한꺼번에 이루어질 수 있는 것은 아니다.
　필자는 우리나라 공공기록관리 개혁의 원동력과 추진 주체를 현대 역사기록의 중요성을 인식하고 있는 역사학 관련 연구자들에게서 구하고자 했다. 개별적인 '사료'의 발굴과 수집을 통한 연구방식에 익숙해 있던 역사학 연구자들의 이해를 구하고자 잘못된 우리나라 공공기록관리의 연원이 남북분단구조하의 '비상대비' 체제 기록관리방식에서 출발하고 있었으며, 기본적으로 역사기록을 '합법적·조직적'으로 폐기할 수밖에 없는 구조였음을 제시한 것도 이 때문이다. 또한 기록관리의 최근 선진 연구경향으로 현용기록관리의 중요성이 대두되는 이유와 기록관리 여건에 대한 적극적 개입 및 인식확장의 필요성을 주장하는 흐름을 소개하였다. 기록관리를 둘러싼 사회적·역사적 조건과 배경에 대한 이해, 그리고 이러한 이해에 토대한 기록학적 인식이 전제될 때 올바른 기록관리제도를 만들어 나갈 실천의지가 생긴다고 보았기 때문이다.
　기록에 대한 다양하고 풍부한 인식론과 기록관리방법론은 이런 의미에서 표리관계에 있다. 예를 들어, 공공기록이 가지는 특성상 역사기록이 조직과 기능을 반영한 기록군으로 존재한다는 기록학적 인식은, 현대 공공기록의 가치평가가 개별 기록에 대한 평가가 아니라 업무 기능(functions)의 평가로 이루어져야 한다는 기록관리 인식으로 나아갈 수 있다.[34] 또한 이러한 기록관리 인식은 행정기관의 실무자들에게 거의 내맡겨졌던 생산기관에서의 자의적 보존기간 적용을 비롯한 제 문제점이 제도사적 검토와 결부되어, 기록관리학 석사 이상의 자격요건을 갖춘 전문인력의 배치가 우리나라 공공기록관리 개혁에서 빼놓을 수 없는 핵심사항임을 인식할 수 있다.

기록물관리법에 의하면, '기록물관리학 석사학위 이상을 취득한 자', '역사학 또는 문헌정보학 석사학위 이상을 취득한 자로서 행정자치부장관이 정하는 기록물관리학 교육과정을 이수한 자'를 기록물관리 '전문요원'이라는 자격을 부여해서 기록물관리기관의 전체인원 중 1/4이상을 의무적으로 배치하도록 하였다.[35] 이들은 각급 행정기관의 자료관에서 수행해야 할 업무는, 영구보존대상 선별과 한시기록에 대한 폐기결정, 분류기준표 관리, 해당 기관의 업무담당자에 대한 기록물관리 교육, 기록물관리 제도개선 및 조사연구 등이다. 중앙행정기관은 2004년 말까지, 지방자치단체의 경우는 2006년 말까지 전문요원을 배치해야만 한다.

전문요원의 양성에 역사학계의 보다 높은 관심과 실천이 요구된다. 교과과정에 기록관리제도 관련 과목과 전공을 설치하고, 역사연구자들에게 기록학을 이수하게 하여 기록관리 현장으로 진출시키는 일을 '역사학 전공자'들의 취업과 관련한 협소한 이해차원에서 바라보아서는 안 된다. 생산단계부터 중요 역사기록을 지키기 위한 '수호자'로서의 역사적 소명의식과 전문성을 갖춘 아키비스트를 길러내는 일이기 때문이다.

---

34) 실제 선진 외국의 기록관리기관은 기능별 혹은 기록시리즈별 보존기간 책정제도(Records Scheduling)를 채택하고 있으며, 2004년부터 시행될 예정인 분류기준표 제정과 이를 위한 기록물관리법 제정은 이러한 인식하에 이루어진 것이라고 할 수 있다.
35) 기록물관리법 시행령 제40조 참조.

그러나 정부수립 이후 반세기 동안 '방치'되다시피 한 공공기록관리 개혁을 위한 과제가 산적해 있는 시급한 현실에 비해 우리의 기록관리 현장과 학계의 수준은 아직 '학습기'에 머물러 있다. 선진 외국의 풍부한 기록관리 사례는 기록관리의 일반적 원칙을 적용하여 자기 나라의 사정에 맞게 적용하고 여기에서 나타나는 현상과 결과를 다시 이론화하는 단계를 잘 보여준다. 즉 기록관리의 학문적 연구성과에 기반한 기록관리제도의 구축이 상호작용하고 있는 것이다. 기록학의 학문적 정체성 확립과 역량 강화는 하루도 늦출 수 없는 시급한 문제이다. 역사학, 문헌정보학 등 기록관련 학과들의 연대에 의한 학제적 연구풍토가 필요하다. 기록관리제도, 기록정리방법, 외국의 선진사례의 도입, 전문인력 양성을 위한 교재개발과 교과과정 연구 등의 과제는 산적해 있다.[36]

또한 역사기록의 체계적 수집을 위한 기록관리체계의 구축은 단지 역사연구 활용을 위한 것만은 아니다. 현대 기록관리제도는 기본적으로 기록의 공개·활용을 지향하고 있기 때문에 우리 사회의 민주적 기록소통구조의 구축으로 이어진다. 한 나라의 기록관리제도를 그 나라 민주주의 발전 정도의 척도로 삼는 까닭이 여기에 있다. '민중의, 민중에 의한, 민중을 위한 아카이브즈'라는[37] 표현에서 알 수 있듯이, 기록관리제도의 개혁은 우리나라 민주주의 확립을 위해서 반드시 이루어져야 한다.[38]

---

[36] 이러한 점에서 우리가 흔히 기록관리 '후진국'이라고 여기는 일본 학계의 최근 동향이 주목된다. 일본은 서구의 기록학을 받아들여 전근대시기의 수많은 사료를 포함한 역사기록을 어떻게 정리할 것인지를 적극적으로 모색하고 있다. 기록학의 제 이론 소개와 적용이 오랜 역사를 가지고 있는 사료학적 기반을 통해 '인식론'과 '관리방법론'의 두 축으로 진행되고 있다. 최근 국문학연구자료관사료관에서 펴낸『アーカイブズの科學』(柏書房, 2003.10)은 5~6년 전부터 진행된 기록학적 방법론에 입각한 기록관리를 둘러싼 인식과 관리방법에 관한 연구집이다.

[37] Eric Ketelaar, "Archives of the people, by the people, for the people", in:The archival image:Collecteed essay. Hilversum, 1997.

[38] 2003년 3월 약 300여 명의 역사연구자 및 교사들에 의한 '철저한 국정기록과 적극적인 정보공개를 촉구하는' 선언도 이러한 맥락에서 나온 것이다. 「한겨레신문」2003.3.28

기록관리 분담체제와 기록물관리기관 설립, 대통령기록·비밀기록·시청각기록물 등 중요 기록의 보존강화, 기록물의 생산강제와 등록, 기록관리 전문인력 배치 등을 내용으로 하는 기록물관리법은, 공공기관을 포함한 우리 사회의 전체적인 기록관리 인식과 관행에 비해 매우 개혁적인 성격을 띠고 있다. 어떻게 보면 공공분야에서의 기록관리 인식을 비롯한 우리 사회의 제반 여건에 비추어볼 때 기록물관리법의 제정 자체가 놀라운 일이다. 따라서 기록물관리법의 지향과 기록관리 현실 사이에는 많은 '괴리현상'이 존재하고 있다. 지역의 기록관리를 전담하는 기관설치가 이루어지지 않고 있는 점, 기록관리정책의 주관기관인 정부기록보존소가 여전히 행정기관의 소속기관으로 낮은 지위에 있다는 점, 역사기록 분야의 전문가가 아닌 순환보직의 행정가에 의해 관리된다는 점, 자료관을 설치한 기관보다 설치하지 않은 기관이 훨씬 더 많다는 사실, 전문인력 배치에 대한 실질적 진행이 이루어지지 않고 있다는 점 등을 들 수 있다.

이러한 상황에서 '대전·충남 기록문화 발전을 위한 포럼'과 '경기 기록문화 포럼'의 지방기록관리기관 설치를 포함한 기록문화운동은 시사하는 바가 많다. 우리 시대의 '기억'을 관리하고 미래에 '전승'하기 위해서는 더 이상 기록관리제도를 과거의 비전문적이고 비체계적 환경 속에 방치해서는 안 된다. 어렵게 제정된 기록물관리법의 조기 정착과 이를 통한 역사기록의 체계적 수집을 위한 역사학계의 보다 적극적인 관심과 활동이 요구된다.

- 투고일 : 1월 8일, 심사완료일 2월 20일
- 주제어 : 사료, 현용기록, 역사적 가치가 있는 기록(또는 역사기록), 전시대비체제(또는 비상대비체제), 기록관리전문가

The study for the systematic acquisition of contemporary historical records

The purpose of this study is to propose to take part in the movement for the rational records management. Especially historians should take part in the conduct of state records management. Because The historical materials which they use for their study are the 'archival products'.

I reviewed the records regulation and records scheduling from 1948. I pointed out the one distinguishing mark as 'emergency system at the partition of the korean peninsula'. I suggest the relation state records management with historical materials. So I reviewed the cases of disposal of state records and revaluation. And I reviewed a case of corporation with historians and records managers for the disposal of state records and revaluation.

Key Words : historical materials, current records, archives, emergency system at the partition of the korean peninsula

학술기행

항일력사문제 제3차 국제학술토론회 참가기

박 환*

1. 하얼빈 도착과 북측학자들과의 첫 대면

2003년 9월 16일 중국 흑룡강성 경박호에서 개최되는 남북한과 중국, 일본 학자들이 참여하는 국제학술회의에 참가하기 위하여 하얼빈으로 향하였다. 이번 학술회의는 흑룡강성 사회과학원 명예소장으로 계시는 김우종선생님의 노력에 의하여 이루어졌다. 아울러 국사편찬위원회의 이만열 위원장, 김용곤 실장, 정병욱 선생님의 노력 또한 회의가 이루어지는데 중요한 역할을 하였다. 남측대표는 국사편찬위원회 이만열 위원장을 단장으로 서중석(성균관대), 정태헌(고려대), 장세윤(성균관대), 김용곤, 권구훈, 하혜정(국편) 등과 필자 등이었다.

오전 12시 30분 인천공항을 출발하여 현지시각 13:50분에 하얼빈 공항에 도착하였다. 비행시간은 2시간 정도 소요되었다. 하얼빈공항에는 사회과학원 원인산선생님이 우리 일행을 반가히 맞아주었다. 하얼빈공항은 깨끗하게 새로 단장되어 있었으며, 시내로 나가는 길 역시 새로 길을 만들어 편리하게 되어 있었다. 중국의 곳곳을 방문할 때마다 새로이 변해가는 중국의 모습을 느낄 수 있었다.

---

* 수원대 사학과 교수

우리 일행은 우의가(友誼街)에 있는 하얼빈우의궁에 여장을 풀었다. 이 호텔은 송화강변에 위치하고 있었으며, 1950년대 우의의 입장에서 구소련이 지어준 호텔이라고 한다. 북측 대표단은 이미 2일전에 도착하였다고 한다. 호텔에서 우리 일행은 주최자인 김우종선생님을 만났다. 부친의 친구이기도 한 그는 아버님의 안부를 물으며 반갑게 대해 주었다.

호텔에 여장을 푼 필자는 권구훈박사와 함께 룸메이트가 되었다. <간도파출소연구>로 박사학위를 받은 권선생은 일제의 한인탄압기구에 대한 전문가였다. 저녁 식사 전에 시간적 여유가 있어 잠깐 호텔 뒤에 있는 송화강변에 나가 보았다. 하얼빈이 송화강변에 있는 도시임을 역력히 살펴볼 수 있었다. 강변의 여러 곳에서 홍수로 인한 피해를 느낄 수 있었고, 이를 극복한 중국인민의 공적을 기리는 시설물들이 서 있었다. 아울러 스탈린의 공적을 기념하기 위하여 "스탈린광장"도 있었다. 강변에 나와 한가로이 춤을 추며 지내는 노인들의 모습, 어머니의 손을 잡고 가는 초등학생의 영어공부소리를 들으며, 중국의 여러 모습을 보고 느낄 수 있었다.

저녁 6시 30분 경 호텔 1층 식당에서 중국, 북측과 함께 첫 대면식과 더불어 식사를 하고 환담을 나누었다. 북측에서는 이철(이광, 조선사회과학자협회 부위원장), 송동원(조선사회과학원 혁명역사연구소 소장), 김석준(조선 김일성고급당학교 교수) 등외 2명이 참석하였다. 이철은 북측에서 1949년부터 민간차원에서 항일유적지를 조사하였으며, 정부차원에서는 59년도부터 시작하였다고 하였다. 유적지 600여 곳 가운데 300여 곳에 대한 사진을 보관하고 있다고 말하였다. 앞으로 중국 측에 부탁하여 나머지 사진을 입수할 예정이라고 하였다. 아울러 1959년도에 동녕현 서산포대를 김우종 등과 함께 답사 조사하였고, 경박호 남호두의 경우도 김우종과 함께 처음으로 확인하였다고 하였다. 이철은 우리와 일정을 달리하여 개인적으로 남호두 회의장소에 갈 예정임을 밝혔다.

김석준교수는 하바로브스크 국제 88여단 옆에 있는 2개의 묘소는 남측의 주장과는 달리 김일성 주석과는 관련이 없다고 하였다. 이 묘소들은 빨치산으로서 아무르강에서 통나무를 운반하다가 익사한 인물들의 것이며, 한족인지 조선족인지 알 수 없다고 하였다.

저녁식사 후 남측 우리일행은 과거 러시아 조차지였던 하얼빈의 러시아식 모습을 찾기 위하여 중앙대가에 있는 러시아거리로 향하였다. 100여년의 전통이 있는 이 거리에는 차량통행이 금지되어 있었으며, 길의 양편에는 러시아식 건물들이 즐비하게 늘어서 있어 러시아에 온 것 같은 착각이 들었다. 특히 바닥의 돌들을 사각모양으로 잘라 놓아 특이한 느낌을 주었다. 상점들에서는 러시아식 물건들을 팔고 있었다. 성니꼴라이 성당의 웅장한 모습은 하얼빈의 러시아인들을 상상하게 해 주었다. 길가에 앉아 생맥주를 마시며, 오랜 전통을 가진 러시아 음식점에 들러 아이스크림을 먹으며 하얼빈의 깊은 밤을 보냈다.

2. 경박호로 향하는 길의 항일운동 기지들

9월 17일 아침 6시경 일어나 송화강변을 1시간 정도 산책을 하였다. 중국인민들의 산보와 운동하는 모습을 바라보며, 중국인의 건강비결과 발전하는 모습의 일단을 느낄 수 있었다. 호텔에서 나와서 스탈린 광장을 지나 반홍수(反洪水)기념탑을 지나 철로 가까이 가 보았다. 그곳에는 지난 2000년 답사시 투숙했던 글로리아 호텔이 있었다. 호텔 앞에는 아침장이 서서 중국인들의 생동하는 모습을 볼 수 있었다.

7시에 아침식사를 뷔페에서 하고 8시에 하얼빈으로 출발하여 아성시로 향하였다. 지난번 방문시에는 편도 1차선이었던 것이 2차선으로 공사를 진행하고 있었다. 하얼빈을 출발하여 아성시를 거쳐 가는 길에 상지시 구강(九江)에 들렸다. 이곳에는 득막리(得莫利)라고 하는 물고기가 유명하다고 한다. 동네 처녀들이 손님들을 불렀다. 농촌의 맑고 고운 처자들의 모습이 보기 좋았다. 다음으로는 위하진을 보았다. 대한민국 임시정부 국무령을 역임한 홍진이 1930년 한국독립당을 결성한 장소였다. 시골치고는 상당히 큰 규모였다. 아포력(亞布力)을 지나니 석두하자진 간판이 나타났다. 멀리 마을 뒤로 산맥들이 보였다. 석두하자 너머는 고령자로 김좌진장군 등이 무관학교를 설립하여 운영하였던 곳이다. 석두하자를 지나 어지(魚地) 조선족향을 지나니 계속 깊은 산속이었다. 산봉우리를 올라가는 길에 양봉하는 사람들이 많이 보였고, 그 봉우리를 호봉이라고 한다고 한다. 산 정상을 내려서니 횡도하자가 보였다. 횡도하자를 지나 해림시내를 거쳐 영안-동경-경박호에 도착하였다.

경박호빈관에 도착하니 연변대학 민족연구원 원장인 최문식, 비서장 차금옥, 전 민족연구원 원장 최홍빈 등이 나와 우리를 환대해 주었다. 북측의 김준석에 따르면 최홍빈은 항일연대장 김주연의 조카라고 한다. 저녁 식사를 일찍하고 내일 있을 학술회의 준비에 몰두하였다.

3. 남북 및 중국학자들과의 항일독립운동 학술회의

9월 18일부터 19일까지 양일간 흑룡강성 영안시 경박호 호텔에서 한국의 국사편찬위원회와 흑룡강성 사회과학원이 공동주최하는 <중국동북지역 각국인민의 생활과 항일투쟁> 학술회의에 참여하였다. 이 회의는 남북, 중국뿐만 아니라 일본측에서도 참여한 의미있는 학술회의였다. 주요 발표자와 발표 주제는 다음과 같다.

- 서중석(성균관대) : 항일독립운동과 중국동북지역
- 정태헌(고려대) : 1930.40년대 조선총독부의 경제정책과 만주이민
- 박환(수원대) : 흑룡강성지역 항일운동과 항일유적
- 리철(조선사회과학자협회) : 단결과 협력은 동북아시아의 평화와 번영의

필수적 요구
· 송동원(사회과학원 소장) : 동북아시아 인민들의 항일투쟁사가 보여 준 력사의 교훈
· 김식준(김일성고급당학교) : 일제의 패망직후 동북아시아의 안전과 평화를 보장하기 위한 조선인민의 국제적 지원
· 리정혁(조선사회과학자협회) : 조중인민의 반일공동전선의 실현은 동북아시아인민들의 항일투쟁에서 빛나는 모범
· 藤永壯(대판산업대) : 일제하 중국 동북지역의 공창제도와 조선인여성
· 常好禮(흑룡강성 사회과학원) : 항일전쟁 14년 계시록
· 辛培林(흑룡강성 사회과학원) : 일본제국주의가 중국동북지역에서 실시한 분할하여 다스리는 민족통치책을 논함
· 金東珠(흑룡강성 사회과학원) : 동북아지구역의 합작과 발전문제
· 王希亮(흑룡강성 사회과학원) : 80년대 이래 일본의 전쟁 책임첨예화 원인에 대한 초보적 탐구

첫날 발표회에는 남측에서는 서중석, 박환, 정태헌 교수 등이 참여하였다. 서중석은 <항일독립운동과 중국동북지방>을, 박환은 <흑룡강성 조선인 항일유적과 항일운동>을, 정태헌은 <1930,40년대 조선총독부의 경제정책과 만주이민>을 각각 발표하였다.

서중석교수는 논문에서 항일독립운동선상에서 중국동북지방이 갖는 역사적 의미와 중요성에 대하여 언급하였다. 씨는 특히 동북지역이 가지는 지리적조건, 이주민의 존재, 민족주의 사학자들의 동북지방에 대한 인식 등에 대하여 천착하면서 당시 망명자들의 문제의식 등에 대하여 심도있게 규명하였다. 정태헌교수는 1930,40년대 만주이민을 조선총독부의 경제정책과 관련하여 발표하였다. 이번 발표를 통하여 독립운동사의 기초가 되는 만주이민의 사회경제적 측면을 밝히는 데 큰 도움을 주었다. 박환교수는 민족주의계열을 중심으로 흑룡강지역에 산재한 항일유적에 대하여 발표하였다. 이 가운데 북측이 주장하는 남호두회의와 동녕현성

전투에 대하여 남측, 북측, 중국측 사이에 견해가 달라 활발한 논의가 전개되었다.

　남호두회의는 1936년 2월 26일부터 3월 3일까지 개최된 회의이다. 북측에서는 이 회의에서 김일성주석이 1930년대 중엽의 국제정세를 분석하고 항일무장투쟁을 보다 활성화하기 위하여 구체적인 방안을 제시하였다고 밝히고, 그 역사적 의미를 강조하였다. 또한 이 회의를 계기로 일찍이 카륜회의에서 밝힌 주체적인 혁명노선과 방침이 더 잘 관철되게 되었으며, 무장투쟁과 반일민족통일전선운동, 당창건준비사업에서 새로운 발전이 이룩되게 되었다고 보고 있다. 이에 대하여 중국측 학자들은 북측의 김일성 주석이 주관한 회의인지에 대하여는 알 수 없다. 다만 1932년 2월 동북인민혁명군 제2군, 제5군 연석회의를 남호두회의라고 하며, 이 회의 기록들이 현재 남아 있다고 밝혔다. 이에 대하여 김우종은 중국측 학자의 이러한 주장을 반박하였다. 1959년 6월 조선의 항일전적지 답사반과 함께 동행하며, 남호두회의 사적지를 조사하였다. 이때 생존해 있던 운동가들과 함께 회의 지점을 확인하였다고 한다. 당시 그 지역에는 마적들이 남아 있어 무장부대와 함께 길을 닦으며 이 지역을 조사했다고 밝혔다. 당시 북측 단장은 박영순이었으며, 회의시 보초를 섰던 이두창의 증언에 따라 위치를 확인했고, 금속탐지기를 이용하여 세숫대야 등 여러 유물들을 수집하였음도 아울러 증언하였다. 남호두 회의와 관련하여서는 김일성의 회고록에 상세히 기록되어 있다고 한다.

4. 남호두회의 유적지 답사

　19일 오전에 학술회의를 마치고 학술적 논쟁이 있었던 남호두회의 장소를 답사하기로 하였다. 오후 1시에 경박호호텔을 출발하여 3시경에 남호두 마을 어귀에 도착하였다. 우리일행은 어귀에서 동방홍임장으로 향하였다. 길이 평탄하지 않아 차로 이동하는데 많은 애로사항이 있었다. 동방홍 임장에서 산을 하나 넘으니 평지가 나왔고, 다시 숲을 지나니 평지가 또 나타났다. 그곳에는 호박밭이 펼쳐져 있었고 집이 한 채 있었다. 그곳을 조금 지나 숲을 지나 좌측으로 20미터쯤 산 속으로 들어가니 남호두회의 장소가 나타났다. 그곳에는 큰 비석과 함께 앞에는 귀틀집이 있던 흔적이 보였다. 그리고 안내판도 서 있었다.

안내는 반일유격대 회장 손성희(孫成喜)의 손자인 손덕보(孫德寶, 한족)가 맡았다. 그는 자신의 부친인 손명인(孫明仁)이 비를 세우는데 중심적인 역할을 하였다고 일러 주었다. 김우종에 따르면, 1959년 당시에는 동방홍 임장은 없었으며, 남호두마을에는 집에 6-7호정도 있었다고 한다. 비석에는 "1936년 2월 조선인민혁명군 김일성 사령관이 이곳에서 중국공산주의자들과 반일공동투쟁을 강화할데 대한 조선적인 문제를 토의 결정하였다. 김일성동지의 로 전우가족 송덕산/손명인 천구백구십칠년 십일월 십일일"이라고 적혀 있었다. 이번 답사는 남북한, 중국측 등 간에 공동으로 이루어진 답사라는 측면에서 큰 의미가 있다고 생각되었다.

5. 발해진과 목단강, 동녕현

20일 오전 8시 30분에 경박호호텔을 떠나 경박호입구에 있는 폭포를 관람하고 발해진으로 향하였다. 발해진으로 가는 길에는 넓은 평원이 펼쳐져 있었다. 이런 대평원을 배경으로 발해가 단기간에 융성해졌을 것으로 생각되었다. 발해진에 도착하여 상경용천부로 향하였다. 성벽입구의 비석에는 "발해국 상경용천부유지"라고 적혀 있었다. 발해의 성벽을 바라보는 감회는 남달랐다. 그러나 발해의 성벽은 예전에 본 것과 달리 시멘트로 돌 사이를 발라나 보는 이의 마음을 애닯게 하였다. 성벽 앞에는 성을 보호하기 위한 해자의 흔적이 역역하였다. 성안으로 들어가니 이름 모를 꽃들이 만발하였다. 궁궐지에는 주춧돌들이 남아 역사를 회상케 하였다. 궁궐 뒤에도 새롭게 조성하는 궁궐터의 모습을 바라 볼 수 있었다. 성벽 밖으로 나오니 과거 일본군 충혼비가 있던 곳에 그 돌을 사용하여 "발해국 상경용천부유지"라고 써 있었다. 유지 앞 넓은 벌판에는 벼의 황금물결이 출렁이고 있었다. 잃어버린 역사, 발해의 유적들이 보다 효율적으로 관리되었으면 하는 마음 간절하였다.

발해진을 떠나 영안을 거쳐 목단강시에 도착하였다. 시내는 무척 커 보였고, 비행장도 있었다. 김동수(중국 흑룡강성 당교위 교수)는 중국에서는 해방 후 목단강에 처음으로 비행대대를 만들었다는 점과 이 지역에 조선인들이 많이 살고 있다고 알려주었다. 목단강 다리를 지나니 <팔녀투강기념비>가 나타났다. 목단강가에 있는 공원에 위치한 이 기념비는 그 규모가 대단하였다. 목단강에서 순국한 8여자는 1938년 주보중 장군이 이끄는 제2로군 소속이었다. 우수혼강과 목단강이 교차하는 현재 지점으로부터 170km떨어진 곳에서 8명의 여성이 일제의 공격을 받아 희생당하였다고 한다. 8명 가운데 2명은 조선인이며, 이름은 안순복, 이봉선이라고 한다. 안순복은 동북항일연군 제5군 1사 부녀단 소속이며, 피복창창장으로 일하였다. 이봉선은 동북항일연군 제5군 1사 부녀단 전사였다. 이들은 조선인임을 상징하기 위하여 조선식치마를 입고 있었다. 이 8여인의 순국은 1948년에 영화로 제작되어 중국 전체 인민들에게 널리 알려지게 되었다고 한다. 1984년에 있었던 8녀투강비 준공식에는 주덕 사령관의 부인이 직접 참석하였다고 김동수는 자랑스러운 듯이 말하였다.

목단강시 금강산구육집에서 개고기로 점심식사를 맛있게 하고 동녕현으로 향하였다. 철령하를 지나 마도석, 목릉진, 마교하진을 지나니 팔면통으로 가는 길이 나타났다. 옛날 밀산으로 답사가던 일이 생각되었다. 마교하진을 지나 영안촌을 지나니 수분하입구가 나타났다. 수분하에서 다시 우측으로 동녕으로 향하였다. 길은 아스팔트로 잘 되어 있었으나 산 위에서 기슭으로 내려가는 길이었다. 시내 가까이 오니 멀리 평야들이 보였다. 2000년 답사시 방문했을 때보다 새로 지은 건축물들이 많이 보였다. 우리 일행은 동녕현 경찰서에서 운영하는 동녕공안배훈중심에 투숙하였다. 숙소에서 나와 보니 두만강 대안 도문까지는 230km라고 적혀 있다. 시내 곳곳의 상점에는 중국어와 더불어 러시아어표기가 나란히 적혀 있어, 이곳이 러시아와 무역이 성한 곳임을 대번에 짐작해 볼 수 있었다. 국경도시 동녕, 과거의 중심지는 삼차구였으나, 현재에는 동녕 신시가지로 옮겼다. 저녁 식사는 6시에 하였는데 블라디보스톡에서 맛보았던 바닷가제, 해삼 등이 식탁에 올라와 러시아에 온 듯 착각이 들 정도였다.

6. 북만주 최초의 한인 마을 고안촌

9월 21일 아침 일찍 일어나 숙소 주변을 산책하였다. 공안국주변에는 아침 일찍 시장이 서서 살아있는 중국을 보는 듯하였다. 고기를 파는 아저씨, 채소와 과일을 파는 아주머니, 족발을 파는 잘 차려입은 여인네에 이르기까지 장터는 초만원을 이루고 있었다.

장터를 본 후에 러시아물건을 파는 백화점으로 가보았다. 거기에는 라이타, 망원경, 칼, 인형 등 전통적인 러시아제 상품들이 중심을 이루고 있었다. 최근 중국에서 유행하는 노래 시디 몇 장을 산후 2 위엔을 주고 자전거 리어커를 타고 숙소로 돌아왔다. 1920년대 조선인인 된 듯한 기분이었다.

7시 30경 아침 식사를 한 후 8시 30분경 중국과 러시아의 국경지대에 일본인이 파놓은 국경요새로 향하였다. 동녕현 건강가를 출발하여 암관가를 지나 삼차구, 고안촌을 지나니 마을 앞에 흐르는 개울 앞으로 콘크리트 목침들이 보였다. 그 너머가 바로 러시아땅이다. 고안촌은 북만주지역에서 한인들이 최초로 조성한 마을로 역사적으로 의미 깊은 곳이다. 마을 주변에는 황금물결이 출렁이고 있었다. 현재 이 마을은 순수한 조선인 마을로 한족은 없고, 조선인만 200호가 모여산다고 이 마을에 살고 있는 리영한(1933년생)은 말하였다. 리씨는 강 건너는 러시아의 복다쓰게 마을이라고 알려주었으며, 본인은 경상도 출신으로 요녕성 단동시 봉황성에 살다가 1954년에 이곳으로 이주하였다고 한다. 그는 고안촌에는 함경도인이 대부분 거주자라고 하였다. 마을의 집들은 빨간 벽돌집으로 바둑판처럼 잘 정돈되어 있었다. 이를 통하여 이 마을은 만주사변 이후 일본군들이 의도적으로 재배치한 것임을 짐작해 볼 수 있었다. 마을 안으로 조금 들어가니 고안촌 판공실이 보였고, 이곳이 고안촌임을 증명해주고 있어 더욱 기쁜 마음이었다.

7. 훈산(勛山)일본군 요새와 동녕현성 전투지점을 찾아서

고안촌을 지나 산으로 올라가니 훈산요새가 나타났다. 이 요새는 일본군이 소련의 공격에 대비하여 만든 군사근거지이다. 중소 국경지대에는 이런 요새들이 10여 곳 더 있다고 한다. 1930년대 일본과 소련의 군사적 대치상황과 긴장감을 느낄 수 있었다. 주변에 있는 승홍산(勝洪山)요새는 1934년 봄에 건축하여 1937년에 완공되었다고 한다. 면적 7만 7천 평방미터, 지하 6천미터 정도이다. 훈산요새는 현재 중국인들의 애국심을 고취시키기 위한 애국 및 국방교육기지로서 활용되고 있었다. 훈산요새의 입구는 평지에서 100미터 정도 올라가니 나타났다. 입구를 지나 갱도로 들어가니 군관침실, 지휘소 등 다양한 건축물이 나타났다. 지하 방카 안에는 사진 등 유물들이 전시되어 있었는데 그 중 주목되는 것은 1940년대 김일성 주석과 중국군 채세영이 함께 찍은 사진이다.

우리일행은 훈산요새지를 뒤로 하고 동녕현성 전투가 전개되었던 삼차구로 향하였다. 전투에 대한설명과 위치비정과 관련하여 한국측과 중국, 북한측의 견해가 다르기 때문에 이 지점은 더욱 주목되었다.
한국측에서는 동녕현성전투에 대하여,

> 1933년 9월 한국독립군이 만주에서 승리를 쟁취한 마지막 전투가 있었던 곳이다.
> 동녕현성은 1930년대 초 왕덕림(王德林)이 이끄는 구국군의 중요한 활동 중심지였으며, 1931년 만주사변 이전까지만 해도 한인 민족주의자들의 활동지역이기도 하였다. 뿐만 아니라 소련과 인접한 곳이었으므로 정치군사적인 측면에서 만주국이나 일제, 그리고 유격대 모두에게 요충지였다. 때문에 당시 동녕현성에는 일본군 및 만주군을 합쳐 약 2,000여명의 병력과 함께 장갑차와 같은 현대화된 무기들도 집결해 있었다. 역설적으로 군수물자가 풍부하게 있던 동녕현성은 여러 정치 성향의 항일무장부대로부터 주목을 받기에 충분한 곳이기도 하였다.
> 1931년 만주사변후 1933년 9월 6일 한국독립군 이청천은 오의성(吳義成)의 중국구국군과 연합하여 동녕현성을 공격하였다. 동녕은 일제의 중요한 군사적 거점이었다. 이 전투는 2일간 계속되었고, 일제에 큰 피해를 주었다. 그러나 한중연합부대의 손실도 컸다.

라고 하여 한국독립군이 만주에서 승리를 쟁취한 마지막 전투로 보고 있다. 이에 대하여 북측에서는 <역사사전>에서,

> 1933년 9월 김일성주석의 총 지휘 밑에 항일유격대가 반일부대와 연합하여 동녕현성에 진격했다는 전투. 김일성주석이 1933년 6월 위험을 무릅쓰고 반일부대사령부와 담판을 진행하여 중국공산당 반일부대와의 공동전선을 성과적으로 실현한 후, 그것을 더욱 발전시키기 위하여 그들과의 연합작전의 공격대상으로 동녕현성을 정하고 이를 공격하여 일본군 약 2백명과 위만군 3백여명을 살상하였고 수많은 군수품을 노획하였다고 한다.
> 또한 이 전투의 승리는 「김일성주석이 제시한 반제공동전선노선의 정

당성과 생활력을 널리 시위하였으며 일제와의 투쟁에서 심히 동요하던 반일부대들을 고무추동하고 그들과의 공동전선을 공고 발전시켰고, 또한 이 전투를 통하여 전투에서 항상 주도권을 틀어쥐고 백전백승하는 김일성주석의 탁월한 영군술을 보여주었으며 일제의 소위 (무적황군)의 신화를 깨뜨려버리고 조중인민들에게 승리의 신심을 더욱 굳게 안겨주었다」고 하고 있다(<력사사전 I >, 1971, 538~540쪽).

라고 하여 김일성 주석의 업적을 높이 평가하고 있다.
우리는 동녕현성 전투가 있던 지점으로 향하였다. 김일성주석은 그의 회고록 <세기와 더불어>(3)(조선로동당출판사, 1992, 199-200면)에서 당시의 전투지점 등에 대하여 다음과 같이 묘사하고 있다.

> 동녕현성전투는 1933년 9월 6일 밤에 시작되어 9월 7일 낮에 끝났다. 우리가 항일전쟁을 하면서 한 전투를 이틀씩이나 끈 실례는 별로 없었다고 한다.
> 동녕현성을 치는데서 우리가 력점을 찍은 주공방향은 서문밖의 릉선에 2층으로 축성되어 있는 서산포대였다. 이 포대에는 여러 정의 중기관총과 경기관총들이 배치되어 있었다. 포대와 일제 침략군 부대 본부사이에는 깊은 교통호와 지하비밀통로가 굴설되어 있어 필요하다면 예비대가 계속적으로 투입되어 공격을 견제할 수 있게 되어 있었다. 구국군이 언제인가 동녕현성을 공격하다가 실패한 것도 이 서산 포대 때문이었다.

필자는 2000년 여름 답사에서 동녕현성 전투가 있었던 동녕현성 서문은 삼차구 입구 도로에 있었으며, 서포대는 그 바로 언덕에 있었다고 하였다. 이러한 주장은 2002년 국사편찬위원회와 중국 흑룡강성 사회과학원, 북측 학자들이 공동으로 참여한 답사에서도 그렇게 규정하였다.
그런데 2003년에 필자와 남북, 중국측 학자들이 참여한 가운데 이루어진 답사에서는 기존의 포대는 중소분쟁당시 건설한 포대이며 일본군 포대

가 아님이 밝혀졌다. 이번에 정확한 위치를 비정하기 위하여 중국의 김우종와 북측의 이철 등이 일요일임에도 불구하고 삼차구인민위원회, 당사자료실 등의 간부들에게 자문을 구하여 밝혀냈다. 이에 따르면, 일본군이 진주해 있던 서문포대는 1945년 소련군이 진군했을 때 1차로 폭파시켰다. 그러나 당시에는 벽이 일부가 남아 있었으며, 포대에는 기관총 사격 흔적이 남아 있었다고 한다. 1959년에 북측 조사단이 김우종과 함께 조사했을 때에도 벽의 일부가 있었다고 한다. 현장은 서문이 있던 곳에서 남방으로 100미터 지점이며, 현재에는 옥수수밭 밑에 위치하고 있었다. 또한 현재에도 시멘트와 돌자국이 남아 있어 포대가 있었음을 반증해 주었다. 그러나 동녕현성 전투에 참여한 중국측 부대 인원, 김일성 등 유격대원수, 이청천 등 한국독립군의 수, 일본군 수비대 수 등 전투에 대한 내용과 관련하여 나라마다 이견을 제시하였다. 앞으로 공동답사와 공동연구를 통하여 역사의 진실이 보다 밝혀지길 기대해본다.

미주지역의 한인사회와 민족운동

인쇄일 초판 1쇄 2004년 7월 02일
       2쇄 2015년 4월 20일
발행일 초판 1쇄 2004년 7월 09일
       2쇄 2015년 4월 21일

지은이 한국민족운동사학회
발행인 정 찬 용
발행처 국학자료원
등록일 1987.12.21, 제17-270호

서울시 강동구 성내동 447-11 2층
Tel : 442-4623~4 Fax : 442-4625
www. kookhak.co.kr
E- mail : kookhak2001@hanmail.net
ISBN 978-89-279-0346-8 *93900
가 격 18,000원

*저자와의 협의 하에 인지는 생략합니다.